劳动法讲义

杨思斌 编著

中国工人出版社

图书在版编目（CIP）数据

劳动法讲义 / 杨思斌编著. -- 北京 : 中国工人出版社，2024. 12. -- ISBN 978-7-5008-8395-1

Ⅰ. D922.5

中国国家版本馆CIP数据核字第20242WS825号

劳动法讲义

出 版 人	董　宽
责任编辑	张姗姗
责任校对	张　彦
责任印制	栾征宇
出版发行	中国工人出版社
地　　址	北京市东城区鼓楼外大街 45 号　邮编：100120
网　　址	http://www.wp-china.com
电　　话	（010）62005043（总编室） （010）62005039（印制管理中心） （010）62382916（工会与劳动关系分社）
发行热线	（010）82029051　62383056
经　　销	各地书店
印　　刷	三河市国英印务有限公司
开　　本	710 毫米 × 1000 毫米　1/16
印　　张	28.5
字　　数	410 千字
版　　次	2024 年 12 月第 1 版　2024 年 12 月第 1 次印刷
定　　价	78.00 元

前 言

劳动法是调整劳动关系以及与劳动关系有密切联系的其他社会关系的法律规范的统称。劳动法以保护劳动者的合法权益为价值取向，与每位劳动者的利益息息相关。劳动法以构建和谐劳动关系为目标，是用人单位合法合规用工的法律依据。如何以一种易懂的方法让学生快速掌握劳动法的原理及应用，是我从事劳动法教学以来持续思考的问题。

一次偶然的机会，我读了清华大学林来梵教授的《宪法学讲义》，该书内容深入浅出，既有学术深度，又紧跟学术前沿，非常适合读者阅读，同时也为大学教师提供了有价值的教学参考，具有显著的育人功能和传播效果，非常适合法律的宣传普及。受此启发，我萌生了撰写一本《劳动法讲义》的想法。在讲授《劳动法》与《劳动法和社会保障法》课程时，我同步进行了录音，并随后进行了细致的文字整理。《劳动法讲义》便是在此基础上，经过反复修改、补充、完善而形成的作品。

《劳动法讲义》具有以下显著特点：第一，本书的主体部分采用了劳动法的“课堂实录讲稿”，反映的教学过程虽是根据综合众多专家、教授主编的教材内容展开的，但以一种真实、生动的方式记录了自己在课程上的讲解与发挥，能够给读者带来如临其境的“现场感”。第二，本书力求反映立法的原意和最新的理论成果。在我于中国人民大学劳动人事学院从事博士后工作期间，有幸在导师的带领下深度参与了《劳动合同法》《社会保险法》等法律的立法研究工作，撰写的智库报告多次获得省部级以上领导批示或被有关部门采纳。因此，在阐述《劳动合同法》《社会保险法》等的立法背景、立法争议、法律条文含义及法律规范解释时，我力求既契合立法初衷，又体现学界最新的研究成果和劳动法的最新发展。例如，本书关于新就业形态劳动者权益保护、基本劳动标准立法、社会保险经办服务等方面的阐述，都及时反映了劳动法学的前沿理论成果和劳动法制的最新动态及政策走向。第三，本书实现了理论和实务的深度融合。这得益于具有法律执业资格的高校教师可以从事兼职律师的条件，我有机会接触大量的劳动法实际案例，在授课时，相关案例信手拈来，案例教学运用自如。本书在讲述劳动法的基本知识、基本原理和基本制度时，立足于将劳动立法、仲裁、司法与理论学说相结合，兼顾理论性与实务性，能够有效帮助读者理解并准确适用劳动法律法规，同时帮助读者把握劳动法制发展与完善的趋势。

在本书的编写过程中，我借鉴了国内出版的同类《劳动法学》《劳动法和社会保障法》《劳动合同法》等教材的通说，吸收了劳动法前辈和青年学者的研究成果，参考了从事劳动纠纷解决、人力资源管理等实务工作者撰写的案例及文章。在此，我衷心感谢相关作者的贡献！

本书适合作为高等学校劳动与社会保障、人力资源管理、社会工作等非法学专业学生学习劳动法的教材，也可以作为法学专业的本科生和研究生学习《劳动法和社会保障法》的参考读物。同时，本书还特别适合工会干部及广大职工阅读，也可以为从事劳动法以及人力资源管理实务工作的同志提供有益参考。

然而，由于水平、资料和时间所限，本书的不足甚至可能存在的讹误在所难免，敬请批评指正。

杨思斌

2024 年 9 月 3 日

目 录

第一章

劳动法基础理论

劳动法是调整劳动关系以及和劳动关系有密切联系的其他社会关系的法律规范的总称，它属于中国特色社会主义法律体系中社会法部门的重要组成部分，以保护劳动者合法权益为立法宗旨。学习研究劳动法，不仅是维护劳动者合法权益的需要，也是保障人力资源管理合法合规的需要，更是运用法律手段维系劳动关系和谐的需要。劳动法的基本理论是劳动法学习和研究的起点，本章主要学习劳动法的概念、基本原则、适用范围、性质与地位、渊源以及学习研究劳动法的方法等基本理论。

第一节 劳动法概述

在讲劳动法的概念之前，请先看一个案例。

案情简介

江西来沪务工的周某于2002年7月28日花了45元中介费，通过某劳务介绍所介绍来到居民丁先生家当保姆。2003年12月24日晚上6点多，周某在为丁先生家擦窗时从4楼坠落，造成腹腔大出血，脾脏破裂，腰椎粉碎性骨折，生命垂危。丁先生及时将周某送到医院急救，并支付了近3万元医疗费用。之后，家境并不是很富裕的丁先生表示无力再支付更多的费用，这让一贫如洗的周某几近绝望[①]。

以上是案件的基本情况。请思考以下几个问题：第一，周某受到的伤害是一种什么性质的伤害？是工伤，还是人身意外伤害？第二，如果周某入职某家政公司，其就劳动关系的认定与家政公司发生争议，能否直接向法院提起诉讼？

关于第一个问题：周某所受到的伤害不能认定为工伤，但是理由并不是周某与丁先生没有签订劳动合同。在某些情况下，即使没有签订劳动合同，劳动者在工作过程中受到的伤害也可以认定为工伤。工伤是职业伤害，即在工作场

① 王竹青，吴道霞：《论家政工的劳动权利》，载《妇女研究论丛》，2009（6）。

所因工作原因受到的伤害。在我国的劳动法律中，工伤的认定必须以劳动关系为前提。如果周某与丁先生之间存在劳动关系，那工伤的认定就有了前提条件。本案中周某与丁先生之间不存在劳动关系。因为劳动关系存在于劳动者与用人单位之间，其中接受劳动给付的一方即“用人单位”是非自然人的组织，而不是个人。而丁先生是自然人，不具备成为用人单位的资格。因此，周某与丁先生是不能够形成劳动关系的，周某的工伤认定也就没有了前提。

关于第二个问题：周某如果与丁先生发生的纠纷是民事纠纷，当不愿协商或协商不成，又不愿调解时，其有权利寻求国家的救济和保护，当事人可以直接通过向法院起诉的方式解决纠纷。但是，在上述案例中，假定周某入职了家政公司，其就劳动关系的认定与家政公司发生了争议，这种争议是劳动争议。劳动争议解决机制具有特殊性。在我国的劳动争议处理中，当劳动者寻求国家公权力救济的时候，必须先走劳动仲裁（即劳动人事仲裁）程序，否则法院不予受理。只有走完劳动仲裁程序，当事人不服，按照法律规定能够诉诸审判程序的，才能向法院起诉。这是劳动争议纠纷解决机制的特殊性。

通过以上案例的分析，我们可以了解到劳动法是专业性、技术性很强的法律，劳动法学是充满魅力和挑战的一门法学课程，值得我们花时间和精力去学习和研究。

一、劳动法的概念

什么是劳动法？劳动法有狭义和广义两种解释。狭义的劳动法，简言之，是以劳动法命名的法律文件，即 1994 年颁布的《中华人民共和国劳动法》（以下简称《劳动法》）。广义的劳动法，是指所有调整劳动关系以及与劳动关系有密切联系的法律规范的总称。我们所学习研究的劳动法是广义的劳动法，包括《劳动法》《劳动合同法》《就业促进法》《劳动争议调解仲裁法》和《社会保险法》等法律法规和规章制度。

通常，劳动法是作为法律部门被定义的。一个国家的法律有很多，按照一定的标准对其进行分类，就产生了若干个法律部门。法律部门划分的标准主要是法律的调整对象即法律所调整的社会关系的种类。例如：我们把调整平等主体之间的人身关系和财产关系的法律叫作民法，把调整行政关系的法律叫作行政法，把规定什么是犯罪以及犯罪应该受到什么样惩治的法律叫作刑法。劳动法的界定也是如此，我们将调整劳动关系和与劳动关系有密切联系的其他社会关系的法律规范叫作劳动法。这样，劳动法的定义就很清晰，即劳动法是调整劳动关系以及与劳动关系有密切联系的其他社会关系的法律规范的总称。

二、劳动法的调整对象

（一）劳动关系

劳动法是以劳动关系为主要调整对象的。把握劳动法的概念必须从劳动关系的概念入手。劳动关系是劳动者与用人单位之间为实现劳动过程而发生的劳动力与生产资料相结合的社会关系。

1. 界定劳动关系的意义

劳动关系的界定不仅是劳动法概念建构的需要，也是劳动法实践的需要，具有重要的实践意义。

第一，体现在劳动法中的劳动者权益保护，只有在证明主体之间存在劳动关系的时候才能适用。劳动法赋予了劳动者一系列的权利，如劳动报酬权、休息休假权、社会保险和福利权等，但是劳动者只有证明其与用人单位之间存在劳动关系时才能享有这些权利。例如，一名职工退休后到另一个企业工作，该企业约定给付的工资低于该地区的最低工资标准，这可以吗？答案是只要双方是“你情我愿”的，就可以。因为企业招用已退休人员的用工性质是民事性质的劳务关系，双方的权利义务是可以按照意思自治的原则进行协商的。劳动关系对于劳动者权益保护至关重要。2021 年，人力资源和社会保障部等八部门共同印发《关于维护新就业形态劳动者劳动保障权益的指导意见》，将新就业形态分为“符合确立劳动关系”“不完全符合确立劳动关系”以及“个人依托平台自主开展经营活动、从事自由职业等”三种情形。这种“劳动三分法”将原本无法为劳动法体系所涵盖的劳动者纳入劳动法律保障范围，并赋予其相应的劳动权益与保障，但其并没有降低劳动关系对于劳动者权益保护的功能与价值。

第二，处理因劳动关系所发生的争议，要遵守与处理其他争议所不同的程序。民事纠纷的当事人寻求公权力救济的时候，可以直接向法院起诉。发生劳动争议的劳动者需要寻求公权力救济时，其路径较为特殊。特殊之处在于劳动争议需要先申请劳动仲裁，遵循仲裁前置原则。即纠纷一旦被认定为劳动纠纷，当事人需要寻求公权力救济时，首先要到劳动仲裁机构（也称劳动人事仲裁机构）仲裁，如果劳动者不服仲裁结果，可以直接向法院起诉；用人单位不服的，除了适用“一裁终局”的案件外，也可以进入诉讼程序。

第三，与就业相关的社会保险，只有对构成劳动关系的劳动者才适用。我国虽然实现了“全民医保”并正在逐步实现“全民养老保障”，但是，社会保险仍与劳动关系保持着密切的联系。例如，养老保险分为城镇职工养老保险和城乡居民养老保险，参加城镇职工养老保险要有劳动关系的存在；工伤保险、失业保险、生育保险等更与就业有着直接的关系（实践中，工伤保险在个别情况下可以与劳动关系脱钩）。一般而言，没有劳动关系，这些与劳动关系密切关联的社会保险就无从谈起。

第四，劳动关系中的劳动者，在劳动过程中往往要承担比独立劳动者更多的义务和责任。劳动关系中的劳动者与用人单位之间形成从属性关系，直接的表现就是劳动者要服从用人单位的管理，遵循用人单位的规章制度①，在用人单位的管理、监督下从事劳动。

2. 劳动关系的特征

（1）劳动关系必须产生于劳动过程之中

什么是劳动？不同学科对劳动的理解有很大的差别。经济学意义上的劳动，是劳动力作用于生产资料的活动；社会学意义上的劳动，关注的是劳动行为、劳动组织以及劳动的社会过程；哲学意义上的劳动，强调劳动是人类的社会实践活动。

劳动法意义上的劳动与经济学、政治学、哲学上的劳动都有所不同。它有三个要件：①劳动是有偿的。劳动的目的就是获得报酬。家务劳动、朋友之间的帮忙、义务劳动、志愿服务等“劳动”虽有体力和脑力的耗费，但没有劳动

---

① 李坤刚：《劳动关系与劳务关系区别的再思考》，载《安徽农业大学学报（社会科学版）》，2004（4）。

报酬的对价，不是劳动法意义上的劳动。②劳动具有社会性。这里的“社会性”是指劳动者与生产资料的结合是“他我”结合，即劳动者本身没有生产资料，必须借助于单位（雇主）提供的生产资料才能从事劳动。劳动法意义上的劳动是“他我”结合，不是“他我”结合的劳动不是劳动法意义上的劳动。比如，一个农民自己拥有土地等生产资料，自劳自得；个体工商户拥有生产工具，自己加工产品，这些都不是劳动法意义上的劳动。③劳动具有职业性。即劳动是一种谋生手段，具有长期性和稳定性，不是一次性或临时性的劳动。

总之，劳动法意义上劳动具有三个要件：有偿性、社会性、职业性。

（2）劳动关系的主体具有特定性

劳动关系主体的特定性是判定劳动关系是否成立的关键性要素。劳动关系的主体是用人单位和劳动者。劳动法中用人单位是一个组织，不包括自然人。自然人可以成立一个公司或登记为其他市场主体，作为用人单位的法定代表人或负责人，此时的用工主体是公司等市场主体而非自然人。劳动关系的另一方主体是劳动者，劳动者的主体资格也有非常严格的要求。我国劳动法规定的劳动者法定起始就业年龄是16周岁，16周岁以下除了文艺、体育和特种工艺行业且经过县级以上劳动行政部门的审批可以用工以外，其他一律不能成为劳动法意义上的劳动者。全国人大常委会于2024年9月13日通过了《关于实施渐进式延迟法定退休年龄的决定》，规定从2025年1月1日起用15年时间，逐步将男职工的法定退休年龄从60周岁延迟到63周岁，将女职工的法定退休年龄从50周岁、55周岁分别延迟到55周岁、58周岁。超过法定退休年龄的劳动者虽然仍可以工作，但不属于劳动法意义上的劳动者。

（3）劳动关系具有人身和财产的双重属性

在劳动关系中，一方面，劳动者让渡自己的劳动力使用权，由于劳动力的使用权与劳动者人身无法分离，因此劳动关系有着非常强的人身属性；另一方面，劳动关系具有财产属性，劳动者建立劳动关系的目的就是通过劳动给付获得劳动报酬。

（4）劳动关系兼具平等性和从属性

劳动关系一方面具有平等性，这种平等性主要是劳动者和用人单位形式上的平等或者是法律地位上的平等；另一方面又具有从属性。劳动者在劳动关系建立后，隶属于用人单位，和用人单位产生身份上的从属关系。在劳动合同的履行过程中，劳动者要遵守用人单位的规章制度，按照用人单位的指挥、安排从事劳动，从属性比较明显。

3. 劳动关系的本质——从属性劳动

从属性劳动为大陆法系劳动法理论的支点。在许多国家，劳动关系（国外一般称为“雇佣关系”）以雇主的“控制”或雇员的“从属性”为标志。现今，“从属性是劳动法调整的劳动关系的本质性特征”，在我国劳动法学界成为通说。

（1）从属性劳动的含义

从属性劳动也即劳动关系的从属性，体现为以下几个方面：

第一，人身从属性（也称“人格从属性”或“身份从属性”）。人身从属性指劳动者在劳动过程中必须服从劳动组织者（用人单位）的指挥和管理，遵守用人单位的劳动规章制度，其履行劳动义务的自由决定权受到用人单位意志的限制[①]。劳动关系的人身从属性在机器大工业时代表现得特别明显，劳动者做什么工作、在什么时间工作、在哪里工作，完全由雇主决定。随着数字经济的发展，现代社会的劳动有了较大的灵活性和自由度。比如，借助于网络通信技术，劳动者可以在自己的家里完成工作任务，但是这种灵活性，其实并没有改变人身从属性的本质。

第二，组织从属性。组织从属性是指劳动者被完全纳入用人单位经济组织和生产结构中，成为用人单位的一员，并以用人单位的名义对外从事生产经营活动或提供服务，在组织上与用人单位产生吸收关系。组织从属性还意味着劳动者的劳动是用人单位业务的组成部分，劳动者是为用人单位劳动而非为自己劳动。

第三，经济从属性。经济从属性是指劳动者通过提供劳动获取劳动报酬，在经济上依附于用人单位。经济从属性还表现在劳动成果归属于用人单位，而非劳动者个人；相应地，用人单位承担经营风险和职业风险。比如，一名工人

---

① 林嘉：《新就业形态，要补什么法律短板》，载《人民论坛》，2020（22）。

从事电脑零配件的生产工作，但配件产品的最终成果不属于劳动者个人，而属于其所在的用人单位。既然劳动成果属于单位，根据权利和义务相一致的原则，用人单位需要承担经营风险和职业风险。产品卖不出去的风险就是经营风险，这种风险不能让劳动者来承担，而是需要用人单位自己承担。职业风险是指劳动者在生产过程中受到了伤害，劳动过程中的伤害也不应该由劳动者自己承担。因为劳动者是为了用人单位的利益而受到的伤害，应该由用人单位承担责任。在现代社会，通过工伤保险制度来保障受到伤害的劳动者得到补偿和救济。

（2）从属性劳动理论的发展

为了更清楚地了解劳动关系的本质，我们有必要了解从属性劳动理论的发展过程。

从属性劳动理论的第一阶段是“指挥—控制”（Control test）标准，即劳动者干什么、怎么干、在什么时间干，完全受雇主控制。

从属性劳动发展的第二阶段是“组织”标准（Organization test），即劳动者是否作为组织的一员对外从事工作。比如，一名劳动者入职一个家政公司，然后作为家政公司的一员为某个家庭提供服务，这名劳动者和家政公司之间的关系就是劳动关系。

从属性劳动发展的第三阶段是“多种的或经济现实”标准（Multiple or Economic reality test）。美国的劳动关系认定基本上采取劳动者/独立承包人的两分法。其认定标准是控制权和经济现实标准。规制工会事务的《劳动关系法》采纳的是控制权标准；规制工时工资事务的《公平劳动标准法》采纳的是经济现实标准。现代社会，判断从属劳动的标准越来越多元化。认定劳动关系的标准，在具体案件中要综合考虑各个因素来判断。

4. 劳动关系的认定

在现实生活中应该如何认定劳动关系？在现实生活中判断和鉴定一个关系是否为劳动关系，应该从以下两个方面进行：

第一，看有没有书面的劳动合同，如果劳动者和用人单位签订了书面劳动合同，同时没有相反的证据证明不是劳动关系，此时可以认定为劳动关系。书面劳动合同是劳动关系认定的一个非常重要的证据。

第二，用人单位招用劳动者，但未订立书面劳动合同的，就可以参考以下几个标准来判定劳动关系的建立与否：①用人单位和劳动者是否符合法律法规规定的主体资格。从用人单位角度，就是要核实接受劳动给付的一方是不是组织，如果是组织则可能成为用人单位。如果不是组织而是自然人、家庭或组织的内设机构，就不是建立劳动关系的适格主体。从劳动者角度，主要看年龄是否符合法定就业年龄，如果不符合就不能认定为劳动关系。②是否属于从属性劳动，即用人单位依法制定的各项劳动规章制度是否适用于劳动者，劳动者是否受用人单位的劳动管理并从事用人单位安排的有报酬的劳动。③劳动者提供的劳动是否为用人单位业务的组成部分。

以上劳动关系认定标准的法律依据是原劳动和社会保障部在 2005 年 5 月 25 日发布的《关于确立劳动关系有关事项的通知》。2008 年开始实施的《劳动合同法》规定："用人单位自用工之日起与劳动者建立劳动关系"。但是，如何认定"用工"，《劳动合同法》并没有明确规定，还得依据《关于确立劳动关系有关事项的通知》中规定的主体是否适格、劳动是否具有从属性以及劳动是否为用人单位业务的组成部分等要素判定。

需要注意的是，在新业态劳动者劳动关系的认定中，我们需要特别注意平台企业的去劳动关系化问题。平台企业借助互联网技术，利用其具有更强的单方决定能力，想方设法降低或消除"从属性"，平台企业与劳动者之间大都不签订劳动合同，通过签订合作协议、劳务协议、承揽合同或通过拉长用工链条等多种措施，造成劳动者身份模糊。事实上，新业态劳动者在提供劳务时受算法控制，需遵守平台的规则并接受平台监管，劳动者的弱势地位并没有改变，只不过其劳动的从属性从"有形的从属性"向"无形的从属性"转变。因此，对于平台企业合同中的合作性条款，裁判者应当超越合同本身，审查双方当事人的实际合同履行状况。《关于维护新就业形态劳动者劳动保障权益的指导意见》指出："符合确立劳动关系情形的，企业应当依法与劳动者订立劳动合同。不完全符合确立劳动关系情形但企业对劳动者进行劳动管理（以下简称不完全符合确立劳动关系情形）的，指导企业与劳动者订立书面协议，合理确定企业与劳动者的权利义务。个人依托平台自主开展经营活动、从事自由职业等，按照民事法律调整双方的权利义务。"《关于维护新就业形态劳动者劳动保障权益的指导意见》创设了“不完全符合确立劳动关系情形”，是对传统的劳动用工“二分法”的创新，也赋予了“从属性劳动”在数字经济时期新的内涵。2023 年 2 月 21 日，人社部办公厅印发的《新就业形态劳动者劳动合同和书面协议订立指引（试行）》规定：“企业要根据用工事实和劳动管理程度，综合考虑新就业形态劳动者对工作时间及工作量的自主决定程度、劳动过程受管理控制程度、是否需要遵守有关工作规则和劳动纪律及奖惩办法、工作的持续性、能否决定或者改变交易价格等因素，与符合确立劳动关系情形的新就业形态劳动者订立劳动合同，与不完全符合确立劳动关系情形的新就业形态劳动者订立书面协议。”

下面我们分析一个是否构成劳动关系的案例。

案情简介

孙某于 2019 年 6 月 11 日进入某外卖平台配送站点工作，该站点由某物流公司承包经营。某物流公司与孙某订立了自 2019 年 6 月 11 日起至 2021 年 6 月 10 日止的书面劳动合同。从事配送工作期间，孙某按照某物流公司要求在规定时间、指定区域范围内执行某外卖平台派发的配送任务，某物流公司根据孙某出勤及订单完成情况向其按月支付劳动报酬。某物流公司于 2020 年 8 月 21 日与某商务信息咨询公司订立《服务协议》，约定将含孙某在内的部分配送员委托给某商务信息咨询公司管理。在某商务信息咨询公司安排下，孙某注册了名为“某配送服务部”的个体工商户，并于 2020 年 9 月 6 日与某物流公司订立了为期 1 年的《项目承包协议》，约定：某配送服务部与某物流公司建立合作关系，某配送服务部承接某外卖平台配送站点的部分配送业务，某物流公司按照配送业务完成量向某配送服务部按月结算费用。此后，孙某仍然在某外卖平台站点从事配送工作，接受某物流公司管理，管理方式未发生任何变化。2020 年 12 月 10 日，某物流公司单方面终止《项目承包协议》，孙某要求某物流公司支付违法解除劳动合同赔偿金。某物流公司认为订立《项目承包协议》后，双方之间已从劳动关系变为合作关系，劳动合同自动终止，并以此为由拒绝支付违法解除劳动合同赔偿金。孙某遂向仲裁委员会申请仲裁。申请人请求确认孙某与某物流公司于 2020 年 9 月 6 日至 2020 年 12 月 10 日期间存在劳动关系，某物流公司支付违法解除劳动合同赔偿金。

案例分析

本案争议焦点是，在孙某以个体工商户名义订立《项目承包协议》情况下，其与某物流公司之间是否存在劳动关系？

本案中，在某商务信息咨询公司安排下，孙某注册个体工商户，并以个体工商户名义与某物流公司书面约定建立合作关系，其用意在于通过“去劳动关系化”的手段来规避用工责任。但从用工事实看，某物流公司与孙某之间完全延续了此前的劳动管理方式，即企业仍然对劳动者实施劳动管理，孙某向某物流公司提供的劳动仍是从属性劳动，双方之间并未以平等主体的身份确定权利义务，法律关系呈现明显的从属性。因此，某物流公司本质上是以合作之名行劳动用工之实，关于双方之间由劳动关系变为合作关系、劳动合同自动终止的主张，与事实不符，应当认定在2020年9月6日之后双方之间仍然存在劳动关系，对孙某要求某物流公司支付违法解除劳动合同赔偿金的仲裁请求，应当予以支持。[①]

5. 劳动关系与相关概念的比较

（1）劳动关系与劳务关系

劳动关系是中国劳动法的一个特有概念，相对于国外劳动法的雇佣关系（employment relationship）。雇佣关系一般是指雇主（劳动力使用者）与雇员（劳动力提供者）之间的关系，也即指被称为“雇员”的个人和与该“雇员”在一定条件下为其工作并获得报酬的“雇主”之间的关系。传统的雇佣关系广义的概念，包含劳动关系与劳务关系。劳动关系是从雇佣关系中分离出来的概念。在劳动法发展的早期，劳动力作为商品，劳动合同被理解为劳动力的租赁合同，这时，劳动关系即为雇佣关系。在我国，1994年《劳动法》颁布后，雇佣关系被分解为受劳动法调整的劳动关系和不受劳动法调整的雇佣关系即劳务关系。

① 参见《人力资源社会保障部 最高人民法院关于联合发布第三批劳动人事争议典型案例的通知》（人社部函〔2023〕36号）。

劳动关系与劳务关系主要有以下区别：

①主体不同。劳动关系的主体具有特定性，即一方是用人单位，另一方是劳动者；劳务关系的主体则具有广泛性，个人可以成为劳务关系的接受方即雇主，作为劳务提供方的劳动者也无法律限制，因此，劳务关系的主体具有广泛性。

②法律关系的性质不同。劳动关系兼具平等性和从属性，从属性劳动是劳动关系的本质特征；劳务关系是平等主体之间的关系，没有从属性，当事人互不隶属，其权利义务的确定遵循合同自由原则。

③权利义务、风险承担不同。劳动关系中，劳动者有义务转让劳动力使用权，有权获得劳动力再生产条件；劳务关系中，劳务提供者有义务提供劳务行为的成果，有权获得劳务费。劳动关系中，劳动者在转移了劳动力的使用权之后，获得的不仅是劳动报酬，还应当有获得劳动力再生产的其他权利。因此，劳动者除了工资以外，还应当享有社会保险、福利等权利。劳务关系则不一样，劳务行为完成以后，获得的就是根据劳动成果而给付的劳务费。劳动关系中的劳动风险由用人单位承担，劳务关系中的风险由劳动者自行承担。例如，如果某企业职工在工作时受到了事故伤害，可以认定为工伤。但是，如果他在为非本职单位提供劳务时发生伤害，则风险由本人承担。

④报酬来源和报酬管理方面存在差别。在报酬来源方面，劳动关系的报酬来源比较固定，一般按月支付；劳务关系的报酬来源可以不固定，取决于双方的协商。在报酬管理方面，劳动关系获得的报酬属于“工资薪金所得”，劳动者应该按照超额累进税率计算出纳税额依法纳税；劳务所得的税负是每一次所得，减去 800 元以后，剩下的按 20%的劳务所得税率缴纳。

⑤调整的法律与纠纷处理方式不同。调整劳动关系的法律是劳动法律，纠纷处理遵循的是比较特殊的程序，即“劳动仲裁前置”。调整劳务关系的法律是民事方面的法律，纠纷的处理按照民事诉讼程序进行。

关于劳动关系和劳务关系的区分，我们看下面的案例。

案情简介

某灯箱广告有限公司，系两个自然人投资设立，业务范围为灯箱广告的设计、制作和安装。平时，投资人负责拉订单和设计灯箱，灯箱的制作委托一些从事铝合金加工的小作坊完成，悬挂灯箱由公司一位投资人的表弟盛某完成，安装工具由广告公司提供，按件计价，每月结算一次。盛某系无业人员，其妻子也无业，在安装难度较大时，其妻子也随盛某同去，帮忙扶梯子、递工具等。盛某无其他职业，其在广告公司安装所得基本能维持全家生活。一日，盛某在安装过程中，不慎从梯子摔下，造成重伤，对于是否为工伤的问题产生了争议①。

案例分析

对于本案的处理有以下两种观点：第一种观点认为盛某不是广告公司的内部成员，双方是劳务关系，应按照民事关系对待，双方不是劳动关系，其伤害不能认定为工伤。第二种观点认为盛某是该公司的劳动者，双方存在劳动关系，应按照工伤处理。我们倾向第二种观点，认为盛某和灯箱广告有限公司的劳动关系成立。理由是：①劳动关系的主体适格。盛某是劳动者，用人单位是公司，双方当事人符合劳动关系的主体要件。②盛某的劳动具有从属性。盛某的工作内容是根据公司的指令安排的，其从事的业务是公司业务的组成部分。③安装工具由广告公司提供，盛某的劳动力和生产资料的结合是社会性的“他我”结合。④劳动报酬虽然是按件计价，但是，工资除了计时工资外也有计件工资，“每月结算一次”也带有按月支付的工资属性。需要注意的是，劳动合同只是认定劳动关系的一个证据，而不是判定劳动关系成立的标志，没有订立书面的劳动合同并不等于劳动关系不存在。本案中认定劳动关系的一个难点是，盛某的妻子去帮忙，似乎与劳动关系中的劳动义务应该是亲自履行有矛盾，但这并不能作为否定劳动关系存在的理由。综上，盛某和公司的劳动关系成立，其受到的伤害可以认定为工伤。

---

① 李坤刚：《劳动关系与劳务关系区别的再思考》，载《安徽农业大学学报（社会科学版）》，2004（4）。

（2）劳动关系与人事关系

人事关系包括国家机关与公务员的关系、事业单位及其编制内的工作人员、军队中文职人员与其他单位的关系。人事关系与劳动关系存在明显的区别。

①法律关系性质不同。人事关系属于公法关系，带有国家管理的性质。劳动关系的私法色彩较为浓郁，具有一定程度的平等协商性。

②适用的法律规则存在差异。国家机关与公务员之间的关系，适用《公务员法》；事业单位的人事关系主要适用《事业单位人事管理条例》。《公务员法》《事业单位人事管理条例》的规则与《劳动合同法》的规则有较大差异。

③聘用合同与劳动合同存在差异。聘用制公务员、事业单位与其有编制的工作人员签订的合同被称为“聘用合同”，劳动者和用人单位之间签订的合同被称为“劳动合同”。聘用合同与劳动合同存在区别：第一，合同的期限不同。公务员非因法定事由、非经法定程序，不被免职、降职、辞退或者处分；事业单位与工作人员订立的聘用合同，期限一般不低于 3 年；劳动合同的期限有固定期限合同、无固定期限合同、以完成一定工作任务为期限的合同等三种情形。第二，入职的规定和程序不同。公务员实行严格的考录制度；事业单位新聘用工作人员，应当面向社会公开招聘，但国家政策性安置、按照人事管理权限由上级任命、涉密岗位等人员除外；而对于企业建立劳动关系而言，在招聘方面具有较大的自主权和灵活性。第三，试用期规定不同。新录用的公务员试用期为 1 年；初次就业的工作人员与事业单位订立的聘用合同期限 3 年以上的，试用期为 12 个月；劳动合同中试用期的长短取决于劳动合同期限的长短，最长不超过 6 个月，在某些特殊情况下不允许设定试用期。

劳动关系和事业单位的人事关系在法律适用方面具有以下关联：

①法律适用方面的优先与补缺关系。2003 年，最高人民法院《关于人民法院审理事业单位人事争议案件若干问题的规定》中规定：事业单位与其工作人员之间因辞职、辞退及履行聘用合同所发生的争议，适用《劳动法》处理，《劳动法》被有限度地适用于事业单位的人事争议。2008 年实施的《劳动合同法》规定：“事业单位与实行聘用制的工作人员订立、履行、变更、解除或者终止劳动合同，法律、行政法规或者国务院另有规定的，依照其规定；未作规

定的，依照本法有关规定执行。”该法条确立了事业单位与聘用制工作人员发生争议时“特别法优先、一般法补缺”的法律适用原则。

②纠纷解决程序趋于统一。虽然劳动关系与事业单位人事关系在适用的法律规则上有所差异，但是在解决纠纷的程序上，两者却是趋于统一的。《事业单位人事管理条例》第 37 条规定：“事业单位工作人员与所在单位发生人事争议的，依照《劳动争议调解仲裁法》等有关规定处理。”2017 年，人社部颁布了《劳动人事争议仲裁办案规则》《劳动人事仲裁组织规则》，明确地统一了劳动人事争议仲裁的受案范围，并把劳动人事仲裁院作为劳动人事仲裁的实体化的办事机构。

（3）劳动关系和劳资关系

劳动关系是劳动法学经常使用的核心概念，体现了以人为本的现代劳动法理念。劳动关系也是我国劳动政策领域经常使用的概念。例如，2015 年 3 月 21 日，中共中央、国务院颁布的《关于构建和谐劳动关系的意见》文件的标题中就使用了“劳动关系”。劳资关系指生产要素中的劳动力和资本，即“劳方”和“资方”的关系，劳资双方具有强烈的对立色彩。劳动经济学、劳动关系学、人力资源管理经常使用“劳资关系”概念。劳动法学一般不使用劳资关系的概念。

（二）与劳动关系有密切联系的其他社会关系

劳动法不仅调整劳动关系，而且调整与劳动关系有密切联系的其他社会关系。“与劳动关系有密切联系的其他社会关系”也称为“附随劳动关系”，即依附于劳动关系而存在的其他社会关系。与劳动关系有密切联系的社会关系一般是与劳动关系的主体发生交叉或以劳动关系为核心而展开的社会关系，具体有五种类型：第一，劳动行政关系；第二，社会保险关系；第三，劳动市场服务关系；第四，劳动团体关系；第五，劳动争议处理关系。

同时，我们也从劳动法的角度讨论一下在校大学生与用人单位之间用工关系的性质，这也是在校大学生非常关心的用工关系问题。在校大学生与用人单位的用工形式有以下几种：

第一，勤工助学。勤工助学是大学生在学校的组织下利用课余时间，通过劳动获得合法报酬，用于改善学习和生活条件的社会实践活动。由学校组织安排的勤工助学，不是劳动关系，一般也不宜认定为非全日制用工关系。用工单位持续使用的勤工助学学生可以被视为特殊劳动者，与用人单位可以建立非全日制用工关系。

第二，实习。实习是由所在学校组织，内容与专业相关的一种实践性教学活动。实习是教学活动的延伸，一般不认定为劳动关系。实践中，有职业学校以“实习”为名，安排大学生到企业进行劳动，实际上是“假实习，真就业”，这种情况，应该认定为劳动关系。

第三，准毕业生就业。准毕业生是指基本完成学习任务且达到相关要求，但未获得毕业证书的学生。准毕业生就业用工关系的认定首先看是否符合实习要件，符合实习要件的，不认定为劳动关系；如果不属于实习，可参照劳动关系的认定标准，符合劳动关系认定标准的，应当认定为劳动关系。

第四，就业见习。就业见习是各级政府有关部门组织对离校后未就业的毕业生到企业事业单位实践训练的就业扶助措施。毕业生从用工单位处获取的并非劳动报酬，而是政府提供财政支持的生活补贴。因此，不应被认定为劳动关系。

第二节 劳动法的基本原则

各个部门法都有自己的基本原则。例如，刑法有罪刑法定原则、刑法平等原则以及罪、责、刑相均衡原则；行政法中有合法性原则、合理性原则和信赖利益保护原则；民法中有平等原则、意思自治原则、诚实信用原则等。劳动法的基本原则是劳动法的指导思想和根本准则。劳动法的基本原则有哪些？关于劳动法的基本原则，学者们有不同的概括：王全兴教授主编的《劳动法》认为劳动法基本原则包括劳动既是公民权利又是公民义务原则，保护劳动者合法权益原则和劳动力资源合理配置原则；冯彦君教授编著的《劳动法》认为劳动法的基本原则包括劳动自由原则、劳动协调原则和劳动保障原则；林嘉教授主编的《劳动法和社会保障法》认为劳动法的基本原则包括劳动权平等原则、劳动自由原则和倾斜保护原则。黎建飞教授著的《劳动与社会保障法教程》认为劳动法的基本原则有五项：①充分体现宪法原则，突出对劳动者权益的保护；②确认劳动力市场的主体资格，规定统一的基本标准和规范；③劳动合同的自由与政府适度的干预相结合；④体现实行各尽所能、按劳分配的原则；⑤保护公平竞争与保护弱者权益相结合。本书采用林嘉主编的《劳动法和社会保障法》中的观点，认为劳动法的基本原则中最重要的是劳动权平等原则、劳动自由原则和倾斜保护原则①，下面进行逐一讲解。

一、劳动权平等原则

劳动权平等原则，实际上是宪法中的平等原则在劳动法领域的体现。平等原则在法学上有一个术语叫作“等者等之，不等者不等之”。也就是说，不是所有人都适用同一个原则，而是强调所有人机会平等，适用的法律平等以及法律地位的平等。对于某些自然因素导致的不平等，必须基于另外一个原则即“不等者不等之”的原则，通过倾向性的保护使他尽可能地实现平等。劳动权平等原则在劳动法中体现为：

（一）平等就业

这是劳动权平等原则在就业促进法方面的体现。平等就业是就业机会、就业权利的平等，它的对立面就是就业歧视。《劳动法》关于就业歧视规定了四大类型，分别是民族歧视、种族歧视、性别歧视和宗教信仰歧视。2007 年颁布的《就业促进法》扩大了就业歧视的范围，除了民族、种族、性别、宗教信仰歧视，还增加了一些新的歧视类型，其第 29 条规定：“国家保障残疾人的劳动权利。各级人民政府应当对残疾人就业统筹规划，为残疾人创造就业条件。用人单位招用人员，不得歧视残疾人。”第 30 条规定：“用人单位招用人员，不得以是传染病病原携带者为由拒绝录用。但是，经医学鉴定传染病病原携带

① 林嘉：《劳动法和社会保障法》，5 版，第 20—26 页，北京：中国人民大学出版社，2023。

者在治愈前或者排除传染嫌疑前，不得从事法律、行政法规和国务院卫生行政部门规定禁止从事的易使传染病扩散的工作。”第 31 条规定：“农村劳动者进城就业享有与城镇劳动者平等的劳动权利，不得对农村劳动者进城就业设置歧视性限制。”从《就业促进法》的规定可以看出，身体歧视、疾病歧视、户籍歧视等也被法律所禁止。

关于就业歧视行为，有很多案例。例如，四川大学的一个毕业生到银行去求职，银行招用员工的时候设置的身高标准是 1.60 米，她身高 1.59 米，没有达到要求。她认为这是一个身高歧视，于是就控告了这个银行“身高歧视”。又如，2003 年有一个被社会广泛关注的案例：天津有一个女孩张某，她因为自身相貌问题，做了几十次整容手术。后来，她在找工作的过程中因为相貌受到了一些不公正的待遇。媒体就对这一问题组织了讨论，实际上这是一个相貌歧视问题，本人还专门就此写了一篇文章《平等就业　宪法赋权》[①]。

现实生活中的就业歧视五花八门、形形色色。如姓氏歧视，有公司招聘的时候拒绝招用姓“裴”或者“舒”的应聘者。还有属相歧视的，如某年某公司在招聘启事上注明：“本公司招聘，只招属狗的”。我国就业歧视的现象时有发生并不断变化，因此反就业歧视，保障劳动者平等就业的权利，是劳动法的重要使命。

（二）待遇平等

待遇平等是劳动权平等原则在劳动基准法中的体现。劳动基准法是有关劳动报酬和劳动条件最低标准的法律规范的总称。劳动权平等原则在劳动基准法中的主要体现是同工同酬问题，即在劳动待遇方面，“相同工作、等量劳动、相同劳动业绩”，应该获得同等的报酬。我国《劳动法》第 46 条第 1 款规定：“工资分配应当遵循按劳分配原则，实行同工同酬。”《劳动合同法》（2012 年修正）确定了被派遣的劳动者同工同酬的权利。其第 63 条规定：“被派遣劳动者享有与用工单位的劳动者同工同酬的权利。用工单位应当按照同工同酬原则，对被派遣劳动者与本单位同类岗位的劳动者实行相同的劳动报酬分配办

---

① 杨思斌：《平等就业　宪法赋权》，载《人民日报》，2003-10-29。

法。用工单位无同类岗位劳动者的，参照用工单位所在地相同或者相近岗位劳动者的劳动报酬确定。”

（三）劳动条件的平等

劳动条件平等是劳动权平等原则在劳动保护法领域的体现。劳动条件的平等是指劳动者的工作环境以及劳动保护的平等，其核心在于劳动者平等地享有劳动保护。

二、劳动自由原则

劳动自由是劳动法的一个基本原则。在法的价值体系里面，一般认为自由的价值是最高的，秩序、正义、效益等的价值都要排在自由的价值之后。劳动自由也是劳动法的最高价值。劳动义务的履行与人身不能分割，人身是自由的，所以，劳动必须是自由的。劳动者的劳动义务主要是一种道德义务，不能强迫劳动者进行劳动。当然，任何自由包括劳动契约自由都不是绝对的，都要受到来自法律或者社会公共利益的限制。

劳动自由原则，在劳动法中表现为以下三个方面。

（一）劳动合同自由

劳动合同自由是劳动自由原则在劳动契约方面的体现。劳动合同自由就是劳动者为谁劳动，进行什么劳动，接受多少报酬等，都是基于劳动者的自由意志。《劳动合同法》规定：“订立劳动合同，应当遵循合法、公平、平等自愿、协商一致、诚实信用的原则。”其中的“平等自愿、协商一致”就是劳动合同订立的自由原则。劳动合同自由还包括辞职自由。某位劳动者订立了一个期限为 1 年的劳动合同，上班几天之后他就是不想在这个单位继续工作了，这时候劳动者可以辞职，其依据是《劳动合同法》第 37 条的规定，即“劳动者提前三十日以书面形式通知用人单位，可以解除劳动合同”。这里的“提前三十日以书面形式通知”是劳动者辞职的一种程序上的要求，只要劳动者履行程序性的义务，劳动者可以行使辞职权利。用人单位不能强迫其劳动。强迫不仅包括采用暴力、胁迫等形式的强迫，也包括扣押劳动者证件或要求劳动者在法定情形外支付违约金等变相强迫。

（二）结社自由和团体自治

结社自由和团体自治是劳动自由在集体合同法领域的体现。劳动关系包括个别劳动关系和集体劳动关系两种类型。集体劳动关系，是指劳动者通过工会（或者劳动者的代表）与用人单位或用人单位团体之间形成的劳动关系。劳动者参加和组织工会后，工会应该依法依章程开展工作，代表劳动者进行集体谈判，为劳动者争取更有利的劳动报酬与更好的劳动条件。

（三）禁止强迫劳动

禁止强迫劳动是劳动自由原则在劳动保护法领域的体现。我国政府于1998年签署了《公民权利和政治权利国际公约》（尚未经全国人大批准），该公约第8条规定："任何人不应被要求从事强迫或者强制劳动。"国际劳工组织的8个核心公约就有两个关于禁止强迫劳动的公约，即1930年第29号《强迫劳动公约》和1957年第105号《废除强迫劳动公约》。2022年4月20日，第十三届全国人民代表大会常务委员会第34次会议决定批准《强迫劳动公约》以及《废除强迫劳动公约》。

我国以《劳动法》为核心的法律体系对一切形式的强迫劳动表明了反对立场，《劳动法》《劳动合同法》明确禁止强迫劳动，刑法还规定了强迫劳动罪。

三、倾斜保护原则

倾斜保护原则是基于劳动者处于弱势和用人单位处于强势，两者不对等的关系下，对用人单位的权利加以限制，对劳动者的权利进行倾斜，来矫正不平等的劳动关系，使之尽量地趋于平等。

倾斜保护的内容包括两方面：一是在用人单位与劳动者的关系中，倾斜于劳动者的利益；二是在一般劳动者与特殊劳动者的关系里面，倾斜保护特殊劳动者的权益。《劳动合同法》规定，在本单位连续工作满15年，且距法定退休年龄不足 5 年的劳动者，用人单位不得依照《劳动合同法》第 40 条、第 41 条的规定解除劳动合同。女职工在孕期、产期、哺乳期的，用人单位不得依照《劳动合同法》第 40 条、第 41 条的规定解除劳动合同。

倾斜保护保护的是劳动者的合法权益而不是不当利益与非法要求，从这个意义上讲，倾斜保护原则和保护劳动者合法权益原则具有高度的一致性。倾斜保护原则在劳动法中体现在以下三个方面。

（一）解雇保护

解雇保护是倾斜保护原则在《劳动合同法》中的体现。平等原则是民法的基本原则，订立合同需要遵循平等原则，平等原则在法律关系中体现的是当事人权利义务的对等。但是，在《劳动合同法》中，劳动合同的解除制度对于用人单位和劳动者双方当事人并不对等：对于劳动者而言，基于劳动自由的原则，《劳动合同法》第 37 条规定："劳动者提前三十日以书面形式通知用人单位，可以解除劳动合同。劳动者在试用期内提前三日通知用人单位，可以解除劳动合同。"对于用人单位而言，其单方解除劳动合同受到严格的限制，用人单位单方解除劳动合同必须符合法律明确规定的情形，超出法定情形的解雇被视为违法解除。具体而言，当劳动者出现了《劳动合同法》第 39 条规定的 6 种情形时[①]，用人单位可以直接解雇且不需要支付经济补偿金。当劳动者出现了《劳动合同法》第 40 条规定的 3 种情形时[②]，用人单位需提前 30 日以书面形式通知劳动者本人或者额外支付劳动者一个月工资，可以解除劳动合同，但是需要支付经济补偿金。除了以上 2 个条款规定的 9 种情形之外，用人单位单

---

① 这六种情形分别是：在试用期间被证明不符合录用条件的；严重违反用人单位的规章制度的；严重失职，营私舞弊，给用人单位造成重大损害的；劳动者同时与其他用人单位建立劳动关系，对完成本单位的工作任务造成严重影响，或者经用人单位提出，拒不改正的；因《劳动合同法》第 26 条第 1 款第 1 项规定的情形致使劳动合同无效的；被依法追究刑事责任的。

② 这三种情形分别是：劳动者患病或者非因工负伤，在规定的医疗期满后不能从事原工作，也不能从事由用人单位另行安排的工作的；劳动者不能胜任工作，经过培训或者调整工作岗位，仍不能胜任工作的；劳动合同订立时所依据的客观情况发生重大变化，致使劳动合同无法履行，经用人单位与劳动者协商，未能就变更劳动合同内容达成协议的。

方解除劳动合同，可能构成违法解除。这就是劳动合同法的解雇保护制度，是倾斜保护原则在劳动合同解除制度中的具体体现。

（二）基准法定

倾斜保护原则在劳动基准法中，主要表现为基准法定。劳动基准就是国家强制性规定的劳动条件。劳动基准法是国家对劳动条件的干预之法，可以说是“劳动正义的底线”。我们经常讲“底线思维”，在劳动法中，“底线思维”就表现为劳动基准法定，劳动合同和集体合同都不能违反劳动基准的规定。例如，从 2023 年 9 月 1 日起，北京市最低工资标准调整为 2420 元，所有用人单位只要是全日制用工的，职工的月工资都不能低于 2420 元。如果低于 2420 元的工资标准，则构成违法，需要承担法律责任。劳动基准法定是国家对于用人单位基于强势地位可能滥用的用工自主权进行的限制，以倾斜保护劳动者的生存权。

（三）对劳动者的救济保障

倾斜保护原则在劳动纠纷处理方面主要表现为对劳动者的权利救济。

1. 劳动仲裁免费

“打官司”一般要交诉讼费。因为如果免费“打官司”，就会产生“不打白不打”的现象，导致大量的纠纷涌进法院，法院会不堪重负。“打官司”需要付出一定成本的制度，可以防止司法资源被滥用。需要法院解决纠纷，提起诉讼的当事人首先需要按照规定交诉讼费，通过诉讼费用制度来优化国家的司法资源配置。劳动仲裁在过去也是要收费的。自 2008 年 5 月 1 日起《劳动争议调解仲裁法》施行后，就开始免费。因为劳动者申请仲裁，往往是因为用人单位欠薪，劳动者是以工资为主要收入来源的，劳动者生活都没有了保障，申请仲裁还要交费，对劳动者不利，所以，《劳动争议调解仲裁法》规定：“劳动争议仲裁不收费。劳动争议仲裁委员会的经费由财政予以保障。”这个规定体现了对劳动者的倾斜保护。

2. 特定情况下的举证责任倒置

“打官司就是打证据”是法律人应有的思维方式。在民事诉讼方面，一般的证据举证规则是“谁主张，谁举证”。就是当事人提出主张，需要提供证据来证明，否则会承担败诉的风险。“谁主张，谁举证”是劳动争议举证的基本规则，但是，为什么劳动争议案件的举证在某些特定情况下要倒置？这是因为在一些情况下，证据是用人单位所掌握的，所以应由用人单位提供证据，用人单位不提供的，应该承担不利后果。例如，有一个公司规定了“上班时间员工不能打游戏，不能看视频，如果出现上述情况，一经发现立即解雇”。有一个员工在上班清闲的时候玩游戏，被单位的领导发现了，领导以员工违反公司的规章制度为由，要解除员工的劳动关系。员工说：我不知道单位有这个规定，如果知道规定肯定不会打游戏。这时，用人单位就需要对其是否履行了告知义务进行举证。

3．有限的“一裁终局”

根据《劳动争议调解仲裁法》的规定，对于一些小额争议和劳动标准争议，仲裁机构实行“一裁终局”。也就是说，仲裁机构裁决完毕之后，如果用人单位不服，不能再打官司。哪些案件可以“一裁终局”？一类是小额争议即“追索劳动报酬、工伤医疗费、经济补偿或者赔偿金，不超过当地月最低工资标准 12 个月金额的争议”。另一类是劳动标准争议，即“因执行国家的劳动标准在工作时间、休息休假、社会保险等方面发生的争议”。上述两种类型案件，仲裁裁决作出以后，劳动者不提起诉讼，案件就结束了；用人单位不服，不能向法院提起诉讼。但是，劳动者如果对仲裁机构的裁决不服，要打官司，可以自收到仲裁裁决书之日起 15 日内向人民法院提起诉讼。也就是说“一裁终局”终的是用人单位的“局”，而不是劳动者的“局”。显然，“一裁终局”制度限制了用人单位的诉权，避免了用人单位滥用诉权妨碍劳动者劳动权利的救济，是对劳动者的倾斜保护。

第三节 劳动法的适用范围

一、劳动法的适用范围概述

劳动法的适用范围即劳动法的效力范围，包括劳动法在空间、时间、对人和对事上的效力范围。劳动法对事的适用范围即调整劳动关系。例如，中华人民共和国境内的企业、个体经济组织、民办非企业单位等组织与劳动者建立劳动关系，订立、履行、变更、解除或者终止劳动合同，适用《劳动合同法》。这里，我们重点讲劳动法的空间效力、对人的效力和时间效力。

二、劳动法的空间效力

劳动法的空间效力，是指劳动法在什么地域内有效。劳动法律规范的制定机关不同，其法律效力不同，适用的地域范围也不同。由全国人民代表大会及其常务委员会通过的劳动法律和国务院发布的劳动行政法规，除有特别规定的，在全国范围内适用。地方性的劳动法规规章，适用于制定地方性劳动法规规章机关所辖地区。民族自治地方的人民代表大会制定的劳动自治条例和单行条例，适用于该民族自治地方。

三、劳动法对人的效力

劳动法对人的效力是指哪些人受劳动法的调整或保护。关于劳动法对人的效力，1994 年，劳动法立法时有三种方案，即“大、中、小”范围。“大范围”即劳动法适用所有的劳动者，包括事业单位工作人员和公务员甚至包括农民，这种观点并不科学。关于公务员的管理，各国都有公务员法。事业单位特别是公益性事业单位的人事管理也具有特殊性，不能一律适用劳动法。传统的农民更无法适用劳动法。“小范围”即劳动法只适用于企业的职工，显然其调整范围过窄，不适应社会经济发展和人力资源管理的需要。《劳动法》采取了折中的办法即“中范围”，其第 2 条规定：“在中华人民共和国境内的企业、个体经济组织（以下统称用人单位）和与之形成劳动关系的劳动者，适用本法。国家机关、事业组织、社会团体和与之建立劳动合同关系的劳动者，依照本法执行。”《劳动合同法》扩大了劳动法的适用范围，其第 2 条规定：“中华人民共和国境内的企业、个体经济组织、民办非企业单位等组织（以下称用人单位）与劳动者建立劳动关系，订立、履行、变更、解除或者终止劳动合同，适用本法。国家机关、事业单位、社会团体和与其建立劳动关系的劳动者，订立、履行、变更、解除或者终止劳动合同，依照本法执行。”《劳动合同法实施条例》又进一步扩大了劳动法的适用范围，其第 3 条规定：“依法成立的会计师事务所、律师事务所等合伙组织和基金会，属于劳动合同法规定的用人单位。”这样，就把合伙组织和基金会纳入了劳动法的调整范围。

根据劳动法律法规，劳动法对人的适用范围具体包括：企业、个体经济组织、民办非企业单位和其他组织中的劳动者。

企业是以营利为目的的经济组织。企业形态主要是公司、合伙企业、个人独资企业三种基本类型。个体经济组织就是个体工商户，是指生产资料属于私人所有，主要以个人劳动为基础，劳动所得归个体劳动者支配的一种经济形式。2022 年 11 月 1 日起施行的《促进个体工商户发展条例》第 2 条规定：“有经营能力的公民在中华人民共和国境内从事工商业经营，依法登记为个体工商户的，适用本条例。”民办非企业单位指企业事业单位、社会团体和其他社会力量以及公民个人利用非国有资产举办的，从事非营利性社会服务活动的社会组织。其他组织主要包括合伙组织和基金会等。合伙组织是指合伙企业以外的合伙组织，即两个或两个以上的民事主体订立合伙协议，共同出资，合伙经营，共享收益，共担风险，对合伙债务承担无限连带责任的营利性组织。例如，以合伙形式设立的律师事务所、会计师事务所、税务师事务所、资产评估机构等。基金会是指利用自然人、法人或者其他组织捐赠的财产，以从事公益事业为目的的非营利性法人。

国家机关、事业单位、社会团体和与其建立劳动关系的劳动者适用劳动法。国家机关的公职人员都按照公务员制度进行管理的，适用公务员法。事业单位、社会团体中有事业编制的工作人员一般适用事业单位人事管理的法律法规。但是，国家机关、事业单位、社会团体与有部分工作人员是通过劳动合同建立劳动关系的，适用劳动法。

关于劳动法对人的适用范围，还需了解我国不适用劳动法的人员。公务员和比照公务员制度的事业单位和社会团体的工作人员，农村劳动者（乡镇企业职工和进城务工、经商的农民除外），现役军人、家庭保姆和利用业余时间勤工助学的在校生等都不适用劳动法。

四、劳动法的时间效力

劳动法的时间效力是指劳动法生效或失效的时间以及新颁布的劳动法律规范对过去的事件或行为是否适用的问题。现实中涉及的劳动法时间效力主要有四个方面的问题：

第一，《劳动合同法》实施后，正在履行的劳动合同怎么办？2008 年 1 月 1 日《劳动合同法》实施，劳动者在此之前已经订立劳动合同，但还没有履行完毕，是否需要依据《劳动合同法》的规定重新订立劳动合同？答案是不需要，原来的劳动合同继续履行。当然，原来签订的劳动合同如果与《劳动合同法》的规定明显抵触，应该进行修改。

第二，如何计算劳动合同续订的次数？与《劳动法》相比，《劳动合同法》有了一个新的规定，即第 14 条规定的，连续订立二次固定期限劳动合同，且劳动者没有本法第三十九条和第四十条第一项、第二项规定的情形，续订劳动合同的。劳动者提出或者同意续订、订立劳动合同的，除劳动者提出订立固定期限劳动合同外，应当订立无固定期限劳动合同。那么，续订合同的次数从何起算？《劳动合同法》生效以前，有的单位的劳动合同是一年一签，法律并没有规制。为了体现法律的指引作用，《劳动合同法》采用了法不溯及既往的原则，规定续订劳动合同的次数从劳动合同法实施之日也即从 2008 年 1 月 1 日起算。《劳动合同法》实施后，签订过两次固定期限劳动合同，且没有《劳动合同法》规定的除外情形，第三次用工必须签订无固定期限劳动合同，用人单位没有选择权。

第三，如何处理《劳动合同法》实施前的事实劳动关系？《劳动合同法》

实施前，劳动领域有大量的“有用工无合同”现象即事实劳动关系。《劳动合同法》第 10 条规定：“建立劳动关系，应当订立书面劳动合同。已建立劳动关系，未同时订立书面劳动合同的，应当自用工之日起一个月内订立书面劳动合同。”第 82 条规定：“用人单位自用工之日起超过一个月不满一年未与劳动者订立书面劳动合同的，应当向劳动者每月支付二倍的工资。”因此，《劳动合同法》实施后，用人单位必须在规定的期限内完成劳动合同的签订工作，以前没有订立劳动合同的，应该在 1 个月之内完成补订工作，否则要承担不利的法律后果。

第四，如何计算终止劳动合同经济补偿金的年限？依据《劳动法》的规定，劳动合同终止不需要支付经济补偿金，劳动合同解除需要支付经济补偿金。用人单位为减少解雇成本，一般会选择订立短期的劳动合同，这是导致劳动关系短期化、不稳定的原因。为解决劳动合同的短期化问题，《劳动合同法》规定，除用人单位维持或者提高劳动合同约定条件续订劳动合同，劳动者不同意续订的情形外，劳动合同期满的终止固定期限劳动合同的以及用人单位被依法宣告破产的或用人单位被吊销营业执照、责令关闭、撤销或者用人单位决定提前解散而终止劳动合同的，用人单位需要支付经济补偿金。换言之，依据《劳动合同法》的规定，因为用人单位原因导致劳动关系终止的，用人单位需要支付经济补偿金。《劳动合同法》关于用人单位在劳动合同终止的几种情形下需要支付经济补偿金的规定，原来的《劳动法》是没有的。法律规定经济补偿金的年限从《劳动合同法》施行之日也即 2008 年 1 月 1 日起计算。《劳动合同法》施行前按照当时有关规定，用人单位应当向劳动者支付经济补偿的，按照当时有关规定执行。

第四节　劳动法的性质与地位

一、劳动法的社会法属性

劳动法是属于社会法范畴的法律。社会法是用来调整劳动关系、社会保障关系及其他社会关系的法律。按照法律所调整的社会关系的种类，我们可以把法律分为若干个法律部门，分别是：宪法及相关法、民商法、行政法、刑法、经济法、诉讼和非诉讼程序法、社会法。随着 2010 年中国特色的社会主义法律体系建成，包括劳动法和社会保障法等在内的社会法成为我国法律体系的组成部分，社会法是中国特色社会主义法律体系中七大法律部门中的一个部门。

除了作为法律部门的社会法外，关于社会法的含义，还有许多观点，其中第三法域的理论对于理解社会法是非常有意义的。传统的大陆法系的法律在结构上分为公法和私法两个部分。关于公法和私法的划分标准有“利益说”“主体说”“规范性质说”“调整方法说”“综合说”等。“利益说”认为私法与私人利益有关，公法涉及国家利益。“主体说”认为私法的法律主体是平等主体，而公法的法律主体是不平等的。“规范性质说”认为私法的规范是任意性的规范，当事人可以选择；公法的规范是强制性的规范，当事人不能选择。“调整方法说”认为，私法的调整方法是任意性方法，是自下而上的协商的方法；公法的调整方法是自上而下的具有管理性、强制性的方法。“综合说”则是上述观点的综合。现在，我国法学界一般采用“综合说”，并认为宪法、行政法、刑法是公法，民法、商法是私法。

随着社会的发展，国家加强了对私法领域的干预，出现了“私法的公法化”趋势。例如，契约属于私法，它是自由的，只要符合法律规定的契约就应该受到法律的保护，但是随着社会的发展，国家不得不对契约进行干预。社会法就是在“私法的公法化”的过程中出现了一个不同于私法和公法，既有私法因素又有公法因素的第三法域。社会法诞生后，法律体系就从公法、私法的“二元结构”发展到公法、私法和社会法的“三大法域”。劳动法就属于第三法域中的社会法。

社会法的典型特征在于以社会利益为本位，通过国家干预对弱势的一方进行倾斜保护，以实现实质意义上的公平。劳动法就是以社会利益为本位，对劳动者进行倾斜保护，既尊重当事人的自治，又强调国家干预的法律。因此，劳动法属于社会法。

二、劳动法的基本特点

（一）公法与私法的兼容

劳动法是社会法，具有公法和私法兼容的特点。公法的规范主要是强制性规范，私法的规范主要是任意性规范。劳动法的私法属性主要体现在劳动合同法中，劳动合同当事人可以约定。劳动法的公法属性主要体现在劳动基准法中，劳动基准法以强制性规范为主。

（二）劳动者权益的保护法

劳动法不以保护用人单位的权益为目的。用人单位的权益由用人单位组织（雇主组织）来代表和维护。在中国，“中国企业联合会”和“全国工商联合会”是用人单位利益的代表者和维护者，公司法等法律也有关于企业权益保护的规定。劳动法以劳动者的权益保护为立法宗旨，是劳动者权益的“保护神”。

（三）协调法和标准法的结合

劳动法保护劳动者合法利益，但也要协调用人单位的利益。劳动关系是一种对立统一的关系，劳动者和用人单位的关系并不是“非此即彼”的对立关系。劳动法倾斜保护劳动者权益是有限度的，即保护的是劳动者的合法权益，而不是其不当要求，更不是非法利益。劳动法在协调劳动关系时通过劳动标准（如最低工资标准）来确立劳动正义的“底线”，并通过集体协商等制度预防和避免劳动争议的产生，维护劳动关系双方的合作。

（四）具有实体法和程序法的双重性

规定劳动者权利义务的规范，属于劳动实体法；规定劳动纠纷解决程序的规范，属于劳动程序法。程序法是实施实体法的保障。《劳动法》既规定了劳动实体法的内容，又规定了劳动争议处理程序。《劳动合同法》和《劳动争议调解仲裁法》的颁布，在一定程度上淡化了劳动法的实体法和程序法相结合的特点。未来劳动法典的编纂，实体法规范和程序法规范是统一规定在一部法律中，还是劳动法典只规定实体法规范，程序法规范另行制定法律，需要深入研究。

三、劳动法与相关法律部门的关系

（一）劳动法与民法

劳动法与民法的关系非常重要。在劳动案件的处理中，它会涉及对某些纠纷性质的判断和法律的适用。如有一个派遣公司和实际用工单位之间的纠纷的案例，当事人去了劳动仲裁机构，仲裁员认为此纠纷不属于劳动纠纷，不予受理。当事人又到法院去起诉，法官说是劳动纠纷，需要先去劳动仲裁，当事人对此感到非常困惑。这个案件的焦点问题是派遣公司和实际用工单位之间的合同纠纷是劳动争议还是民事争议，实际上这涉及民法和劳动法的关系。

1. 劳动法与民法的主要区别

劳动法是从民法里面分离出来的一个独立的法律门类，它与民法有非常明显的区别：

（1）在当事人意思自治方面，民法比较强调意思自治，劳动法是有限制的意思自治。

（2）在合同的履行方面，民事合同强调全面履行，劳动合同的全面履行原则受到限制。这是因为，基于劳动自由的理念，劳动者拥有辞职的权利。劳动者的辞职权使得劳动合同的全面履行原则要打折扣。

（3）在法律责任承担方面，民法的侵权责任主要是以过错为归责原则的，劳动法的工伤赔偿责任是不以过错为原则的，也即“补偿不究过错原则”。

（4）民法强调“对价等值”，劳动法则对其有修正。例如，劳动法有职工的带薪休假制度，带薪休假的英文是“holiday with pay”，就是职工在休假期间用人单位仍应支付其正常工资，这就不是“对价等值”，劳动法对民法的“对价等值”原则进行了修正。

（5）纠纷解决的机制不同。民事纠纷可以直接到法院去。如果是劳动纠纷，则必须先由劳动仲裁机构进行仲裁，不服仲裁的，劳动者可以向法院起诉；对于“一裁终局”案件，用人单位不能到法院起诉。

2. 劳动法与民法的联系

劳动法与民法有非常深的渊源关系，劳动法源于民法，是从民法发展而来的，因此民法的一些原则、理念、调整方法，对劳动法来说有非常重要的影响。

劳动法与民法的关系处理，在实务中有一个重要的问题是如何确定案件适用劳动法的规则还是适用民法的规则。有一种观点是“劳动法优先、民法补缺”，也即当纠纷的性质是劳动纠纷时，在法律适用方面，凡是劳动法律法规有明确规定的，应该先适用劳动法律法规；劳动法律法规没有明确规定的，可以适用民事法律法规。我们认为，准确的说法应该是“劳动法优先，民法有限补缺”。也即，如果有劳动法律法规明确规定的，就应当适用劳动法规则；劳动法没有规定的，可以有限制地参照适用民法的规则。加上“有限”两字的目的是当劳动法没有规定时，不能一律适用民法的规则。如果适用民法不会和劳动法的立法宗旨和基本原则产生冲突、不会对劳动者权利保护造成不利影响，可以使用民法规则补缺；如果适用民法规则与劳动法基本原则或立法宗旨发生冲突，则不能简单也适用民法规则。总而言之，“有限补缺”就是当劳动法没有规定的时候可以适用民法，但是适用民法的结果应当是公平的并且是符合劳动法理念和原则的，不会产生对劳动者明显不公的后果。

劳动法实务中的问题往往是综合性的，可能涉及劳动法与民法关系及法律适用。请看下面的案例。

案情简介

“三方协议”中的违约金条款是否有效？

刘某是北京某高校2008级应届毕业生，他优秀的专业背景受到了北京某技术公司的青睐。刘某入职的唯一要求是让公司为其解决北京户口。几经周折，公司经北京某区人才服务中心为刘某争取了一个落户指标。为防止刘某在约定服务期内跳槽，白白浪费落户指标，在技术公司与刘某签订劳动合同前，人才服务中心与刘某、公司签订了一份“三方协议”。协议约定：刘某在该区的实际服务年限不得少于5年，服务期内因刘某自身原因调离该区的，应向人才服务中心提出调离申请并出具所在公司同意调出的相关材料，并按提前的年数，以每提前一年1万元的标准向人才服务中心缴纳违约金。刘某工作两年后，找到了更好的单位，准备离职。公司认为刘某需要支付3万元的违约金。问题：公司的主张是否能够得到法律的支持？[①]

① 张真颖：《“三方协议”中的违约金条款是否有效？》，载《中国劳动保障报》，2009-02-10。

案例分析

本案例的核心问题是“三方协议”的法律性质是什么？它是不是劳动合同？如果是劳动合同，就应该适用《劳动合同法》。如果适用《劳动合同法》，此协议违约金条款于法无据。因为，《劳动合同法》对违约金的规定是有严格限制的。即只有当用人单位对劳动者进行了专业技术培训，约定了服务期，或者用人单位和劳动者有竞业限制条款的时候，才可以设定由劳动者承担责任的违约金，除此以外的其他情形是不能约定由劳动者承担责任的违约金的。劳动法中的服务期也是有严格限定的，就是用人单位必须对劳动者进行了专业技术培训，支付了专项培训费用，这种情况下才可以约定服务期。本案中，没有出现适用竞业限制条款的情形，公司只是解决了刘某的户口，并没有对其进行专业技术培训。因此，违约金条款在《劳动合同法》中上找不到依据，应该被确定无效，刘某离职就不应当支付违约金。但是，本案中的“三方协议”不是劳动合同，谈不上《劳动合同法》的适用。“三方协议”是平等主体之间的民事合同。它是三个主体即刘某、技术公司、人才服务中心之间的法律关系。三方基于平等自愿、协商一致的原则签订合同，合同的内容是约定三方的权利义务关系，而不是劳动者和用人单位之间的劳动权利义务。“三方协议”是为劳动合同的签订做准备的，是以订立劳动合同为目的的预备性合同，但本身不是劳动合同。就主体而言，劳动合同的主体一方是用人单位，另一方是劳动者。“三方协议”多了一个主体——人才中心。总之，“三方协议”是民事性质的合同而非劳动法中的劳动合同，应该用民法来处理。既然“三方协议”是三方的真实意思表示，不存在欺诈、胁迫或乘人之危的情形，就应该受到法律的保护。所以，本案例中的违约金条款是应该得到法律支持的。当然在实际处理过程中，违约金应该向人才服务中心支付，而不是向技术公司支付。

（二）劳动法与社会保障法

劳动法与社会保障法的联系比较紧密。劳动法与社会保障法都属于社会法，都以社会利益为本位，侧重于弱势群体的保护，强调社会权利。但是，劳动法与社会保障法的区别非常明显：第一，调整对象不同。劳动法调整劳动关系以及与劳动关系有密切联系的其他社会关系，社会保障法调整社会保障关系。社会保障关系包括社会救助、社会保险、社会福利、慈善事业、优抚安置以及补充保障关系等，其中的社会保险的部分内容与劳动关系发生交叉，其他的社会保障内容与劳动法调整的劳动关系完全不同。第二，法律属性不同。劳动法既有公法因素，也有私法因素，其中私法色彩比较浓厚，具体体现在《劳动合同法》中。社会保障法主要是公法，私法色彩很淡薄。例如，社会救助是国家责任，为符合条件的人提供社会救助具有强制性；社会保险一般也是强制性的制度安排。《社会保险法》只有关于灵活就业人员以个人身份参加基本养老保险和基本医疗保险的法律规范是选择性规范。第三，纠纷解决机制不同。劳动法的纠纷解决机制是“仲裁前置，先裁后审”。社会保障纠纷分为行政纠纷和劳动纠纷两类，两者有着不同的纠纷解决机制。社会保障纠纷中的社会救助纠纷属于行政纠纷，这个纠纷的当事人是申请人和政府，纠纷的一方是行政主体，行政纠纷的解决途径是行政复议或者行政诉讼。社会保障纠纷中的社会保险的纠纷，依据现行的制度，一部分是劳动纠纷，依据劳动纠纷解决机制来处理；一部分是行政纠纷，走行政纠纷的解决路径。例如，用人单位该缴纳的费用没有缴纳，导致参保人权益受到损害，这时候纠纷的双方，一方是用人单位，另一方是劳动者，可以按照劳动纠纷来解决。又如，社会保险经办机构在发放养老金的时候，参保人对养老金待遇计发方面有争议，参保人认为自己的权益受到了侵犯，这个纠纷在法律上属于行政纠纷。

（三）劳动法与行政法

劳动法和行政法的主要区别是：第一，调整对象不同。劳动法调整劳动关系，以及与劳动关系有密切联系的其他社会关系；行政法调整行政关系。第二，主体不同。劳动法的主体主要是用人单位和劳动者；行政法的主体一方是行政主体即行使公权力的主体，包含行政机关和法律法规授权的组织；另一方是行政相对人。第三，调整方式不同。劳动法采用个人自治、团体自治以及国家强制的综合性调整方式；行政法主要是以行政职权的强制为主导，通过强制性方式调整行政关系。

（四）劳动法与刑法

刑法是所有法律部门里面最严厉的一个法律部门，刑法中的刑罚轻则限制人的自由，重则剥夺人的生命。刑法是把双刃剑，如果用之不当，会对国家和个人都产生危害。依据现代法治理念，刑法具有谦抑性，不轻易介入社会关系。但是，刑法对社会关系的介入确实有巨大的威慑力。劳动法的贯彻实施也不能缺少刑法的保障，例如，针对用人单位的恶意欠薪问题，我国刑法已经明确规定了恶意欠薪行为可以构成犯罪，即拒不支付劳动报酬罪。《中华人民共和国刑法修正案（八）》第41条规定："以转移财产、逃匿等方法逃避支付劳动者的劳动报酬或者有能力支付而不支付劳动者的劳动报酬，数额较大，经政府有关部门责令支付仍不支付的，处三年以下有期徒刑或者拘役，并处或者单处罚金；造成严重后果的，处三年以上七年以下有期徒刑，并处罚金。单位犯前款罪的，对单位判处罚金，并对其直接负责的主管人员和其他直接责任人员，依照前款的规定处罚。有前两款行为，尚未造成严重后果，在提起公诉前支付劳动者的劳动报酬，并依法承担相应赔偿责任的，可以减轻或者免除处罚。"《中华人民共和国刑法修正案（八）》将部分拒不支付劳动报酬的行为"入刑"，目的是加大对劳动者获得报酬合法权益的保护力度。与劳动法相关的罪名还有强迫劳动罪、雇佣童工从事危重劳动罪等。

第五节　劳动法的渊源

一、法的渊源概述

法的渊源在法学中是有特定含义的，它不同于词源意义上法的来源，而是指因来源不同（制定法与非制定法、立法机关制定与政府制定等）而具有法的不同效力的法的外在表现形式。英美法系中，判例是法的重要渊源；大陆法系中，成文法或者制定法是法的重要渊源。

法的渊源关系到法的适用问题，不同国家机关制定的法律，其表现形式不同。例如，我国法律体系的最高端是宪法，其次是法律，再次是行政法规，还有地方性法规、地方政府规章等。不同位阶的法律，制定的主体亦有不同。不同立法主体在国家权力体系中的地位不同，决定了其制定的规范性法律文件的法律效力不同。

依据是否可以体现于国家制定的规范性法律文件中的明确条文形式，法的渊源分为正式渊源和非正式渊源：正式渊源体现于国家制定的规范性法律文件中，非正式渊源是具有法律意义的准则和观念，这些准则和观念尚未在正式法律中得到权威性的确认。法的正式渊源可以作为裁判的依据并在裁判文书中予以引用；而非正式渊源原则上仅能作为裁判的参考或理由，一般不能作为裁判的直接依据。

二、我国劳动法的渊源

（一）正式渊源

1．制定法

制定法就是国家机关依照一定的程序制定的规范性法律文件。劳动法的制定法渊源主要包括：

（1）宪法。宪法是由全国人民代表大会依照特别程序制定的具有最高效力的根本法。宪法的主要功能是确立国家制度，制约和平衡国家权力，保障公民权利。宪法是劳动法效力的最高来源，其对劳动法律规范效力的形成具有重要影响。我国《宪法》关于劳动权、社会保障权等基本权利的规定具有法律效力。《宪法》关于劳动和社会保障的规定对具体劳动法律规范的形成具有指导作用，是劳动立法的根据。

（2）法律。法律是指由全国人民代表大会和全国人民代表大会常务委员会制定的规范性法律文件，其法律效力仅次于宪法。法律分为基本法律和一般法律（非基本法律）两类。基本法律是由全国人民代表大会制定，一般法律是由全国人民代表大会常务委员会制定。作为劳动法渊源的法律主要是《劳动法》《工会法》《劳动合同法》《就业促进法》《劳动争议调解仲裁法》以及《社会保险法》等。其中《工会法》属于基本法律,《劳动合同法》《就业促进法》《劳动争议调解仲裁法》《社会保险法》等属于非基本法律。

（3）行政法规。行政法规是国家最高行政机关即国务院根据宪法和法律就有关执行法律和履行行政管理职权的问题，以及依据全国人大的特别授权所制定的规范性文件的总称。其法律地位和法律效力仅次于宪法和法律，但高于地方性法规。《劳动合同法实施条例》《劳动保障监察条例》《工伤保险条例》等属于行政法规。

（4）地方性法规。地方性法规是指由有地方立法权的地方人民代表大会及其常委会就地方性事务以及根据本地区实际情况执行法律、行政法规的需要所制定的规范性文件。与劳动相关的地方性法规主要适用于制定机关所辖行政区域全部范围或部分区域的劳动关系的调整。

（5）部门规章和地方政府规章。部门规章是国务院各部、委员会、中国人民银行、审计署和具有行政管理职能的直属机构，根据法律和国务院的行政法规、决定、命令，在本部门的权限范围内，制定的规范性法律文件。如原劳动部制定的《就业服务与就业管理规定》《集体合同规定》以及人力资源和社会保障部制定的《劳务派遣暂行规定》等。

地方政府规章是指省、自治区、直辖市人民政府和较大的市的人民政府根据法律和国务院的行政法规、决定、命令，在本部门的权限范围内，制定的规范性法律文件。

2．司法解释

司法解释特指由最高人民法院根据法律赋予的职权，对审判中具体应用劳动法律所作的具有普遍司法效力的解释。《民法典》颁布实施后，最高人民法院发布了劳动争议案件的司法解释即《关于审理劳动争议案件适用法律问题的解释（一）》。

3．国际劳工组织公约

国际劳工组织（International Labor Organization，ILO）是1919年根据《凡尔赛和约》作为国际联盟的附属机构成立的组织，1946年12月14日起成为联合国的一个专门机构。国际劳工组织是联合国中负责社会和劳动事务的一个专门机构，是联合国系统中唯一具有三方机制的国际组织，也是劳动领域权威的国际组织。

国际劳工组织公约对于各国的劳动立法产生了重要影响，特别是公约关于核心劳工标准的规定。核心劳工标准称为“工人的基本权利”，包括四个方面的内容：①结社自由、自由组织工会和进行集体谈判；②同工同酬以及消除就业歧视；③禁止强迫劳动；④禁止童工。这四项基本劳动权利，主要体现在八项国际劳工公约中：1930 年的《强迫劳动公约》（第 29 号）、1948 年的《结社自由与保护组织权公约》（第 87 号）、1949 年的《组织权与集体谈判权公约》（第 98 号）、1951 年的《对男女工人同等价值的工作付予同等报酬公约》（第 100 号）、1957 年的《废除强迫劳动公约》（第 105 号）、1958 年的《（就业和职业）歧视公约》（第 111 号）、1973 年的《最低年龄公约》（第 138 号）、1999 年的（最恶劣形式的童工公约）（第 182 号）。

截至 2023 年，我国已经承认和批准了 28 个国际劳工组织公约。国际劳工组织公约作为劳动法的渊源，最终需要通过国内立法进行转化。如 2005 年，我国批准了国际劳工组织 1958 年的《（就业和职业）歧视公约》（第 111 号），并于 2006 年向国际劳工局局长正式交存批准书，进行登记。为了落实第 111 号公约的相关内容，全国人大常委会在 2007 年制定《就业促进法》时对反对就业歧视、实现就业公平进行了专门规定。

（二）非正式渊源

1．指导性案例

我国的法律主要表现为国家立法机关制定的规范性法律文件。判例不是法的渊源，但是也吸收和借鉴判例法国家的一些有益经验，建立案例指导制度。案例指导制度即最高人民法院从全国各地法院的裁判中遴选一些有代表性的典型案例，由最高人民法院以公告的形式发布，作为指导性案例，供各地的法官学习参考。指导性案例虽然没有直接的法律约束力，但是对于法官审理劳动争议案件时的规则适用和裁判结果的形成都发挥着一定的作用。例如，2013 年 11 月 8 日，最高人民法院发布了第五批指导性案例。其中第 18 号指导案例涉及劳动法中关于“末位淘汰”的合法性问题，案件具体情况如下：

案情简介

2005年7月，盛某进入杭州某公司工作，劳动合同约定盛某从事销售工作，基本工资每月3840元。该公司的《员工绩效管理办法》规定：员工绩效考核结果分为S、A、C1、C2四个等级，分别代表优秀、良好、价值观不符、业绩待改进。2009年1月，盛某所在的部门被裁撤，盛某被转岗至华东区从事销售工作。由于2008年下半年、2009年上半年及2010年下半年盛某的考核结果均为C2，公司认为，盛某经转岗后仍不能胜任工作，故在支付了部分经济补偿金的情况下与其解除了劳动合同。2011年7月，盛某提起劳动仲裁。仲裁委作出裁决：该公司支付与盛某违法解除劳动合同赔偿金余额36596.28元。该公司认为不存在违法解除劳动合同的行为，故诉至法院。最后，杭州市滨江区人民法院判决，该公司一次性支付被告盛某违法解除劳动合同的赔偿金余额36596.28元[①]。

案例分析

根据我国劳动法律法规的规定，用人单位单方解除劳动合同需要符合法定情形方可实施，其中并无“末位淘汰”这一情形。《劳动合同法》第40条虽然有“不能胜任工作”可以解除劳动合同的规定，但是“末位”不等于“不能胜任工作”。因此，通过“末位淘汰”解除劳动合同在我国劳动法律体系中是违法的，以“末位淘汰”为由解除劳动合同的做法应该被淘汰。

2. 用人单位的规章制度

用人单位的规章制度是指由用人单位制定的，在本单位实施的用工管理的规则和制度的总和。用人单位应当依法建立和完善规章制度，保障劳动者享有劳动权利和履行劳动义务。《劳动合同法》第4条规定：“用人单位应当依法建立和完善劳动规章制度，保障劳动者享有劳动权利、履行劳动义务。用人单位在制定、修改或者决定有关劳动报酬、工作时间、休息休假、劳动安全卫生、保险福利、职工培训、劳动纪律以及劳动定额管理等直接涉及劳动者切身利益的规章制度或者重大事项时，应当经职工代表大会或者全体职工讨论，提出方

① 金炜：《劳动合同法视野下末位淘汰制的性质界定》，载《人民司法》，2012（12）。

案和意见，与工会或者职工代表平等协商确定。在规章制度和重大事项决定实施过程中，工会或者职工认为不适当的，有权向用人单位提出，通过协商予以修改完善。用人单位应当将直接涉及劳动者切身利益的规章制度和重大事项决定公示，或者告知劳动者。”最高人民法院《关于审理劳动争议案件适用法律问题的解释（一）》第50条规定：“用人单位根据劳动合同法第四条规定，通过民主程序制定的规章制度，不违反国家法律、行政法规及政策规定，并已向劳动者公示的，可以作为确定双方权利义务的依据。”这一司法解释，明确规定用人单位规章制度只要内容合法、经过民主程序，并向劳动者公示的，即具有法律约束力，可以作为法院确定双方权利义务的依据。

3. 集体合同

集体合同是指劳动者团体与用人单位或用人单位团体就劳动报酬、工作时间、休息休假、劳动安全卫生、保险福利等事项，通过集体谈判达成的书面协议。工会作为代表劳动者利益的组织可以代表劳动者，与雇主或者雇主团体签订集体合同。集体合同签订的目的是提升劳动者保护水平，通过工会与用人单位的协商，将劳动标准提升到与该用人单位实际情况相适应的水平。劳动合同确定的劳动条件和劳动标准不得低于集体合同的规定。

三、劳动法的适用原则

（一）正式渊源优先原则

正式渊源具有直接法律效力，可以直接援引作为裁判依据。非正式渊源是间接的法律渊源，只具有说服力而没有直接的拘束力，一般不能直接作为裁判的依据。法官在适用法律规范时，正式渊源应该优先适用[①]。正式渊源的适用一般需遵循以下原则。①上位法优于下位法。法的正式渊源：宪法、法律、行政法规、地方性法规、部门规章和地方政府规章等，有一个效力层级关系即位阶关系，就像一个阶梯一样，在上面的叫“上位法”，“上位法”之下的叫“下位法”。从法理上讲，下位法不得与上位法相矛盾或抵触。如果有矛盾或抵

① 林嘉：《劳动法和社会保障法》，5版，第44页，北京：中国人民大学出版社，2023。

触的情形，下位法应当是无效的。我国《中华人民共和国立法法》第98条规定："宪法具有最高的法律效力，一切法律、行政法规、地方性法规、自治条例和单行条例、规章都不得同宪法相抵触。"第99条规定："法律的效力高于行政法规、地方性法规、规章。行政法规的效力高于地方性法规、规章。"第100条规定："地方性法规的效力高于本级和下级地方政府规章。"②新法优于旧法、特别法优于一般法。新法和旧法是就时间而言的。比如说，《劳动法》和《劳动合同法》，都是全国人大常委会制定的，《劳动法》是1994年制定的，《劳动合同法》是2007年制定的，这两部法律不可避免地会存在不一致的地方。例如，《劳动法》规定了劳动合同应当有违约责任，《劳动合同法》则把违约责任从劳动合同的必备条款中取消了，只规定了在特殊情况下即存在服务期和竞业限制情形下可以约定由劳动者承担违约责任的违约金条款。根据法律适用的原则，《劳动合同法》生效后，涉及劳动者违约责任的法律就应该适用《劳动合同法》，而不是《劳动法》，因为《劳动合同法》是新法，新法优于旧法。特别法和一般法的关系是就法的适用范围而言的。如果特别法有规定的，应该适用特别法。例如，《劳动法》规定女职工生育享受不少于90天的产假。2012年，国务院出台了《女职工劳动保护特别规定》规定"女职工生育享受98天产假"。那么，关于女职工的生育产假，应该适用哪部法律或法规？一方面，《女职工劳动保护特别规定》关于女职工的生育产假的规定符合《劳动法》的立法精神；另一方面，《女职工劳动保护特别规定》和《劳动法》虽然并非同一机关制定，但从内容上看，相对于《劳动法》而言，《女职工劳动保护特别规定》是特别法，也是新法。因此，关于女职工生育产假的期限，应该适用"女职工生育享受98天产假"的规定。

（二）有利原则

有利原则是倾斜保护原则在劳动法的渊源适用过程中的具体体现，就是当法律条款出现漏洞或不明确的时候，怎么去适用法律。这时候应当本着对劳动者有利的原则来进行解释、适用。其主要适用于以下两种情形：①在填补劳动法律漏洞时，应对法律规范作有利于劳动者的解释；②在协调劳动法律冲突时，应该基于有利于劳动者的原则进行法律的解释和选择[①]。

第六节　劳动法的学习研究方法

“工欲善其事，必先利其器”，采取正确的学习研究方法，将有利于正确理解劳动法的精神、原则和规范，有利于劳动法的正确适用，也有助于更好地维护劳动者的合法权益。劳动法是实践性和应用性很强的法律部门，其调整的社会关系具有多变性、复杂性等特点，劳动法律规范也在不断地增加和变动，正确理解和适用劳动法，掌握和运用合适的方法尤为重要。学习和研究劳动法需要掌握以下基本方法[②]。

一、文义分析方法

文义分析是指根据语法规则对法律条文的含义进行分析，以说明其内容的方法。法律解释一般都是从文义分析开始的，通常又可以分为字面解释、扩张解释和限制解释。法律是高度概括和抽象的，要理解法律的含义，就要从法律规范的文字含义入手，按照日常的或法律的语言使用方式清晰地描述法律条款的内容。文义分析的特点是将解释的焦点集中在语言上，而不顾及根据语言解释的结果是否公正、合理。文义分析可能会涉及法律的语言和生活的日常语言不一致的问题。

例如，关于“无固定期限劳动合同”，字面上很容易将其理解为“终身制的劳动合同”，即不能解除不能终止的劳动合同。其实，按照《劳动合同法》的规定，无固定期限劳动合同只是没有确定的终止日期的劳动合同，而不是不能解除、不能终止的劳动合同。再如，关于“工伤保险的先行支付制度”的理解，在实践中遇到的问题比较多。《社会保险法》第 41 条规定：“职工所在用

---

① 林嘉：《劳动法和社会保障法》，5 版，第 37 页，北京：中国人民大学出版社，2023。
② 杨思斌：《理解和适用劳动法的基本方法》，载《中国工人》，2016（4）。

人单位未依法缴纳工伤保险费，发生工伤事故的，由用人单位支付工伤保险待遇。用人单位不支付的，从工伤保险基金中先行支付。”这里的“用人单位未依法缴纳工伤保险费”是什么意思？实践中有的用人单位根本就没有依法参加工伤保险，发生了工伤事故以后，职工找到经办机构要求工伤保险基金先行支付，因为他（她）认为“未依法缴纳工伤保险费”包括未参保。那么，工伤保险基金就面临一个非常大的支付压力。也有研究社会保险的学者认为，社会保险本身应该是一个“参保人的俱乐部”，没有参加到工伤保险制度里面来的人，就不能请求工伤保险基金给付，否则就把社会保险等同于社会救助了。工伤保险的先行支付制度在实践中实施的效果并不理想，需要对“未依法缴纳工伤保险费”进行更具体、明确的解释。

二、体系分析方法

体系分析方法也称系统分析方法，是指将被解释的法律条文放在整部法律中乃至整个法律体系中，从法律的整体来解释法律。比如，劳动合同的终止制度是否可以约定?《劳动法》规定劳动合同的终止是可以约定的。假设劳动合同期限是 3 年，劳动合同中“如果企业经营管理不善，劳动合同可以终止”的约定是有效的。但是，劳动合同终止可以约定的规定，容易导致保护劳动者权益的劳动合同期限制度被劳动合同的约定终止所规避。《劳动合同法》没有规定劳动合同可以约定终止，即根据《劳动合同法》，劳动合同终止的情形只能是法定的，而不能是约定的。我们把劳动合同终止制度放在劳动法的体系里面来分析，劳动合同约定终止的条款就是无效的。因为，《劳动法》和《劳动合同法》是同一位阶的法律，相对于《劳动法》而言，《劳动合同法》是新法，新法优于旧法。因此，应该适用《劳动合同法》的规定，而不是《劳动法》的规定，来解释劳动合同的终止制度。

又如，超龄劳动者的法律关系是否属于劳动法律关系？劳动法中关于劳动者年龄有上限规定，即法定退休年龄，超过法定退休年龄的叫超龄劳动者。根据《劳动合同法》第 44 条规定，劳动者开始依法享受基本养老保险待遇的，劳动合同终止。也就是说，劳动者开始享受基本养老保险待遇意味着劳动者和单位之间就不再存在劳动关系了。但是，享受基本养老保险待遇的条件包括“达到法定退休年龄”和“累计缴费满 15 年”两项条件。在我国并非所有的劳动者都能享受基本养老保险待遇，对于此类劳动者，企业无法依照《劳动合同法》的第 44 条与他们终止劳动合同。《劳动合同法实施条例》第 21 条规定：“劳动者达到法定退休年龄的，劳动合同终止。”显然，该规定与《劳动合同法》有明显冲突。《最高人民法院关于审理劳动争议案件适用法律若干问题的解释（一）》第 32 条第 1 款规定：“用人单位与其招用的已经依法享受养老保险待遇或者领取退休金的人员发生用工争议而提起诉讼的，人民法院应当按劳务关系处理。”按照该司法解释，“已经依法享受养老保险待遇或者领取退休金”的人员不再属于《劳动合同法》调整的劳动者，但是，如果不能依法享受养老保险待遇或领取退休金的劳动者，是否可以建立劳动关系？例如，上海一个 62 岁的男性农民工，在工作过程中受到伤害，可否认定为工伤？工伤认定是以劳动关系为前提的，农民工在工作过程中遇到伤害能否认定为工伤的前提条件取决于他和单位的劳动关系是否存在。我们认为，农民工不能简单地适用城镇职工的退休制度（城乡居民养老保险制度的规定中农民 60 周岁以后，可以领取到的养老金远没有达到维持老年人基本生活的需求的水平）。超龄农民工可以建立劳动关系，其在工作中的伤害符合工伤认定条件的，应该认定为工伤。《最高人民法院行政审判庭关于超过法定退休年龄的进城务工农民因工伤亡的，应否适用〈工伤保险条例〉请示的答复》中指出，“用人单位聘用的超过法定退休年龄的务工农民，在工作时间内，因工作原因伤亡的，应当适用《工伤保险条例》的有关规定进行工伤认定”。以上分析说明，关于超龄劳动者权利义务关系的认定需要结合多个法律条文，把《劳动合同法》《劳动合同法实施条例》《社会保险法》以及相关司法解释等作为一个整体进行分析，才能得出令人信服的结论。

依据体系分析方法，我们在理解和适用劳动法的时候不能简单地就法条论法条，要联系整个劳动法体系甚至其他法律进行分析和研判。

三、历史分析方法

历史分析方法是指从法律规范制定的历史背景或者把该项法律规范同已经废止的法律规范进行对照、比较，来阐明法律规范的含义。

历史分析方法有助于我们理解劳动法的精神以及劳动法制的演变。劳动法的产生与发展的历史有助于我们理解劳动法为什么要以保护劳动者合法权益为立法宗旨。实际上自古至今，劳动法都是朝着赋予劳动者更多权利、更好保护的方向前进的。比如，在罗马时期，劳动者被当作物品一样，劳动合同被看成标的物为人的租赁合同，当今劳动者成为宪法中的权利主体；在我国春秋时期，“匹马束丝”换 8 个奴隶，现在劳动者是国家的主人①。1889 年 7 月 14 日，在法国巴黎，由各国马克思主义者召集的社会主义者代表大会上，把每年的 5 月 1 日定为国际无产阶级的共同节日。自此，劳动者的工作时间从早期的每天工作 16 小时到当今的 8 小时工作制，这已经成为各国劳动基准法的核心内容。还有，最早的工资是饥饿工资，现在我们有了劳动正义的底线——最低工资标准制度。对劳动法制的产生与发展的历史规律的把握，有助于我们理解劳动法的立法宗旨和基本精神。

历史分析方法在劳动法适用中非常重要。例如，农民工的社会保险问题的解决就需要借助历史分析方法。在《社会保险法》出台之前，农民工的社会保险有各种形式，有的地方是纳入城镇职工基本养老保险，有的地方是参加农村养老保险，有的地方是为农民工单独设计养老保险，还有的地方是为农民工建立涵盖养老、医疗、工伤等多险种的综合社会保险，甚至还有地方模仿新加坡的公积金制度，只建农民工个人账户养老保险。《社会保险法》第 95 条规定：“进城务工的农村居民依照本法规定参加社会保险。”这条规定意味着，原先各地关于农民工养老保险的规定，凡是与《社会保险法》的规定相冲突的，都应该停止。这就是历史分析方法在农民工社会保险问题中的运用。进城务工的农村居民原则上应属于城镇职工养老保险强制参保的对象，如果进城务工的农村居民为无雇工的个体工商户、未在用人单位参加基本养老保险的非全日制从业

① 黎建飞：《法理学的应用价值》，载《山东警察学院学报》，2010（3）。

人员，以及其他灵活就业人员的，则可以自愿选择参加基本养老保险或参加城乡居民社会养老保险。

四、当然分析方法

当然分析，即“不言自明、理所当然”，是指法律规范虽然没有明示某一事项，但依形式逻辑、规范目的及事物的当然道理，将该事项解释为包括在该规定的适用范围之内。例如，德国民法里有一个案例。德国当时拍卖的规则是，参加竞买的人通过挥手示意的方式进行竞买。在一次拍卖过程中，参加拍卖活动的竞买人看见一个非常熟悉的朋友，他站起来挥手示意，主持拍卖活动的拍卖师看到有人挥手，就把拍卖的锤子落下了，并宣布成交。竞买人觉得合同并没有成立，但拍卖人认为合同成立，后来就发生了纠纷。官司打到法院后，法官认为，德国法律有“非诚意的意思表示不构成承诺”的规定。竞买人见到朋友挥手示意，只是一般的社交礼节，连意思表示都算不上，更谈不上是诚意的意思表示，因此不构成承诺，合同不成立。这个案例中，法官就是运用当然分析方法进行的裁判。

当然分析方法在劳动法中也有很多应用。例如，依据《劳动合同法》第39条规定，劳动者被依法追究刑事责任的，用人单位可以解除劳动合同。如果企业的员工因为违法受到行政拘留的处罚，企业能否依据该规定直接解雇员工？答案是否定的。因为，劳动者在劳动合同存续期间，因构成犯罪而被依法追究刑事责任的，一般来说已经不能再为用人单位提供劳动，其与用人单位的劳动合同失去了意义，用人单位可以解雇劳动者。行政拘留适用于违反《治安管理处罚法》，但不构成犯罪的违法行为，其和被追究刑事责任是完全不同的。“举重以明轻”，对于违反《治安管理处罚法》的一般违法行为，企业不能仅以劳动者违法的事由单方解除劳动合同。

五、价值分析方法

当人们评价一部法律好与不好的时候，实际上就涉及价值分析。价值分析是自然法学派的分析方法。自然法学派认为，在国家制定的法律以外，还存在更高级的法律——自然法。自然法主张法治是良法之治，“恶法非法”，强调道德对于法律的重要性。劳动法中的许多制度，如对女职工的特殊保护、8小时工作制等蕴含着强烈的道德因素。最早的劳动立法是1802年英国通过的《学徒健康和道德法》，从其名称就可看出劳动法与道德的关联程度。

劳动法产生的动因是基于劳动者与用人单位之间的不平等，通过国家的强制介入平衡劳动者与用人单位之间的利益，实现两者的平等。劳动法的作用之一，就在于保证现实中的劳动关系更接近于真实性的“契约关系”，而不是权力型的关系。劳动法中的倾斜保护原则确立的基础是价值判断，因为劳动者相对于用人单位是弱势，所以要进行倾斜保护。例如，在劳动合同解除制度设计方面，劳动者解除劳动合同相对容易，而用人单位单方解除劳动合同则比较困难，其解除劳动合同的事由必须符合法定情形，否则就构成违法解除。

劳动法中“处分协议”的法律效力也体现了价值分析方法的运用。“处分协议”就是劳动者和用人单位在处理纠纷时达成的“私了协议”。“私了协议”的法律效力怎么认定?《最高人民法院关于审理劳动争议案件适用法律问题的解释（一）》第35条规定：“劳动者与用人单位就解除或者终止劳动合同办理相关手续、支付工资报酬、加班费、经济补偿或者赔偿金等达成的协议，不违反法律、行政法规的强制性规定，且不存在欺诈、胁迫或者乘人之危情形的，应当认定有效。前款协议存在重大误解或者显失公平情形，当事人请求撤销的，人民法院应予支持。”依据该条司法解释，如果劳动者和用人单位在处分协议里面约定的工资报酬低于最低工资标准的，该约定无效。例如，2023年，北京市的最低工资标准是2420元，如果发生工资纠纷，用人单位给付劳动者2000元，劳动者同意了，从契约自由来看，国家没有必要干预，但是法律认为这种约定是无效的。因为，当事人的约定是低于最低工资标准的，而最低工资标准被认为是维持劳动者生存权的底线，劳动者生存权的价值高于契约自由，所以该约定违反了法律、行政法规的强制性规定，因而无效。

六、社会学分析方法

社会学强调社会调查、资料分析和定量研究。例如,《劳动合同法》好或不好的评价本身是个价值判断问题，但作出这个判断需要运用社会学分析方法，做一些社会调查。再如，法律对劳务派遣滥用的治理，要清楚到底有多少企业使用劳务派遣用工，劳务派遣员工有多少人，他们的工资水平、社会保险待遇怎么样，这都需要进行社会调查。

劳动法中用人单位单方解除劳动合同的法定情形有劳动者“严重违反用人单位的规章制度”。什么是“严重违反用人单位的规章制度”中的“严重”，法律并没有做具体的规定，因为不同企业情况千差万别。有公司把公共汽车售票员少撕一张 2 元钱的车票认定为“严重”；有公司把劳动者上班“打游戏”认定为“严重”；有公司以“严重”为由将一位把苹果带到工作岗位的怀孕女工解雇；还有一家公司以“严重”为由把一位谎称姥爷过世请假回家的怀孕女工解雇。“严重违反用人单位的规章制度”的具体认定需要以劳动法规定的限度和用人单位的规章制度的具体规定为准，同时可借鉴社会学分析方法。例如，有一个企业规定女职工上班必须戴安全帽，如果不戴安全帽上班就是严重违章。劳动仲裁院在最初仲裁案件时认为企业的规定太苛刻了。后来，仲裁员被邀请到企业去参观。仲裁员在参观后得知，这个企业曾发生过多起人身伤害事件，都是因没有戴安全帽的女职工的头发被机器搅住而造成的。最后劳动仲裁院认为企业的规章制度具有合理性，女职工不戴安全帽上班可以被认定为“严重违反用人单位的规章制度”。

七、目的分析方法

目的分析方法是指从制定某一法律的立法目的来分析法律含义或根据某一行为的目的分析法律的适用。例如，某单位女职工夜里十二点钟值班，她当晚八点钟就离开家里，在去工厂的途中发生交通事故遭到伤害。厂方认为她不属于工伤，因为按照“在上下班途中，受到非本人主要责任的交通事故或者城市轨道交通、客运轮渡、火车事故伤害的应当认定为工伤”的规定，女职工晚八点就离开家里并非去上班而是去宿舍休息，不是在上班途中发生的伤害，因此不应该认定为工伤。职工方主张属于工伤，双方发生争议。工伤认定部门认为，保障因工作遭受事故伤害或者患职业病的职工获得医疗救助和经济补偿，是工伤保险立法的重要目的。该案中，事发地是女职工去工厂的必经之路，其主观目的是去工厂等待值夜班，其提前到达工厂是为了工作，故应当认定其提前上班的行为属于“上下班途中”。

八、比较分析方法

俗话说“没有比较就没有鉴别”。比较分析方法包括规范比较、功能比较和文化比较。其中规范比较是以法律规范为中心，对不同国家或地区的法律规范进行比较；功能比较是以问题为中心，即比较的出发点和基础是社会所面临的各种问题或社会需要；而文化比较则是把法律看作一种文化现象，每一个民族的法律都反映着该民族在公平、正义、秩序、人权等问题上的看法、态度和情感。

比较分析方法对于准确理解劳动法的概念、原理和制度具有非常重要的作用。劳动法中有许多相似的概念如劳动关系和劳务关系、固定期限劳动合同和无固定期限劳动合同、劳动合同和集体合同、劳动合同的解除和劳动合同的终止、经济补偿金和赔偿金、劳动监察与劳动监督、权利争议和利益争议等都需要借助比较分析方法才能够明辨其异同。在劳动法律实务中，还涉及超越劳动法部门的多个法律制度的比较，如劳动法中的竞业限制和公司法中的竞业禁止，劳动法中的劳动仲裁与民商法中的民商事仲裁、工伤保险待遇和民事侵权补偿等。

在劳动法律实务中，通过比较分析方法，明确各个不同制度的内容及适用范围，才能准确地找到法律适用的依据。

第二章

劳动法律关系

第一节 劳动法律关系总论

一、劳动法律关系的含义和特征

（一）劳动法律关系的含义

法律关系分析法是一个重要的法律分析方法。学习劳动法，需要掌握劳动法律关系的基本知识。劳动法律关系是劳动关系参加者之间依据劳动法律规范而形成的一种权利义务关系。劳动法律关系有三个要素：主体、客体和内容。

劳动法律关系的主体是指依照劳动法律规范享受权利和承担义务的劳动法律关系的参加者。一般意义上的劳动法律关系的主体一方是劳动者，另一方是用人单位。判断一个劳动关系是否成立，首先要看主体是否符合法律法规规定的要件。如果是集体劳动法律关系还会涉及一方主体是工会，另一方是雇主或是雇主组织。

劳动法律关系的客体是指在劳动法律关系中当事人享受权利和履行义务指向的对象，一般认为包括劳动条件和劳动行为。

劳动法律关系的内容是法律关系的核心要素，是双方当事人在劳动法律关系中所享有的权利和承担的义务。劳动法律关系超越民事法律关系，其内容具有强烈的社会性，劳动法律关系在内容方面具有如下几个特征[①]：①明显的不对称性。因为现实生活中，劳动者和用人单位的地位事实上是不平等的，所以法律要对它进行一定的矫正。矫正后的劳动法律关系与普通民事法律关系相比较，权利与义务具有不对称性，即赋予劳动者的权利要多于义务，规定用人单位的义务要多于权利，权利义务关系具有明显倾斜性。②较强的法定性。劳动法律关系里的大部分内容属于劳动基准范畴，是一个底线，当事人必须遵守，除非当事人的约定对劳动者更为有利。③适度的受限性。在民事法律关系中，民事权利的行使和民事义务的履行可以适用代理制度，当事人不需要事必躬

---

① 林嘉：《劳动法和社会保障法》，5版，第80—81页，北京：中国人民大学出版社，2023。

亲，可以委托律师或者业务员等进行代理。但是劳动法强调权利与义务必须由本人亲自履行。这是因为劳动关系有很强的人身依附性，用人单位和劳动者之间有一种非常强的信赖关系。用人单位往往是基于劳动者的劳动能力、经验、技能、知识水平等因素确定是否招用，劳动者往往是基于某用人单位的效益、利润、前景等因素确定是否加入。因此，劳动法强调劳动义务的亲自履行。例如，在一个案例中，兄弟俩是双胞胎，弟弟的单位非常好，但是其身体有疾病，需要长期卧床休养，于是让哥哥来顶替他的岗位。后来发生工伤事故，在对哥哥进行工伤认定的时候发现信息不符，工伤认定被否决。其理由是，哥哥顶替弟弟上班，其与单位没有构成劳动关系。④权利救济的复合性。在劳动法律关系中，劳动者的权利救济有民事、行政、刑事等多种手段，具有复合性。劳动者权利受到侵犯的，可以向劳动监察部门进行举报投诉，如果劳动监察部门介入进行查处就是行政手段；劳动者通过仲裁诉讼要求赔偿损失的是民事手段；用人单位拒绝支付劳动报酬符合犯罪构成要件并追究刑事责任的就是刑事手段。

（二）劳动法律关系的特征

1. 意志性

劳动法律关系首先具有国家意志性，因为劳动法律关系是通过劳动法调整的社会关系，而劳动法本身就是国家意志的体现。劳动法律关系又体现为当事人的个体意志性，因为无论是劳动合同关系还是集体合同关系，都需要双方当事人平等协商后确立，体现了当事人的意思自治。

2. 兼容性

兼容性先是体现为平等性与从属性兼容；再是体现为财产性与人身性的兼容。

3. 职业性

劳动法律关系的形成和实现与劳动者个人或其团体的社会劳动过程具有紧密的相关性，具有职业化劳动的特点。当事人的权利义务是否因劳动者的职业化劳动而产生，是判断是否构成劳动关系的一个重要标准。

二、劳动法律关系的分类

（一）个别劳动法律关系与集体劳动法律关系

根据劳动关系的主体是否具有团体性，可以把劳动法律关系分为个别劳动法律关系和集体劳动法律关系。个别劳动法律关系也即个体性劳动法律关系，是指劳动者个人与用人单位之间形成的劳动法律关系。集体劳动法律关系也即集体性（团体性）劳动法律关系，是指劳动者集体通过工会与用人单位或者用人单位团体之间形成的劳动法律关系。

（二）单一劳动法律关系和多重劳动法律关系

根据劳动者建立劳动法律关系的数量，可以把劳动法律关系分为单一劳动法律关系和多重劳动法律关系。单一劳动法律关系，是指一个劳动者只与一个用人单位建立的劳动法律关系。多重劳动法律关系，是指一个劳动者同时与两个或两个以上的用人单位建立或保持的劳动法律关系。《劳动合同法》第69条第2款规定："从事非全日制用工的劳动者可以与一个或者一个以上用人单位订立劳动合同；但是，后订立的劳动合同不得影响先订立的劳动合同的履行。"目前的劳动法实践已经突破了传统劳动法中的"一个劳动者只能建立一个劳动关系"的理论束缚，体现了对多重劳动法律关系放松管制的趋势。

（三）国内劳动法律关系和涉外劳动法律关系

根据劳动法律关系中是否具有涉外因素，可以把劳动法律关系分为国内劳动法律关系和涉外劳动法律关系。国内劳动法律关系，是指不具有涉外因素的劳动法律关系。涉外劳动法律关系，是指具有涉外因素（主体、内容等要素涉外）的劳动法律关系。比如，外国人在华就业所建立的劳动关系就是涉外劳动法律关系。

（四）标准劳动法律关系和非标准劳动法律关系

标准劳动法律关系也称"典型劳动法律关系"，是指劳动者直接受雇于唯一用人单位，在用人单位的指挥、监督下从事劳动所形成的劳动法律关系。标准劳动法律关系是一种传统的劳动关系，具有主体的确定性、财产和人身的兼容性、平等和隶属的双重性、继续性等特征。在标准劳动关系中，用人单位对劳动者在生产场所、工作方式、组织规则等方面享有较强的控制权[①]。标准劳动关系在用工形式方面为全日制用工，需严格遵守八小时工作制、法定最低工资标准制度和基本社会保险制度。

“非标准劳动法律关系”也称“非典型劳动法律关系”，是指在劳动时间、劳动报酬、工作场所、保险福利等方面不同于传统直接用工形式和就业形式的特殊类型的劳动法律关系。劳务派遣、非全日制用工、多重劳动关系等属于非标准劳动法律关系。

（五）完全劳动关系与不完全劳动关系

为加强对新就业形态劳动者的权益保护，2021 年 7 月 16 日，人社部等八部门联合出台《关于维护新就业形态劳动者劳动保障权益的指导意见》，指出：“符合确立劳动关系情形的，企业应当依法与劳动者订立劳动合同。不完全符合确立劳动关系情形但企业对劳动者进行劳动管理（以下简称不完全符合确立劳动关系情形）的，指导企业与劳动者订立书面协议，合理确定企业与劳动者的权利义务。个人依托平台自主开展经营活动、从事自由职业等，按照民事法律调整双方的权利义务。”《关于维护新就业形态劳动者劳动保障权益的指导意见》打破了传统劳动用工的“要么是劳动关系，要么是民事关系”的劳动用工二分法，标志着“劳动用工三分法”不再仅停留在学术层面，而是已经在政策文件中使用。同时，首次使用了“不完全符合确立劳动关系情形”的概念，标志着劳动关系的一种新类型——不完全劳动关系（不完全符合确立劳动关系情形）的产生。

需要注意的是，对于不完全符合确立劳动关系情形的劳动者权益保护，《关于维护新就业形态劳动者劳动保障权益的指导意见》明确推动将不完全符合确立劳动关系情形的新就业形态劳动者纳入最低工资、工资支付保障制度范围，督促企业按规定合理确定休息办法以及制定修订直接涉及劳动者权益的制

① 陈晓宁：《论非标准劳动关系的法律规制》，载《时代法学》，2010（3）。

度规则和平台算法要充分听取工会或者劳动者代表的意见建议等。为支持和规范发展新就业形态，加强新就业形态劳动者权益保障，2023 年 2 月 21 日，人社部办公厅印发《新就业形态劳动者劳动合同和书面协议订立指引（试行）》，为新就业形态劳动者与企业订立劳动合同和书面协议的内容、形式、效力、方式等提供了明确指导。2023 年 11 月 8 日，人力资源社会保障部办公厅印发了《新就业形态劳动者休息和劳动报酬权益保障指引》《新就业形态劳动者劳动规则公示指引》《新就业形态劳动者权益维护服务指南》（以下简称“两个指引和一个指南”）。《新就业形态劳动者休息和劳动报酬权益保障指引》《新就业形态劳动者劳动规则公示指引》适用于线上接受互联网平台发布的配送、出行、运输、家政服务等工作任务，按照平台要求提供平台网约服务，通过劳动获取劳动报酬的新就业形态劳动者。其中，个人依托互联网平台完全自主开展经营活动的新就业形态劳动者不适用《新就业形态劳动者休息和劳动报酬权益保障指引》。《新就业形态劳动者权益维护服务指南》适用于所有的新就业形态劳动者，但涉及新就业形态商事纠纷不适用该指南。“两个指引和一个指南”中的很多内容都是针对不完全劳动关系的，可以为我们学习不完全劳动关系提供有益的参考。

下面我们分析一个不完全劳动关系的案例。

案情简介

徐某于 2019 年 7 月 5 日从某科技公司餐饮外卖平台众包骑手入口注册成为网约配送员，并在线订立了《网约配送协议》，协议载明：徐某同意按照平台发送的配送信息自主选择接受服务订单，接单后及时完成配送，服务费按照平台统一标准按单结算。从事餐饮外卖配送业务期间，公司未对徐某上线接单时间提出要求，徐某每周实际上线接单天数为 3 至 6 天不等，每天上线接单时长为 2 至 5 小时不等。平台按照算法规则向一定区域内不特定的多名配送员发送订单信息，徐某通过“抢单”获得配送机会，平台向其按单结算服务费。出现配送超时、客户差评等情形时，平台核实情况后按照统一标准扣减服务费。2020 年 1 月 4 日，徐某向平台客服提出订立劳动合同、缴纳社会保险费等要求，被平台客服拒绝，遂向仲裁委员会申请仲裁。申请人请求：确认徐某与某科技公司于2019年7月5日至2020年1月4日期间存在劳动关系，某科技公司支付解除劳动合同经济补偿。

案例分析

本案的争议焦点是，徐某与某科技公司之间是否符合确立劳动关系的情形。本案中，徐某在某科技公司餐饮外卖平台上注册成为网约配送员，其与某科技公司均具备建立劳动关系的主体资格。认定徐某与某科技公司之间是否符合确立劳动关系的情形，需要查明某科技公司是否对徐某进行了较强程度的劳动管理。从用工事实看，徐某须遵守某科技公司制定的餐饮外卖平台配送服务规则，其订单完成时间、客户评价等均作为平台结算服务费的依据，但平台对其上线接单时间、接单量均无要求，徐某能够完全自主决定工作时间及工作量，因此，双方之间人格从属性较标准劳动关系有所弱化。某科技公司掌握徐某从事网约配送业务所必需的数据信息，制定餐饮外卖平台配送服务费结算标准和办法，徐某通过平台获得收入，双方之间具有一定的经济从属性。虽然徐某依托平台从事餐饮外卖配送业务，但某科技公司并未将其纳入平台配送业务组织体系进行管理，未按照传统劳动管理方式要求其承担组织成员义务，因此，双方之间的组织从属性较弱。综上，虽然某科技公司通过平台对徐某进行一定的劳动管理，但其程度不足以认定为劳动关系，对此，《关于维护新就业形态劳动者劳动保障权益的指导意见》明确不完全符合确立劳动关系的情形，并指出相关部门应指导企业与该类劳动者订立书面协议、合理确定双方权利义务，逐步推动将该类劳动者纳入最低工资、休息休假等制度保障范围。本案中徐某与某科技公司之间的关系属于“不完全劳动关系”。因此，对徐某提出的确认劳动关系等仲裁请求，仲裁委员会不予支持。[①]

三、劳动法律关系与事实劳动关系

事实劳动关系，是指属于劳动法的调整范围但又不完全符合法定模式的劳

① 参见《人力资源社会保障部 最高人民法院关于联合发布第三批劳动人事争议典型案例的通知》（人社部函〔2023〕36号）。

动关系。在《劳动合同法》实施之前，我们将没有订立书面劳动合同的用工关系称为事实劳动关系[①]，主要包括两类：一是未订立书面劳动合同的事实劳动关系；二是合同期满未续订劳动合同而产生的事实劳动关系。

《劳动合同法》规定了用人单位自用工之日起即与劳动者建立劳动关系，并没有强调劳动关系和书面劳动合同之间的一种必然联系，所以，事实劳动关系这个概念在《劳动合同法》实施后有没有必要存在，学界还是存在争议的。过去我们认为，虽然订立了劳动合同，但是劳动合同因为出现法定的情形而被确认无效，在被确认无效的这段期限劳动者提供劳动的关系就是事实劳动关系。虽然其不符合劳动法的法定模式，但是劳动法仍然要调整。然而，劳动仲裁实践中，有案例并没有把劳动合同被确认无效之前的关系认定为事实劳动关系。

案情简介

一名大学本科毕业生刘某，伪造硕士学历后，应聘至某企业的高管职位。此职位待遇很高，月工资 2 万多元，还包括各种福利、奖金和企业年金。刘某入职后，该企业在核查档案时发现其学历系伪造后，提起劳动仲裁，请求确认劳动合同无效。劳动仲裁机构裁决该劳动合同无效。但刘某在该企业工作期间的劳动报酬还是需要支付的。问题是刘某的报酬应该按照什么标准支付，是否有权利享受社会保险？[②]

案例分析

本案裁判的核心问题是劳动者和用人单位之间的劳动关系是否成立，如果认定为事实劳动关系，劳动者不仅有权享受劳动保障，还有权享受社会保险和福利待遇，因为事实劳动关系虽然不符合劳动关系的法定模式，但是其本质仍是劳动关系。如果认定为劳务关系，那么劳动者只能获得劳动报酬，无权享受社会保险福利。《劳动合同法》第 28 条规定："劳动合同被确认无效，劳动者已付出劳动的，用人单位应当向劳动者支付劳动报酬。劳动报酬的数额，参照

---

① 王全兴：《劳动法》，4 版，第 76 页，北京：法律出版社，2017。
② 石先广：《劳动合同签订中的误区与风险控制》，载《中国劳动》，2010（3）。

本单位相同或者相近岗位劳动者的劳动报酬确定。”因此，本案中，劳动仲裁机构裁决劳动合同无效，劳动者劳动报酬的数额并非按照双方的劳动合同确定，而是参照本单位相同或者相近岗位劳动者的劳动报酬确定；但因为劳动者和用人单位并没有建立劳动关系，劳动者无权享受社会保险福利待遇。

四、劳动法律关系的运行

（一）劳动法律关系运行的基础——劳动法律事实

劳动法律事实是指劳动法律规范所规定的，能够引起劳动法律事实产生、延续、变更、中止和消灭的客观情况。

劳动法律事实包括行为和事件两大类。行为是人们有意识的活动，包括作为和不作为。在劳动法中，能够成为劳动法律事实的行为主要有当事人的行为、劳动争议处理机构的行为和行政行为。事件是不以当事人主观意志为转移的客观情况。如劳动者的疾病、死亡、重大自然灾害、突发公共卫生事件等。

（二）劳动法律关系运行的环节

劳动法律关系运行的环节包括劳动法律关系的产生、延续、变更、中止和消灭。

1. 劳动法律关系的产生

劳动法律关系的产生是指当事人依照劳动法律规范确立劳动法律关系，从而产生相应的权利义务的状况。

2. 劳动法律关系的延续

劳动法律关系的延续是指劳动法律关系的有效期限被依法延长的状况。例如，依据《劳动合同法》的规定，女职工虽然劳动合同期满，但是其在孕期、产期、哺乳期的，劳动合同不能终止，而是应当延续至相应的情形消失时终止。

3. 劳动法律关系的变更

劳动法律关系的变更是指已经形成的劳动法律关系的内容和客体发生变化的情况，一般不包括劳动法律关系主体的变更。劳动合同变更中工作岗位的变更纠纷是劳动法中的疑难问题。

案情简介

某职工在应聘时被告知从事酒店的财务管理工作。后来做账发生失误，老板先将其打发到办公室工作一段时间，又安排其去做保洁工作。职工不同意，拒绝到岗，缺勤达到了一定天数，单位以其旷工为由将其解雇，职工不服提起劳动仲裁。职工认为，单位把她从酒店财务管理岗位调到保洁岗位，属于劳动合同的变更。而用人单位认为，调整职工的工作岗位不属于劳动合同的变更，因为该职工的劳动合同中的工作岗位是“酒店管理”，财务工作是酒店管理，保洁工作也是酒店管理，且该酒店所有员工从高管到普通员工劳动合同的工作岗位一栏全是“酒店管理”，所以，不存在劳动合同变更的事实。

案例分析

根据《劳动合同法》第35条的规定，“用人单位与劳动者协商一致，可以变更劳动合同约定的内容。变更劳动合同，应当采用书面形式”。也就是说，劳动合同的变更应该是双方协商一致的法律行为。在此案例中，单位的调岗并没有和劳动者协商，属于单方法律行为，不符合劳动合同变更的一般要求。本案的一个难点问题是劳动合同规定的工作岗位非常不明确，这种情况下是否属于劳动合同变更？一般认为，在工作岗位比较原则、抽象的情况下，应该按照劳动者初次就业的具体岗位来确定劳动合同中规定的工作岗位的具体指向。本案中职工初次就业的岗位是财务管理，后来调整为保洁工作，应该视为劳动合同的变更。

4．劳动法律关系的中止

劳动法律关系的中止指在劳动法律关系的存续过程中，当事人权利义务暂时停止行使或履行的状况。例如，停薪留职、借调、厂休、待岗，经用人单位同意应征入伍等。我国《劳动法》《劳动合同法》并没有规定劳动合同的中止制度，对劳动合同中止不能简单套用民法关于合同中止的规定。例如，新冠疫情等突发公共卫生事件是否构成不可抗力，用人单位能否以此为由中止劳动合同，不支付劳动者工资？答案是否定的。虽然受疫情影响的民事合同主体在满足一定条件下可依法适用不可抗力条款，但劳动合同主体不能以不可抗力为由中止履行劳动合同。人力资源和社会保障部、最高人民法院等七部门《关于妥善处置涉疫情劳动关系有关问题的意见》明确规定："受疫情影响导致原劳动合同确实无法履行的，不得采取暂时停止履行劳动合同的做法，企业和劳动者协商一致，可依法变更劳动合同。"

5. 劳动法律关系的消灭

劳动法律关系消灭分为两种情况，一种是劳动关系的解除，即基于一方当事人的意志或双方协商一致导致劳动关系的提前结束；另一种是劳动关系的终止，即因为某种客观情况导致劳动关系的自然结束，例如劳动合同期满终止。

第二节 劳动法律关系的主体

劳动法律关系的主体范围包括劳动者、劳动者团体、用人单位及用人单位团体等不同类型。

一、劳动者

（一）劳动者的界定和范围

1. 劳动者的定义

劳动者是劳动法中的一个基础性概念。但是，我国《劳动法》并没有给"劳动者"下任何定义，而是直接用"劳动者"这一概念指称所有的具有劳动权利能力和行为能力并与用人单位建立劳动关系的人。《劳动合同法》沿袭了《劳动法》的规定，既未界定劳动者的内涵与外延，也未对劳动者进行类型化区分，采取的是单一主体模式。那么，如何界定严格意义上的劳动者？这还是要回到劳动关系认定的"从属性"标准，即人格从属性、组织从属性和经济从属性是区分劳动者与民事主体身份的标准。劳动法中的劳动者是指具有劳动权利能力和行为能力，与用人单位建立劳动关系并向其给付劳动以获取报酬的自然人。一般而言，劳动法中的劳动者是狭义的劳动者，即严格意义上的劳动者，其范围仅限于相对用人单位而存在的一方主体，并不是具有劳动能力的所有公民。需要注意的是，社会学、劳动经济学等学科使用的劳动者是广义的劳动者，包括具有劳动行为能力但尚未就业的劳动者。

2. 劳动者的范围

劳动者的主体应当为自然人，包括外国人和无国籍人。但是，各国对于非本国公民在东道国就业都有限制。外国人、无国籍人员在中国就业实行就业许可制度，如果没有获得就业许可，会导致劳动关系不被确认。例如，一个外国人在中国餐饮企业当厨师，办理了5年期限的就业许可证，就业许可证到期后用人单位没有再给他申请新的就业许可证，但劳动者仍然在工作。后来，双方发生纠纷。劳动者和用人单位的劳动关系是否存在？答案是不存在。依据是《最高人民法院关于审理劳动争议案件适用法律问题的解释（一）》第33条规定："外国人、无国籍人员未依法取得就业证件即与中华人民共和国境内的用人单位签订劳动合同，当事人请求确认与用人单位存在劳动关系的，人民法院不予支持。"

3. 法律实务中劳动者身份的界定

劳动者身份的界定是劳动法实务中经常遇到的问题，较多的情况是公司高级管理人员是否受劳动法的保护以及公司高级管理人员的劳动法律适用问题。我们看下面的两个案例：

第一个案例是关于公司的高级管理人员是否适用劳动合同法的争议。

案情简介

张某于2012年10月25日向劳动仲裁委申请仲裁，称其自进入某公司以来从未签订劳动合同，2012年9月30日公司与其解除劳动关系。故要求单位依据《劳动合同法》的规定，按照2倍月工资标准向其支付签订劳动合同期间的工资，以及违法解除劳动合同的赔偿金。单位辩称，张某系公司的副总经理，本身属于单位的高级管理人员，代表公司管理员工，单位未与其签订劳动合同，不需要承担法律责任。请问：劳动者与单位的纠纷应该如何处理？

案例分析

案例中的劳动纠纷涉及张某是否属于劳动法中的劳动者，受不受劳动法的保护。在国外，劳方和资方是相对应的，企业的高管代表雇主利益，为雇主服务，不是劳动法意义上的劳动者。例如，在加拿大，经理、厂长或执掌经营管理职能的人不适用劳工标准法；在印度，主要从事管理或行政工作的人员不属于工人。我国劳动法并没有把雇主从劳动者范围中排除，也没有对劳动者进行分层调整的概念。企业中从普通劳动者到高层管理人员，不论职位高低都被视为劳动者，都应当签订劳动合同。当时，《劳动部关于全面实行劳动合同制的通知》（现已失效）规定："实行公司制的企业厂长、经理和有关经营管理人员，应根据《公司法》中有关经理和经营管理人员的规定，与董事会签订劳动合同。"所以，案例中张某虽属于公司高管，但他仍然是劳动法意义上的劳动者，用人单位应该和他订立劳动合同。如果未签订劳动合同用工超过一个月，单位有义务按照《劳动合同法》的规定给付双倍工资。如果对企业所有岗位的劳动者未订立劳动合同主张双倍工资，法律都给予支持，会助长一种不良的现象：负责劳动合同签订的人力资源管理部门的经理不与单位签合同，离职时要求双倍工资赔偿。这类问题在《劳动合同法》实施初期，一般裁判用人单位需要支付双倍工资。现在的裁判规则发生了变化：如果人力资源经理主张未续签书面劳动合同的双倍工资，则人力资源经理应当承担其主动向用人单位提出要求订立劳动合同，而被用人单位拒绝的举证责任。理由是：第一，签订书面劳动合同是人力资源经理的职责。人力资源经理代表法人与劳动者签订劳动合同。同时，其本人也是劳动者，即在劳动合同的签订方面，其身份具有双重性，既代表用人单位，本身又是劳动者。在应当订立劳动合同的情况下，人力资源经理应向用人单位提出，由用人单位指派其他人员与其订立。如果人力资源经理未主动提出，则说明其未履行代表用人单位与劳动者签订劳动合同的职责。基于"任何人不得从自己的违法行为中获利"这一古老的法谚，人力资源经理不得基于自己的失职行为要求用人单位给付双倍工资赔偿。第二，人力资源经理作为专门从事劳动合同管理工作的人员，其应该知道不订立书面劳动合同给企业带来的法律风险。如果其不主动要求用人单位订立劳动合同，则主观上存在利用法律为自己牟利的明显意图。如果支持其双倍工资的请求，有违诚实信用的基本原则。所以，如果人力资源经理不能举证曾经向用人单位提出过签订劳动合同的要求而遭拒绝，其主张双倍工资的请求不应得到支持[①]。

第二个案例是公司高级管理人员和企业之间存在双重法律关系时的法律适用问题。

案情简介

2014年6月6日，原上海某公司总经理、董事盛某，与老东家对簿公堂。此前，上海某公司先后通过董事会和股东大会解除了盛某的总经理职务和董事职位，理由是“公司内部控制被会计师事务所认为存在重大缺陷并出具否定意见，公司总经理作为公司内部控制制度的制订及执行事宜的主要责任人，对此负有不可推卸的责任”。盛某对解除其公司高管并无异议，但是对公司解除其劳动合同有异议。此案的争议焦点是董事会罢免公司高管职务的同时，能否同时与其解除劳动合同？

案例分析

本案中，盛某作为公司高级管理人员和企业之间存在双重法律关系。一方面，依据《公司法》的相关规定，股东大会选举产生董事，董事会聘任或解聘总经理，这些属于《公司法》调整的法律关系范畴。股东大会、董事会有权根据《公司法》规定的程序和议事规则解除盛某的董事职位和总经理职位。另一方面，从劳动法视角看，盛某是公司的董事也是总经理，不仅参与公司的决策，也参与公司的具体经营管理，总经理职位属于公司中的具体岗位，与公司存在劳动关系。盛某和公司之间订立了劳动合同，并约定合同岗位为总经理。由于公司法和劳动法的不同规制，导致劳动合同中的总经理岗位和公司法中的总经理职务形成了竞合的关系。从公司法的角度来看，公司有权解除员工的董事职位和总经理职务；从劳动法的角度来看，公司又不能随意解除员工的劳动关系，否则会构成违法解雇，员工可以主张恢复劳动关系或经济赔偿金。案例中，上海某公司认为盛某不适合担任总经理职务，可以依据《公司法》的规定免除其总经理职位，但不能直接解除劳动合同，而应遵照《劳动合同法》的相

① 邹砚：《从单一走向多元：〈劳动合同法〉主体模型的解析与重构》，载《现代法学》，2013（4）。

关规定对盛某进行培训或者调整其工作岗位。之后如盛某不能胜任工作，公司提前30日以书面形式通知盛某或额外支付一个月工资后，可以解除劳动合同。当然，如果公司能够证明劳动合同订立所依据的客观情况发生重大变化，致使劳动合同无法履行，经与盛某协商，未能就变更劳动合同内容达成协议的，也可以提前30日以书面形式通知盛某或者额外支付盛某一个月工资后，解除劳动合同。

（二）劳动权利能力和劳动行为能力

1. 劳动权利能力和劳动行为能力的特征

公民的民事权利能力和民事行为能力是分开的，公民一出生就具有民事权利能力，但没有民事行为能力。《民法典》第18条规定："成年人为完全民事行为能力人，可以独立实施民事法律行为。十六周岁以上的未成年人，以自己的劳动收入为主要生活来源的，视为完全民事行为能力人。"第19条规定："八周岁以上的未成年人为限制民事行为能力人，实施民事法律行为由其法定代理人代理或者经其法定代理人同意、追认；但是，可以独立实施纯获利益的民事法律行为或者与其年龄、智力相适应的民事法律行为。"第20条规定："不满八周岁的未成年人为无民事行为能力人，由其法定代理人代理实施民事法律行为。"可见，民事权利能力和民事行为能力可以不一致。与民事权利能力和行为能力相比较，公民的劳动权利能力和劳动行为能力具有以下特征：第一，劳动权利能力和劳动行为能力同时产生，是统一而不可分割的。第二，只有达到法定就业年龄的公民才可以取得劳动权利能力和劳动行为能力。第三，劳动权利能力和劳动行为能力只能由劳动者本人依法享有和行使，不允许他人代理。

2. 劳动者的资格要素

（1）劳动者的年龄。我国的法定就业年龄是16周岁，文艺、体育、特种工艺，经过县级以上的劳动部门批准，才可以招用16周岁以下的劳动者。未达到法定就业年龄的公民，用人单位不得招用，否则构成使用童工的行为。从劳动者的法定就业年龄起至其退休或者因其他原因丧失劳动能力的时期称为劳动者的"法定就业年龄"。

（2）劳动者的行为自由。没有行为自由就没有办法进行劳动，如果劳动者被依法追究了刑事责任，用人单位可以解除劳动合同。

（3）就业愿望。基于劳动自由的原则，劳动必须是自愿的。国家应当尊重劳动者本人的劳动意愿。2022年修订的《就业服务与就业管理规定》第6条明确规定："劳动者年满16周岁，有劳动能力且有就业愿望的，可凭本人身份证件，通过公共就业服务机构、职业中介机构介绍或直接联系用人单位等渠道求职。"

（4）身体健康状况。劳动者应该具有与其履行劳动合同相适应的身体健康。身体健康和反对就业歧视并不矛盾。《就业促进法》第30条规定："用人单位招用人员，不得以是传染病病原携带者为由拒绝录用。但是，经医学鉴定传染病病原携带者在治愈前或者排除传染嫌疑前，不得从事法律、行政法规和国务院卫生行政部门规定禁止从事的易使传染病扩散的工作。"

（5）智力因素。智力要素包括劳动者的文化水平、从业条件等。如从事律师行业则需要参加全国统一的法律职业资格考试。过多的职业资格限制与发挥市场在人力资源配置中的决定性作用相悖，但有些职业资格证书还是必要的。《就业服务与就业管理规定》第21条规定："用人单位招用从事涉及公共安全、人身健康、生命财产安全等特殊工种的劳动者，应当依法招用持相应工种职业资格证书的人员；招用未持相应工种职业资格证书人员的，须组织其在上岗前参加专门培训，使其取得职业资格证书后方可上岗。"

（6）其他要素。在某些情况下，道德风纪、任职回避、职数等也会成为劳动者的资格要素。

（三）劳动者的兼职问题

劳动者的兼职问题即劳动者在同一个时期为两个或两个以上用人单位提供劳动。目前劳动者兼职有以下两类情况：

1. 一个劳动关系和一个劳务关系

兼职的第一种情形是"劳动关系+劳务关系"，即一个是劳动关系，一个是劳务关系。劳动者兼职关系中一般有一个本职单位，即将其列入正式编制或为其提供劳动较多的单位，本职单位应该向劳动者支付工资并依法缴纳社会保险费用；劳动者对另一个单位的劳动给付是劳务关系，法律上作为民事关系处理。如企业研究人员在做好本职工作的同时，也承担为其他单位提供服务、做课题等工作，后者就是劳务关系。

2. 多重劳动关系

多重劳动关系是指劳动者同时与两个或两个以上的用人单位建立了劳动关系。多重劳动关系有以下几种情形：

（1）非全日制用工关系。《劳动合同法》第 69 条第 2 款规定：“从事非全日制用工的劳动者可以与一个或者一个以上用人单位订立劳动合同；但是，后订立的劳动合同不得影响先订立的劳动合同的履行。”如一个维修工上午在A单位工作，下午在B单位工作，这种非全日制用工的多重劳动关系是合法的，但需明确后订立的劳动合同不得影响先订立的劳动合同的履行。

（2）全日制用工的双重劳动关系。《劳动合同法》第 39 条第 4 项规定：“劳动者同时与其他用人单位建立劳动关系，对完成本单位的工作任务造成严重影响，或者经用人单位提出，拒不改正的，用人单位可以解除劳动合同。”这里的“双重劳动关系”是两个全日制用工的劳动关系，具体可分为两种情形：一是对单位工作造成严重影响的；二是对用人单位的工作没有影响，但用人单位不允许，这时用人单位可以要求劳动者改正，给劳动者一个机会，如果劳动者拒不改正的，用人单位可以解除劳动合同。

（3）“四类特殊人员”的双重劳动关系。“四类特殊人员”即“企业停薪留职人员、未达到法定退休年龄的内退人员、下岗待岗人员以及企业经营性停产放长假人员”。《最高人民法院关于审理劳动争议案件适用法律问题的解释（一）》第 32 条第 2 款规定：“企业停薪留职人员、未达到法定退休年龄的内退人员、下岗待岗人员以及企业经营性停产放长假人员，因与新的用人单位发生用工争议而提起诉讼的，人民法院应当按劳动关系处理。”在该项司法解释出台之前，曾经有一个案例：某企业长期停产，职工放长假。该企业某职工到一个物业公司上了 10 年的班，离职时与该物业公司发生劳动纠纷。申请劳动仲裁后，劳动仲裁院裁决他和物业公司不是劳动关系。承办案件的仲裁员认为：犹如婚姻法中的“一夫一妻制”，全日制用工的劳动关系具有唯一性，不能有两个劳动关系。也即一个劳动者只能与一个用人单位建立劳动关系，因此该职工因与原单位的劳动关系没有解除，与新单位——物业公司之间不存在劳动关系，只是劳务关系。因为劳动仲裁否定了劳动者的劳动关系，劳动者的经济补偿金、社会保险、住房公积金等权利都化为泡影。如果在该项司法解释出台之后发生类似情况，依据上述司法解释，企业经营性停产放长假人员，可以和新的用人单位建立劳动关系，他与原单位的劳动关系仍存在，属于双重劳动关系。

（4）劳动者与原单位劳动合同没有解除或终止，但被新单位聘用产生的劳动关系。在劳动合同履行过程中，劳动者一方未依法与原用人单位办理劳动合同解除或终止手续，即被其他用人单位聘用，到其他用人单位工作，这时可能会导致双重劳动关系[①]。《劳动合同法》第 91 条规定："用人单位招用与其他用人单位尚未解除或者终止劳动合同的劳动者，给其他用人单位造成损失的，应当承担连带赔偿责任。"

二、劳动者团体——工会

（一）劳动者的组织权

劳动者参加或组织工会的权利称为"组织权"，也有教科书称为"团结权"。团结权是指劳动者为实现维持和改善劳动条件的基本目的，而结成暂时或永久的团体并使其运作的权利。[②]团结权与一般结社权相比，具有以下特点：（1）主体限于劳动关系中的劳动者，一般结社权的主体是全体公民。（2）目的是集体谈判，通过集体谈判争取更好的劳动待遇和社会经济地位，一般结社权不以团体交涉为目的。（3）权利的内容不仅止于单纯的"国家免于干预"的自由，立法者还需要对劳工结社权给予积极的保障；一般结社权主要涉及权利的消极保障。（4）组织形式特定，即只能成立工会。

我国《工会法》规定劳动者有参加或组织工会的权利。这是公民结社权在劳动关系领域的具体体现。需要注意的是，我国工会实行的是"单一体制"，

① 李培智：《建立多重劳动关系的管理与责任》，载《中国劳动》，2011（6）。
② 王全兴：《劳动法》，4 版，第 98 页，北京：法律出版社，2017。

工会组织在我国具有唯一性和统一性。如果一个单位里已经有工会的存在，劳动者就不能再组织工会，只能申请参加工会。

（二）工会

1. 工会的性质

《工会法》第 2 条第 1 款规定："工会是中国共产党领导的职工自愿结合的工人阶级群众组织，是中国共产党联系职工群众的桥梁和纽带。"《中国工会章程》规定："中国工会是中国共产党领导的职工自愿结合的工人阶级群众组织，是党联系职工群众的桥梁和纽带，是国家政权的重要社会支柱，是会员和职工利益的代表。"这些规定是对我国工会性质的全面概括和集中反映。中国工会具有以下基本性质。

（1）政治性。政治性是中国工会最重要的本质属性，工会是国家政权体系的重要组成部分。如我们经常讲的"党政工团"，就是"党委、政府、工会、共青团"，工会是作为一个政治性组织而言的。2021 年《工会法》的修改，进一步突出工会的政治性，体现在《工会法》第 2 条中增加了"中国共产党领导的"和"是中国共产党联系职工群众的桥梁和纽带"的表述。中国共产党领导是中国特色社会主义最本质的特征，是中国特色社会主义制度的最大优势。《工会法》的修改增加规定"中国共产党的领导"，突出工会的政治属性，是对工会性质的完善。工会并非一般的群众组织，在国家政治、经济和社会生活中具有重要地位，工会工作是党治国理政的一项经常性、基础性工作，是推进国家治理体系和治理能力现代化的重要力量，在国家治理中发挥重要作用。《工会法》的修改增加工会"是中国共产党联系职工群众的桥梁和纽带"的表述，从立法方面完善了我国工会的政治功能[①]。总之，政治性是我国工会的本质属性，坚持党对工会工作的领导，保持和增强工会的政治性是做好工会工作的政治原则和根本保证。

（2）先进性。中国工会是中国共产党领导的职工自愿结合的工人阶级群众

① 杨思斌：《推动工会工作高质量发展的重要法治保障——〈工会法〉修改解读》，载《中国劳动关系学院学报》，2022（3）。

组织，这是中国工会的鲜明特色。我们党是先进的马克思主义政党，把握住了中国社会的发展规律，开辟了中国特色社会主义发展道路。中国工人运动发展的历史说明，我们党作为中国一切事业的领导核心，在政治上统一领导工会等群团组织是历史发展的必然。工会组织在实践中深刻认识到，党的领导是做好工会工作的根本保证，是工会组织在国家政治生活中享有重要地位的根本保证。始终要把自觉接受党的领导作为工会工作的首要原则，作为中国特色社会主义工会发展道路的第一要求。所以在决胜全面建成小康社会、夺取新时代中国特色社会主义伟大胜利、实现中华民族伟大复兴的中国梦这一伟大历史进程中，中国工会坚持在中国共产党的领导下开展活动，体现了工会组织的先进性，是工会组织唯一正确的选择。

（3）群众性。群众性是工会组织的根本特点。主要体现在四个方面：第一，工会是工人阶级实现阶级联合的最广泛的群众组织，工会的群众性要求工会在各个行业、产业、地区，按照“哪里有职工，哪里就有工会”的方针，广泛地建立自己的组织，把不同行业、不同地区的职工都纳入工会组织体系之中。第二，职工结合方式的自愿性，即职工的意愿是参加或组织工会的前提条件，职工参加或组织工会完全取决于自身的意愿，任何组织和个人不得阻挠和限制，也不能强迫他们参加和组织工会。工会工作要以多数职工的意愿和要求作为根本点，通过代表和维护职工的合法权益来吸引职工参加。第三，工会会员的构成具有工人阶级范围内的广泛性。《工会法》第3条规定，在中国境内的企业、事业单位、机关、社会组织中以工资收入为主要生活来源的劳动者，不分民族、种族、性别、职业、宗教信仰、教育程度，都有依法参加和组织工会的权利。任何组织和个人不得阻挠和限制。工会适应企业组织形式、职工队伍结构、劳动关系、就业形态等方面的发展变化，依法维护劳动者参加和组织工会的权利。该条规定能够把职工群众广泛地联合起来，形成一支强大的社会力量。第四，工会的活动方式和工作方法主要采用引导、协商、教育和服务等方式，建立联系广泛、服务职工的工会工作体系，密切联系职工，听取和反映职工的意见和要求，关心职工的生活，帮助职工解决困难，全心全意为职工服务。

2. 工会的职能

工会的职能是工会所承担的社会角色和社会责任，它是工会性质的外在体现，规定工会活动的基本内容，决定着工会工作的发展方向。

（1）维护职能。工会的维护职能是指工会要在维护全国人民整体利益的同时，更好地代表和维护职工的合法权益。维护职工的合法权益也即“维权”要理性维权、科学维权、依法维权。

（2）建设职能。工会的建设职能是指工会动员和组织广大职工积极参与社会主义经济建设和改革，努力完成经济建设和社会发展任务。

（3）参与职能。工会的参与职能是指工会要发挥疏通职工群众参政议政的民主通道的作用，代表和组织职工参与国家和社会事务的管理，参与企业事业单位的民主管理，实现对国家和企事业单位的民主参与、社会监督。

（4）教育职能。工会的教育职能是指工会发挥教育作用，帮助职工不断提高思想政治觉悟和科学文化素质，不断提升职业技能。

3. 工会的基本职责

工会的基本职责是工会的安身立命之本，是工会存在的价值所在。《劳动法》第 7 条第 2 款规定“工会代表和维护劳动者的合法权益，依法独立自主地开展活动”。2001 年《工会法》的修改将“维护职工合法权益”确定为工会的基本职责。2021 年的《工会法》修改，将工会基本职责拓展为“维护职工合法权益、竭诚服务职工群众”。工会基本职责的拓展符合中国工会的性质、基本定位和目标任务，是工会基本职责自身的完善。为履行基本职责，工会要通过平等协商和集体合同制度等，推动健全劳动关系协调机制，维护职工劳动权益，构建和谐劳动关系；要通过职工代表大会或者其他形式，组织职工参与本单位的民主选举、民主协商、民主决策、民主管理和民主监督；要建立联系广泛、服务职工的工会工作体系，密切联系职工，听取和反映职工的意见和要求，关心职工的生活，帮助职工解决困难，全心全意为职工服务。

4. 工会的法律地位

工会的法律地位是工会的政治地位和经济社会地位在法律上的确认和体现，主要体现在以下三个方面：

（1）工会依法取得法人资格。工会法人是社会团体法人。法人是民事主体的一种基本类型，“法人”是组织，不是一个有生命体的人，但法律赋予它像生命体一样，独立地享受权利并承担义务。按照《民法典》的规定，法人有营利法人、非营利法人和特别法人，社会团体法人属于非营利法人。《工会法》第15条规定：“中华全国总工会、地方总工会、产业工会具有社会团体法人资格。基层工会组织具备民法典规定的法人条件的，依法取得社会团体法人资格。”《民法典》第58条规定：“法人应当依法成立。法人应当有自己的名称、组织机构、住所、财产或者经费。法人成立的具体条件和程序，依照法律、行政法规的规定。设立法人，法律、行政法规规定须经有关机关批准的，依照其规定。”

（2）工会具有相对独立性。《工会法》第4条规定，工会必须遵守和维护宪法，以宪法为根本的活动准则，以经济建设为中心，坚持社会主义道路，坚持人民民主专政，坚持中国共产党的领导，坚持马克思列宁主义、毛泽东思想、邓小平理论、“三个代表”重要思想、科学发展观、习近平新时代中国特色社会主义思想，坚持改革开放，保持和增强政治性、先进性、群众性，依照工会章程独立自主地开展工作。国家保护工会的合法权益不受侵犯。因此，我国工会具有相对独立性，在坚持中国共产党领导的原则下，保持和增强政治性、先进性、群众性，依照《工会法》和《中国工会章程》的规定，独立自主地开展工作。

（3）工会是职工利益的代表者和职工合法权益的维护者。《工会法》第2条第2款规定，中华全国总工会及其各工会组织代表职工的利益，依法维护职工的合法权益。

三、用人单位及用人单位团体

（一）用人单位

用人单位是我国劳动法里特有的概念。在国外，一般把在劳动关系中与劳动者（雇员）相对应的一方称为雇主或雇佣人。如德国法规定，雇主是指雇佣雇员的自然人、法人。

我国劳动法中的用人单位是指招用劳动者，使用劳动者的劳动能力，并按照劳动者提供的劳动力支付工资和其他待遇的劳动组织。可以成为用人单位的组织有：企业、个体经济组织、民办非企业单位、合伙组织、基金会等，国家机关、事业单位、社会团体在一定情况下也可以成为用人单位。要成为劳动法中的用人单位需要依法经过登记或注册，同时需要具有独立财务账户，能够支付劳动者工资以及缴纳社会保险费用。我国劳动法中的用人单位是一个组织，不同于民法中的民事主体，自然人不能成为用人单位。但是，用人单位也并不限于民法中的法人。请看下面的案例，思考某公司的做法是否合法。

案情简介

某公司下属的分公司最近招聘了多名操作工，并以分公司的名义与员工签订劳动合同，盖的公章也是分公司的公章，员工对此提出异议。分公司却强调说，他们虽未取得营业执照，但也是独立核算单位，上级赋予了他们用工自主权，所以可与劳动者直接签订劳动合同。公司的做法是否合乎法律的规定?

案例分析

这个案例的核心问题是不具备法人资格的分公司或公司的分支机构，能不能与劳动者订立劳动合同？依据相关法律规定，分公司是不能独立承担法律责任的，其法律责任由总公司承担。但是，分公司能不能签订劳动合同要分情况而论。如果分公司依法取得了营业执照，可以以自己的名义与劳动者签订劳动合同。虽然分公司不是独立的民事主体，但可以作为用人单位来订立劳动合同。如果分公司没有取得营业执照，则不能以自己的名义签订劳动合同，必须取得本公司或者总公司的委托授权，以本公司或总公司的名义签订劳动合同。法律依据是《劳动合同法实施条例》第4条的规定，“劳动合同法规定的用人单位设立的分支机构，依法取得营业执照或者登记证书的，可以作为用人单位与劳动者订立劳动合同；未依法取得营业执照或者登记证书的，受用人单位委托可以与劳动者订立劳动合同”。

与用人单位相关的一个常见问题是非法用人单位与劳动者发生纠纷时对其性质的判定，理论上有雇佣关系和劳动关系两种不同的观点。《劳动合同法》第93条规定，“对不具备合法经营资格的用人单位的违法犯罪行为，依法追究法律责任；劳动者已经付出劳动的，该单位或者其出资人应当依照本法有关规定向劳动者支付劳动报酬、经济补偿、赔偿金；给劳动者造成损害的，应当承担赔偿责任”。

（二）用人单位团体

用人单位团体，也称雇主组织或者雇主团体，是指由用人单位组成的，旨在代表、维护和增进各用人单位在劳动关系中的共同利益而和工会抗衡和交涉的团体[①]。用人单位团体存在的逻辑是：工人为了增加自己的谈判能力，与雇主谈判取得有利地位，联合起来形成工会组织甚至形成行业性或者区域性的工会组织。当一个行业或区域性的工会组织与一个雇主进行谈判的时候，雇主的地位会下降。为改变雇主的地位，雇主联合起来形成了雇主组织（用人单位团体）。

用人单位团体具有代表性、独立性、非营利性、自治性等特点。用人单位团体应该代表用人单位的利益，独立于政府，不以营利为目的，依法按照章程独立自主地开展工作。目前，我国国家层面的劳动关系三方协商机制已经建立。1990 年，全国人大常委会批准国际劳工组织《三方协商促进实施国际劳工标准公约》，1994 年颁布的《劳动法》对劳动争议处理机构的组织成员从三方原则角度做出规定，2001 年修订的《工会法》第 34 条第 2 款规定：“各级人民政府劳动行政部门应当会同同级工会和企业方面代表，建立劳动关系三方协商机制，共同研究解决劳动关系方面的重大问题。”2001 年，国家层面的三方协商机制建立，中华全国总工会代表劳方，劳动和社会保障部代表政府，中国企业联合会（中国企业家协会）代表企业。因中国企业联合会主要代表公有制企业，为增强雇主组织的代表性，2011 年，代表非公有制企业的全国工商联成为国家三方会议的成员单位，劳动关系三方协商机制由原来的“三家三方”变为了“四家三方”，也即中国企业联合会和全国工商联共同代表企业方。目前，全国县级以上的三方协商机制普遍建立，正在向行业和产业园区延

① 翟中鞠，王全兴：《关于劳动关系协调法中若干问题的思考》，载《法商研究（中南政法学院学报）》，1997（5）。

伸。现在很多行业的集体协商多是行业协会作为雇主代表来进行的。其实，行业协会和雇主组织是两个不同的概念。行业协会是指介于政府、企业之间，商品生产者与经营者之间，并为其服务、咨询、沟通、监督、自律、协调的社会中介组织。行业协会作为一种自治性民间社会组织，其主要职能是制定行业标准，通过行业规则实行行业自律。雇主组织主要是集体谈判的时候代表用人单位的利益，同时参与劳动关系的协调。如何建构行业协会作为用人单位团体的职能，完善集体协商制度，关系到和谐劳动关系协调机制的构建，值得深入研究。

第三节 劳动法律关系的内容

劳动法律关系的内容即劳动法律关系主体享有的权利和义务。由于劳动者权利和用人单位的义务以及劳动者义务和用人单位权利具有对应性，我们这里介绍劳动者的权利义务。

我国《劳动法》第 3 条规定："劳动者享有平等就业和选择职业的权利、取得劳动报酬的权利、休息休假的权利、获得劳动安全卫生保护的权利、接受职业技能培训的权利、享受社会保险和福利的权利、提请劳动争议处理的权利以及法律规定的其他劳动权利。""劳动者应当完成劳动任务，提高职业技能，执行劳动安全卫生规程，遵守劳动纪律和职业道德。"

一、劳动者的权利

劳动者的权利从学理上可以分为个别劳动权利和集体劳动权利。

（一）个别劳动权利

个别劳动权利是指劳动者在个别劳动关系中享有的权利，劳动者除了具有平等就业和选择职业的权利外，在具体劳动关系中还具有以下权利。

1. 劳动报酬权利

劳动报酬权利就是基于劳动关系而要求用人单位支付相应报酬的权利。劳动报酬的权利，不仅包括劳动报酬的请求权和支配权，还应包括劳动报酬的协商权，即我的工资我做主或至少可以部分做主。不少人认为，职工工资多少老板说了算，只要不违反最低工资标准即可。其实，按照现代劳动法的理念，工资是可以协商的，不仅可以通过劳动合同来进行个别协商，还可以通过工会进行集体协商。

2．休息休假权利

休息休假权利即劳动者享有的恢复体力、脑力以及用于娱乐支配必要劳动时间的权利。我国劳动法规定的休息时间包括工作间歇、两个工作日之间的休息时间、公休日、法定节假日以及年休假、探亲假、婚丧假、事假、生育假、病假等。

3．劳动安全卫生保护权利

劳动者有获得劳动安全卫生保护的权利。劳动安全卫生保护，是保护劳动者的生命安全和身体健康，是对劳动者切身利益最直接的保护。根据《劳动法》的规定，用人单位必须建立、健全劳动安全卫生制度，严格执行国家劳动安全卫生规程和标准，对劳动者进行劳动安全卫生教育，防止劳动过程中的事故，减少职业危害。劳动安全卫生设施必须符合国家规定的标准。新建、改建、扩建工程的劳动安全卫生设施必须与主体工程同时设计、同时施工、同时投入生产和使用。

用人单位必须为劳动者提供符合国家规定的劳动安全卫生条件和必要的劳动防护用品，对从事有职业危害作业的劳动者应当定期进行健康检查。劳动安全卫生保护权利的内容还包括劳动者参与用人单位安全生产决策的权利、劳动者对安全事项和工作中的一些危险知情的权利以及当劳动者发现作业是危险的时候，有拒绝工作的权利。

4．职业培训权利

职业培训是指对准备就业的人员和已经就业的职工，以培养其基本的职业技能或提高其职业技能为目的而进行的技术业务知识和实际操作技能的教育和训练。劳动者要实现劳动权是离不开职业技能的，在职业技能的获得越来越多地依赖职业培训的今天，劳动者的职业培训权利应该得到用人单位的尊重和保障。除了用人单位外，国家和社会也是职业培训的义务主体。

5．社会保险和福利权利

社会保险是国家依照法律法规建立的，对具有劳动关系的劳动者在面临暂时或永久丧失劳动能力以及失业等社会风险时，为保证其基本生活需要，给予物质帮助的一种社会保障制度。社会福利是为了提高劳动者生活质量的一种社会保障制度。劳动者的“五险一金”中的“五险”即养老、失业、医疗、生育、工伤保险是劳动者的社会保险权利；“一金”即住房公积金是劳动者的社会福利权利。

6．提请劳动争议处理权利

提请劳动争议处理权利是指劳动争议发生后，劳动者有权通过申请劳动仲裁、提起诉讼等手段解决争议的权利。

7．法律规定的其他劳动权利

“特定劳动者”享有的权利是法律规定的其他劳动权利之一，“特定劳动者”是指基于性别、身体等原因在社会上处于劣势，或者为了保障人权的需要而由法律特别规定，在一般劳动者权利的基础上享有特殊保障的群体，如女职工、残疾人等。对特定劳动者权利的规定与保护，在一定程度上代表了一个国家法治的进步与文明程度的提升。如依据《劳动合同法》的规定，家庭无其他就业人员，有需要扶养的老人或者未成年人的，用人单位在经济性裁员时应该优先留用。

（二）集体劳动权利

集体劳动权利也称团体劳动权利，是指劳动者享有的，一般由劳动者的代表——工会来行使的权利。集体劳动权的主要内容是“劳动三权”，即团结权、集体谈判权（也称团体交涉权）以及集体争议权。[①]“劳动三权”是市场经济国家劳动立法中赋予工人的三大基本集体权利。其中，团结权是基础，团体交涉权是核心。此外，现代的集体劳动权利还包括民主管理权。

1．团结权

团结权是指劳动者为实现维持和改善劳动条件之基本目的，而结成暂时的

---

① 林嘉：《劳动法和社会保障法》，5版，第83页，北京：中国人民大学出版社，2023年。

或永久的团体，并使其运作的权利。团结权是公民宪法权利——结社权在劳动领域的具体体现，是劳动者充分行使其他集体劳动权利的前提。我国《工会法》明确规定了劳动者参加和组织工会的权利。

2. 团体交涉权

“团体交涉权”也称“集体谈判权”，指工会代表劳动者与雇主或雇主组织进行集体谈判（我国一般称为“集体协商”）签订集体合同的权利。劳动者组建工会的目的是争取对劳动者更好更有利的条件。通过集体协商，使得原本处于弱势地位的劳动者拥有了与雇主对等博弈的实力，避免因为力量悬殊而导致潜在的纠纷。集体协商的最终成果——集体合同不仅体现了企业的劳动关系，而且也可以规定企业的基本发展目标和职工的基本权益及其保障条件。

3. 民主管理权

民主管理权就是职工参与企业管理，通过职工代表大会等形式对本单位的生产经营管理进行监督和提出建议，参与劳动关系协调的权利。在公有制企业，职工行使民主管理权有坚实的物质基础。

我们重点讲一下现代公司制企业的民主管理。公司制企业可以通过“职工董事”“职工监事”的制度安排来保障职工参与民主管理。公司是现代企业的典型形式。在公司的组织架构里面，最高权力机构即决策机构是股东会（股东大会）。投资者认购或购买公司的股票，就是公司的股东，股东通过股东会（或股东大会）行使决策权。投资者关注的是利润，是每股盈余的最大化，不一定要去亲自参与管理，有的投资者本身也不善于管理。这时候股东会选举产生董事会，由董事会来负责执行股东会的决议。董事会是公司行使执行权的一个机构。董事会还可以聘请职业经理人，负责公司的日常经营管理。董事在执行职务时应当对股东负责。但是，董事的利益与股东的利益存在着冲突，因为股东为实现自身利益的最大化就要追求每股盈余的最大化，而董事会有自身的利益，如有董事要求高薪，出差时住一些高档的宾馆，会与股东的每股盈余的最大化的利益追求产生冲突。董事会在执行职务的时候，也有可能会损害股东和职工的利益，因此有必要设立一个监督机制——监事会。监事会行使监督权，对董事执行职务的行为进行监督。所以有人说，现代公司治理结构的特点是经济上的“三权分立”，即公司的决策权、执行权、监督权是分立的[①]。在公司制企业中，职工的参与权表现在：一是依据2023年修改后的《公司法》，达到一定职工人数的公司的董事会应当有职工代表，职工代表可以成为审计委员会成员，增强了职工在公司重大事项上的决策参与权；二是设置监事会的公司的职工代表进入监事会，对董事执行职务的行为进行监督。

二、劳动者的义务

一般而言，劳动者具有劳动给付义务、服从义务、忠实义务和损害赔偿义务。具体来说，劳动者的义务首先是按照劳动合同约定给付劳动，在劳动过程中遵守用人单位的规章制度和安全生产操作规程。劳动者有忠实义务，包括对用人单位的忠实和在工作过程中获取商业秘密等信息的保密义务。劳动者也有源于法律规定的其他义务，如《劳动合同法》第90条规定：“劳动者违反本法规定解除劳动合同，或者违反劳动合同中约定的保密义务或者竞业限制，给用人单位造成损失的，应当承担赔偿责任。”

---

① 需要注意的是，2023年修改的《公司法》丰富了我国公司的治理结构，除传统双层制（董事会负责执行，监事会负责监督）公司治理结构之外，增加了单层制（董事会既负责执行又负责监督）公司治理结构。相应地，不设监事会的公司内部的监督权由审计委员会行使。

第三章

劳动就业法

第一节　劳动就业法概述

一、劳动就业的概念与意义

（一）劳动就业的概念

劳动就业是指有劳动权利能力和劳动行为能力并有劳动意愿的自然人从事有报酬或经营收入的活动。

劳动就业的主体是具有劳动权利能力和劳动行为能力的自然人，也即在法定的就业年龄内，并且具有劳动能力的人。我国公民的法定起始就业年龄一般为 16 周岁，外国人在中国就业的年龄需要达到 18 周岁。

劳动就业中的劳动者在主观上有从事社会劳动的愿望。劳动者就业必须基于自愿，不能强迫劳动。

劳动就业中的劳动者从事的劳动应该具有合法性、有偿性和社会性。合法性是指劳动者从事的劳动或提供的服务合乎国家法律的规定；有偿性是指劳动者给付劳动的目的是获得劳动报酬；社会性是指劳动者的劳动过程是劳动力和生产资料相结合的过程，是劳动者的活劳动和物化劳动的统一。

（二）劳动就业的意义

就业是最基本的民生。劳动就业既是谋生的手段，也是实现社会化生产的前提条件，还是劳动者实现幸福生活的最基本的途径。因此，国家要强化就业优先政策，健全就业公共服务体系，完善重点群体就业支持体系，加强困难群体就业兜底帮扶；要统筹城乡就业政策体系，破除妨碍劳动力、人才流动的体制和政策弊端，消除影响平等就业的不合理限制和就业歧视，使人人都有通过勤奋劳动获得应得的报酬，实现自身发展的机会。

二、我国劳动就业的立法概况

劳动就业法是调整劳动就业关系的法律规范的总称。劳动就业关系是指劳动行政部门、劳动服务机构、劳动者和用人单位之间，在促进就业或在形成劳动关系过程中所发生的社会关系。劳动就业法包括就业调控法、就业管理法、平等就业法、就业服务法、特殊群体就业保障法、职业培训法、就业援助法等。

1994 年颁布的《劳动法》对政府促进就业的具体措施作出了明确规定。2007 年 8 月 30 日，第十届全国人民代表大会常务委员会第二十九次会议通过的《就业促进法》(2015 年修正)是规范就业关系的一部专门法律，分为总则、政策支持、公平就业、就业服务和管理、职业教育和培训、就业援助、监督检查、法律责任、附则，共 9 章。2001 年 9 月 11 日,《人才市场管理规定》颁布（分别于 2005 年、2015 年、2019 年修订）。2007 年 2 月 25 日,《残疾人就业条例》颁布。2007 年 11 月 5 日,《就业服务与就业管理规定》颁布（分别于 2014 年、2015 年、2018 年、2022 年修订）。2020 年 12 月 18 日,《网络招聘服务管理规定》颁布。2023 年 6 月 29 日，人力资源和社会保障部颁布《人力资源服务机构管理规定》。

此外,《职业教育法》《民办教育促进法》《妇女权益保障法》《残疾人保障法》《归侨侨眷权益保护法》《民族区域自治法》等法律以及《外国人在中国就业管理规定》《境外就业中介管理规定》等法规规章中也有关于劳动就业的法律规范。

第二节　劳动就业的基本原则

劳动就业的基本原则是指在劳动就业过程中必须遵守的基本准则。我国劳动就业的基本原则主要有促进就业和公平就业原则。

一、促进就业原则

促进就业不仅是劳动过程实现的内在要求，也是国家保障公民劳动权的主要举措。就业是民生之本，是人民最基本的需要和需求，是人民最关心最直接最现实的利益问题。国家必须采取措施帮助公民实现更高质量和更充分就业，通过实施就业优先战略和积极就业政策，促进公民实现劳动就业权利。

《劳动法》第5条规定，国家采取各种措施，促进劳动就业，发展职业教育，制定劳动标准，调节社会收入，完善社会保险，协调劳动关系，逐步提高劳动者的生活水平。《就业促进法》第2条规定，国家把扩大就业放在经济社会发展的突出位置，实施积极的就业政策，坚持劳动者自主择业、市场调节就业、政府促进就业的方针，多渠道扩大就业。

为了促进就业，必须建立促进就业的政府责任体系。《就业促进法》第6条规定，国务院建立全国促进就业工作协调机制，研究就业工作中的重大问题，协调推动全国促进就业工作。国务院劳动行政部门具体负责全国的促进就业工作。省、自治区、直辖市人民政府根据促进就业工作的需要，建立促进就业工作协调机制，协调解决本行政区域就业工作中的重大问题。县级以上人民政府有关部门按照各自的职责分工，共同做好促进就业工作。同时，《就业促进法》第58条规定，各级人民政府和有关部门应当建立促进就业的目标责任制度。县级以上人民政府按照促进就业目标责任制的要求，对所属的有关部门和下一级人民政府进行考核和监督。

为了实现促进就业的原则，必须建立促进就业的政策支持体系。《就业促进法》第二章对于促进就业的政策支持作了全面的规定，主要是：

县级以上人民政府应当把扩大就业作为重要职责，统筹协调产业政策与就业政策。国家鼓励各类企业在法律法规规定的范围内，通过兴办产业或者拓展经营，增加就业岗位。国家鼓励发展劳动密集型产业、服务业，扶持中小企业，多渠道、多方式增加就业岗位。国家鼓励、支持、引导非公有制经济发展，扩大就业，增加就业岗位。国家发展国内外贸易和国际经济合作，拓宽就业渠道。

县级以上人民政府在安排政府投资和确定重大建设项目时，应当发挥投资和重大建设项目带动就业的作用，增加就业岗位。

国家实行有利于促进就业的财政政策，加大资金投入，改善就业环境，扩大就业。县级以上人民政府应当根据就业状况和就业工作目标，在财政预算中安排就业专项资金用于促进就业工作。就业专项资金用于职业介绍、职业培训、公益性岗位、职业技能鉴定、特定就业政策和社会保险等的补贴，小额贷款担保基金和微利项目的小额担保贷款贴息，以及扶持公共就业服务等。

国家实行有利于促进就业的金融政策，增加中小企业的融资渠道；鼓励金融机构改进金融服务，加大对中小企业的信贷支持，并对自主创业人员在一定期限内给予小额信贷等扶持。

国家实行城乡统筹的就业政策，建立健全城乡劳动者平等就业的制度，引导农业富余劳动力有序转移就业。县级以上地方人民政府推进小城镇建设和加快县域经济发展，引导农业富余劳动力就地就近转移就业；在制定小城镇规划时，将本地区农业富余劳动力转移就业作为重要内容。县级以上地方人民政府引导农业富余劳动力有序向城市异地转移就业；劳动力输出地和输入地人民政府应当互相配合，改善农村劳动者进城就业的环境和条件。国家支持区域经济发展，鼓励区域协作，统筹协调不同地区就业的均衡增长。国家支持民族地区发展经济，扩大就业。各级人民政府统筹做好城镇新增劳动力就业、农业富余劳动力转移就业和失业人员就业工作。

国家鼓励企业增加就业岗位，扶持失业人员和残疾人就业，对下列企业、人员依法给予税收优惠：（1）吸纳符合国家规定条件的失业人员达到规定要求的企业；（2）失业人员创办的中小企业；（3）安置残疾人员达到规定比例或者集中使用残疾人的企业；（4）从事个体经营的符合国家规定条件的失业人员；（5）从事个体经营的残疾人；（6）国务院规定给予税收优惠的其他企业、人员。

各级人民政府采取措施，逐步完善和实施与非全日制用工等灵活就业相适应的劳动和社会保险政策，为灵活就业人员提供帮助和服务。

国家建立健全失业保险制度，依法确保失业人员的基本生活，并促进其实现再就业。地方各级人民政府和有关部门应当加强对失业人员从事个体经营的指导，提供政策咨询、就业培训和开业指导等服务。

二、公平就业原则

公平就业是指劳动者就业机会的均等、就业条件的公平，不得因工作能力之外的原因而受到歧视。公平就业原则不仅要求劳动者在就业机会、就业条件等方面形式上的公平，还要求劳动者在就业机会、就业条件等方面的实质上的公平。按照此要求，对于在就业竞争过程中处于不利地位的特殊和困难就业群体必须进行适当的照顾。《就业促进法》第 25 条规定，各级人民政府创造公平就业的环境，消除就业歧视，制定政策并采取措施对就业困难人员给予扶持和援助。因此，公平就业原则包括平等就业与特殊照顾两个方面。

（一）平等就业

平等就业即劳动者享有平等的就业权利，不因与职业无关的因素而受到歧视。平等原则要求"等者等之，不等者不等之"，即同样情况同等待遇，不同情况可以有差别待遇。同样情况下的不同待遇即差别待遇构成歧视。就业歧视侵害了劳动者的就业平等权，其表现形式多样，包括民族、种族、性别、宗教信仰等方面的歧视，也包括健康、相貌、户籍、年龄等方面的歧视。反就业歧视法律制度的目标和宗旨是通过制度安排，制止就业歧视行为，实现劳动者的平等就业。《劳动法》第 12 条规定："劳动者就业，不因民族、种族、性别、宗教信仰不同而受歧视。"《就业促进法》第 3 条规定："劳动者依法享有平等就业和自主择业的权利。劳动者就业，不因民族、种族、性别、宗教信仰等不同而受歧视。"第 29 条第 3 款规定："用人单位招用人员，不得歧视残疾人。"第 30 条规定："用人单位招用人员，不得以是传染病病原携带者为由拒绝录用。但是，经医学鉴定传染病病原携带者在治愈前或者排除传染嫌疑前，不得从事法律、行政法规和国务院卫生行政部门规定禁止从事的易使传染病扩散的工作。"第 31 条规定："农村劳动者进城就业享有与城镇劳动者平等的劳动权利，不得对农村劳动者进城就业设置歧视性限制。"可见，《就业促进法》关于就业歧视的范围已经从《劳动法》规定的"民族、种族、性别、宗教信仰"四个方面扩展到健康歧视、疾病歧视、户籍歧视等方面。2018 年 6 月国务院颁发的《人力资源市场暂行条例》第 11 条进一步规定："国家引导和促进人力资源在机关、企业、事业单位、社会组织之间以及不同地区之间合理流动。任何地方和单位不得违反国家规定在户籍、地域、身份等方面设置限制人力资源流动的条件。"

关于性别歧视，我国现有的法律规制非常严格。《劳动法》第 13 条明确规定："妇女享有与男子平等的就业权利。在录用职工时，除国家规定的不适合妇女的工种或者岗位外，不得以性别为由拒绝录用妇女或者提高对妇女的录用标准。"《就业促进法》第 27 条规定："国家保障妇女享有与男子平等的劳动权利。用人单位招用人员，除国家规定的不适合妇女的工种或者岗位外，不得以性别为由拒绝录用妇女或者提高对妇女的录用标准。" 2022 年修订后的《妇女权益保障法》，其第 2 条强调"男女平等是国家的基本国策。妇女在政治的、经济的、文化的、社会的和家庭的生活等各方面享有同男子平等的权利。国家采取必要措施，促进男女平等，消除对妇女一切形式的歧视，禁止排斥、限制妇女依法享有和行使各项权益"。第 41 条规定："国家保障妇女享有与男子平等的劳动权利和社会保障权利。"第 42 条规定："各级人民政府和有关部门应当完善就业保障政策措施，防止和纠正就业性别歧视，为妇女创造公平的就业创业环境，为就业困难的妇女提供必要的扶持和援助。"第 43 条规定："用人单位在招录（聘）过程中，除国家另有规定外，不得实施下列行为：（1）限定为男性或者规定男性优先；（2）除个人基本信息外，进一步询问或者调查女性求职者的婚育情况；（3）将妊娠测试作为入职体检项目；（4）将限制结婚、生育或者婚姻、生育状况作为录（聘）用条件；（5）其他以性别为由拒绝录（聘）用妇女或者差别化地提高对妇女录（聘）用标准的行为。"

案情简介

25 岁的章某参加某广告公司的设计岗位招聘。在经过重重筛选后，她于 2020 年 7 月 1 日接到上班通知。次日，公司安排章某体检。7 天后，公司突然通知章某，由于她被检出是乙肝病毒携带者，不符合公司录用规定，章某刚上班一天就下岗了。其后，章某一纸诉状将该公司告上法庭，要求公司向其赔礼道歉，并支付精神损害抚慰金人民币 5 万元。此案应该如何裁判？

案例分析

该案是典型的因疾病而引发的就业歧视。劳动者依法享有平等就业和自主择业的权利。平等就业即在实现就业的过程中，应该受到平等的对待，不得因为与工作的内在要求无关的因素而受到区别对待。本案中，企业对携带乙肝病毒的劳动者的歧视，不仅是对劳动者个人平等就业权的侵犯，也堵塞了乙肝病毒携带者群体的就业通道，破坏社会的公平正义，必然被法律所否定和制裁。《就业促进法》第3条规定："劳动者依法享有平等就业和自主择业的权利。劳动者就业，不因民族、种族、性别、宗教信仰等不同而受歧视。"第30条中规定："用人单位招用人员，不得以是传染病病原携带者为由拒绝录用。"第62条规定："违反本法规定，实施就业歧视的，劳动者可以向人民法院提起诉讼。"2007年，原劳动和社会保障部专门发布《关于维护乙肝表面抗原携带者就业权利的意见》，明确地规定："除国家法律、行政法规和卫生部规定禁止从事的易使乙肝扩散的工作外，用人单位不得以劳动者携带乙肝表面抗原为理由拒绝招用或者辞退乙肝表面抗原携带者。"按照《就业促进法》等法律法规的相关规定，案件中受到歧视的章某可以直接向有管辖权的法院提起诉讼，法院应依法受理，并依法判决公司向其书面赔礼道歉，并酌定向其支付一定数额的精神抚慰金。

（二）特殊照顾

特殊照顾即对因特殊原因导致在劳动力市场中处于不利地位的人员，如妇女、残疾人、少数民族人员、退役军人等予以特殊对待或优惠待遇。国际劳工组织1958年《就业与职业歧视公约》（第111号公约）一方面规定禁止会取消或损害就业或职业机会均等或待遇平等的，基于种族、肤色、性别、宗教、政治见解、民族血统或社会出身的任何区别、排斥或优惠；另一方面也规定了对任何一项特定职业基于其内在需要的区别、排斥或优惠不应视为歧视。因此，根据公约规定"工作相关资格"是合理差别待遇的正当事由，而"工作相关资格"具体包括：（1）基于岗位的特定要求，需要具备特定条件或者不能雇佣特定的劳动者，如律师需要具备律师执业资格等；（2）而某些职业基于职业伦理的要求，需要排除某些具有不良行为前科的劳动者，如教育工作者如果有相关性犯罪记录，则被禁止再次进入相关行业；（3）基于劳动者特定的生理条件和健康状况，而不得从事相关工作。如女职工不得从事一定范围的禁忌劳动的工作，而患有传染病的劳动者不得从事食品卫生等相关工作[①]。第111号公约中

① 范围：《反就业歧视法的平等价值及其实现》，载《探求》，2011（6）。

的“基于劳动者特定的生理条件和健康状况，而不得从事相关工作”就属于特殊照顾的一种情况。《女职工劳动保护特别规定》基于实质平等，根据女性的特殊生理条件和所承担的社会职能，规定了特殊的劳动保护。其第 4 条第 1 款规定：“用人单位应当遵守女职工禁忌从事的劳动范围的规定。用人单位应当将本单位属于女职工禁忌从事的劳动范围的岗位书面告知女职工。”《就业促进法》等法律专门就残疾人、少数民族等弱势群体的公平就业作出规定，具体包括：（1）残疾人、失业人员等弱势群体。国家通过税收优惠等措施扶持和帮助残疾人、失业人员就业，并且建立就业援助制度对就业困难人员实行优先扶持和重点帮助。（2）少数民族劳动者。《就业促进法》第 28 条规定：“各民族劳动者享有平等的劳动权利。用人单位招用人员，应当依法对少数民族劳动者给予适当照顾。”《就业促进法》还对因身体状况、技能水平、家庭因素、失去土地等原因难以实现就业，以及连续失业一定时间仍未能实现就业的就业困难人员规定了就业援助制度。各级人民政府应当采取税费减免、贷款贴息、社会保险补贴、岗位补贴等办法，通过公益性岗位安置等途径，对就业困难人员实行优先扶持和重点帮助。

第三节　就业服务和管理法

一、就业服务法

（一）就业服务法概述

1. 就业服务的概念

就业服务，是指就业服务主体为劳动者实现就业和用人单位招用劳动者提供的社会服务，包括公共就业服务机构提供的公共就业服务和经营性服务机构提供的有偿就业服务。就业服务是人力资源市场和国家劳动政策实施体系的重要内容。获得公共就业服务是劳动者的权利。

2．就业服务的法律规范

2007年颁布的《就业促进法》设置了专门的一章“就业服务和管理”。为配合《就业促进法》的实施，2007年11月5日原劳动和社会保障部发布《就业服务与就业管理规定》。2018年6月29日国务院颁布的《人力资源市场暂行条例》和2023年6月29日人力资源和社会保障部颁布的《人力资源服务机构管理规定》中也有就业服务的规范。

（二）就业服务法的主要内容

1．就业服务的对象和供给主体

就业服务的对象大多为城镇居民。《就业服务与就业管理规定》第63条规定：“在法定劳动年龄内，有劳动能力，有就业要求，处于无业状态的城镇常住人员，可以到常住地的公共就业服务机构进行失业登记。”

就业服务的供给主体既可以是公共就业服务机构，也可以是经营性就业服务机构；既可以是营利性服务机构，也可以是非营利性服务机构。根据《人力资源市场暂行条例》第14条的规定，人力资源服务机构，包括公共人力资源服务机构和经营性人力资源服务机构。公共人力资源服务机构，是指县级以上人民政府设立的公共就业和人才服务机构。经营性人力资源服务机构，是指依法设立的从事人力资源服务经营活动的机构。

2．公共就业服务体系

根据《就业服务与就业管理规定》的规定，县级以上劳动保障行政部门统筹管理本行政区域内的公共就业服务工作，根据政府制定的发展计划，建立健全覆盖城乡的公共就业服务体系。公共就业服务机构根据政府确定的就业工作目标任务，制订就业服务计划，推动落实就业扶持政策，组织实施就业服务项目，为劳动者和用人单位提供就业服务，开展人力资源市场调查分析，并受劳动保障行政部门委托经办促进就业的相关事务。公共就业服务机构应当免费为劳动者提供以下服务：（1）就业政策法规咨询；（2）职业供求信息、市场工资指导价位信息和职业培训信息发布；（3）职业指导和职业介绍；（4）对就业困难人员实施就业援助；（5）办理就业登记、失业登记等事务；（6）其他公共就业服务。公共就业服务机构应当积极拓展服务功能，根据用人单位需求提供以下服务：（1）招聘用人指导服务；（2）代理招聘服务；（3）跨地区人员招聘服务；（4）企业人力资源管理咨询等专业性服务；（5）劳动保障事务代理服务；（6）为满足用人单位需求开发的其他就业服务项目。根据《人力资源市场暂行条例》的规定，公共人力资源服务机构提供下列服务，不得收费：（1）人力资源供求、市场工资指导价位、职业培训等信息发布；（2）职业介绍、职业指导和创业开业指导；（3）就业创业和人才政策法规咨询；（4）对就业困难人员实施就业援助；（5）办理就业登记、失业登记等事务；（6）办理高等学校、中等职业学校、技工学校毕业生接收手续；（7）流动人员人事档案管理；（8）县级以上人民政府确定的其他服务。

3．人力资源市场信息服务体系

根据《就业服务与就业管理规定》的规定，县级以上劳动保障行政部门和公共就业服务机构应当按照劳动保障信息化建设的统一规划、标准和规范，建立完善人力资源市场信息网络及相关设施。公共就业服务机构应当逐步实行信息化管理与服务，在城市内实现就业服务、失业保险、就业培训信息共享和公共就业服务全程信息化管理，并逐步实现与劳动工资信息、社会保险信息的互联互通和信息共享。公共就业服务机构应当建立健全人力资源市场信息服务体系，完善职业供求信息、市场工资指导价位信息、职业培训信息、人力资源市场分析信息的发布制度，为劳动者求职择业、用人单位招用人员以及培训机构开展培训提供支持。县级以上劳动保障行政部门应当按照信息化建设统一要求，逐步实现全国人力资源市场信息联网。其中，城市应当按照劳动保障数据中心建设的要求，实现网络和数据资源的集中和共享；省、自治区应当建立人力资源市场信息网省级监测中心，对辖区内人力资源市场信息进行监测；劳动保障部设立人力资源市场信息网全国监测中心，对全国人力资源市场信息进行监测和分析。《人力资源市场暂行条例》第16条规定：“公共人力资源服务机构应当加强信息化建设，不断提高服务质量和效率。”

4．职业指导服务

公共就业服务机构应当加强职业指导工作，配备专（兼）职职业指导工作人员，向劳动者和用人单位提供职业指导服务。公共就业服务机构应当为职业指导工作提供相应的设施和条件，推动职业指导工作的开展，加强对职业指导工作的宣传。

职业指导工作包括以下内容：（1）向劳动者和用人单位提供国家有关劳动保障的法律法规和政策、人力资源市场状况咨询；（2）帮助劳动者了解职业状况，掌握求职方法，确定择业方向，增强择业能力；（3）向劳动者提出培训建议，为其提供职业培训相关信息；（4）开展对劳动者个人职业素质和特点的测试，并对其职业能力进行评价；（5）对妇女、残疾人、少数民族人员及退出现役的军人等就业群体提供专门的职业指导服务；（6）对大中专学校、职业院校、技工学校学生的职业指导工作提供咨询和服务；（7）对准备从事个体劳动或开办私营企业的劳动者提供创业咨询服务；（8）为用人单位提供选择招聘方法、确定用人条件和标准等方面的招聘用人指导；（9）为职业培训机构确立培训方向和专业设置等提供咨询参考。

5. 职业中介活动

职业中介活动是指为用人单位招用人员和劳动者求职提供中介服务，包括为用人单位推荐劳动者、为劳动者介绍用人单位、组织开展招聘会、开展网络招聘服务、开展高级人才寻访（猎头）服务等经营性活动。与公共就业服务相比，职业中介活动具有两个特点：第一，职业中介实行许可制度。设立职业中介机构或其他机构开展职业中介活动，须经劳动保障行政部门批准，并获得职业中介许可证。《就业促进法》第40条规定："设立职业中介机构应当在工商行政管理部门办理登记后，向劳动行政部门申请行政许可。未经依法许可和登记的机构，不得从事职业中介活动。国家对外商投资职业中介机构和向劳动者提供境外就业服务的职业中介机构另有规定的，依照其规定。"《人力资源服务机构管理规定》第7条规定："申请从事职业中介活动的，可以自愿选择按照一般程序或者告知承诺制方式申请行政许可。"第二，经济上的营利性。职业中介机构，是指由法人、其他组织和公民个人举办，为用人单位招用人员和劳动者求职提供中介服务以及其他相关服务的经营性组织。政府部门不得举办或者与他人联合举办经营性的职业中介机构。

职业中介服务的内容包括：（1）为劳动者介绍用人单位；（2）为用人单位和居民家庭推荐劳动者；（3）开展职业指导、人力资源管理咨询服务；（4）收集和发布职业供求信息；（5）根据国家有关规定从事互联网职业信息服务；

（6）组织职业招聘洽谈会；（7）经劳动保障行政部门核准的其他服务项目。

二、就业管理法

就业管理法，也称劳动力市场管理法或人力资源市场管理法，是调整在劳动力市场管理过程中发生的社会关系的法律规范的总称。劳动者有择业自主权和工作自由权，即根据自己的意愿选择职业的权利和从事工作的自由，国家应当尊重、保护和促进劳动者的择业自主和工作自由的权利。但是，任何权利和自由都不是绝对的，国家出于维护社会公共利益和公共道德的考量，可以对工作自由进行合理的限制，同时对劳动力市场进行规范以更好地保护劳动者的就业权利。《就业促进法》第四章中的“就业服务和管理”以及《就业服务与就业管理规定》就含有大量的就业管理的内容。《人力资源市场暂行条例》主要包括人力资源市场培育、人力资源服务机构、人力资源市场活动规范、监督管理等就业管理的内容。2020 年 12 月 18 日，《网络招聘服务管理规定》颁布。2023 年 6 月 29 日，人力资源和社会保障部颁布《人力资源服务机构管理规定》。下面对就业管理法的主要内容作简要介绍。

（一）人力资源市场培育

国家建立统一开放、竞争有序的人力资源市场体系，发挥市场在人力资源配置中的决定性作用，健全人力资源开发机制，激发人力资源创新创造创业活力，促进人力资源市场繁荣发展。

国家建立政府宏观调控、市场公平竞争、单位自主用人、个人自主择业、人力资源服务机构诚信服务的人力资源流动配置机制，促进人力资源自由有序流动。

县级以上人民政府应当将人力资源市场建设纳入国民经济和社会发展规划，运用区域、产业、土地等政策，推进人力资源市场建设，发展专业性、行业性人力资源市场，鼓励并规范高端人力资源服务等业态发展，提高人力资源服务业发展水平。县级以上人民政府建立覆盖城乡和各行业的人力资源市场供求信息系统，完善市场信息发布制度，为求职、招聘提供服务。

国家引导和促进人力资源在机关、企业、事业单位、社会组织之间以及不同地区之间合理流动。任何地方和单位不得违反国家规定在户籍、地域、身份等方面设置限制人力资源流动的条件。

人力资源社会保障行政部门应当加强人力资源市场监管，维护市场秩序，保障公平竞争。

国家鼓励开展平等、互利的人力资源国际合作与交流，充分开发利用国际和国内的人力资源。

（二）对人力资源服务机构的管理

公共人力资源服务机构提供就业服务，不得收费。公共人力资源服务经费纳入政府预算。人力资源社会保障行政部门应当依法加强公共人力资源服务经费管理。

经营性人力资源服务机构从事职业中介活动的，应当依法向人力资源社会保障行政部门申请行政许可，取得人力资源服务许可证。经营性人力资源服务机构开展人力资源供求信息的收集和发布、就业和创业指导、人力资源管理咨询、人力资源测评、人力资源培训、承接人力资源服务外包等人力资源服务业务的，应当自开展业务之日起 15 日内向人力资源社会保障行政部门备案。经营性人力资源服务机构从事劳务派遣业务的，执行国家有关劳务派遣的规定。人力资源社会保障行政部门应当自收到经营性人力资源服务机构从事职业中介活动的申请之日起 20 日内依法作出行政许可决定。符合条件的，颁发人力资源服务许可证；不符合条件的，作出不予批准的书面决定并说明理由。经营性人力资源服务机构设立分支机构的，应当自工商登记办理完毕之日起 15 日内，书面报告分支机构所在地人力资源社会保障行政部门。经营性人力资源服务机构变更名称、住所、法定代表人或者终止经营活动的，应当自工商变更登记或者注销登记办理完毕之日起 15 日内，书面报告人力资源社会保障行政部门。

人力资源社会保障行政部门应当及时向社会公布取得行政许可或者经过备案的经营性人力资源服务机构名单及其变更、延续等情况。

为了加强对人力资源服务机构的管理，规范人力资源服务活动，健全统一开放、竞争有序的人力资源市场体系，促进高质量充分就业和优化人力资源流动配置，2023 年 6 月 29 日人力资源和社会保障部颁布了系统规范人力资源服务机构及相关活动的专门规章——《人力资源服务机构管理规定》，对经营性人力资源服务机构从事职业中介活动的行政许可和开展其他经营性业务的行政备案进行了细化规定。主要内容为：第一，在准入条件及所需材料方面，规定申请从事职业中介活动的，应当具备下列条件：（1）有明确的章程和管理制度（2）有开展业务必备的固定场所、办公设施和一定数额的开办资金；（3）有 3 名以上专职工作人员；（4）法律法规规定的其他条件。行政审批部门可以通过政务信息共享获取的有关材料，不得要求市场主体提交。第二，在准入程序方面，明确可由市场主体自愿选择按照一般程序或者告知承诺制方式申请许可；以告知承诺制方式申请人力资源服务许可的，应经形式审查后当场作出许可决定。第三，在行政备案事项及办理程序方面，明确备案事项包括机构名称、法定代表人、住所地、服务范围等内容，要求行政部门出具备案凭证，并规定了应载明的具体内容。第四，在设立分支机构及变更方面，规定服务机构设立分支机构，应当在向住所地行政部门提交的书面报告中载明机构名称等内容；行政部门应当在收到书面报告后所出具的收据中，载明服务机构名称等内容；明确了跨管理辖区变更住所有关要求。第五，在人力资源服务许可证管理方面，明确许可证在全国范围内长期有效，许可证纸质和电子证书具有同等法律效力。

（三）人力资源市场活动规范

个人求职，应当如实提供本人基本信息以及与应聘岗位相关的知识、技能、工作经历等情况。

用人单位发布或者向人力资源服务机构提供的单位基本情况、招聘人数、招聘条件、工作内容、工作地点、基本劳动报酬等招聘信息，应当真实、合法，不得含有民族、种族、性别、宗教信仰等方面的歧视性内容。用人单位自主招用人员，需要建立劳动关系的，应当依法与劳动者订立劳动合同，并按照国家有关规定办理社会保险等相关手续。人力资源流动，应当遵守法律法规对服务期、从业限制、保密等方面的规定。

人力资源服务机构接受用人单位委托招聘人员，应当要求用人单位提供招聘简章、营业执照或者有关部门批准设立的文件、经办人的身份证件、用人单位的委托证明，并对所提供材料的真实性、合法性进行审查。人力资源服务机构接受用人单位委托招聘人员或者开展其他人力资源服务，不得采取欺诈、暴力、胁迫或者其他不正当手段，不得以招聘为名牟取不正当利益，不得介绍单位或者个人从事违法活动。

人力资源服务机构举办现场招聘会，应当制定组织实施办法、应急预案和安全保卫工作方案，核实参加招聘会的招聘单位及其招聘简章的真实性、合法性，提前将招聘会信息向社会公布，并对招聘中的各项活动进行管理。举办大型现场招聘会，应当符合《大型群众性活动安全管理条例》等法律法规的规定。

人力资源服务机构发布人力资源供求信息，应当建立健全信息发布审查和投诉处理机制，确保发布的信息真实、合法、有效。人力资源服务机构在业务活动中收集用人单位和个人信息的，不得泄露或者违法使用所知悉的商业秘密和个人信息。

经营性人力资源服务机构接受用人单位委托提供人力资源服务外包的，不得改变用人单位与个人的劳动关系，不得与用人单位串通侵害个人的合法权益。

人力资源服务机构通过互联网提供人力资源服务的，应当遵守法律法规和国家有关网络安全、互联网信息服务管理的规定。

经营性人力资源服务机构应当在服务场所明示下列事项，并接受人力资源社会保障行政部门和市场监督管理、价格等主管部门的监督检查：（1）营业执照；（2）服务项目；（3）收费标准；（4）监督机关和监督电话。从事职业中介活动的，还应当在服务场所明示人力资源服务许可证。

人力资源服务机构应当加强内部制度建设，健全财务管理制度，建立服务台账，如实记录服务对象、服务过程、服务结果等信息。服务台账应当保存2年以上。

《人力资源服务机构管理规定》重点规范了人力资源服务机构的人力资源服务活动：第一，加强招聘服务管理。服务机构要建立招聘信息管理制度，依法对用人单位所提供材料的真实性、合法性进行审查，并明确了企业银行结算账户等审查途径；明确投诉举报及处置方式，规定服务机构发现涉嫌虚假招聘等违法活动或收到投诉举报的，应当及时核实、暂停或终止服务。第二，明确人力资源服务机构不得从事行为的清单。规定服务机构不得有伪造、涂改、转让人力资源服务许可证，为无合法证照的用人单位提供职业中介服务，介绍未满16周岁的未成年人就业，为无合法身份证件的劳动者提供职业中介服务，介绍劳动者从事法律法规禁止从事的职业，介绍用人单位、劳动者从事违法活动，以欺诈、暴力、胁迫等方式开展相关服务活动，以开展相关服务为名牟取不正当利益，以欺诈、伪造证明材料等手段骗取社会保险基金支出、社会保险待遇等行为。第三，强化个人信息保护。明确处理个人信息的方式及原则，确定收集个人信息应当限于实现求职招聘目的的最小范围，要求服务机构应当建立个人信息保护、个人信息安全监测预警等机制，采取必要措施防范盗取、贩卖、泄露个人信息等违法行为。第四，规范服务收费和公平竞争。规定不得以提供招聘服务等名义向个人收取明示服务项目以外的服务费用，不得以各种名目诱导、强迫个人参与贷款、入股、集资等活动；不得扰乱人力资源市场价格秩序，不得采取垄断、不正当竞争等手段开展服务活动。第五，规范其他相关服务活动。一是规定开展人力资源培训，不得危害国家安全、损害参训人员身心健康或者诱骗财物等要求。二是举办网络招聘会，应加强网络安全管理、履行网络安全保护义务、采取措施确保网络招聘系统及用户信息安全等要求。三是开展人力资源服务外包，不得以欺诈、胁迫、诱导劳动者注册为个体工商户等方式，改变用人单位与劳动者的劳动关系，帮助用人单位规避用工主体责任；不得以人力资源服务外包名义，实际上按劳务派遣，将劳动者派往其他单位工作；不得与用人单位串通侵害劳动者的合法权益。

（四）对职业中介机构行为的规范

职业中介机构从事职业中介活动，应当遵循合法、诚实信用、公平、公开的原则。任何组织或者个人不得利用职业中介活动侵害劳动者和用人单位的合法权益。职业中介机构不得从事法律法规规定的禁止行为。根据《就业服务与就业管理规定》第58条规定，禁止职业中介机构有下列行为：（1）提供虚假就业信息；（2）发布的就业信息中包含歧视性内容；（3）伪造、涂改、转让职业中介许可证；（4）为无合法证照的用人单位提供职业中介服务；（5）介绍未满16周岁的未成年人就业；（6）为无合法身份证件的劳动者提供职业中介服务；（7）介绍劳动者从事法律法规禁止从事的职业；（8）扣押劳动者的居民身份证和其他证件，或者向劳动者收取押金；（9）以暴力、胁迫、欺诈等方式进行职业中介活动；（10）超出核准的业务范围经营；（11）其他违反法律法规规定的行为。

（五）网络招聘服务管理

网络招聘服务，是指人力资源服务机构（包括公共人力资源服务机构和经营性人力资源服务机构）在中华人民共和国境内通过互联网等信息网络，以网络招聘服务平台、平台内经营、自建网站或者其他网络服务方式，为劳动者求职和用人单位招用人员提供的求职、招聘服务。《网络招聘服务管理规定》对网络招聘服务进行了比较全面的规范，主要内容如下：

经营性人力资源服务机构从事网络招聘服务，应当依法取得人力资源服务许可证。涉及经营电信业务的，还应当依法取得电信业务经营许可证。

用人单位向人力资源服务机构提供的网络招聘信息，不得含有民族、种族、性别、宗教信仰等方面的歧视性内容。用人单位向人力资源服务机构提供的单位基本情况、招聘人数、招聘条件、用工类型、工作内容、工作条件、工作地点、基本劳动报酬等网络招聘信息，应当合法、真实，不得含有民族、种族、性别、宗教信仰等方面的歧视性内容。网络招聘信息不得违反国家规定在户籍、地域、身份等方面设置限制人力资源流动的条件。

从事网络招聘服务的人力资源服务机构，不得以欺诈、暴力、胁迫或者其他不正当手段，牟取不正当利益。从事网络招聘服务的经营性人力资源服务机构，不得向劳动者收取押金，应当明示其服务项目、收费标准等事项。

人力资源服务机构从事网络招聘服务时收集、使用其用户个人信息，应当遵守法律、行政法规和有关个人信息保护的规定。人力资源服务机构应当建立健全网络招聘服务用户信息保护制度，不得泄露、篡改、毁损或者非法出售、非法向他人提供其收集的个人居民身份证号码、年龄、性别、住址、联系方式和用人单位经营状况等信息。

人力资源服务机构应当对网络招聘服务用户信息保护情况每年至少进行一

次自查，记录自查情况，及时消除自查中发现的安全隐患。

根据《人力资源服务机构管理规定》，举办网络招聘会，应当加强网络安全管理，履行网络安全保护义务，采取技术措施或者其他必要措施，确保网络招聘系统和用户信息安全。以网络招聘服务平台方式从事网络招聘服务的人力资源服务机构应当记录、保存平台上发布的招聘信息、服务信息，并确保信息的完整性、保密性、可用性。招聘信息、服务信息应当自服务完成之日起保存3年以上。

第四章

劳动合同法

第一节　劳动合同法概述

1994年，国家颁布了《劳动法》，从法律层面确立了劳动合同制度。劳动合同制度的确立被认为是劳动关系领域的一个巨大进步。19世纪英国著名的法律史学家梅因在其所著的《古代法》中，提出了法律进化的普遍规律之一："所有进步社会的运动，到此处为止，是一个'从身份到契约'的运动"[①]。当以"身份"作为确定社会关系的方式时，强调的是当事人之间地位的不平等；而以"契约"作为不确定社会关系的方式时，强调的是当事人之间的地位平等。契约型社会是与市场经济相适应的社会形态。劳动合同制度打破了计划经济条件下的身份制，实行了劳动用工的契约化、市场化，意义非常重大。2007年6月29日，为了完善劳动合同制度，我国颁布《劳动合同法》，比较全面地规定了劳动合同制度，这是劳动法制建设史上的里程碑，具有重要的意义。2012年12月28日，第十一届全国人民代表大会常务委员会第三十次会议对《劳动合同法》进行了修改。

一、劳动合同的概念、性质与特征

（一）劳动合同的概念

劳动合同是劳动者与用人单位确立劳动关系、明确双方权利义务关系的协议。劳动合同是调整劳动关系的重要法律形式。

（二）劳动合同的性质

劳动合同的性质，即劳动合同的法律属性。关于劳动合同的法律属性的定位，有三种模式：第一种模式将劳动合同作为雇佣合同的一种，由民法典来规定，如德国。第二种模式是用劳动合同完全取代雇佣合同，仍然在民法典中规定，如瑞士。第三种模式是劳动合同脱离民法典，作为劳动法来专门规定，如

① 【英】梅因著：《古代法》，沈景一译，第97页，北京：商务印书馆，1987。

法国[①]。

我国劳动合同的属性属于第三种模式，涉及劳动合同的内容由劳动法规定。劳动合同独立于民事合同，归属于劳动法范畴。而劳动法在性质上属于社会法，社会法的理念和内容已经超越了民法意思自治的范畴。因此，劳动合同应该定位为劳动法范畴，适用劳动法的基本原则、法理和具体规则。

（三）劳动合同的特征

劳动合同有这样几个特征：第一，主体具有特定性。即劳动合同当事人一方是用人单位，另一方是劳动者，且劳动合同当事人对用人单位和劳动者各自都有特定的要求。第二，劳动合同当事人之间存在职业上的从属关系。劳动法中的劳动是职业化、有偿性、从属性的劳动，劳动合同的当事人之间存在职业上的从属关系。第三，劳动合同是继续性合同。这是劳动合同与一般民事合同的重要区别。一般的民事合同通常是“一锤子买卖”，合同履行完毕以后当事人的权利和义务就结束了。而劳动者通过让渡劳动力使用权作为履行义务的方式订立劳动合同后，要日复一日、月复一月乃至年复一年地为用人单位工作。第四，劳动合同是有限自由合同。劳动合同自由的限制主要有两个方面：其一是劳动基准即国家规定的最低限度的劳动条件的限制。例如，2023年北京市最低工资标准是每月2420元，劳动合同约定的月工资低于2420元就是无效的。其二是集体合同的限制，比如说北京市的最低工资标准是每月2420元，劳动者所在的企业的集体合同规定的工资是每月不低于3000元，这时候劳动合同确立的工资标准就不能低于3000元，因为集体合同订立以后，其具有不可贬低效力即劳动合同中的劳动报酬和劳动条件等标准不得低于集体合同规定的标准。总之，劳动合同的自由是有限的，既受劳动基准法的制约，又受集体合同的限制。

二、劳动合同与劳务合同的区别

第一，主体不同。劳动合同的主体是特定的，一方必须是用人单位，另一

---

① 林嘉：《劳动法和社会保障法》，5版，第126页，北京：中国人民大学出版社，2023。

方必须是劳动者；劳务合同的主体是广泛的，既可以是自然人也可以是法人。

第二，法律关系中主体的地位不同。劳动合同主体间具有从属性关系；劳务合同当事人是完全平等的，彼此之间没有从属性。

第三，合同的内容不同。劳动合同的内容体现较强的国家干预，当事人自主协商的空间有限。必须具备劳动合同期限、工作内容和工作地点、工作时间和休息休假、劳动报酬、社会保险待遇等条款。劳务合同体现较多的意思自治，内容主要由双方协商确定。

第四，合同履行过程中双方职责不同。劳动合同履行过程中，由于劳动者具有辞职权，合同的全面履行原则受到一定的限制；劳动合同解除或终止后，一般当事人还有后合同义务。如用人单位需要出具解除或终止劳动关系的证明，要在一定期限内为劳动者办理社会保险关系的转移，在劳动者没有过错的情况下用人单位通常需要支付经济补偿金等。劳务合同则按照合同约定全面履行，一般不存在后合同义务。

第五，适用的法律和纠纷处理不同。劳动合同适用的法律主要是《劳动合同法》等劳动法律法规，劳务合同适用的法律主要是《民法典》等民事法律法规。因劳动合同发生的纠纷，属于劳动纠纷，按照劳动争议处理程序处理；劳务合同纠纷属于普通民事纠纷，按照民事诉讼程序处理。

下面我们分析一个是劳动合同还是劳务合同的案例。

案情简介

李某于2018年11月29日与某文化传播公司订立为期2年的《艺人独家合作协议》，约定：李某聘请某文化传播公司为其经纪人，某文化传播公司为李某提供网络主播培训及推广宣传，将其培养成为知名的网络主播；在合同期内，某文化传播公司为李某提供整套直播设备和直播室，负责安排李某的全部直播工作及直播之外的商业或非商业公众活动，全权代理李某涉及直播、出版、演出、广告、录音、录像等与演艺有关的商业或非商业公众活动，可在征得李某同意后作为其委托代理人签署有关合同；李某有权参与某文化传播公司安排的商业活动的策划过程、了解直播收支情况，并对个人形象定位等事项提出建议，但一经双方协商一致，李某必须严格遵守相关约定；李某直播内容和时间均由其自行确定，其每月获得各直播平台后台礼物累计价值5000元，可得基本收入2600元，超过5000元部分由公司和李某进行四六分成，超过9000元部分进行三七分成，超过12000元部分进行二八分成。从事直播活动后，李某按照某文化传播公司要求入驻2家直播平台，双方均严格履行协议约定的权利义务。李某每天直播时长、每月直播天数均不固定，月收入均未超过3500元。2019年3月31日，李某因直播收入较低，单方解除《艺人独家合作协议》，并以公司未缴纳社会保险费为由要求某文化传播公司向其支付解除劳动合同经济补偿。某文化传播公司以双方之间不存在劳动关系为由拒绝支付。李某向仲裁委员会申请仲裁，仲裁委员会裁决双方之间不存在劳动关系。李某不服仲裁裁决，诉至人民法院。

案例分析

本案的争议焦点是《艺人独家合作协议》是劳动合同还是劳务合同？劳动合同当事人具有强的从属性特征，劳务合同的当事人双方体现出平等协商的特点。本案中，从《艺人独家合作协议》内容及履行情况可以看出，某文化传播公司作为李某的经纪人，虽然也安排李某从事为其创造直接经济收益的直播活动，但其主要目的是通过培训、包装、宣传、推广等手段使李某成为知名的网络主播；李某的直播时间及内容由其自主决定，其他相关活动要求等由双方协商确定，李某对其个人包装、活动参与等事项有协商权，对其创造的经济收益有知情权；双方以李某创造的经济收益为衡量标准，约定了“阶梯式”的收益分成方式。因此，双方之间的法律关系体现出平等协商的特点，并未体现出劳动关系的从属性和劳动管理的特征，合同的本质为劳务合同而非劳动合同，双方的法律关系应当认定为民事关系。[①]

① 参见《人力资源社会保障部 最高人民法院关于联合发布第三批劳动人事争议典型案例的通知》（人社部函〔2023〕36号）。

第二节　劳动合同的种类

一、劳动合同的分类

劳动合同可以有不同的分类，如格式合同与非格式合同，书面劳动合同与口头劳动合同，公共部门劳动合同与私营部门劳动合同等。《劳动合同法》关于劳动合同的分类是基于合同期限的分类。劳动合同期限涉及劳动者的就业稳定、职业规划与劳动者的关系非常密切。劳动者在求职的时候对于劳动合同的关注有这样几个方面：一是“我为谁干活”，也即劳动合同的用人单位即雇主是谁；二是“要我干什么”，也即劳动合同的具体工作岗位是什么；三是“给我多少钱”，也就是劳动报酬是多少；四是“我能干多久”，也就是劳动合同的期限。那么，什么是劳动合同的期限呢？劳动合同的期限即劳动合同的有效时间，是双方当事人享有权利和履行义务的起始和终止时间，也是劳动关系具有法律约束力的时间。以合同期限为标准，《劳动合同法》把劳动合同分为三种类型。

（一）固定期限劳动合同

固定期限劳动合同也称定期劳动合同，就是用人单位与劳动者约定终止时间的劳动合同。比如说，一个劳动合同的期限是 2022 年 10 月 10 日到 2023 年 10 月 10 日，那么 2022 年 10 月 10 日是劳动合同的起始时间，2023 年 10 月 10 日就是终止时间，这个劳动合同就是一年的期限。如果订立的是固定期限劳动合同，劳动者和用人单位都有一个明确的预期。用人单位可以按照自己的需要选择签订不同期限的劳动合同。对于用人单位而言，固定期限的劳动合同并非期限越短越好。如果劳动合同一年一签，第一年签一次，第二年还想用这个劳动者，再签一次，那么依据《劳动合同法》的相关规定，如果第三年用人单位还想再用这个劳动者，就要订立无固定期限的劳动合同，所以用人单位需要根据用工的实际需要签订不同期限的劳动合同。

（二）无固定期限劳动合同

无固定期限劳动合同也称不定期劳动合同，就是约定无确定终止时间的劳动合同。劳动者与用人单位签了无固定期限劳动合同，那么劳动合同哪一天终止是不能通过合同确定的。如企业破产，劳动合同终止；劳动者达到法定退休年龄，劳动合同终止等。如果用人单位持续存在，劳动者在劳动过程中没有过错，没有出现不能胜任工作和不能适应工作等情况，那么劳动者就可以长时间地工作下去。从这个角度来讲，无固定期限劳动合同对劳动者是一个保障。签订了无固定期限劳动合同，劳动者仍然可以行使辞职权，所以认为无固定期限劳动合同对于劳动者来说是“卖身契”的观点是错误的。无固定期限劳动合同不等于用人单位不能够解除或终止的劳动合同，当劳动者出现《劳动合同法》规定的解除劳动合同的法定情形（第 39 条和第 40 条规定的 9 种情形）时，用人单位可以依据法律规定的条件和程序单方解除劳动合同，这一点和固定期限劳动合同并无区别。

（三）以完成一定工作任务为期限的劳动合同

以完成一定工作任务为期限的劳动合同是指用人单位与劳动者约定以某项工作的完成为合同期限的劳动合同。此类合同包括单项任务、项目承包和季节性的用工合同。如某公司招一批农民工修公路，约定公路修完后合同终止，这就是以完成一定工作任务为期限的劳动合同。以完成一定工作任务为期限的劳动合同实际上也是有期限的，只不过其期限是完成工作任务以后才具体确定的。

二、无固定期限劳动合同

（一）无固定期限劳动合同的订立情形

《劳动合同法》规定了无固定期限劳动合同的订立情形：（1）劳动者在该用人单位连续工作满 10 年的；（2）用人单位初次实行劳动合同制度或者国有企业改制重新订立劳动合同时，劳动者在该用人单位连续工作满 10 年且距法定退休年龄不足 10 年的；（3）连续订立两次固定期限劳动合同，且劳动者没有《劳动合同法》第 39 条和第 40 条第 1 项、第 2 项规定的情形，续订劳动合同的。此外，用人单位自用工之日起满一年不与劳动者订立书面劳动合同的，视为用人单位与劳动者订立无固定期限劳动合同。

当出现应当签订无固定期限劳动合同的情形时，劳动者有权要求订立无固定期限劳动合同，这是法律赋予劳动者的权利。对于用人单位来说是义务，用人单位没有选择权。有人提出劳动合同签订应遵守双方自愿原则，用人单位不签合同也不能强迫。我们比较一下《劳动法》《劳动合同法》关于无固定期限劳动合同的规定，就可以理解《劳动合同法》对于劳动者符合无固定期限劳动合同签订情形的，用人单位可否拒绝的问题。《劳动法》规定，劳动者在同一用人单位连续工作满十年以上，双方同意续延无固定期限的劳动合同，应该订立无固定期限劳动合同。按照该项规定，即使劳动者符合订立无固定期限劳动合同的条件，如果用人单位不同意签订劳动合同，劳动者对于签订无固定期限劳动合同的期待就会化为泡影。《劳动合同法》删除了“双方同意续延”的表述，即只要劳动者符合法定情形，劳动者提出来订立无固定期限劳动合同，不管用人单位同意与否，劳动者都有订立无固定期限劳动合同的权利。也就是说，只要劳动者符合法定情形，提出要求签订无固定期限劳动合同的，用人单位必须强制缔约[①]。

无固定期限劳动合同的适用也有例外。依据《劳动合同法实施条例》第 12 条的规定，地方各级人民政府及县级以上地方人民政府有关部门为安置就业困难人员提供的给予岗位补贴和社会保险补贴的公益性岗位，其劳动合同不适用《劳动合同法》有关无固定期限劳动合同的规定。

（二）关于无固定期限劳动合同的认识误区

关于无固定期限劳动合同的认识需要澄清一些误区：其一，无固定期限劳动合同等同于“铁饭碗”。《劳动合同法》出台以后，有人误认为计划经济的“铁饭碗”又来了。“铁饭碗”是劳动者一旦找到一个单位，这个单位就包

① 张光全：《理性看待无固定期限劳动合同》，载《党政干部学刊》，2008（7）。

下他的生老病死，除非他被单位开除了。前面讲过，无固定期限劳动合同不等于不能解除的劳动合同，即使签订无固定期限劳动合同，用人单位在符合法定情形下也是可以单方解除劳动合同的。无固定期限劳动合同只是没有确定的终止日期，但没有确定的终止日期的无固定期限劳动合同并不等于“铁饭碗”。其二，无固定期限劳动合同是社会主义的专利。其实，西方发达国家的劳动合同很多都是无期限或者长期的。如日本的很多企业是终身雇佣制，德国的很多企业的劳动合同都是无固定期限的，把无固定期限劳动合同看作社会主义的专利的观点是片面的。其三，无固定期限劳动合同制度会导致企业用工制度的僵化。这种观点认为无固定期限劳动合同是企业的“紧箍咒”，会导致企业用工机制的僵化。其实，无固定期限劳动合同不等于不能解除劳动合同，并不必然导致企业用工的僵化。

三、不同期限劳动合同的比较与选择

三种不同期限的劳动合同各有特点，企业应该根据发展战略和对员工的不同的要求选择签订不同类型的劳动合同[①]。

固定期限劳动合同的适应性强，各种企业都可以选择使用。但是它也存在问题：第一，劳动关系的稳定性差，如果合同期限快要到了，那么劳动者就会开始考虑下一份工作在哪里？这必然影响劳动关系的稳定。第二，劳动合同的续签是有成本的，劳动合同到期如果继续使用劳动者需要续订劳动合同，这不仅需要物质支出方面的成本，还需要人力资源管理方面的成本。此外，固定期限劳动合同到期终止也需要支付经济补偿金，除非劳动者在用人单位维持或提高劳动条件下不同意续订劳动合同。

无固定期限劳动合同的好处是其稳定性高，能够给劳动者带来安全感。无固定期限劳动合同没有确定的终止时期，不存在期限届满终止。无固定期限劳动合同的最大问题是调岗调薪的难度比较大。比如，劳动者在签订劳动合同的时候，岗位是车间副主任，工资是每月五千元。过了一段时间，劳动者晋升为

① 刘畅等：《劳动合同期限选择与用工管理》，载《人力资源开发与管理》，2007（12）。

车间主任了，在岗位往上提、工资往上加的时候，劳动者一般不会有意见。但是，如果把劳动者从副主任岗位变成普通职工岗位，工资从五千元降到四千元，劳动者的岗位和薪酬与劳动合同的约定相比对劳动者不利，劳动者可能会不同意。“调岗调薪”没有征得劳动者的同意，属于劳动合同的单方变更，用人单位就违反了劳动合同变更需要双方同意的规定。

以完成一定工作任务为期限的劳动合同，比较灵活，工作任务完成了，劳动合同就终止了。但是这种劳动合同也有局限：第一，适用范围有限，不是所有的用工形式都可以签订这种劳动合同，只有工程承包、单项任务和季节性用工可以订立这种合同。第二，不能通过试用期来考察劳动者，以完成一定工作任务为期限的劳动合同不能约定试用期。第三，因任务完成而终止劳动合同的，用人单位也应当依照《劳动合同法》的规定向劳动者支付经济补偿。

第三节　劳动合同的形式

一、劳动合同形式的概述

（一）合同的形式

合同形式是合同内容的载体，是合同当事人意思表示一致的外在表现形式。现代各国对合同形式采用不要式原则，一般不加限制，法律只规定特定种类的合同必须具备书面形式或其他形式。《民法典》第 469 条第 1 款规定：“当事人订立合同，可以采用书面形式、口头形式或者其他形式。”

1. 书面形式

书面形式是合同书、信件、电报、电传、传真等可以有形地表现所载内容的形式。以电子数据交换、电子邮件等方式能够有形地表现所载内容，并可以随时调取查用的数据电文，视为书面形式。

2. 口头形式

口头形式是指当事人以口头语言为意思表示订立合同，而不用文字表达协议内容的合同形式。口头形式优点在于方便快捷，缺点在于不易复制，发生合同纠纷时难以取证，不易分清责任。

3. 其他形式

其他形式一般是指推定形式和默示形式。推定形式是指当事人不直接用书面方式或者口头方式进行意思表示，而是通过某种行为来进行意思表示。默示形式是指当事人用沉默不语的方式进行意思表示。

（二）劳动合同的形式

《劳动合同法》特别强调劳动合同的书面化，其第 10 条规定："建立劳动关系，应当订立书面劳动合同。"第 16 条规定："劳动合同由用人单位与劳动者协商一致，并经用人单位与劳动者在劳动合同文本上签字或者盖章生效。劳动合同文本由用人单位和劳动者各执一份。"第 81 条规定："用人单位提供的劳动合同文本未载明本法规定的劳动合同必备条款或者用人单位未将劳动合同文本交付劳动者的，由劳动行政部门责令改正；给劳动者造成损害的，应当承担赔偿责任。"第 82 条对未签订劳动合同的行为设立了"二倍工资"的惩罚性规定。

我国《劳动合同法》对劳动合同形式的要求非常严格，其主要原因是我国劳动力市场的信用度较低，如果没有书面合同，发生纠纷时，劳动者缺少证据，会给劳动者权利维护造成障碍。书面劳动合同有利于明确双方的权利义务，加强当事人的责任感，有利于劳动行政部门进行监督检查，有利于在出现纠纷时查明事实，分清是非，更好地保护作为弱势群体的劳动者的合法权益。

书面劳动合同是证明劳动关系的重要证据。建立劳动关系应该订立书面劳动合同的规定，确立了订立书面劳动合同是用人单位的法定义务，但这并非意味着没有劳动合同，劳动关系就不存在。

（三）劳动合同和劳动关系的关系

《劳动合同法》没有赋予订立书面劳动合同即建立劳动关系的效力，劳动合同的书面形式不作为建立劳动关系的标志。劳动关系建立的标志是用工，《劳动合同法》第 7 条规定："用人单位自用工之日起即与劳动者建立劳动关系。"这里的"用工"应该解释为用人单位招用劳动者，劳动者在用人单位管理下，提供由用人单位支付报酬的劳动行为。引起劳动关系产生的法律事实是用工，而不是劳动合同。

案情简介

某物业公司招聘员工，与员工约定到公司上班，工作一年，试用期为一个月。员工在上班第一天出现了工伤事故，但没有来得及签订劳动合同，那么员工受到的伤害是否可以认定为工伤？

案例分析

用人单位将劳动者招聘为员工，在用人单位的管理下工作，这种用工构成劳动法意义上的用工。因此，有劳动关系存在，劳动者在工作时间工作地点因工作原因受到的伤害可以认定为工伤。

劳动合同和劳动关系的关系存在三种形态：第一，劳动关系和劳动合同同时存在，即用工时同步订立劳动合同。第二，先有劳动合同后有劳动关系，即先订立劳动合同，间隔一段时间以后才开始用工，这样的劳动合同是一种附期限的合同，劳动关系自合同履行之日起计算。第三，先有劳动关系，后订立劳动合同。即先用工，后订立劳动合同。《劳动合同法》规定应该在用工之日起一个月内签订书面劳动合同。

（四）未依法订立书面劳动合同的法律后果

《劳动合同法》第 10 条规定："建立劳动关系，应当订立书面劳动合同。已建立劳动关系，未同时订立书面劳动合同的，应当自用工之日起一个月内订立书面劳动合同。"该条规定赋予用人单位订立书面劳动合同的 1 个月的宽限期，考虑到了用人单位劳动用工管理的实际情况，给予一段合理的宽限时间是必要的。也就是说，用人单位用工时并没有同步订立书面的劳动合同，但在一个月内订立，都是合法的。劳动合同期满后未订立劳动合同，劳动者仍在原用人单位继续工作的，不需要再给予一个月的宽限，因为用人单位对原劳动合同期满和继续用工的法律后果均有预期，因此原劳动合同期满次日，即是用人单位应当订立劳动合同之日。

《劳动合同法》第14条规定："用人单位自用工之日起满一年不与劳动者订立书面劳动合同的，视为用人单位与劳动者已订立无固定期限劳动合同。"《劳动合同法》第82条规定："用人单位自用工之日起超过一个月不满一年未与劳动者订立书面劳动合同的，应当向劳动者每月支付二倍的工资。用人单位违反本法规定不与劳动者订立无固定期限劳动合同的，自应当订立无固定期限劳动合同之日起向劳动者每月支付二倍的工资。"结合《劳动合同法》和《劳动合同法实施条例》的规定，在不同的时间段，未订立书面劳动合同的法律后果各不相同。参见下表：

未订立书面劳动合同的法律后果

义务起点	用人单位未与劳动者订立书面劳动合同的法律后果	劳动者不与用人单位订立书面劳动合同的法律后果
第一阶段 用工之日起 1个月内	无（1个月的宽限期）	用人单位应书面通知终止劳动关系。 向劳动者支付劳动报酬，但无须向劳动者支付经济补偿。
第二阶段 超过1个月 不满1年	用人单位应当向劳动者每月支付2倍的工资，起算时间是用工之日起满一个月的次日，截止时间为补订劳动合同的前一日（不考虑时效）。 与劳动者补订书面合同。	用人单位应书面通知终止劳动关系。 依法支付经济补偿。
第三阶段 自用工之日 起满1年	用人单位应当自用工之日起满一个月的次日至满1年的前1日向劳动者每月支付2倍工资，视为自用工之日起满1年的当日已经与劳动者订立无固定期限劳动合同。 立即与劳动者补订书面合同。	法律无明确规定。

此外，对于已形成劳动关系但没有订立书面劳动合同的劳动者的工资待遇，《劳动合同法》第11条规定："用人单位未在用工的同时订立书面劳动合同，与劳动者约定的劳动报酬不明确的，新招用的劳动者的劳动报酬按照集体合同规定的标准执行；没有集体合同或者集体合同未规定的，实行同工同酬。"

实践中，未订立书面劳动合同适用"二倍工资"惩罚的规定也有例外。例如，根据上海市《关于特殊劳动关系有关问题的通知》的规定，协保人员与用人单位之间属于特殊劳动关系，仅在最低工资、工作时间和劳动保护三方面受劳动法规调整，并不适用《劳动合同法》关于应签订书面劳动合同的规定。

二、“未签劳动合同二倍工资”案例分析

劳动合同是劳动者维护自身合法权益的基础性证据。《劳动合同法》规定未依法订立书面劳动合同用人单位承担不利后果，即“未签劳动合同二倍工资”，其实是通过建立劳动者“私人执法”的倒逼机制来解决劳动合同签订率偏低的问题。“二倍工资”中的“另一倍工资”并非劳动者提供劳动应获得的对价，不属于劳动报酬的范畴，而是基于用人单位没有按照《劳动合同法》的规定与劳动者签订书面劳动合同的违法行为所产生的法律后果，具有惩罚性赔偿金的性质。“未签劳动合同二倍工资”作为一项惩罚性规定，其立法目的是为督促用人单位及时与劳动者订立书面劳动合同，把双方间权利义务的约定明确下来。因此，对于劳动者此项权益的保护，需要注意时效制度的相关规定。时效制度是指权利受到侵害的权利人在法定期限内不及时行使权利，将失去胜诉权的一项制度。《劳动争议调解仲裁法》第 27 条第 1 款规定：“劳动争议申请仲裁的时效期间为一年。仲裁时效期间从当事人知道或者应当知道其权利被侵害之日起计算。”未签劳动合同二倍工资属于惩罚性赔偿，不属于劳动报酬范畴，因此适用一般仲裁时效制度。仲裁时效抗辩应由用人单位提出。一般认为，对未签订书面劳动合同、未续签书面劳动合同、未签订无固定期限劳动合同的二倍工资，可从劳动者主张权利之日起往前计算一年，据此实际给付的二倍工资不应超过十二个月。

关于未依法订立劳动合同应该支付二倍工资问题，实务中情况比较复杂，我们结合两个案例进行分析。

第一个案例是未签订劳动合同需要支付二倍工资是否要考虑时效的情形。

案情简介

蒋某 2012 年 4 月 15 日到某公司工作，双方未签订劳动合同，至 2013 年 5 月 15 日双方劳动关系终止。蒋某于 2013 年 10 月 28 日申请仲裁要求支付未签订劳动合同的二倍工资。

案例分析

自 2012 年 5 月 15 日用工满一个月应开始支付二倍工资，到 2013 年 4 月 15 日用工满一年视为订立无固定期限劳动合同。如果不考虑时效问题，蒋某能主张二倍工资的时间段为 2012 年 5 月 15 日至 2013 年 4 月 14 日。如用人单位提出时效抗辩，则蒋某于 2013 年 10 月 28 日申请仲裁，往前计算一年为 2012 年 10 月 28 日。故该案二倍工资支付期间为 2012 年 10 月 28 日至 2013 年 4 月 14 日。

第二个案例是通过电子邮件达成的协议是否属于书面劳动合同的问题。

案情简介

2022 年，宋某通过猎头推荐进入某销售公司，该公司在宋某入职前即以电子邮件方式告知了双方拟订立的劳动合同内容。宋某在回复的邮件中表示接受。6 个月后由于宋某工作表现不佳被单位提前辞退。宋某随即申请仲裁，并以双方未订立纸质书面劳动合同为由，索要 5 个月的双倍工资差额。

案例分析

本案的焦点是通过电子邮件达成的协议是否属于书面劳动合同。对此，有两种截然相反的观点：一种观点认为：《劳动合同法》中的书面形式有特殊含义，应当理解为白纸黑字的纸质的合同书形式。《劳动合同法》的相关规定如当事人应当在合同书上签字或盖章，合同的文本双方要各执一份等，也印证了劳动合同中的书面形式应该是严格意义上的书面形式即合同书形式。本案中，宋某入职前虽通过电子邮件方式确认了劳动合同的条款，且双方均按照电子邮件中载明的条款来履行相关权利义务，但没有订立书面的劳动合同，应该支持宋某的主张。另一种观点认为，《合同法》（现为《民法典》合同编所取代）规定，“以电子数据交换、电子邮件等方式能够有形地表现所载内容，并可以随时调取查用的数据电文，视为书面形式”。本案中，双方虽未签订纸质劳动合同，但在入职前已通过电子邮件方式确认了劳动合同的条款，且双方均按照电子邮件中载明的条款来履行相关权利义务。因此，应当视为双方已订立了书面劳动合同，宋某的请求不应该得到法律的支持[①]。

① 洪桂彬：《十问“双倍工资”》，载《人力资源》，2012（2）。

第四节 劳动合同的内容

一、劳动合同内容的一般规定

劳动合同的内容一般是指劳动合同中表示权利义务的具体条款，包括必备条款和约定条款。必备条款即劳动合同一般应当具备的条款；约定条款是法律对于劳动合同内容的提示性规定，当事人可以选择适用。

（一）劳动合同的必备条款

《劳动合同法》第 17 条规定："劳动合同应当具备以下条款：（1）用人单位的名称、住所和法定代表人或者主要负责人；（2）劳动者的姓名、住址和居民身份证或者其他有效身份证件号码；（3）劳动合同期限；（4）工作内容和工作地点；（5）工作时间和休息休假；（6）劳动报酬；（7）社会保险；（8）劳动保护、劳动条件和职业危害防护；（9）法律、法规规定应当纳入劳动合同的其他事项。"

劳动合同如果缺少必备条款，提供劳动合同的用人单位应承担法律责任。《劳动合同法》第 81 条规定："用人单位提供的劳动合同文本未载明本法规定的劳动合同必备条款……由劳动行政部门责令改正；给劳动者造成损害的，应当承担赔偿责任。"

需要注意的是，劳动合同必备条款的欠缺并不必然影响劳动合同的成立和生效，如果劳动合同缺少一些基本的条款如工作内容、工作地点等的话，劳动合同是很难成立并生效的。但某些劳动合同条款缺少，并不一定导致劳动合同无效。如缺少社会保险条款并不会导致劳动合同无效，劳动合同主体按照社会保险法律和政策的规定履行社会保险缴费义务即可。即使劳动合同对劳动报酬和劳动条件约定不明确，劳动合同也并非无效。《劳动合同法》第 18 条规定："劳动合同对劳动报酬和劳动条件等标准约定不明确，引发争议的，用人单位与劳动者可以重新协商；协商不成的，适用集体合同规定；没有集体合同或者集体合同未规定劳动报酬的，实行同工同酬；没有集体合同或者集体合同未规定劳动条件等标准的，适用国家有关规定。”

（二）劳动合同的约定条款

劳动合同的约定条款也称选择性条款，就是根据当事人的意愿确定是否写入劳动合同的条款。《劳动合同法》第 17 条第 2 款规定：“劳动合同除前款规定的必备条款外，用人单位与劳动者可以约定试用期、培训、保守秘密、补充保险和福利待遇等其他事项。”

二、劳动合同的试用期

（一）试用期的含义

试用期是指用人单位和劳动者建立劳动关系，订立劳动合同时特别约定的劳动关系双方当事人互相考察的期间。在试用期内，劳动关系处于非正式状态，用人单位对劳动者进行考核，劳动者对用人单位是否符合自己的要求进行了解。试用期是劳动关系当事人的“磨合期”，是劳动关系双方以较低风险相互考察对方的一种手段。试用期是劳动合同中的约定条款。

（二）试用期制度的要点

实务中关于试用期问题有十个“陷阱”：（1）先试用再签劳动合同；（2）试用期成为“白用期”或“廉价期”；（3）试用期不超过六个月就是合法的；（4）用人单位进行多次试用或延长试用；（5）所有的用工形式都约定试用期；（6）试用期由用人单位单方决定或以其规章制度确定；（7）试用期从订立劳动合同时起算；（8）试用期内企业可以随时辞退员工；（9）试用期内的劳动者不享受医疗期待遇；（10）试用期可以不上社会保险。对于这十个“陷阱”，只要掌握了试用期制度的要点，就可以很好地识别和防范。

1. 试用期与劳动合同的关系

《劳动合同法》第 19 条第 4 款规定：“试用期包含在劳动合同期限内。劳动合同仅约定试用期的，试用期不成立，该期限为劳动合同期限。”也就是说，试用期本身不是一个独立的合同，它是依附于劳动合同的，没有劳动合同就没有试用合同。因此，“先试用后订立劳动合同”的做法是不符合法律规定的。如果只有试用合同而没有劳动合同，该试用合同无效，该试用合同的期限即为劳动合同期限，在此期限内用人单位不能对劳动者实行试用期的工资标准，双方均不能按照试用期内解除劳动合同的规定解除劳动合同。试用期是劳动合同的一部分，也意味着试用期需要通过书面劳动合同约定。在招聘广告等文件或者用人单位规章制度中统一规定试用期，并不产生试用期的法律效力。

2. 试用期的次数限制

同一个单位与同一个劳动者只能约定一次试用期。劳动者调整岗位或者离职以后又回到原单位工作，都只能试用一次。实践中，用人单位以试用期满劳动者不合格为由进行重新试用的做法不应获得法律的支持。

3. 试用期期限与劳动合同期限存在对应关系，且最长不能超过六个月

《劳动合同法》第 19 条第 1 款规定：“劳动合同期限三个月以上不满一年的，试用期不得超过一个月；劳动合同期限一年以上不满三年的，试用期不得超过二个月；三年以上固定期限和无固定期限的劳动合同，试用期不得超过六个月。”

4. 禁止约定试用期的情形

以完成一定工作任务为期限的劳动合同或者劳动合同期限不满三个月的，不得约定试用期。非全日制用工，不得约定试用期。

5. 试用期的工资标准

《劳动合同法》第 20 条规定：“劳动者在试用期的工资不得低于本单位相同岗位最低档工资或者劳动合同约定工资的百分之八十，并不得低于用人单位所在地的最低工资标准。”为避免歧义，《劳动合同法实施条例》第 15 条规定：“劳动者在试用期的工资不得低于本单位相同岗位最低档工资的 80%或者不得低于劳动合同约定工资的 80%，并不得低于用人单位所在地的最低工资标准。”这里的“劳动合同约定工资”是指劳动合同约定的试用期期满后的工资。

6. 试用期内劳动合同解除的限制

试用期内劳动合同的解除也不是随意的，劳动者解除劳动合同时应当提前 3 天通知用人单位。在劳动者没有过错的情况下，用人单位解除劳动合同时一

般应当证明劳动者不符合录用条件并说明理由。《劳动合同法》第 21 条规定：“在试用期中，除劳动者有本法第三十九条和第四十条第一项、第二项规定的情形外，用人单位不得解除劳动合同。用人单位在试用期解除劳动合同的，应当向劳动者说明理由。”

案情简介

某公司经过笔试、面试后，决定招用王女士，并与之签订 2 年期限的劳动合同。等到双方签订劳动合同时，公司人力资源经理对王女士说：“按照公司的规定，凡是新招用的职工要先订立 6 个月的试用合同，试用期过后，合格者才能订立正式的劳动合同。”在试用期第 4 个月时，公司认为王女士不符合录用条件，便通知王女士走人。请问公司是否能够以王女士不符合录用条件为由解除劳动合同？

案例分析

公司不能以王女士不符合录用条件为由解除劳动合同。因为王女士的劳动合同期限是 2 年，试用期不得超过 2 个月。公司以王女士不符合录用条件为由解除劳动合同必须在试用期内作出并送达劳动者，从第 3 个月起王女士已经不属于试用期了，其与公司的关系是正常的劳动关系，而不再是试用期间的试用关系，公司不能以其不符合录用条件为由解除劳动合同。

7. 试用期违法的法律责任

《劳动合同法》第 83 条规定：“用人单位违反本法规定与劳动者约定试用期的，由劳动行政部门责令改正；违法约定的试用期已经履行的，由用人单位以劳动者试用期满月工资为标准，按已经履行的超过法定试用期的期间向劳动者支付赔偿金。”根据此条规定，违法试用将承担行政责任和民事责任，其中民事责任带有惩罚性质。

案情简介

某公司与张某签订 2 年劳动合同，约定试用期为 5 个月，试用期工资为每月 2600 元，转正后每月工资为 3000 元。假设试用期已经届满，公司违法试用的后果是什么？

案例分析

在该案例中，张某签订2年的劳动合同，试用期不能超过2个月，约定试用期为5个月是违法的。超出法定试用期的3个月，除了应该按照正常期限补齐工资（每月400元，共1200元）外，公司还应“以劳动者试用期满月工资为标准，按已经履行的超过法定试用期的期间向劳动者支付赔偿金”即公司应该赔偿3000×3=9000元。

8. 试用期内劳动者的劳动保护和社会保险福利

试用期内的劳动关系虽然处于非正式状态，但劳动关系已经建立，劳动者享有获得劳动安全卫生保护、休息休假、社会保险和福利等权利。

三、劳动合同的服务期

（一）服务期的含义和特点

服务期协议是用人单位在为劳动者先履行或承诺先履行相应给付义务或者为劳动者提供了某种特殊待遇的情况下，要求劳动者对其承诺为本单位工作满一定年限作为补偿并在该期限内不另谋职业的特定契约。服务期由当事人双方约定，劳动者获得了特殊的劳动条件，应当与用人单位持续劳动关系达到一定的期限。服务期有以下特点：

1. 服务期以存在劳动关系为前提，以双方约定的形式达成

有些用人单位没有和劳动者约定服务期合同，但用人单位以文件的形式或规章制度的形式确立劳动者应该服务一定的期限。对于用人单位单方规定的服务期，劳动者若不同意，可以主张该服务期条款对其没有约束力。

2. 服务期是劳动者因享受用人单位给予特殊待遇而作出的承诺

如果用人单位没有给予劳动者特殊的物质待遇或对劳动者进行专项人力资本投资，是不能约定服务期的。单位对新入职的员工进行的岗前培训不属于专项人力资本投资，不应以岗前培训为由约定服务期。

3. 劳动者在服务期内有与用人单位持续劳动关系的义务，违反服务期约定将导致违约责任，需要承担违约金。

（二）服务期的理论依据

服务期的理论依据在于：第一，劳动者的辞职权与用人单位期待利益的平衡。用人单位对劳动者给予特殊待遇或进行人力资本投资，是希望该劳动者能在以后较长的时间内为单位提供高质量的劳动，带来相应的收益。但是，基于劳动自由的理念，劳动者享有辞职的权利。按照《劳动合同法》的规定，劳动者依据法定的程序履行手续就可以和用人单位解除劳动合同，这就与用人单位希望能够较长时间使用劳动者的期待利益发生冲突。约定服务期就是解决此类冲突的法律途径。在服务期内，劳动者如果不能履行或不能完全履行服务期合同，必须承担违约责任。第二，服务期体现了对劳动者的倾斜保护。服务期协议是以劳动合同为基础的特殊契约，具有"劳动契约"性质。关于服务期的制度设置，一方面要鼓励用人单位进行人力资本投资；另一方面，由于劳动者以工资收入作为主要生活来源，若让劳动者承担高额的违约责任会限制其择业自由。所以，劳动法一方面允许服务期的存在，另一方面对服务期约定的违约金要进行限制，以显示对劳动者的倾斜保护，体现社会正义和公平。劳动合同服务期中的违约责任应该是补偿性而非惩罚性的，在违约金条款的适用上对于劳动者进行倾斜保护，符合倾斜保护劳动者的劳动立法的基本理念。

（三）服务期制度的法律规定

《劳动合同法》第 22 条规定："用人单位为劳动者提供专项培训费用，对其进行专业技术培训的，可以与该劳动者订立协议，约定服务期。劳动者违反服务期约定的，应当按照约定向用人单位支付违约金。违约金的数额不得超过用人单位提供的培训费用。用人单位要求劳动者支付的违约金不得超过服务期尚未履行部分所应分摊的培训费用。用人单位与劳动者约定服务期的，不影响按照正常的工资调整机制提高劳动者在服务期期间的劳动报酬。"《劳动合同法实施条例》第 16 条规定："劳动合同法第二十二条第二款规定的培训费用，包括用人单位为了对劳动者进行专业技术培训而支付的有凭证的培训费用、培训期间的差旅费用以及因培训产生的用于该劳动者的其他直接费用。"第 17 条规定："劳动合同期满，但是用人单位与劳动者依照劳动合同法第二十二条的规定约定的服务期尚未到期的，劳动合同应当续延至服务期满；双方另有约定的，从其约定。”据此，《劳动合同法》规定的服务期制度主要是：

第一，服务期约定的前提是用人单位为劳动者提供专项培训费用，对其进行专业技术培训。这里的“培训费用”，包括用人单位为了对劳动者进行专业技术培训而支付的有凭证的培训费用、培训期间的差旅费用以及因培训产生的用于该劳动者的其他直接费用。这里的专业技术培训有特定的含义，如果用人单位进行普通培训，即所有劳动者或者新入职的劳动者都有权利或机会获得的培训不属于劳动法中的专业技术培训，不构成约定服务期的前提条件。需要注意的是，专业技术培训与用人单位平常对劳动者进行的职业培训是有区别的。在用工过程中，用人单位为了提高劳动者的劳动技能和劳动熟练程度，使之更好地为用人单位服务，经常需要对劳动者进行职业培训，职业培训也是《劳动法》赋予用人单位的义务，用人单位不能因向劳动者提供了职业培训便要求与劳动者约定服务期和违约责任。由于法律没有对专业技术培训的内涵和外延作出明确的界定，如何区别专业技术培训与职业培训成为实践中的一个难点，需要根据案件的具体情况进行判断。通常从以下几个方面进行考虑：（1）培训的内容和目的。职业培训的内容一般以劳动者从事日常工作所需要的知识、技能为主，主要目的是提高劳动者日常劳动效率和劳动质量。专业技术培训的内容一般有很强的针对性，培训的内容一般是劳动者之前并未掌握，或者劳动者虽然具有相应基础，但并未深入掌握或无法熟练运用的特殊知识和技能，培训的目的是使劳动者能胜任更高层次或更加专业的工作。（2）培训的对象。职业培训的范围一般没有特殊限制，可能包括单位的全体劳动者或者从事某工种的全体员工，是普及型的培训。专业技术培训的对象是个别劳动者，通常是用人单位经过遴选后确定的人员，是个体性的培训。（3）培训的形式。职业培训通常利用工作的业余时间进行集中培训，或者边工作边培训，占用正常工作时间较少。专业技术培训由于培训的内容比较专业和复杂，通常需要劳动者脱产学习和进修，培训的时间较长。（4）培训的费用。职业培训的费用由用人单位日常的职工教育经费中支出。专业技术培训的费用通常较高，需要用人单位纳入专项培训费用预算。①

第二，劳动者违约应当支付的违约金的数额按照双方的约定履行，但不得超过用人单位提供的培训费用，且用人单位要求劳动者支付的违约金不得超过服务期尚未履行部分所应分摊的培训费用。也即，对劳动者承担的违约金采用了“总额限制和按比例分摊原则”。“总额限制”是指违约金的数额不能超过用人单位提供的培训费用，也即劳动合同法中的违约金是补偿性的，而非惩罚性的。“按比例分摊”是指劳动者违约时支付的违约金不能超过服务期尚未履行部分应分摊的培训费用。“按比例分摊”使得劳动者和用人单位之间的利益得到了平衡，对劳动者来说比较公平。

第三，用人单位与劳动者约定服务期的，不影响按照正常的工资调整机制提高劳动者在服务期的劳动报酬。

第四，劳动合同期限与服务期的关系。劳动合同和服务期都是有期限的，两者在实践中不可避免地会出现不一致的情况。当出现这种情况时，法律规定，劳动合同期满，而服务期还未满，劳动合同应当续延至服务期满为止；双方另有约定的，从其约定。

（四）服务期案例分析

案情简介

盛某在2001年由某市有色金属公司通过人才引进方式调入，该有色金属公司调入盛某的同时，解决了其爱人的工作和小孩就学问题。2001年10月，为解决盛某的住房问题，公司决定资助盛某购买市价为每平方米1800元、面积为120平方米的商品房。由公司资助每平方米1000元合计12万元，由盛某支付其余购房全部费用，商品房最终登记为盛某为产权所有人的私人住房。公司支付相关费用后，要求与盛某订立服务期协议，约定盛某为公司服务期为10年。如果盛某违约则退出住房，按照单位为其支付购房补贴款的三倍，即36万元作为违约金，同时赔偿公司其他一切损失。2007年9月，盛某提出辞

① 林嘉：《劳动法和社会保障法》，5版，第151-152页，北京：中国人民大学出版社，2023。

职，公司经多次做工作无果后，起诉要求盛某或退出住房，或按照2007年9月的房屋价格赔偿单位损失，或双方平分住房价格上涨所产生的利益。同时要求赔偿公司包括资助其外出开会、参加学习等各项费用4万元。根据当地统计部门统计的市场信息，2007年9月盛某所购买的房屋价格已经上涨至每平方米6800元。请回答以下问题：（1）盛某要求解除服务期协议的请求，是否应该支持？盛某是否要承担违约责任？公司要求盛某或退出住房，或按照2007年9月的房屋价格赔偿单位损失，或双方平分住房价格上涨所产生的利益，是否应该支持？（2）如果公司提出盛某赔偿单位为解决盛某爱人工作及子女上学所花费的费用，法律是否应该支持？（3）公司要求盛某赔偿包括资助其外出开会、参加学习等各项费用4万元的主张，法律是否应该支持？[①]

案例分析

需要说明的是，此案并不是用人单位在为劳动者提供专项培训费用进行专业技术培训情况下与劳动者约定的服务期问题，而是用人单位在为劳动者提供了实际利益或解决其“后顾之忧”的情况下要求劳动者与其约定服务期的案例。《劳动合同法》并没有明确规定此种类型的服务期。按照劳动法的立法思路，对于资方旨在限制劳动者择业自由、流动自由权和对劳动者的生存权利有着严重影响的违约金条款，一般是不予承认的。《劳动合同法》只承认劳动合同双方在服务期协议、保守商业秘密与竞业限制约定等两种情况下约定违约金的合法性。对于用人单位在其他情形下，尤其是为达到限制劳动者自由流动和重新择业之目的而与劳方约定的违约金责任，一般不予承认。但是，在司法实践中，只要劳动者接受了用人单位给予的利益或待遇，同时自愿地与用人单位订立服务期协议，法律一般都承认其合法性与合理性。对于用人单位履行非出资培训义务设定的服务期可以参照《劳动合同法》的规定和法理进行分析。

案例中的第一个问题，对于盛某要求解除服务期协议的请求，应予支持。由于盛某提前解除服务协议属于违约行为，依法应承担违约责任。对于用人单位按照协议要求张某赔偿单位支付的住房垫付款的三倍作为违约金的约定，违

① 秦国荣：《服务期协议：概念、本质及其法律效力分析》，载《法律科学》，2009（1）。

背了劳动法的基本精神，不予支持。因为，该住房是以盛某个人名义购买，且房屋产权登记时登记的是盛某私人产权，按照民法的相关规定，该房屋是盛某的私人产权，归盛某所有。房屋所产生的收益也自然归盛某所有，与公司并没有关系，即公司的主张没有法律依据。虽然公司在盛某购房时提供了12万元资助购房款，但这12万元的资助购房款在法律性质上应当视为公司与盛某约定服务期的附条件的预借款行为，产生的是债权关系。也即，单位提供12万元资助款，实际上是等于盛某向公司借款12万元，而借款的条件是盛某在公司服务10年。只要盛某履行完约定服务期限，为本单位提供约定的劳动，则公司给予盛某的这种附条件预借款就视为已经偿还。如果其工作时间不到10年，按照有关规定，盛某应支付一定的违约金。根据双方约定，单位在支付给盛某12万元购房款的情况下要求其为本单位服务满10年，由此可推定盛某每履行满1年即可抵偿1.2万元购房款，每月抵偿1000元的房款债务。由于盛某没有完全按照约定履行完10年服务期期限，而是履行了5年零11个月，故盛某已履行的期限可抵偿单位购房款债务为7.1万元，盛某未履行的期限部分折合债务为4.9万元。故盛某应偿还单位预借的购房款4.9万元以及该款自2001年10月至2007年9月之间的借款利息。至于单位提出要求盛某返还住房的请求，由于该住房是盛某以自己的名义通过市场交易方式取得，且房产证明确了该房屋是其私人所有的住房，而非公司所有的房屋，故盛某与公司之间没有住房的非法占有或租赁等关系。由于该住房是盛某个人所有的不动产，该不动产在市场中产生的收益和风险，理应归房屋所有权人享有和承担，公司要求盛某返还房屋，或按照房屋市场价格赔偿单位损失，或双方平分住房价格上涨所产生之利益的请求均没有法律与事实依据。

案例中的第二个问题，即关于公司要求返还为盛某解决子女就学和配偶工作所花费的费用问题不应得到法律的支持。首先，公司没有相应的证据证明为盛某从事了相应行为并支付了相关费用；其次，服务期协议是在解决盛某家属问题之后订立的，在此之前并没有服务期协议，盛某的子女就学和配偶工作并不在服务期条款所约束的范围内。

案例中的第三个问题是公司要求盛某赔偿其外出开会、参加学习等各项费用。盛某外出开会和参加学习等活动，实际上都是为了公司的利益而进行的，属于单位委派员工执行职务行为。履行工作职责和任务所发生的费用应当由委派单位来承担，故法律不应支持公司要求盛某赔偿包括资助其外出开会、参加学习等各项费用4万元的主张[①]。

值得注意的是，本案涉及的服务期和《劳动合同法》规定的服务期制度是不完全一致的。《劳动合同法》规定的服务期制度是人力资本培训型的服务期，而本案是物质待遇型的服务期。现实中劳动关系双方约定服务期的情况远比《劳动合同法》规定的情形复杂。如何认定服务期协议的法律效力，如何确认劳动合同当事人在服务期中的权利义务关系以及法律责任，需要结合劳动法及相关法律进行分析。

四、竞业限制制度

（一）竞业限制的含义

竞业限制中的“竞”是竞争的意思，“业”是职业的意思。竞业限制是用人单位对劳动者约定一定时间内不能从事一定范围内的职业工作，以防止商业秘密掌握者泄露原单位的秘密，或者利用商业秘密与其原单位进行不正当的竞争。例如，陈某是A拍卖公司油画部的主管，由于他在专业公司工作，拥有很多客户的信息，比如，哪些人爱好油画，哪些人会交出油画进行拍卖等。客户的信息对于拍卖公司而言是非常重要的。因此，拍卖公司与陈某签订了竞业限制协议，约定在竞业限制期间每年支付他五万元的补偿金。后来，陈某离职去了B拍卖公司担任总经理，A拍卖公司认为他违反了竞业限制条款，起诉陈某，法院判决陈某应履行竞业限制的条款，并支付原单位相应的违约金。

（二）竞业限制制度的主要内容

《劳动合同法》第23条规定：“用人单位与劳动者可以在劳动合同中约定保守用人单位的商业秘密和与知识产权相关的保密事项。对负有保密义务的劳动者，用人单位可以在劳动合同或者保密协议中与劳动者约定竞业限制条款，

---

① 秦国荣：《服务期协议：概念、本质及其法律效力分析》，载《法律科学》，2009（1）。

并约定在解除或者终止劳动合同后，在竞业限制期限内按月给予劳动者经济补偿。劳动者违反竞业限制约定的，应当按照约定向用人单位支付违约金。”第24条规定：“竞业限制的人员限于用人单位的高级管理人员、高级技术人员和其他负有保密义务的人员。竞业限制的范围、地域、期限由用人单位与劳动者约定，竞业限制的约定不得违反法律、法规的规定。在解除或者终止劳动合同后，前款规定的人员到与本单位生产或者经营同类产品、从事同类业务的有竞争关系的其他用人单位，或者自己开业生产或者经营同类产品、从事同类业务的竞业限制期限，不得超过二年。”根据这两个条款的规定，竞业限制制度的主要内容包括：

1. 竞业限制与用人单位的商业秘密和知识产权有关

商业秘密，是指不为公众所知悉、具有商业价值并经权利人采取相应保密措施的技术信息、经营信息等商业信息。产品的生产方法、工艺流程等技术信息属于商业秘密，客户信息、营销计划等经营信息也属于商业秘密。商业秘密范围很宽，比如一个餐饮企业，有哪些菜品、菜品的制法，甚至是一张做菜的图片都可以成为商业秘密。曾经有一个餐饮企业的大厨，把所有菜品都拍成照片，离职的时候将其带走，这就侵犯了餐饮企业的商业秘密。因为他掌握各种菜式的做法，如果到其他的餐饮企业工作，就可能泄露或不当使用原单位的商业秘密。竞业限制的目的是保护商业秘密，竞业限制和商业秘密的保护是手段和目的的关系。竞业限制是手段，商业秘密的保护是目的。如果用人单位没有商业秘密可保，就不应该与劳动者签订竞业限制协议。一些用人单位本身并没有保守商业秘密的必要，却与劳动者签订竞业限制约定，导致劳动者离职以后择业权受到限制，这是没有法律依据的。竞业限制是劳动合同中的约定条款。劳动者对掌握的商业秘密和技术信息负有保密的义务。知晓商业秘密的劳动者，一旦进行了非法披露或不当使用，对用人单位造成了损害，需要承担法律责任。既然公民保守商业秘密的义务具有法定性，为什么还需要在劳动合同中就“保守用人单位的商业秘密和与知识产权相关的保密事项”进行约定呢？一是如果没有约定，尽管公民有保守商业秘密的义务，但是一旦发生纠纷，对于是否属于商业秘密及是否构成侵权等，用人单位的举证义务较重。二是通过劳动合同的约定能够更好地保护企业的商业秘密。竞业限制约定是在用人单位对劳动者按月进行经济补偿的条件下，要求劳动者在离职后的一定期限内，既不能到与原单位有竞争关系的单位工作，也不能自己开业生产或者经营同类产品、从事同类业务。这样，可以更好地保护用人单位的商业秘密。

2. 竞业限制涉及用人单位的利益和劳动者择业权和生存权的平衡

用人单位作为市场主体，对商业秘密和有关知识产权享有利益，为了更好地保护其利益，可以限制员工在离职以后的从业范围。但对于劳动者来说，从业范围的限制，实际上是限制了劳动者的择业自由。一般来说，本来劳动者继续从事和原来工作相关或者相同的职业会更具有职场竞争力。比如说一个酒厂的酿酒师，如果到另一单位继续从事酿酒工作，他的人力资本积累会更有意义，如果他不能继续在酒行业工作，其职场竞争力会受到影响，竞业限制限制了劳动者的择业自由权，影响了劳动者生存和发展的机会。所以，法律对竞业限制本身进行了限制，竞业限制只能在法定的范围内约定。约定了竞业限制后，用人单位在竞业限制期限内按月给予劳动者经济补偿。劳动者违反竞业限制约定的，应当按照约定向用人单位支付违约金。

3. 竞业限制的适用范围

竞业限制对什么人，在什么行业、空间范围和期限适用？竞业限制协议的适用对象也是有限制的。并非任何员工都需要订立竞业限制协议，只有用人单位的高级管理人员、高级技术人员和其他负有保密义务的人员才能成为竞业限制的适用对象。竞业限制适用的行业应该是有竞争关系的行业，但是法律对竞争关系没有作出明确的界定，比如说一个生产白酒的酿酒师可不可以到生产红酒的企业工作，这取决于白酒企业和红酒企业是否有竞争关系。竞争关系的空间范围是县、市、省，还是全国甚至全球，实际上取决于企业的影响力。竞业限制涉及劳动者的择业权利，因此不能进行永远或者长期的限制。竞业限制的范围、地域、期限由用人单位与劳动者约定，竞业限制的约定不得违反法律法规的规定。竞业限制的期限不得超过二年。

下面我们看一个关于竞业限制适用范围的案例。

案情简介

刘某曾是某高科技公司的厨师，与公司签订了为期五年的劳动合同。该公司在每一位员工入职时，除了与员工签订劳动合同之外，还会签订一份竞业限制协议，约定员工在与公司终止或解除劳动关系后两年内，不得到同行业公司工作，如果员工违约，应赔偿公司 15 万元的违约金。刘某在合同终止后到了另外一家科技公司从事厨师工作，被公司认为违反了竞业限制协议，被告到劳动争议仲裁委员会要求其支付 15 万元违约金。

案例分析

竞业限制条款适用的对象是高级管理人员、高级技术人员和其他知晓商业秘密的人员。本案中，刘某是一名高科技公司的厨师，对于这家公司而言并不属于竞业限制的范围之内，除非公司能证明他是知晓商业秘密的人员。本案给我们的启示是：不是所有劳动者都适宜签订竞业限制协议，用人单位在与劳动者签订竞业限制协议时，首先要选择适合的主体，即用人单位的高级管理人员、高级技术人员和其他知悉商业秘密的人员[①]。

（三）竞业限制和相关概念比较

1. 竞业限制与竞业禁止

《公司法》第 183 条规定：“董事、监事、高级管理人员，不得利用职务便利为自己或者他人谋取属于公司的商业机会。但是，有下列情形之一的除外：（一）向董事会或者股东会报告，并按照公司章程的规定经董事会或者股东会决议通过；（二）根据法律、行政法规或者公司章程的规定，公司不能利用该商业机会。”第 184 条规定：“董事、监事、高级管理人员未向董事会或者股东会报告，并按照公司章程的规定经董事会或者股东会决议通过，不得自营或者为他人经营与其任职公司同类的业务。”这就是公司法中的竞业禁止。劳动法中的竞业限制和公司法中的竞业禁止主要有以下区别[②]：

第一，义务的性质不同。竞业限制是约定义务，必须通过劳动合同进行约定，无约定则无义务；竞业禁止是依据法律产生的法定义务，不需要进行约定，没有约定也有义务。

① 石广先：《竞业限制运用中的八大误区》，载《HR经理人》，2011（7）。
② 王林清：《公司法与劳动法竞业禁止原则之比较》，载《政法论坛》，2013（5）。

第二，义务的主体不同。竞业限制的义务主体是高级管理人员、高级技术人员和其他知晓商业秘密的劳动者；竞业禁止的义务主体是公司的董事、监事、高级管理人员，普通劳动者不属于竞业禁止的义务主体。

第三，义务的期限不同。竞业限制承担义务的期限是劳动者离职以后两年的时间内；竞业禁止承担义务的期限是在公司的董事、监事、高级管理人员的任职期限内。

第四，违反义务的后果不同。劳动者违反竞业限制协议，需要向原用人单位支付违约金；公司的董事、监事、高级管理人员违反竞业禁止义务的规定，其后果是所得的收入应当归公司所有。

第五，纠纷解决方式不同。竞业限制纠纷属于劳动纠纷，纠纷解决需要先走劳动仲裁程序。竞业禁止纠纷属于民事纠纷，可以直接向法院提起诉讼。

下面我们看一个涉及竞业限制和竞业禁止区分的案例。

案情简介

宋某与某高新技术公司签订了为期三年的劳动合同，任该公司的副总经理，主管技术开发工作。在其劳动合同即将到期时，与他所在单位有竞争关系的另一公司有意以高薪聘请他任项目主管。劳动合同到期后，宋某遂与原单位提出不再续签劳动合同，但公司拒绝了他的要求。宋某认为原单位无权干涉自己的自由择业权，于是到另一家公司上班。最后，该高新技术公司以宋某充分了解和掌握了公司全部产品、技术及相关的一切商业秘密为由，向法院提起诉讼，请求法院判令宋某遵守《公司法》的规定，履行竞业禁止义务两年。宋某则抗辩称自己未与公司签订竞业限制条款，其择业不应受到限制。

案例分析

竞业禁止是法定的义务，用来约束公司高管在职期间的行为，不能用来规范他们离职之后的择业行为。宋某在担任副总期间有竞业禁止的义务，当其劳动合同履行完毕后，宋某不再是公司的副总，竞业禁止的义务不存在。竞业限制是劳动合同约定的义务，约束的是劳动者离职以后 2 年之内的行为。本案中宋某与公司签订的劳动合同中并没有关于竞业限制的约定，自然就没有竞业限制的义务，其择业自由权不应受到限制。[①]

2. 竞业限制与保密义务

保密义务是指劳动者有义务保守用人单位的商业秘密，它不同于竞业限制[②]。

第一，性质不同。保密义务本身是法定的，不管有没有协议，劳动者都有义务保守商业秘密；竞业限制必须通过合同约定，如果没有合同约定就不需要履行竞业限制义务。

第二，侧重点不同。保密义务要求保密者不得泄露商业秘密，侧重的是不能“说”；竞业限制义务要求劳动者不能到有竞争关系的单位任职或自营与原单位有竞争关系的业务，侧重的是不能“做”。

第三，义务的内容不同。保密义务仅限于保密，并不涉及对劳动者就业权进行限制；竞业限制义务不仅要求劳动者保密，还涉及限制劳动者的就业权。

第四，保密义务一般期限较长，劳动者的保密义务与商业秘密存在的期限相一致；竞业限制期限较短，最长不超过二年。

（四）竞业限制在司法实践中的问题

竞业限制在司法实践中经常出现一些疑难问题，需要结合司法解释进行分析。

1. 没有约定经济补偿的竞业限制的效力问题

竞业限制限制了劳动者的择业权，就应该给予劳动者经济补偿。但很多用人单位，由于在劳动关系中处于主导地位，在与劳动者订立竞业限制协议时，并没有约定经济补偿条款。针对没有约定经济补偿的竞业限制的效力问题，有两种观点：一种是“有效说”，认为没有约定经济补偿的，竞业限制条款仍然有效，只是当劳动者在履行竞业限制义务的时候有权利要求经济补偿。第二种是“无效说”，认为权利与义务是对等的，没有约定经济补偿的竞业限制是无效的。

《最高人民法院关于审理劳动争议案件适用法律问题的解释（一）》第 36

① 石广先：《竞业限制运用中的八大误区》，载《HR经理人》，2011（7）。
② 姜云：《保密协议与竞业限制的区别》，载《现代企业文化》（上旬），2011（3）。

条规定："当事人在劳动合同或者保密协议中约定了竞业限制，但未约定解除或者终止劳动合同后给予劳动者经济补偿，劳动者履行了竞业限制义务，要求用人单位按照劳动者在劳动合同解除或者终止前十二个月平均工资的30%按月支付经济补偿的，人民法院应予支持。前款规定的月平均工资的30%低于劳动合同履行地最低工资标准的，按照劳动合同履行地最低工资标准支付。"

2．当事人解除劳动合同是否影响竞业限制条款的效力问题

有观点认为，竞业限制是依附于劳动合同的，劳动合同既然已经解除，竞业限制当然无效。这种观点随着最高人民法院司法解释的出台而被否定。《最高人民法院关于审理劳动争议案件适用法律问题的解释（一）》第37条规定："当事人在劳动合同或者保密协议中约定了竞业限制和经济补偿，当事人解除劳动合同时，除另有约定外，用人单位要求劳动者履行竞业限制义务，或者劳动者履行了竞业限制义务后要求用人单位支付经济补偿的，人民法院应予支持。"该项司法解释的理由是：其一，劳动合同解除实行的是法定制度，竞业限制实行的是约定制度，竞业限制并不是完全依附于劳动合同的附属制度，而是具有独立性的，劳动合同的解除并不等于竞业限制的无效。其二，当用人单位违反不同义务时，劳动者可以依据不同的法律规定获得相应的救济。对于用人单位违法解除劳动合同，《劳动合同法》已经为劳动者提供了相应的救济措施，以制裁用人单位的违法解除行为。用人单位承担法律责任后，劳动者和用人单位双方还受竞业限制协议的约束。

3．劳动合同约定了竞业限制和经济补偿，但用人单位不支付劳动者经济补偿，劳动者是否需要继续履行竞业限制义务问题

劳动合同约定了竞业限制和经济补偿，但用人单位不支付劳动者经济补偿，属于用人单位方违约在先。按照合同法律制度的一般原理，一方构成根本违约，另一方享有法定解除权。考虑到实际情况，法律应该规定一个时间点以判断用人单位是否属于根本违约导致合同目的不能实现。《最高人民法院关于审理劳动争议案件适用法律问题的解释（一）》第38条规定："当事人在劳动合同或者保密协议中约定了竞业限制和经济补偿，劳动合同解除或者终止后，因用人单位的原因导致三个月未支付经济补偿，劳动者请求解除竞业限制约定的，人民法院应予支持。"下面我们看一个用人单位未支付竞业限制经济补

偿，劳动者是否需要承担违约责任的案例。

案情简介

2013年7月，乐某入职某银行，在贸易金融事业部担任客户经理。该银行与乐某签订了为期8年的劳动合同，明确其年薪为100万元。该劳动合同约定了保密与竞业限制条款，约定乐某须遵守竞业限制协议约定，即离职后不能在诸如银行、保险、证券等金融行业从事相关工作，竞业限制期限为两年。同时，双方还约定了乐某如违反竞业限制义务应赔偿银行违约金200万元。2018年3月1日，银行因乐某严重违反规章制度而与乐某解除了劳动合同，但一直未支付乐某竞业限制经济补偿。2019年2月，乐某入职当地另一家银行依旧从事客户经理工作。2019年9月，银行向劳动人事争议仲裁委员会（以下简称劳动仲裁委员会）申请仲裁。申请人请求裁决乐某支付违反竞业限制义务违约金200万元并继续履行竞业限制协议。

案例分析

本案的争议焦点是银行未支付竞业限制经济补偿，乐某是否需承担竞业限制违约责任。竞业限制义务是关于劳动者在劳动合同解除或终止后应履行的义务。本案中，双方当事人在劳动合同中约定了竞业限制条款，劳动合同解除后，竞业限制约定对于双方当事人发挥约束力。用人单位未履行竞业限制期间经济补偿支付义务并不意味着劳动者可以“有约不守”，但劳动者的竞业限制义务与用人单位的经济补偿义务是对等给付关系，用人单位未按约定支付经济补偿已构成违反其在竞业限制约定中承诺的主要义务。具体到本案中，银行在竞业限制协议履行期间长达11个月未向乐某支付经济补偿，造成乐某遵守竞业限制约定却得不到相应补偿的后果。依据《最高人民法院关于审理劳动争议案件适用法律问题的解释（一）》第38条的规定：“当事人在劳动合同或者保密协议中约定了竞业限制和经济补偿，劳动合同解除或者终止后，因用人单位的原因导致三个月未支付经济补偿，劳动者请求解除竞业限制约定的，人民法院应予支持。”劳动合同解除或终止后，因用人单位原因未支付经济补偿达三个月，劳动者此后实施了竞业限制行为，应视为劳动者以其行为提出解除竞业限制约定，用人单位要求劳动者承担违反竞业限制违约责任的不予支持，故依法驳回银行的仲裁请求。[①]

4. 在竞业限制期限内竞业限制协议可否解除问题

竞业限制协议一经订立，在竞业限制期限内具有法律约束力，一方解除协议就意味着违约。但是，用人单位如果没有商业秘密需要保护，法律赋予其解除竞业限制协议的权利是必要的。但由于之前有竞业限制协议，劳动者基于对协议的信赖产生了信赖利益同样需要保护，所以在用人单位请求解除竞业限制协议时，劳动者可以请求额外的经济补偿。《最高人民法院关于审理劳动争议案件适用法律问题的解释（一）》第 39 条规定："在竞业限制期限内，用人单位请求解除竞业限制协议的，人民法院应予支持。在解除竞业限制协议时，劳动者请求用人单位额外支付劳动者三个月的竞业限制经济补偿的，人民法院应予支持。"

5. 劳动者支付违约金后，用人单位可否要求其继续履行竞业限制义务问题

在一个案例中，当事人谷某违反了竞业限制约定，甲公司不仅要求其承担违约责任，还要求谷某解除与乙公司的劳动关系或其他工作关系。当时有观点认为，谷某支付了违约金，就不应该再履行竞业限制义务。但是，法院判决支持了甲公司，明确了劳动者支付违约金后，用人单位仍然可以要求其继续履行竞业限制义务。《最高人民法院关于审理劳动争议案件适用法律问题的解释（一）》第 40 条规定："劳动者违反竞业限制约定，向用人单位支付违约金后，用人单位要求劳动者按照约定继续履行竞业限制义务的，人民法院应予支持。"

6. 竞业限制是否适用于新就业形态用工问题

在数字经济蓬勃发展的新时期，新就业形态劳动者特别是议价能力较强的网络主播违约跳槽事件频频发生，他们与平台之间签订的非竞争合同是否适用于《劳动合同法》的竞业限制制度是劳动法领域的新课题。例如，2017 年 8 月，某技术公司将与其有合作协议的知名主播张某诉至法院。要求：张某立即停止在其他网络直播平台开展主播活动或相关相似的任何活动；第三人不得以任何方式推广使用被告作为主播的视频内容；张某继续履行入驻协议和补充协

① 参见《人力资源社会保障部 最高人民法院关于联合发布第一批劳动人事争议典型案例的通知》（人社部函〔2020〕62 号）。

议项下内容；张某向该公司支付违约金、赔偿原告损失，并返还在其直播平台的全部收益。关于该案的审理，法院并没有依据《劳动合同法》进行裁判，因为我国的《劳动合同法》关于竞业限制的规定是以双方存在劳动关系为前提，而知名主播张某与平台之间的劳动关系并不成立。法院认为，张某与平台企业的合作协议本质上属于民事合同，受合同法律的调整，张某的"跳槽"行为违反了其与平台企业的协议，需向平台支付违约金并赔偿损失，同时需停止与其他平台的合作。在新就业形态用工蓬勃发展和国家关于新就业形态劳动者权益保护的政策已经出台的背景下，《劳动合同法》中的竞业限制制度可否进行适度扩张，把新就业形态中的部分劳动者纳入其保护范围，值得劳动法学界深入研究。

五、违约金的一般禁止与特殊许可

在劳动合同法中，违约金一般来说是禁止的，在正常情况下是不允许约定由劳动者承担违约金的。《劳动合同法》第 25 条规定："除本法第二十二条和第二十三条规定的情形外，用人单位不得与劳动者约定由劳动者承担违约金。"也就是说，只有在存在服务期和竞业限制两种情形下，才可以约定由劳动者承担违约金。具体而言，除了用人单位对劳动者进行了专业技术培训，支付了专项培训费用，约定服务期时可以约定违约金，以及竞业限制条款中可以约定违约金外，其他情形一律不得约定由劳动者承担违约金，这就是违约金的"一般禁止与特殊许可"。其法理依据是：第一，优先保护劳动者的需要。劳动者享有人身自由和择业自主权，有选择更高劳动报酬更有利于自身发展的职业的权利。在权利的位阶方面，劳动者的人身自由和择业自主权要高于用人单位的经营权与财产权，法律要优先对劳动者权利进行保护，不能通过约定由其承担违约金来限制或变相限制劳动者的择业自主权。第二，实现劳动自由的需要。劳动自由是劳动法治的基本理念，禁止强迫劳动是国际劳工标准的核心条款，我国立法也明确规定了禁止强迫劳动。劳动者一旦不愿意继续为用人单位工作，强制履行劳动合同只会造成劳动者消极怠工，这不利于在全社会实现劳动力资源的优化配置。禁止强迫劳动在逻辑上必然要求最大范围地限制用人单位设定违约金条款。第三，保护劳动者合法权益的需要。与用人单位相比较，劳动者在信息、组织、经济力量、社会地位等方面处于弱势地位，无法与处于强势地位的用人单位就违约金条款等进行平等协商，常迫于工作或生存压力不得不违背内心的真实意愿而接受不公平的违约金条款，故法律严格限制违约金条款设立的情形，以更好地保护劳动者的合法权益[①]。

六、禁止约定的劳动合同条款

用人单位和劳动者订立劳动合同，禁止约定以下条款：

（一）歧视条款

歧视条款即给予劳动者差别待遇的合同条款。这种条款违背了劳动法的平等原则而被各国立法所明令禁止。我国《就业促进法》第 27 条第 3 款规定："用人单位录用女职工，不得在劳动合同中规定限制女职工结婚、生育的内容 。"

（二）生死条款

劳动合同中不得约定"工伤事故概不负责"之类的条款。如果有约定，也属无效。

（三）担保条款

《劳动合同法》第 9 条规定："用人单位招用劳动者，不得扣押劳动者的居民身份证和其他证件，不得要求劳动者提供担保或者以其他名义向劳动者收取财物。"第 84 条规定："用人单位违反本法规定，扣押劳动者居民身份证等证件的，由劳动行政部门责令限期退还劳动者本人，并依照有关法律规定给予处罚。用人单位违反本法规定，以担保或者其他名义向劳动者收取财物的，由劳动行政部门责令限期退还劳动者本人，并以每人五百元以上二千元以下的标准处以罚款；给劳动者造成损害的，应当承担赔偿责任。"

① 杨兴坤：《劳动合同中违约金条款设定与立法完善》，载《中国社会保障》，2011（11）。

第五节　劳动合同的订立和效力

一、劳动合同的订立

劳动合同订立就是用人单位和劳动者经过协商，就劳动合同条款达成协议，从而确立劳动关系和明确双方权利义务的法律行为。

（一）劳动合同订立的基本原则

1. 合法原则

合法原则要求劳动合同的主体、内容和形式必须符合法律的规定。

（1）主体合法

劳动合同主体合法是指劳动合同的当事人应当符合法律的要求。如劳动者的年龄要求必须在法定就业年龄段：依据现行制度，一般而言，女职工 50 周岁达到退休年龄，超出 50 周岁的女职工就不是劳动合同的适格主体。

（2）内容合法

劳动合同中所确立的权利、义务不得违背法律法规的规定。劳动合同中所约定的工资标准不得低于国家规定的最低工资标准。劳动合同的内容违法，用人单位和劳动者需要承担相应的法律责任。

（3）形式合法

劳动合同必须以法律规定的形式签订。《劳动合同法》第 10 条明确规定，“建立劳动关系，应当订立书面劳动合同”。理解劳动合同必须采取书面形式的规定需要注意：第一，书面劳动合同是针对全日制用工而言的，非全日制用工可以采取口头形式；第二，未签订书面劳动合同的劳动关系并非无效，自用工之日起劳动关系建立，用人单位需承担未签订劳动合同的法律责任。

2. 公平原则

公平原则指劳动合同的内容应当公平合理。公平原则是合法原则的补充，其功能在于防止用人单位滥用其优势地位损害劳动者利益。用人单位免除自己的法定责任，排除劳动者权利的劳动合同明显违反公平原则，是无效的。如

“工伤事故概不负责”条款，实际上是把劳动者依法享有的工伤保险权利给排除了，这样的合同违背了公平原则，是无效的。

3．平等自愿、协商一致原则

劳动合同双方当事人的地位是平等的，任何一方不得把自己的意志强加给对方。订立劳动合同是当事人之间“你情我愿”的真实意思表示达成一致的过程。

4．诚实信用原则

诚信问题，在一般人心目中可能理解为道德原则问题。其实，在法律领域，诚实信用原则早已被法律化了。诚实信用原则被普遍地运用在法律领域，成为法律的基本原则。在民事法律中，诚实信用原则被称为“帝王条款”；在行政法中，有一个类似于诚实信用的原则叫作“信赖利益保护原则”，也就是说行政相对人基于对行政主体的信赖所产生的利益应受到法律保护，行政主体作出决定后不能随意地变更、撤销；如果行政主体没有遵循信赖利益保护原则而导致行政相对人权利受损的，要承担法律责任。

在劳动合同法中，诚实信用原则也相当重要，因为劳动合同具有非常强的人身属性，更加强调当事人的诚信义务。劳动合同法中的诚实信用原则，要求用人单位和劳动者在订立、履行、变更、解除或终止劳动合同的过程中必须恪守诺言、诚实守信，以善意的方式正确行使权利、履行义务，不得侵害对方利益和社会公共利益，信守承诺，不得对当事人进行欺诈。

诚实信用原则对劳动者与用人单位有不同的要求，具体如下：

（1）用人单位的告知义务

用人单位招用劳动者时，应当如实告知劳动者工作内容、工作条件、工作地点、职业危害、安全生产状况、劳动报酬以及劳动者要求了解的其他情况。这些情况都是与劳动者权利关系密切的事项。如工作地点，用人单位不能在合同中约定上班地点在北京市，却在劳动合同履行时要求劳动者去河北省燕郊上班。“劳动者要求了解的其他情况”意味着用人单位的告知义务带有开放性。劳动者关心的、需要了解的，只要不涉及用人单位商业秘密，用人单位应当告知。如教师入职的时候，除了关心工资待遇以外，还关心用人单位的岗位设置、职称结构、职称评聘条件等信息，这些信息关系到劳动者的职业规划和职业晋升空间，劳动者是有权了解的。此外，用人单位还应当将直接涉及劳动者切身利益的规章制度和重大事项决定进行公示或者告知劳动者。

（2）劳动者的如实说明义务

用人单位有权了解劳动者与劳动合同直接相关的基本情况，劳动者应当如实说明。也就是说，劳动合同直接相关的一些情况，用人单位有权了解，这意味着劳动者的说明义务具有封闭性，并非对用人单位想了解的所有问题都有如实告知的义务。与劳动合同非直接相关的个人信息，比如劳动者父母的职业职位、个人的情感经历等，与劳动合同的履行没有必然联系，用人单位不应当询问，如果询问，劳动者也可以不回答。例如，有一个案例，公司在招聘时要求应聘该岗位的劳动者如实填写《应聘人员登记表》,《应聘人员登记表》中标注了“此次招聘职位不适合已婚未育女性”。杨某已婚，但为了获得应聘的机会，在婚育状况中填写“未婚”。当时公司并没有发现。一年以后，公司发现了杨某在招聘时隐瞒婚姻状况，以杨某的行为构成欺诈为由解除劳动合同。杨某则认为公司未尽审核义务，公司解除劳动合同侵害了她的平等就业权利。该纠纷提交劳动仲裁机构后，劳动仲裁机构查明：公司招聘职位的岗位要求与性别、婚姻状况、生育状况并不相关，于是裁决杨某行为不构成法律意义上的欺诈，公司解除劳动合同属于违法解除。理由是：该案件中的婚育状况与岗位没有必然的联系，劳动者的婚育状况属于隐私权的范畴。当用人单位的知情权与劳动者的隐私权发生冲突时，法律应优先保护隐私权。既然公司无权了解劳动者的婚育状况，就不应期待杨某做出如实说明，杨某没有如实说明婚育状况虽然违背诚实守信的道德义务，但并不构成法律意义上的欺诈。

需要注意的是，第一部专门保护个人信息的法律《中华人民共和国个人信息保护法》自 2021 年 11 月 1 日起施行。该部法律将自然人姓名、出生日期、身份证件号码、生物识别信息、住址、电话号码、电子邮箱、健康信息、行踪信息等全面纳入保护范围。用人单位在处理劳动关系时涉及劳动者个人信息，应该依法进行，不得过度收集个人信息，更不能非法使用个人信息。另一方面，与劳动合同直接相关的基本情况，劳动者有如实说明的义务。那么，哪些信息是与劳动合同直接相关的？一般而言，劳动者的年龄、教育背景、知识技能、职业技能水平、工作经历、健康状况、劳动者与原单位是否有竞业限制协议、与前任职单位解除或终止劳动合同的证明等都是与劳动合同直接相关的。劳动者对用人单位要求提供的与劳动合同直接相关的信息须如实提供；未尽如实告知义务的，该劳动合同可以认定为无效劳动合同。

（二）劳动合同订立的程序

民事合同的订立一般来说有两个程序：要约、承诺。要约是希望与他人订立合同的意思表示，承诺是受要约人同意要约的意思表示。承诺生效时合同成立，但是法律另有规定或当事人另有约定的除外。劳动合同的订立要遵守要约、承诺的规定。在具体实务中，劳动合同订立分为确定签约相对人和协商确立劳动合同内容两个阶段。

1．确定签约相对人

劳动合同的订立首先需要确定签约相对人。一般的原则是“面向社会、公开招收、全面考核、择优录用”。第一，公布招工（或招聘）简章；第二，自愿报名，符合条件的劳动者自愿报名，并提交表明本人身份、职业技能、非在职等基本情况的证明文件；第三，全面考核，用人单位依法对应聘人员进行考核，并公布考核结果；第四，择优录用，用人单位对于经考核合格的应聘者，择优确定被录用人员，并向其本人发出书面签约通知。

在确定签约相对人阶段发生的纠纷涉及的法律问题主要是录用通知书的法律效力问题。

案情简介

上海有家外资企业，在招聘员工时发了公告，公告说明了通过考试决定是否录用。由于外资企业职工的工资比较高，很多原来有工作的劳动者也参加了考试。外资企业经过笔试、面试后，给符合条件的人发了录用通知书。接到录用通知书后，有劳动者在原单位办理了辞职手续，准备到新单位上班。当新录用的劳动者去外资企业拟签订劳动合同时，外资企业说不能与他们订立劳动合同，原因是接到总部通知，相关业务取消，不再需要新员工。这些劳动者觉得他们的利益受损了，因为在原单位已经辞职了，他们要求外资企业承担责任。这家外资企业以发了录用通知书但并没有订立劳动合同、劳动关系不成立为由拒绝承担责任。这个纠纷应该如何处理？

案例分析

本案应当适用缔约过失责任原理进行处理。因为劳动合同没有成立，违约责任没有合同基础。但是，劳动者的利益显然受损，这个损害由谁来赔偿，依据是什么？依据是缔约过失责任，即当事人在缔约的时候，一方违反前合同义务导致另外一方受损的，应当承担赔偿责任。本案中，外资企业发了录用通知书。录用通知是一种“要约”，是用人单位愿意同劳动者建立劳动关系的意思表示，劳动者可以选择接受或不接受，劳动者一旦承诺同意按“录用通知书”的内容与用人单位建立劳动关系，那么“录用通知书”就对双方都有了约束力。但是，外资企业在发了录用通知后却未能与劳动者签约，违背了诚实信用原则，损害了劳动者的期待利益。由于用人单位的原因导致劳动关系无法建立及劳动者利益受损，用人单位应该承担损害赔偿责任，这种责任是缔约过失责任。

关于录用通知书，我们还需注意：录用通知本质上是要约，录用通知书是用人单位单方意思表示的文书。劳动合同是当事人之间的合意，是双方意思表示一致的结果。录用通知书不等于劳动合同，不能有了“录用通知书”就可以不签订劳动合同。

2. 协商确立劳动合同内容

劳动合同订立的正式签约阶段是双方具体协商确定劳动合同内容并形成合意的过程，表现为要约（包括反要约）和承诺的过程。实务中一般的流程是：首先，用人单位提出劳动合同草案，一般是格式文本；其次，向劳动者介绍本单位劳动规章制度；再次，商定劳动合同内容，劳动者觉得有不合适条款或是劳动合同内容违法的、损害劳动者权利的，可以与用人单位协商修改。最后，劳动者和用人单位在经协商一致所形成的劳动合同文本中签名盖章。

劳动合同成立后，用人单位应该建立职工名册，把员工的信息固定下来。职工名册是用人单位制作的用于记载本单位员工基本情况的管理文件，应当包括劳动者姓名、性别、居民身份证号码、户籍地址及现住址、联系方式、用工形式、用工起始时间、劳动合同期限等内容。职工名册具有备查和证据等功能，建立职工名册是用人单位的义务。

（三）劳动合同的续订

劳动合同到期以后又重新订立合同，这就是劳动合同的续订。劳动合同的续签问题，《劳动合同法》没有做专门的规定。一些地方立法对此进行了规定。例如，《北京市劳动合同规定》规定，劳动合同期满前，用人单位应当提前 30 日将终止或者续订劳动合同意向以书面形式通知劳动者，经协商办理终止或者续订劳动合同手续。依据北京市的规定，劳动合同无论是续订还是终止，用人单位都要提前 30 日以书面的形式通知劳动者，这是法定的义务。如果用人单位做不到这一点，发生纠纷以后，用人单位需要支付经济补偿金。如果用人单位没有提前通知，后以员工拒绝续订为由主张免责是很难得到法律支持的。因为员工拒绝续订合同是“消极行为”，用人单位应当通过相关的“积极行为”加以证明，如向员工送达续签劳动合同的通知、劳动合同文本等。如员工未在指定期限内回复或签署，则可以证明员工存在“拒绝订立劳动合同”的行为，用人单位便无须支付经济补偿金。

实践中经常出现劳动合同期满，劳动者仍在用人单位工作，但是没有续订劳动合同，这种情况应该如何处理?《最高人民法院关于审理劳动争议案件适用法律问题的解释（一）》第 34 条第 1 款规定：“劳动合同期满后，劳动者仍在原用人单位工作，原用人单位未表示异议的，视为双方同意以原条件继续履行劳动合同。一方提出终止劳动关系的，人民法院应予支持。”

二、劳动合同的效力

（一）劳动合同效力的含义

劳动合同效力，通常是指劳动合同对当事人之间的法律约束力。在某些情况下，劳动合同对当事人以外的第三人也具有效力，这是劳动合同对内效力适当地向外延伸。例如，《劳动合同法》第 91 条规定：“用人单位招用与其他用人单位尚未解除或者终止劳动合同的劳动者，给其他用人单位造成损失的，应当承担连带赔偿责任。”该项规定，就是赋予劳动合同当事人直接追究第三人干扰、破坏劳动合同履行的法律责任的权利。

（二）劳动合同的成立和生效

《劳动合同法》第 16 条第 1 款规定："劳动合同由用人单位与劳动者协商一致，并经用人单位与劳动者在劳动合同文本上签字或者盖章生效。"该条规定了劳动合同成立时即生效的通常情况。但是劳动合同成立与生效并不完全相同，两者的区别是：第一，劳动合同成立是当事人意思表示一致的结果，是劳动合同的事实问题。劳动合同生效，则是劳动合同的法律效力问题，是法律对当事人意志的评判，如果当事人意志符合国家意志，则劳动合同生效；如果当事人意志不符合国家意志，劳动合同可能会被确认无效。第二，要件不同。劳动合同成立以当事人意思表示一致为核心要件，签字盖章即告成立。劳动合同生效需要具备法律规定的要件如主体合法、意思表示真实、内容合法等。

依法订立的劳动合同具有约束力，用人单位与劳动者应当履行劳动合同约定的义务。也就是说，依法订立是劳动合同生效的必要条件，劳动合同虽然成立了，但是如果其违背了法律的规定可能会产生无效的法律后果。

（三）劳动合同生效的要件

劳动合同生效需要具备以下几个要件：

1．主体适格

劳动合同的双方当事人都必须具备法定的主体资格条件。劳动者资格和用人单位资格是建立在民事主体资格基础上的以劳动法为依据的特殊资格，作为劳动合同当事人，应当是在劳动法调整范围内的劳动者和用人单位。

2．意思表示真实

订立劳动合同是你情我愿的事，应当是发自内心的真实意思表示。其具体要求，一是本人内在意思与外部表示一致；二是出自本人的自愿，不存在欺诈、胁迫、乘人之危等导致意思表示不真实的情况。

3．内容合法

劳动合同内容合法要求合同中的法定必备条款和约定条款都不能违背法律、行政法规的强制性规定。例如，劳动合同中关于劳动条件和劳动报酬的条款不得低于劳动基准的规定，也不得低于集体合同的规定。需要注意的是，劳动合同的形式并不影响劳动关系的建立，且《劳动合同法》对未按书面形式订立的劳动合同规定了责任条款和补救措施，因此劳动合同形式并非劳动合同的生效要件。

4. 订立的程序合法

在劳动合同订立过程中必须严格遵守合法以及平等自愿、协商一致原则，遵循法定的程序。《劳动合同法》规定，劳动合同由用人单位与劳动者协商一致，并经用人单位与劳动者在劳动合同文本上签字或者盖章生效。这表明，由双方当事人签字或盖章也是劳动合同得以生效的条件。

（四）劳动合同的无效

1. 劳动合同无效的含义

劳动合同的无效是指劳动合同因缺乏法律规定的有效要件或者不符合法律规定而不具备法律约束力。劳动合同的无效分为全部无效和部分无效。全部无效是指劳动合同的全部条款都是无效的，部分无效是指劳动合同的个别条款无效。如劳动合同有一个条款约定“社会保险费全部由劳动者自己缴纳”，这样的条款是无效的。但其他条款还是有效的，只要无效条款不影响其余条款的效力，其余条款仍然对当事人具有约束力。

2. 劳动合同无效的情形

一是以欺诈、胁迫的手段或者乘人之危，使对方在违背真实意思的情况下订立或者变更劳动合同的。这属于意思表示不真实的情形。欺诈是指一方当事人故意告知对方虚假情况，或者故意隐瞒部分真实情况，使对方基于此错误的认识作出意思表示，与自己订立或者变更合同。胁迫是指一方当事人以给另一方当事人及其亲友的生命健康、荣誉、名誉、财产等造成损害，或者以给他人的荣誉、名誉、财产等造成损害为要挟，迫使对方作出违背真实的意思表示的行为。乘人之危是一方当事人乘对方处于危难之际，为谋取不正当利益，迫使对方作出不真实的意思表示而损害对方利益的行为。

二是用人单位免除自己的法定责任、排除劳动者权利的。用人单位的法定责任和劳动者权利都是法律强制规定的，不能通过合同约定的方式排除法律的规定。例如，有些用人单位让劳动者订立“生老病死与单位无关”“工伤概不负责”等条款，劳动者在工作过程中因工作原因受到伤害，如果用人单位拒绝承担责任，其工伤保险权利被签订的劳动合同所排除，那这种劳动合同就是无效的。再如，“用人单位有权根据生产经营的变化以及劳动者的工作表现调整其工作岗位”被很多人视为天经地义、理所当然的，他们认为企业的用工自主权自然包括调整岗位的权利。其实从劳动法视角看，调整工作岗位是劳动合同的变更，应当双方协商一致。一般情况下，劳动合同变更需要经过劳动者的同意。下面我们看一个“劳动者与用人单位订立放弃加班费协议，能否主张加班费”的案例。

案情简介

张某于2020年6月入职某科技公司，月工资2万元。某科技公司在与张某订立劳动合同时，要求其订立一份协议作为合同附件，协议内容包括“我自愿申请加入公司奋斗者计划，放弃加班费”。半年后，张某因个人原因提出解除劳动合同，并要求支付加班费。某科技公司认可张某加班事实，但以其自愿订立放弃加班费协议为由拒绝支付。张某向劳动仲裁委员会申请仲裁。申请人请求裁决某科技公司支付2020年6月至12月加班费2.4万元。

案例分析

本案的争议焦点是张某订立放弃加班费协议后，还能否主张加班费。依据《劳动合同法》第26条规定，用人单位免除自己的法定责任、排除劳动者权利的劳动合同无效或者部分无效。加班费是劳动者延长工作时间的工资报酬，用人单位有支付劳动者加班费的法定责任。约定放弃加班费的协议属于“用人单位免除自己的法定责任、排除劳动者权利”的情形，应认定无效。本案中，某科技公司利用在订立劳动合同时的主导地位，要求张某在其单方制定的格式条款上签字放弃加班费，既违反法律规定，也违背公平原则，侵害了张某的工资报酬权益。故劳动仲裁委员会依法裁决某科技公司支付张某加班费[①]。

① 参见《人力资源社会保障部 最高人民法院关于联合发布第一批劳动人事争议典型案例的通知》（人社部函〔2020〕62号）。

三是违反法律、行政法规强制性规定的。理解此条款需要注意：第一，这里的“法律”是指全国人大及其常委会制定的法律，“行政法规”是国务院制定的规范性法律文件；第二，这里的“强制性规定”包括命令性规范的义务的履行和禁止性规范的义务的服从。劳动法实践中的用人单位和劳动者约定不参加社会保险，低于最低工资标准支付工资，劳动合同期内不得怀孕，劳动合同期满终止不支付经济补偿金等，都违反了法律、行政法规的强制性规定，应当认定为无效。

3. 劳动合同无效的确认机构

当事人发现劳动合同出现无效发生争议情形时，能不能自己确认劳动合同的无效？当然不能。当事人可以提出确认无效的请求，但本身没有确认劳动合同无效的权利。劳动行政部门、劳动争议调解委员会、工会等也没有权力确认劳动合同无效。因为，劳动合同的效力涉及当事人的权利和义务，确认劳动合同无效或部分无效属于劳动争议，应该由法定的专门机构进行。依据我国劳动法律的规定，对劳动合同的无效或者部分无效有争议的，由劳动争议仲裁机构或者人民法院确认。劳动仲裁确认属于前置程序，劳动仲裁机构有最先审查权；法院确认则具有监督与终局的性质。

4. 劳动合同无效的法律后果

劳动合同无效，并不是不产生法律后果，劳动者和用人单位要按照法律规定承担合同无效的法律责任。

（1）用人单位支付劳动报酬

一般的民事合同无效，产生的后果是，订立与不订立合同对当事人的权利与义务的关系是一样的，如果合同已经履行，当事人可以采取返还财产等方式，使当事人权利义务关系恢复到合同订立前的状态。在劳动关系中，劳动者一方以提供劳动作为合同的给付内容，劳动一旦付出后，具有不可逆性，不具有返还的可能。因此，劳动合同被确认无效，劳动者已付出劳动的，用人单位应当向劳动者支付劳动报酬。劳动报酬的数额，参照本单位相同或者相近岗位劳动者的劳动报酬确定。

（2）赔偿责任

根据《劳动合同法》第86条的规定，劳动合同被确认无效，给对方造成损害的，有过错的一方应当承担赔偿责任。《劳动合同法》第93条规定："对不具备合法经营资格的用人单位的违法犯罪行为，依法追究法律责任；劳动者已经付出劳动的，该单位或者其出资人应当依照本法有关规定向劳动者支付劳动报酬、经济补偿、赔偿金；给劳动者造成损害的，应当承担赔偿责任。"

第六节　劳动合同的履行和变更

一、劳动合同履行

劳动合同的履行，是指劳动合同的双方当事人遵守和执行劳动合同规定的各项条款，完成自己所承担的义务的行为。

（一）劳动合同履行的原则

劳动合同的履行，需要当事人双方共同遵守以下原则。

1. 亲自履行原则

亲自履行原则是劳动合同当事人双方必须以自己的行为履行劳动合同约定的义务，不能由其他人的劳动来替代。劳动关系具有非常强的人身属性，用人单位和劳动者建立劳动关系取决于双方的互相选择。劳动合同订立以后，当事人对履行劳动合同约定的义务负有责任，一般不允许将合同义务转让给第三人代为履行。劳动争议中，有劳动者"冒名顶替"上班，发生工伤事故后要求认定劳动关系没有获得法律支持的案例，一个重要的原因就是违背了劳动合同亲自履行原则。

2. 全面履行原则

全面履行原则是指劳动合同当事人按照劳动合同的约定完整、全面、准确地履行各自的义务。全面履行劳动合同是劳动合同效力的必然要求。对于用人单位而言，全面履行原则要求用人单位按照约定向劳动者提供适当的工作场所和劳动安全卫生条件，安排劳动者在约定的岗位工作，及时足额支付劳动报酬等。对于劳动者而言，全面履行原则要求劳动者按照劳动合同约定的工作时间、地点和用人单位的要求给付劳动，遵守用人单位的规章制度和劳动纪律等。需要注意的是，对于劳动者而言，全面履行原则是受限制的，因为劳动自由、辞职权的存在导致劳动者全面履行合同的原则要打折扣。比如，某劳动者订立了3年期限的劳动合同，按全面履行的要求，劳动者必须工作3年才履约完毕。假如劳动者工作了1个月后不想干了，他是可以按照法律规定的程序提前30天以书面形式通知用人单位解除劳动合同的，这就使得全面履行原则受到一定的限制。

3. 协作履行原则

协作履行原则是诚实信用原则在劳动合同履行方面的体现。劳动关系是需要用人单位和劳动者合作才能够顺利实现的社会关系，劳动关系和谐是劳动合同当事人顺利履行合同义务，实现劳动合同目的的前提。因此，在劳动合同履行过程中，当事人双方应当相互理解、相互配合，为对方履行劳动合同创造条件。

（二）特殊情形下劳动合同的履行

1. 用人单位名称、法定代表人等变更时劳动合同的履行

《劳动合同法》第33条规定："用人单位变更名称、法定代表人、主要负责人或者投资人等事项，不影响劳动合同的履行。"实务中经常发生因用人单位的领导（法定代表人）的变化导致的劳动合同纠纷。原来的劳动合同是前任领导签的，现在单位新换了领导，用人单位以"新人不理旧账"为由否认劳动者正在履行劳动合同的效力，这种做法是非常荒谬的。因为，劳动合同的主体是用人单位，法定代表人在劳动合同上签名的行为不是个人行为，而是职务行为。因此，劳动合同法定代表人虽然发生变化，但劳动合同的主体并没有变化，不能以法定代表人、主要负责人或者投资人等事项的变更为由来拒绝履行劳动合同。

2. 用人单位合并或者分立时劳动合同的履行

《劳动合同法》第34条规定："用人单位发生合并或者分立等情况，原劳动合同继续有效，劳动合同由承继其权利和义务的用人单位继续履行。"一是

用人单位的合并情况。比如说A公司与B公司合并成了C公司：劳动合同的主体可能变成合并后的C公司，或者是B公司被A公司吸收，或者A公司被B公司吸收，原A公司和B公司职工的劳动合同仍然是有效的。二是用人单位的分立情况。比如说某个企业一分为二，原来的职工是跟A公司签的劳动合同，现A公司分为B公司和C公司，按照法律的规定，原来的劳动合同继续有效，这个权利义务由承继其权利义务的用人单位继续履行。那么，劳动合同是由B公司履行还是C公司履行？从劳动者权利保护角度看，用人单位在制定分立方案的时候就要考虑劳动者的分流和劳动合同的妥善处理。

3．劳动合同履行地与用人单位注册地不一致时劳动标准的适用

《劳动合同法实施条例》第 14 条规定，劳动合同履行地与用人单位注册地不一致的，有关劳动者的最低工资标准、劳动保护、劳动条件、职业危害防护和本地区上年度职工月平均工资标准等事项，按照劳动合同履行地的有关规定执行；用人单位注册地的有关标准高于劳动合同履行地的有关标准，且用人单位与劳动者约定按照用人单位注册地的有关规定执行的，从其约定。

（三）劳动合同履行中劳动者权益的保护

劳动合同履行中劳动者权益如劳动报酬权、休息休假权、劳动安全卫生权的保护属于劳动基准法的范畴，《劳动合同法》对此也作了规定。

1．劳动报酬权的保护

《劳动合同法》第 30 条规定："用人单位应当按照劳动合同约定和国家规定，向劳动者及时足额支付劳动报酬。用人单位拖欠或者未足额支付劳动报酬的，劳动者可以依法向当地人民法院申请支付令，人民法院应当依法发出支付令。"

2．休息休假权的保护

《劳动合同法》第 31 条规定："用人单位应当严格执行劳动定额标准，不得强迫或者变相强迫劳动者加班。用人单位安排加班的，应当按照国家有关规定向劳动者支付加班费。"这里的"劳动定额标准"，是指在一定的生产技术和组织条件下，生产单位产品或完成一定工作量所消耗的劳动量的标准或在单位时间内生产产品或完成工作量的标准，一般分为产品定额和工时定额。

3. 劳动安全卫生权的保护

《劳动合同法》第 32 条规定："劳动者拒绝用人单位管理人员违章指挥、强令冒险作业的，不视为违反劳动合同。劳动者对危害生命安全和身体健康的劳动条件，有权对用人单位提出批评、检举和控告。"

二、劳动合同的变更

（一）劳动合同变更的概念

劳动合同的变更是合同当事人按照双方的意愿，修改、补充或者删减原劳动合同条款的行为。它发生于劳动合同生效后尚未履行或尚未全部履行期间，是对劳动合同所约定的权利和义务的改变。如果劳动合同没有生效，合同没有约束力，不存在劳动合同的变更问题。如果劳动合同已经履行完毕，也不存在劳动合同的变更问题。一般来说，劳动合同变更不涉及主体的变更，仅是劳动合同的部分条款发生改变。劳动合同主体一旦变了，比如说A公司变为B公司，劳动者的劳动合同的变化其实是原劳动合同的消灭和新劳动合同的成立。

（二）劳动合同变更的原则

劳动合同变更应当遵循平等自愿、协商一致的原则。合同变更其实是当事人基于合同自由的原则对原来的意思表示所做的一个修正，合同订立的原则同样适用于劳动合同的变更。为了清晰地表达劳动合同变更确实是当事人协商一致的结果，《劳动合同法》规定劳动合同变更要采用书面形式，且变更后的劳动合同文本由用人单位和劳动者各执一份，这相当于通过再签劳动合同的方法来证明双方变更劳动合同是协商一致的。需要注意的是，劳动法实践对于用人单位单方变更劳动合同采取了较为宽松的规定。例如，2023 年 8 月 1 日起施行的《天津市贯彻落实劳动合同法若干问题实施细则》第 13 条规定："用人单位与劳动者在劳动合同中可以约定根据生产经营情况单方调整劳动者工作岗位，岗位调整时应同时符合以下条件：（一）用人单位生产经营的客观需要；（二）调整后工作岗位的劳动报酬和劳动条件不存在明显不利变更，但依据劳动合同法第四十条第一项、第二项有关规定调整岗位的除外；（三）调整工作岗位不具有歧视性、侮辱性；（四）不违反法律法规的规定。用人单位与劳动者签订的劳动合同未约定调整工作岗位有关内容，用人单位规章制度也未作相关规定的，除依据劳动合同法第四十条第一项、第二项有关规定调整工作岗位情形外，用人单位与劳动者协商一致，可以调整工作岗位。”

（三）劳动合同变更的形式

依据《劳动合同法》第 35 条的规定，变更劳动合同，应当采用书面形式。在劳动用工的实践中，一旦建立劳动关系，员工的工作岗位有可能随时被调整，如果变更劳动合同都要求采用书面形式的话，会导致成本高、效率低的结果，所以企业经常采用口头形式变更劳动合同。那么，通过口头形式变更合同有没有法律效力？一种观点认为法律规定了合同变更要采取书面形式，那口头变更就无效。另一种观点认为，如果口头变更，劳动者认可了或者说劳动者已经履行了，法律应当认可口头变更的效力。《最高人民法院关于审理劳动争议案件适用法律问题的解释（一）》第 43 条规定：“用人单位与劳动者协商一致变更劳动合同，虽未采用书面形式，但已经实际履行了口头变更的劳动合同超过一个月，变更后的劳动合同内容不违反法律、行政法规且不违背公序良俗，当事人以未采用书面形式为由主张劳动合同变更无效的，人民法院不予支持。”该条规定是有条件地赋予了没有采用书面形式的劳动合同变更有效。其具体条件是：第一，变更后的劳动合同已经实际履行超过一个月；第二，变更后的劳动合同内容不能违反法律、行政法规且不违背公序良俗。这里的“公序良俗”是民法的概念，“公序”是指公共秩序，是指国家和社会存在及其发展的基本秩序；“良俗”，是指善良风俗，是指社会存在和发展的一些基本的道德。劳动合同变更不能违反社会基本的公共道德。例如，有一个单位希望能够与劳动者变更劳动合同，但是劳动者不同意。最终单位决定把劳动者的办公室移到了卫生间附近的过道里。单位的做法明显地违背了公序良俗原则。

司法解释之所以要明确肯定劳动合同口头变更形式的有效性，主要基于以下理由：一是劳动合同具有不完全契约性。一般的合同是完全契约，权利和义务是完全清晰、明确的，合同的履行按照权利和义务执行就可以。但是，劳动合同是不完全契约。在劳动合同的履行期间，当事人的权利和义务是不断在变化的，要求劳动合同的变更要采用书面形式违背了劳动合同的不完全契约性。二是雇佣需求的派生性。用人单位对劳动力的需求是取决于劳动力市场需求的，当劳动力市场不需要某一岗位时，企业需要对岗位做出及时调整。《劳动合同法》要求劳动合同变更双方协商一致，采取书面形式，这是由于合同的完全契约性，司法解释回归了劳动合同不完全契约的本质，能更好地解决司法实践中的问题。[①]

（四）劳动合同的单方变更

劳动合同变更可以分为两种情形。一是协商变更，即经用人单位与劳动者协商一致而变更，协商不成继续履行原劳动合同；二是单方变更，或称法定变更，即用人单位依据法律规定单方面变更劳动合同，无须经与劳动者协商一致。[②]《劳动合同法》规定了用人单位在一定条件下有义务对劳动者的劳动合同进行变更。《女职工劳动保护特别规定》第 6 条规定："女职工在孕期不能适应原劳动的，用人单位应当根据医疗机构的证明，予以减轻劳动量或者安排其他能够适应的劳动。对怀孕 7 个月以上的女职工，用人单位不得延长劳动时间或者安排夜班劳动，并应当在劳动时间内安排一定的休息时间。"因此，对于怀孕 7 个月以上的女职工，如果其原来从事夜班工作，用人单位就有义务调换到非夜班工作，变更其工作内容。此外，在特定的条件下用人单位也可以单方变更劳动合同；第一，劳动者不能适应工作情形。依据《劳动合同法》第 40 条第 1 项的规定，劳动者患病或者非因工受伤，在规定的医疗期满不能从事原工作的，也不能从事由用人单位另行安排的工作的，用人单位提前三十日以书面形式通知劳动者本人或者额外支付劳动者一个月工资后，可以解除劳动合同。该项规定中的"另行安排工作"就是用人单位可以对劳动合同内容进行变更，调整工作岗位，不需要协商一致。当然，用人单位单方变更劳动合同也必须具有合理性。第二，劳动者出现不能胜任工作的情形。依据《劳动合同法》第

① 邱婕：《再论劳动合同之变更——兼论最高人民法院关于审理劳动争议的司法解释四》，载《中国人力资源开发》，2014（5）。

② 周国良：《劳动合同变更的法理和实践探讨》，载《中国劳动》，2013（11）。

40 条第 2 项的规定，劳动者不能胜任工作时，用人单位不能直接解除劳动合同，而是应当对其进行培训或者调整工作岗位，在这种情况下的“调整工作岗位”是不需要协商一致的。

第七节 劳动合同的解除和终止

一、劳动合同解除和终止概述

（一）劳动合同解除概述

1. 劳动合同解除的概念与特征

劳动合同解除是指劳动合同成立并生效后，在未履行或尚未履行完毕之前，劳动合同的主体基于单方或者双方的意愿，提前结束劳动合同效力的法律行为。比如，劳动者和用人单位签订了一年期限的劳动合同，劳动者工作一个月后跟单位协商离职，用人单位同意后，双方提前结束劳动合同的效力，这就是劳动合同的解除。劳动合同解除具有以下特征：

（1）劳动合同解除的前提一般是劳动合同有效。如果劳动合同无效，则适用劳动合同无效的规定。例外的情况是《劳动合同法》第 38 条规定了当出现导致劳动合同无效的法定情形时，劳动者可以单方解除劳动合同；第 39 条规定了当劳动者以欺诈、胁迫的手段或者乘人之危，使用人单位在违背真实意思的情况下订立或者变更劳动合同，致使劳动合同无效时，用人单位可以单方解除劳动合同。对于已经履行的劳动合同，出现无效的情况，可以通过合同解除制度解决，这是劳动合同法的特殊制度。

（2）劳动合同解除的期限是在劳动合同有效期内。劳动合同解除是劳动合同效力的提前终止，原来的劳动合同没有到期；由于解除，劳动合同效力提前结束，劳动关系消灭。如果是因为合同到期导致劳动关系效力的消灭，不是劳动合同解除而是劳动合同终止。

（3）双方当事人解除劳动合同的限制不同。劳动者解除劳动合同的条件比较宽松。这是劳动合同解除和民事合同解除的重大区别，民事合同双方当事人的地位是平等的，双方解除合同的权利、条件都相同。但是对劳动合同而言，用人单位解除劳动合同受到严格限制，如果其正常运营，没有出现破产、经营管理不善等情况，劳动者也没有出现违法违规和本人有重大过错的情形，用人单位不能随意对劳动合同进行解除；如果一定要解除，就构成违法解除。违法解除要付出高昂的代价，劳动者可以请求确认解除劳动合同无效，要求恢复工作，也可以要求用人单位支付赔偿金。劳动者解除劳动合同的条件比较宽松，因为劳动是自由的，不能强迫，劳动者有辞职的权利，即使订立的是无固定期限劳动合同，劳动者提出辞职，只需提前一个月书面通知用人单位，劳动合同就可以解除。

（4）劳动合同的解除条件一般是在客观情况的基础上，劳动者和用人单位所做出的主观选择。劳动合同解除是当事人的意思表示，解除条件是基于某种客观情况当事人的主观选择。比如，劳动者出现了严重违反用人单位规章制度的情形，那么用人单位是不是一定要解除他的劳动合同呢？不一定，这取决于用人单位的主观选择。

2. 劳动合同解除的种类

劳动合同的解除可以分为两大类型：双方解除和单方解除。双方解除，又称为协商解除、合意解除，是指双方当事人通过协商达成协议而解除劳动合同。单方解除，是指劳动合同的一方当事人依照法定程序对劳动合同进行解除。按照行使解除权的主体，单方解除劳动合同可以分为用人单位单方解除和劳动者单方解除；按照是否需要提前通知对方，分为单方预告解除（提前通知解除）和单方即时解除（随时解除）。

按照当事人是否存在过错，劳动合同的解除可以分为过错解除和无过错解除。这里的“过错”是指严重到足以导致辞退或辞职的程度的过错，不包括轻微过错。过错解除的条件具有强制性，一般有法律规定。无过错解除是指对方当事人无过错行为或过错行为轻微的情况下，劳动合同当事人单方解除劳动合同。

结合上述分类，用人单位单方解除劳动合同包括三种类型：即时解雇（过失性辞退）、预告解雇（无过失性辞退）、经济性裁员。劳动者单方解除劳动合同包括两种类型：预告解除（提前通知解除）和即时解除。

（二）劳动合同终止概述

1．劳动合同终止的概念

劳动合同终止指劳动合同效力依法被消灭，即劳动合同所确立的劳动关系由于一定法律事实的出现而终结，劳动者与用人单位之间原有的权利与义务关系不存在。劳动合同终止的概念与民法中合同终止的概念有很大区别。依据《民法典》第557条的规定，合同的解除和合同的终止并非并列关系，而是种属关系，合同终止是大概念、合同解除是小概念，合同解除只是合同终止的情形之一。在劳动合同制度中，合同终止是狭义的概念，不包括劳动合同解除。

2．劳动合同解除与劳动合同终止的区别

劳动合同解除与劳动合同终止都会导致劳动关系的消灭，它们是两项并列的制度，互不包含、互不隶属。劳动合同解除与劳动合同终止有以下区别：

（1）劳动合同解除是当事人基于客观情况的一种主观选择。因此，劳动合同的解除，无论是协商解除还是单方解除都与当事人的意志有关；劳动合同的终止是基于法律规定的原因导致劳动关系的消灭，主要是劳动合同期满及劳动关系主体资格的消失，导致劳动合同终止的情形不是当事人意志能左右的，具有客观性。

（2）劳动合同终止的情形具有法定性，不存在通过协商一致终止劳动合同的情况；劳动合同解除则可以通过当事人协商一致完成。需要注意的是，按照《劳动法》的规定，劳动合同终止是可以约定的。但是，《劳动合同法》取消了劳动合同的约定终止，其主要目的是维护劳动者的就业稳定权。因为如果劳动合同可以约定终止，用人单位可以在劳动合同中约定“当出现经营困难等情况，劳动合同终止”，这样劳动者即使签的是无固定期限或者长期的劳动合同，用人单位都可以“经营出现困难”等为借口终止合同，这会导致劳动者的就业稳定权无法得到保障。

（3）劳动合同解除一般必须遵守特定的程序。例如，有的情形下劳动合同解除有预告期的规定，用人单位单方解除劳动合同必须事先将解除理由通知工会；劳动合同的终止则没有特别的程序要求。

（4）劳动合同解除往往是劳动者或用人单位主观上有过错造成的，用人单位支付经济补偿金的情形较多；劳动合同终止是基于某种客观情况下的劳动关系消灭，除了劳动合同期满、用人单位主体资格消灭等符合法律规定的情形，用人单位需要支付经济补偿金外，多数情况下用人单位不需要支付经济补偿金。

3. 劳动合同终止的情形

劳动合同终止有以下情形：

（1）劳动合同期满。劳动合同期满是劳动合同终止的最主要形式，适用于固定期限劳动合同和以完成一定工作任务为期限的劳动合同。劳动合同期满，原来劳动合同中约定的当事人的权利义务关系消灭。为保护处于困难状态的部分特殊劳动者权利，法律规定了在特殊情况下劳动合同期满终止的例外，即劳动合同可以逾期终止，续延至相应的情形消灭为止。劳动合同期满逾期终止的情形主要是：第一，从事接触职业病危害作业的劳动者未进行离岗前职业健康检查，或者疑似职业病病人在诊断或者医学观察期间的。第二，在本单位患职业病或者因工负伤并被确认丧失或者部分丧失劳动能力，根据伤残等级决定合同是否可以终止。第三，患病或者非因工负伤，在规定的医疗期内，劳动合同期满不得终止劳动合同。第四，女职工在孕期、产期、哺乳期的，劳动合同期满不得终止劳动合同。第五，在本单位连续工作满 15 年，且距法定退休年龄不足 5 年，劳动合同期满不得终止劳动合同。第六，法律、行政法规规定的其他情形。例如，《工会法》第 19 条规定："基层工会专职主席、副主席或者委员自任职之日起，其劳动合同期限自动延长，延长期限相当于其任职期间；非专职主席、副主席或者委员自任职之日起，其尚未履行的劳动合同期限短于任期的，劳动合同期限自动延长至任期期满。但是，任职期间个人严重过失或者达到法定退休年龄的除外。"

（2）劳动者开始依法享受基本养老保险待遇。基本养老保险是按国家法律法规政策规定，强制实施的为保障广大离退休人员基本生活需要的一种养老保险制度。当劳动者依法履行了缴费义务且达到规定的缴费年限，其退休后可以依法享受领取养老金等基本养老保险待遇。劳动者依法享受基本养老保险待遇，就不再是劳动法意义上的劳动者，劳动合同自行终止。劳动者依法享受基本养老保险待遇需要具备以下条件：第一，劳动者达到法定退休年龄并办理了退休手续；第二，参加基本养老保险并履行缴费义务；第三，个人缴费累计时间满 15 年，2023 年后退休的职工，逐步提高至 20 年。

（3）劳动者死亡，或者被人民法院宣告死亡或者宣告失踪。“死亡”有两种概念，一个是自然死亡，就是劳动者生命的自然消失；一个是宣告死亡。自然人离开住所，下落不明达到法定期限，他的利害关系人可以向人民法院申请宣告死亡。公民一旦被法院宣告死亡以后，就会产生一种与自然死亡基本相同的法律后果，就是被宣告死亡的人的主体资格消灭，其财产变成遗产，婚姻关系也会消失，其配偶不需要办理离婚手续就可以再婚。在这种情况下劳动合同当然终止，因为劳动关系的主体不存在了，不可能履行劳动合同的义务了。宣告失踪指经利害关系人申请，由人民法院对下落不明满一定期间的人宣告为失踪人的制度，它的法律效果和宣告死亡相似，会导致无法继续履行劳动合同，劳动合同终止。

（4）用人单位被依法宣告破产。破产是指债务人因不能偿债或者资不抵债时，由债权人或债务人诉请法院宣告破产并依破产程序偿还债务的一种法律制度。用人单位被依法宣告破产，用人单位的主体资格消灭，劳动合同自然终止。

（5）用人单位被吊销营业执照、责令关闭、撤销或者用人单位决定提前解散的。吊销营业执照是登记主管机关根据国家法律法规的规定，对违法的企业法人等市场主体作出的一种行政处罚。企业法人等被吊销营业执照后，应当依法进行清算，清算程序结束并办理注销登记后，该企业法人主体资格归于消灭。责令关闭是指公司或企业等单位在存续的过程中，被有关政府部门依法作出决定，命令其关闭。用人单位被撤销是指政府主管部门根据利害关系人的请求或者依据职权，作出的撤销行政行为，导致该单位不存在。用人单位决定提前解散主要是指公司依据股东会决议等情形提前于公司章程规定的公司终止时间而解散。

用人单位被吊销营业执照、责令关闭、撤销或者用人单位决定提前解散，意味着用人单位的主体资格已被剥夺，无法按照劳动合同的规定履行义务，劳动合同只能终止。

（6）法律、行政法规规定的其他情形。这是一个兜底条款，可以弥补上述列举的情形不周延的不足。《最高人民法院关于审理劳动争议案件适用法律问题的解释（一）》第48条规定："劳动合同法施行后，因用人单位经营期限届满不再继续经营导致劳动合同不能继续履行，劳动者请求用人单位支付经济补偿的，人民法院应予支持。"该项司法解释明确规定了用人单位经营期限届满不再继续经营是劳动合同终止的一种情形。

二、劳动者解除劳动合同

（一）劳动者协商解除劳动合同

1. 协商解除劳动合同的含义

协商解除合同也称约定解除，是指用人单位和劳动者协商一致解除合同。协商解除适用于各种类型的劳动合同，固定期限、无固定期限以及以完成一定工作任务为期限的劳动合同，都可以通过协商一致进行解除。劳动合同是基于双方的合意订立的，依据合同自由的原则，当事人基于双方合意当然也可以解除劳动合同，这和婚姻法中的婚姻自由既包括结婚自由，又包括离婚自由的道理一样。《劳动合同法》第36条规定："用人单位与劳动者协商一致，可以解除劳动合同。"

2. 协商解除劳动合同的条件

协商解除劳动合同的本质是双方当事人在自愿、平等协商的基础上达成一致的意思表示，解除劳动合同，双方不再受劳动合同的约束，劳动关系消灭。协商一致解除劳动合同，要符合以下条件：一是劳动合同依法成立并生效，无效的劳动合同自始无效，一般不需要使用劳动合同解除制度；二是解除的期限在劳动合同依法订立并生效之后、全面履行完毕之前；三是双方自愿，任何一方当事人不得采取暴力、胁迫等手段强制对方同意解除劳动合同；四是双方都有权利提出解除劳动合同。

3. 协商解除劳动合同的法律后果

协商解除劳动合同会导致劳动关系消灭，当事人双方不再受劳动合同的约束。但是解除劳动合同是用人单位提议的还是劳动者提议的，其法律后果是不一样的，具体体现在是否需要支付经济补偿方面。如果用人单位提出解除劳动合同，劳动者同意的，劳动关系的消灭可归因于用人单位，用人单位应当向劳动者支付经济补偿金；如果劳动者提出解除劳动合同，用人单位同意的，劳动关系的消灭归因于劳动者本人，用人单位不需要支付经济补偿。所以，解除劳动合同提议的主体不同，法律后果不同。《劳动合同法》第 46 条第 2 项对此有相关规定。

（二）劳动者单方解除劳动合同

劳动者单方解除劳动合同是指劳动者以单方的意思提出解除劳动合同并得以实现，不需要征求用人单位的同意。劳动者解除劳动合同的通知在到达用人单位时发生劳动合同解除的效力。劳动者行使单方解除权的法律后果是劳动合同走向消灭，不具有追溯效力，已经履行的劳动合同依然有效，用人单位必须向劳动者支付劳动报酬。同时，劳动者解除劳动合同时，是基于用人单位的违约或侵权等违法行为，用人单位是有过错的，用人单位必须向劳动者支付经济补偿。

1. 劳动者预告解除劳动合同

（1）预告解除劳动合同的含义

预告解除劳动合同即提前通知解除劳动合同，是指劳动者非因用人单位过错解除劳动合同。预告解除不需要任何理由，只需要履行一定的提前通知程序即可。这是因为，法律赋予劳动者劳动合同的一般解除权，以保障劳动者的择业自主权。《劳动法》第 31 条规定劳动者解除劳动合同，应当提前 30 日以书面形式通知用人单位。《劳动合同法》第 37 条规定，劳动者提前 30 日以书面形式通知用人单位，可以解除劳动合同。劳动者在试用期内提前 3 日通知用人单位，可以解除劳动合同。我们看一下这两个规定有什么不同。《劳动法》用的是“应当”，《劳动合同法》用的是“可以”，一个是义务性规范的表述，一个是权利性规范的表述。这体现了立法理念的转变：按照《劳动法》的规定，劳动者解除劳动合同有义务提前 30 日并以书面形式通知用人单位。用人单位会认为解除劳动合同不仅要符合程序要求，还必须经过用人单位的批准，用人单位不批准不能解除劳动合同。依据《劳动合同法》的规定，只要符合“提前 30 日（试用期提前 3 日）以书面形式通知用人单位”的程序性条件，解除劳动合同是劳动者的权利，无须用人单位批准。

（2）劳动者的辞职权

《劳动合同法》赋予劳动者单方解除劳动合同的权利在劳动法理论上称为“辞职权”。辞职权意味着劳动者如果不愿意在一个单位继续工作，无论其签的是固定期限合同、无固定期限合同还是以完成一定工作任务为期限的劳动合同，都可以依法解除。那么，法律为什么要赋予劳动者辞职权？

第一，劳动自由原则的要求。劳动者有劳动自由，而劳动义务的完成必须依附于人身自由。当劳动者不愿意工作时，用人单位其实是无法强制的，如果继续要求劳动者履行给付劳动的义务，则构成强迫劳动，违背劳动自由的基本原则。

第二，优化人力资源配置的需要。只有让劳动者自由流动，让劳动者通过市场的手段流动起来才能实现人力资源的优化配置，才能发挥人力资源的最大价值，实现“人尽其才”。赋予劳动者辞职权，符合市场经济的基本法则，对优化人力资源配置，实现劳动关系和谐及社会的健康发展是有益的[①]。

第三，辞职权是法律赋予劳动者的权利，劳动者依法履行了提前通知的程序性义务，一般不需要承担违约责任。

（3）劳动者的通知义务

除了劳动合同的预告解除要遵守预告期外，劳动者还要履行通知义务。这里的“通知”义务具体怎么理解？第一，通知是具有法律效力的意思表示，需要包含解除劳动合同的意思表示，但无须载明解除的原因。第二，辞职权是一种形成权，劳动者解除劳动合同的通知一旦到达用人单位即发生法律效力。如果劳动者提出的辞职通知到达了用人单位，即使在一个月内予以反悔，也很难获得法律的支持。第三，通知的形式。在正常劳动合同履行期间，应该采用书面形式；试用期间可以是口头形式。第四，如果劳动者没有履行提前通知义务，给用人单位造成损失的，用人单位有权主张劳动者承担赔偿责任。对此，《劳动合同法》第 90 条规定：“劳动者因违反本法规定解除劳动合同，给用人单位造成损失的，应当承担赔偿责任。”

---

① 谢增毅：《我国劳动者辞职权的法理与制度构建》，载《法学评论》，2018（4）。

2. 劳动者随时解除劳动合同

劳动者随时通知解除劳动合同是指劳动者在法律规定的条件下，不提前通知用人单位就可以单方面解除劳动合同，终止劳动合同的法定约束力。劳动者随时解除劳动合同不需要预告但需要通知用人单位。这种情形是用人单位出现了损害劳动者权益的违法行为，其主观上有过错，如果要求劳动者提前30日通知，对劳动者是不公平的。因此，法律赋予劳动者以特别解除权，可以随时解除劳动合同，不需要预告。

劳动者随时解除劳动合同有以下几种情形：

（1）未按照劳动合同约定提供劳动保护或者劳动条件的

劳动保护和劳动条件是劳动合同的必备条款，提供劳动保护或者劳动条件既是用人单位的法定义务，也是劳动得以正常进行的前提。用人单位未按照劳动合同约定提供劳动保护或者劳动条件的，属于违反劳动合同的行为，侵犯了劳动者正当的劳动权利，甚至会危及劳动者的生命健康安全。因此，法律规定劳动者可以随时解除劳动合同。

（2）未及时足额支付劳动报酬的

及时足额支付劳动报酬是用人单位的法定义务，用人单位无故拖欠、克扣劳动报酬，不仅违反劳动合同的约定，也违反了国家劳动基准法的规定，侵害了劳动者的基本权利，劳动者可随时解除劳动合同。

（3）未依法为劳动者缴纳社会保险费的

参加社会保险是法律规定的强制性义务，用人单位有义务依法为劳动者缴纳社会保险费。养老保险费、医疗保险费、失业保险费由用人单位和劳动者按比例分担，工伤保险费和生育保险费则由用人单位全额承担。用人单位必须为劳动者缴纳社会保险费，否则，就侵害了劳动者的社会保险权利，劳动者可以随时解除劳动合同。

（4）用人单位的规章制度违反法律法规的规定，损害劳动者权益的

《劳动合同法》第4条规定："用人单位应当依法建立和完善劳动规章制度，保障劳动者享有劳动权利、履行劳动义务。用人单位在制定、修改或者决定有关劳动报酬、工作时间、休息休假、劳动安全卫生、保险福利、职工培训、劳动纪律以及劳动定额管理等直接涉及劳动者切身利益的规章制度或者重

大事项时，应当经职工代表大会或者全体职工讨论，提出方案和意见，与工会或者职工代表平等协商确定。在规章制度和重大事项决定实施过程中，工会或者职工认为不适当的，有权向用人单位提出，通过协商予以修改完善。用人单位应当将直接涉及劳动者切身利益的规章制度和重大事项决定公示，或者告知劳动者。”依据该条规定，用人单位规章制度合法包括内容合法、制定程序合法、公示告知等要件。用人单位的规章制度违反法律法规的规定，损害劳动者权益的，劳动者可以随时解除劳动合同。

（5）出现导致劳动合同无效情形的

根据《劳动合同法》第 38 条的规定，因《劳动合同法》第 26 条第 1 款规定的情形致使劳动合同无效的，劳动者可以解除劳动合同。这些情形包括：一是用人单位以欺诈、胁迫的手段或者乘人之危，使对方在违背真实意思的情况下订立或者变更劳动合同；二是用人单位在劳动合同中免除自己的法定责任、排除劳动者权利的；三是用人单位违反法律、行政法规强制性规定的。

（6）法律、行政法规规定劳动者可以解除劳动合同的其他情形

这是劳动者可以随时解除劳动合同的兜底条款，以避免列举式立法的局限，为法律的完善预留空间。

3. 劳动者立即解除劳动合同

立即解除劳动合同是劳动者无须履行告知义务，即可随时解除劳动合同。立即解除劳动合同适用于两种情形：（1）用人单位以暴力、威胁或者非法限制人身自由的手段强迫劳动者劳动的。所谓“暴力”，是指以殴打、捆绑、虐待等行为伤害劳动者的人身，强迫劳动者劳动。所谓“威胁”，是指以损害劳动者的人身、名誉、财产等为要挟手段，迫使劳动者劳动。所谓“非法限制人身自由”，是指以拘留、禁闭或其他强制方法非法剥夺劳动者按照自己的意志支配自己的身体活动的自由。（2）用人单位违章指挥、强令冒险作业危及劳动者人身安全的。上述两种情形是用人单位出现了严重的违法行为，导致劳动者的人身自由和人身安全受到威胁，劳动者可以立即解除劳动合同即“不辞而别”，不需事先告知用人单位。

需要注意的是，用人单位侵害劳动者人身权益还需要依法承担行政责任、刑事责任，给劳动者造成损害的，应当承担赔偿责任。

三、用人单位解除劳动合同

《劳动合同法》也赋予用人单位解除劳动合同的权利，用人单位解除劳动合同包括协商解除劳动合同和单方解除劳动合同。

（一）用人单位和劳动者协商解除劳动合同

《劳动合同法》第 36 条规定："用人单位与劳动者协商一致，可以解除劳动合同。"用人单位向劳动者提出解除劳动合同并与劳动者协商一致解除劳动合同的，应当向劳动者支付经济补偿。

（二）用人单位单方解除劳动合同

用人单位单方解除劳动合同，也叫作解雇或辞退，是指用人单位在法律法规规定的情形下单方解除劳动合同的行为。我国《劳动合同法》并没有赋予用人单位无条件的一般解除权，而是对用人单位单方解除劳动合同的情形进行了严格限制，明确规定了随时解除、预告解除和经济性裁员解除劳动合同的具体情形。

1. 用人单位随时解除劳动合同

用人单位随时解除劳动合同，也称即时辞退、过失性辞退或过错性解除，主要是针对劳动者有过错的情况，用人单位不需要事先得到劳动者的同意，也不需向劳动者预告就可以解除劳动合同。随时解除劳动合同的情形，一般劳动者有过错，用人单位不需要对劳动者支付经济补偿。随时解除劳动合同对劳动者影响很大，为防止用人单位利用其强势地位任意解除劳动合同，法律对其情形进行严格限定。用人单位随时解除劳动合同的情形如下：

（1）劳动者在试用期间被证明不符合录用条件的

劳动者在试用期间被证明不符合录用条件的，用人单位可以解除劳动合同。这种情形也可以简称为"录用解雇"。适用该规定，需要具备三个条件：一是用人单位约定的试用期要符合法律规定且劳动者尚处于试用期限内。试用期一旦届满，用人单位就不能以此为由来解除劳动合同。二是录用条件应该在招聘时公布，需要有明确的文字记载。三是用人单位对劳动者不符合录用条件负举证责任。用人单位在试用期解除劳动合同的，应当向劳动者说明理由。

（2）劳动者严重违反用人单位的规章制度的

劳动者严重违反用人单位的规章制度被解除劳动合同的可以简称为“违章解雇”。用人单位规章制度也称企业内部劳动规则或雇佣规则，是用人单位用工自主权和劳动者参与民主管理权相结合的产物。劳动法在保护劳动者合法权益的同时亦依法保护用人单位正当的用工管理权。通过规章制度对劳动者进行必要的约束是用人单位依法管理的主要手段。劳动者在履行劳动合同的规章中，应该遵循劳动规章制度，严重违反用人单位的规章制度的，用人单位可以解除劳动合同。适用“劳动者严重违反用人单位的规章制度”解除劳动合同的规定需要注意两点：第一，用人单位的规章制度是合法的。不合法的规章制度，劳动者没有遵守的义务，用人单位也没有权利对劳动者适用“违章解雇”。规章制度合法具体体现为三个方面：首先，规章制度的内容要合法。内容合法要求规章制度既不违反法律、行政法规的规定，也不违背公序良俗。其次，规章制度的制定程序要合法。直接涉及劳动者切身利益的规章制度的制定过程需要遵循职工参与的民主程序，要经过职工代表大会或者全体职工讨论，与工会或者职工代表平等协商确定。用人单位如果没有做到这一点，一旦发生劳动争议，法律将很难支持用人单位进行“违章解雇”。最后，要履行公示或告知程序，用人单位必须证明劳动者对其需要遵守的规章制度是知晓的。第二，劳动者违反规章制度必须达到“严重”程度。至于何为“严重”，则由用人单位的规章制度依照法律来规定具体的界限。适用此条规定解除劳动合同还需要注意用人单位规章制度的适用范围。下面我们看一个案例：

案情简介

2009年，某公司职员张某乘坐非法运营车辆至公司宿舍，公司依据经过职代会通过的“不允许乘坐黑车，违者以开除论处”的决议，解除了张某的劳动合同。后来发生纠纷，官司打到了法院。法院认为：用人单位有权制定规章制度，但其内容既要符合法律法规的规定，也要合情合理，不能无限放大乃至超越劳动过程和劳动管理范畴。

案例分析

本案中，张某乘坐“黑车”的行为发生之日正值其休息之日，劳动者有权利支配自己的行为，公司不能以生产经营期间的规章制度来约束员工休息期间的行为。单位职工乘坐何种交通工具上班是其私人事务，用人单位无权作出强制性规定，如果劳动者行为违法，也应由行政机关进行行政处罚。因此，公司以张某乘坐“黑车”的行为违反单位规章制度为由解除劳动合同系违法解除。

（3）严重失职，营私舞弊，给用人单位造成重大损害的

因“严重失职，营私舞弊，给用人单位造成重大损害的”而解除劳动合同的，可以简称为“失职解雇”。包括两种情况：一是劳动者严重失职，给用人单位利益造成重大损害；二是劳动者营私舞弊，给用人单位利益造成重大损害。这里的“严重失职”或“营私舞弊”，必须是导致用人单位利益遭受重大损害，但还没有达到构成犯罪，需要追究刑事责任的程度。对于严重失职的判定，不能仅凭用人单位规章制度的规定，更不是由用人单位自行认定，还要看是否合乎法律的规定。下面看一个因严重失职，营私舞弊，给用人单位造成重大损害的案例。

案情简介

2017 年 11 月 2 日，当地纪委向盱眙县经济开发区管理委员会发出“关于解除王某劳动合同的建议”，以王某在担任某资产公司及其关联公司现金会计期间，明知财务支出审批手续不完备，仍在章某安排下多次将公款转出，造成 3200 余万元国有资产重大损失，建议解除与王某的劳动合同。王某对纪委查明的违纪问题不持异议。某资产公司以上述理由解除了与王某的劳动关系。王某申请劳动仲裁，请求裁令某资产公司支付违法解除劳动合同的赔偿金。仲裁裁决不予支持，王某诉至法院①。

案例分析

本案的核心问题是王某是否构成“严重失职，营私舞弊，给用人单位造成

① 参见 2019 年度劳动争议十大典型案例（江苏高院），http://www.360doc.com/content/20/0703/16/37229843_922072757.shtml。

重大损害的”。依据《中华人民共和国劳动合同法》第三十九条第（三）项规定，劳动者严重失职，营私舞弊，给用人单位造成重大损害的，用人单位可以即时解除劳动合同且不需要支付经济补偿金。劳动者作为用人单位的组织成员，对用人单位负有忠实义务，在劳动过程中应当维护、增进用人单位利益，而不能损害用人单位利益。本案中，王某作为用人单位重要岗位的财会人员，理应严格遵守规章制度和财经纪律，按相关财务制度从事工作，而其在章某未履行审批手续的情况下，仍遵照章某的指示继续转账，违反了财务制度的规定，给用人单位造成3200余万元的重大损害，属于“严重失职，营私舞弊，给用人单位造成重大损害的”情形。故某资产公司有权解除与王某的劳动关系。法院应该判决驳回王某的诉讼请求。

（4）劳动者同时与其他用人单位建立劳动关系，对完成本单位的工作任务造成严重影响，或者经用人单位提出，拒不改正的

劳动者同时与其他用人单位建立劳动关系而引发的劳动合同解除可以简称为“兼职解雇”。当劳动者存在“兼职”情形时，有两种情况，可以解除劳动合同：一是劳动者同时与其他用人单位建立劳动关系，对完成本单位的工作任务造成严重影响的；二是劳动者同时与其他用人单位建立劳动关系，即使对完成本单位的工作任务没有造成严重影响，但是用人单位不同意其兼职，经用人单位提出后，劳动者拒不改正的。

（5）劳动者以欺诈、胁迫的手段或者乘人之危，使用人单位在违背真实意思情况下订立或者变更劳动合同的

劳动者以欺诈、胁迫的手段或者乘人之危，使用人单位在违背真实意思情况下订立或者变更劳动合同，违背了劳动合同订立的平等自愿原则，该劳动合同无效。在这种情形下，用人单位有权即时解除劳动合同。

（6）劳动者被依法追究刑事责任的

刑事责任是指犯罪人因实施犯罪行为应当承担的法律责任，包括主刑和附加刑两种。主刑，是对犯罪分子适用的主要刑罚，分为管制、拘役、有期徒刑、无期徒刑和死刑。附加刑，是补充主刑适用的刑罚方法，分为罚金、剥夺政治权利、没收财产。被依法追究刑事责任包括依法被人民法院判处刑罚（包

括主刑和附加刑）和被人民法院免予刑事处罚两种情况。根据我国刑法的规定，对于犯罪情节轻微不需要判处刑罚的，可以免予刑事处罚。免予刑事处罚就是通常所说的“定罪免责”，是指被告人的行为构成犯罪，但因犯罪情节轻微，而判决免予刑罚的一种处罚。劳动者因犯罪行为虽然被免予刑事处罚，但可以解除劳动合同。需要注意的是，“被依法追究刑事责任”不包括“不起诉决定”。“不起诉决定”，是指人民检察院对公安机关侦查终结移送起诉的案件和自行侦查终结的案件进行审查后，认为犯罪嫌疑人的行为不符合起诉条件或没有必要起诉的，依法不将犯罪嫌疑人提交人民法院进行审判、追究刑事责任的一种处理决定。不起诉的性质是人民检察院对其认定的不应追究、不需要追究或者无法追究刑事责任的犯罪嫌疑人所作的一种诉讼处分，不属于“被依法追究刑事责任的情形”。

2. 用人单位预告解除劳动合同

用人单位预告解除劳动合同也称“无过失性辞退”“预告辞退”“非过错性解除”等，是指劳动者虽然没有过错，但劳动合同无法正常履行，用人单位依据法律规定经过预告并给予劳动者一定的补偿后解除劳动合同。

依据《劳动合同法》的规定，在符合预告解除劳动合同的情形下，用人单位提前 30 日以书面形式通知劳动者本人或者额外支付劳动者一个月工资后，可以适用无过失性辞退解除劳动合同。无过失性辞退，用人单位需要遵守预告期的规定，提前通知劳动者。预告的期限是一个月，也可以通过额外支付劳动者一个月工资的办法来替代“提前 30 日通知”。额外支付劳动者的一个月工资称为“代通知金”，在功能上相当于提前一个月通知劳动者。

用人单位预告解除劳动合同有三种情形：

（1）劳动者患病或者非因公负伤，在规定的医疗期满后不能从事原工作，也不能从事由用人单位另行安排的工作的

每个人都有生老病死，劳动者也有可能患病或非因公负伤。如果劳动者因公负伤，适用工伤保险制度的规定。劳动者患病或者非因公负伤，按照规定，可以享有医疗期待遇。医疗期制度是指劳动者因为患病或非因公负伤，根据其工龄和本单位年限，依法有权获得 3 个月至 24 个月的医疗期。医疗期长短取决于以下两个标准：一是劳动者实际工作年限；另一个是本单位工作的年限。

医疗期的长短具体是：实际工作年限10年以下的，在本单位工作年限5年以下的为3个月；5年以上的为6个月。实际工作年限10年以上的，在本单位工作年限5年以下的为6个月；5年以上10年以下的为9个月；10年以上15年以下的为12个月；15年以上20年以下的为18个月；20年以上的为24个月。在医疗期内，劳动者停止工作，用人单位依法向其发放病假工资，不需要按照劳动合同的约定向其发放劳动报酬，但不能解除劳动合同。医疗期结束后，劳动者不能从事原来的工作的，用人单位也不能直接解除劳动合同，而应该从人性化的角度出发给他另行安排符合其身体状况的工作。如果劳动者不能从事用人单位另行安排的工作，用人单位可以解除劳动合同。但这种解除是无过失解除，劳动者主观上并没有过错，是因为身体问题导致不能适应工作。这部分劳动者需要倾斜保护，法律规定用人单位需要提前一个月以书面形式通知劳动者或者额外支付劳动者一个月工资后，才能行使解除权，同时需要依法给予劳动者经济补偿。

（2）劳动者不能胜任工作，经过培训或者调整工作岗位，仍不能胜任工作的

劳动者“不能胜任工作”是指劳动者不能按要求完成劳动合同中约定的任务或同工种、同岗位人员的正常工作量。对于劳动者不能胜任工作的，用人单位不能直接解除劳动合同，有两种可供选择的方案：一是对劳动者进行培训；二是对劳动者工作岗位进行调整。经过培训或调整工作岗位后，劳动者仍然不能胜任工作的，可以解除劳动合同。这种情况下，劳动合同的解除主要是劳动者的工作能力问题，劳动者主观上不一定有过错，所以适用预告解除且需要支付经济补偿。人力资源管理实践中经常有企业以“末位淘汰”为由，适用“劳动者不能胜任工作”条款解除劳动合同，这是不合法的。因为，“末位”不等于“不能胜任工作”，前者是对劳动者工作绩效的一种评价，具有相对性和不确定性；后者是指劳动者的工作态度、工作能力、工作成果与岗位之间的匹配关系，具有客观性和确定性。劳动者在用人单位等级考核中居于末位等次，不等同于“不能胜任工作”，不符合用人单位单方解除劳动合同的法定情形，用人单位不能据此单方解除劳动合同。

（3）劳动合同订立时所依据的客观情况发生重大变化，致使劳动合同无法履行，经用人单位与劳动者协商，未能就变更劳动合同内容达成协议的

这里的“客观情况”是指发生不可抗力或者出现致使劳动合同全部或部分条款无法履行的其他情况，如企业的迁移、被兼并、企业资产转移等。劳动合同订立时所依据的客观情况的变化，属于劳动合同履行中的情势变更，但用人单位不能适用民法中的情势变更原则直接解除劳动合同，而是要与劳动者协调变更劳动合同。只有经与劳动者协商，未能就变更劳动合同内容达成协议的，才可以解除劳动合同。

3．经济性裁员

经济性裁员是指用人单位由于生产状况经营变化或者其他客观经济情况发生重大变化等经济性原因，通过一次性解雇多名劳动者来改善生产经营状况的情形。经济性裁员，其实是集体解除劳动合同，本质上可以归属于用人单位对劳动者的无过错辞退，劳动者本人既无客观过失也无主观过失。

一方面，经济性裁员在市场经济条件下具有不可避免性；另一方面，经济性裁员会给劳动者和社会带来不利后果，影响社会稳定，增加就业压力。为了平衡用人单位和劳动者利益，法律必须对经济性裁员进行规制。

（1）人数要求

依据《劳动合同法》的规定，需要裁减人员 20 人以上或者裁减不足 20 人但占企业职工总数 10%以上的，才可以适用经济性裁员。也就是说，经济性裁员有两个标准：一个标准是需裁减人数的绝对数是 20 人以上；另一个标准是需裁减人数虽然不足 20 人，但是占整个企业职工总数的 10%以上。裁减人数符合其中的一个标准，即可以适用经济性裁员。如果裁减的人数不符合经济性裁员的标准，用人单位一般只能用协商解除的方式与劳动者解除劳动合同。

（2）实体要件

《劳动合同法》对适用经济性裁员的情形作了严格的规定，分为四种情形：一是依照企业破产法规定进行重整的。企业经营管理不善，造成严重亏损，不能支付到期债务时，可按照《企业破产法》的规定，进行破产申请。重整是为防止企业破产，经利害关系人申请，在法院的干预下，对该企业实行强制治理使其恢复经营能力。企业重整一般需要裁减部分人员。二是生产经营发生严重困难。用人单位生产经营状况恶化，并达到当地政府规定的严重困难企业标准的情形，确实需要通过裁员来克服企业困难的，可以进行经济性裁员。三是企业转产、重大技术革新或者经营方式调整，经变更劳动合同后，仍需裁减人员的。四是因劳动合同订立时所依据的客观经济情况发生重大变化，致使劳动合同无法履行的。

（3）程序要件

依据《企业经济性裁减人员规定》第4条的规定，“用人单位确需裁减人员，应按下列程序进行”。第一，提前30日向工会或者全体职工说明情况，并提供有关生产经营状况的资料；第二，提出裁减人员方案，内容包括：被裁减人员名单，裁减时间及实施步骤，符合法律、法规规定和集体合同约定的被裁减人员经济补偿办法；第三，将裁减人员方案征求工会或者全体职工的意见，并对方案进行修改和完善；第四，向当地劳动行政部门报告裁减人员方案以及工会或者全体职工的意见，并听取劳动行政部门的意见；第五，由用人单位正式公布裁减人员方案，与被裁减人员办理解除劳动合同手续，按照有关规定向被裁减人员本人支付经济补偿金，出具裁减人员证明书。《劳动合同法》强调，“用人单位提前30日向工会或者全体职工说明情况，听取工会或者职工的意见后，裁减人员方案经向劳动行政部门报告，可以裁减人员”。

（4）优先留用和优先录用制度

优先留用制度是指裁减人员时，应当优先留用与本单位订立较长期限的固定期限劳动合同的人员、与本单位订立无固定期限劳动合同的人员、家庭无其他就业人员并有需要扶养的老人或者未成年人的人员。优先录用制度是指用人单位依法裁减人员，在6个月内重新招用人员的，应当通知被裁减的人员，并在同等条件下优先录用被裁减的人员。

4. 禁止解雇的规定

《劳动合同法》除了规定用人单位可以单方解除劳动合同的情形外，为加强对某些特殊劳动者的保护，还专门规定了禁止解雇制度，即用人单位对一些特定情形下的劳动者不得预告解除，也不得通过经济性裁员来解除劳动合同。

禁止解雇的情形是：

（1）从事接触职业病危害作业的劳动者未进行离岗前职业健康检查，或者疑似职业病病人在诊断或者医学观察期间的；

（2）在本单位患职业病或者因工负伤并被确认丧失或者部分丧失劳动能

力的；

（3）患病或者非因公负伤，在规定的医疗期内的；

（4）女职工在孕期、产期、哺乳期的；

（5）在本单位连续工作满 15 年，且距法定退休年龄不足 5 年的；

（6）法律、行政法规规定的其他情形。

需要注意的是，禁止解雇是有条件的，即在劳动者本身没有过错的情形下，用人单位不能依照《劳动合同法》第 40 条、第 41 条的规定对劳动者进行解雇。也就是说，禁止解雇只是约束用人单位预告解雇和经济性裁员。如果出现可以随时辞退的情形，则用人单位不受禁止解雇的约束。比如说，女职工处于孕期，但她经常不上班也不请假，旷工达到 15 日以上。用人单位能不能解除劳动合同？劳动者旷工，构成违反用人单位的规章制度，用人单位可依据劳动者“严重违反用人单位规章制度”的规定解除劳动合同。需要注意，女职工在“孕期、产期、哺乳期”三期期间，虽然是受法律的特殊保护，但不是无条件的，如果出现了严重违反用人单位规章制度情形的，用人单位可以解除劳动合同。

5. 工会在劳动合同解除中的作用

《劳动合同法》第 43 条规定：“用人单位单方解除劳动合同，应当事先将理由通知工会。用人单位违反法律、行政法规规定或者劳动合同约定的，工会有权要求用人单位纠正。用人单位应当研究工会的意见，并将处理结果书面通知工会。”《工会法》第 22 条第 2 款规定：“用人单位单方面解除职工劳动合同时，应当事先将理由通知工会，工会认为用人单位违反法律、法规和有关合同，要求重新研究处理时，用人单位应当研究工会的意见，并将处理结果书面通知工会。”维护职工合法权益、竭诚服务职工群众是工会的基本职责。用人单位单方解除劳动合同，涉及劳动者的劳动权利，工会是群众组织，没有执法权，但是工会在劳动合同解除中具有重要的监督作用。用人单位单方解除合同，应当事先将理由通知工会。用人单位如果违反法律、行政法规或者合同约定的，工会有权要求纠正，此时用人单位应当研究工会的意见，并将处理结果书面通知工会。用人单位研究工会的意见，无论是采纳还是不采纳，都要将处理结果以书面形式通知工会，以便工会发挥监督作用。

用人单位解除劳动合同，未事先通知工会的法律后果是什么？对此，有两种观点：第一种观点是解雇无效。理由是既然法律规定“用人单位单方解除劳动合同，应当事先将理由通知工会”，事先将理由通知工会就是用人单位的法定义务，用人单位没有履行通知义务就是违法，其单方解除劳动合同的行为构成违法解除，劳动者有权要求用人单位支付赔偿金。第二种观点是补正有效。这种观点认为，用人单位单方解除劳动合同，没有事先将理由通知工会，属于程序性瑕疵，并不构成违法解雇。既然只是程序上的瑕疵，只需履行一个补正手续，即再补一个通知即可，不构成违法解雇，用人单位不需要支付赔偿金。

2020 年，最高人民法院颁布的《关于审理劳动争议案件适用法律问题的解释（一）》第 47 条规定，建立了工会组织的用人单位解除劳动合同符合劳动合同法第 39 条、第 40 条规定，但未按照《劳动合同法》第 43 条规定事先通知工会，劳动者以用人单位违法解除劳动合同为由请求用人单位支付赔偿金的，人民法院应予支持，但起诉前用人单位已经补正有关程序的除外。该条司法解释体现了利益平衡原则：一方面，支持第一种观点，因为用人单位未事先通知工会，程序上违法，构成违法解除，劳动者以用人单位违法解除劳动合同为由请求用人单位支付赔偿金的，人民法院应予支持，体现了对劳动者利益的保护。另一方面，司法解释也吸收第二种观点的合理因素，兼顾用人单位的利益，规定“起诉前用人单位已经补正有关程序的除外”。也就是说，请求用人单位支付赔偿金的要求，只适用于案件已经起诉至人民法院时用人单位还没有补正有关程序的情况。用人单位只要在起诉以前，补正有关程序的，都不构成违法解除。“仲裁前置”是劳动争议处理的必经程序，劳动者以“未事先通知工会”的理由要求支付赔偿金的诉求，用人单位在仲裁阶段便会知晓，这时用人单位补正有关程序，就不再需要承担支付赔偿金的法律责任。

四、经济补偿金

（一）经济补偿金概述

1. 经济补偿金的含义

劳动关系消灭以后，涉及用人单位对劳动者进行经济补偿问题，如果违法解除劳动合同还涉及赔偿金问题。经济补偿金也称“离职补偿”或“解雇费用”，是指劳动合同解除或终止后，用人单位依照法律的规定向劳动者支付一定数额的金钱。经济补偿金由法律强制规定，无论当事人是否有约定，出现法定情形后，用人单位必须支付劳动者经济补偿金。确定经济补偿制度符合劳动法的公平原则。在劳动者无过错的情况下用人单位解除劳动合同，不管劳动者是否同意，都会使劳动者失去工作和生活来源，劳动者处于弱势和不利地位，因此，需要用人单位一次性支付一定的物质补偿以实现利益平衡。

2. 经济补偿金的性质

劳动关系消灭后，依靠工资作为主要生活来源的劳动者的劳动关系消灭，劳动者没有了收入。劳动者在找到新工作之前的时期内，生活怎么维持？雇主有义务给劳动者经济补偿。经济补偿金制度建立在劳动者本人没有过错的基础上，如果劳动者自己提出辞职或提出协商解除劳动合同的，劳动者没有权利要求雇主补偿。劳动者出现了严重违反规章制度等用人单位可以随时解除劳动合同情形的，也没有权利获得经济补偿金。

关于经济补偿金的性质，学者们有很多种观点，比如劳动贡献补偿说、社会保障说、企业社会责任说等。劳动贡献补偿说认为，劳动者在用人单位工作时创造了财富，这些财富并没有完全被劳动者所分享，或者说分享得不够。如果劳动者不是因为自己的过错离开用人单位，那么基于劳动者之于单位的贡献，雇主有义务对其进行补偿。经济补偿金制度中，补偿金的数额与工龄有关，劳动者工龄越长，所获得的补偿越多，这在一定程度上体现了劳动贡献说的合理因素，但是，劳动贡献说显然无法解释同样为单位作出贡献的劳动者为什么其主动离职就不能获得经济补偿。社会保障说认为，劳动者短期内找不到新的工作，生存权有可能会受到威胁，此时经济补偿金可以起到社会保障的功能。但是社会保障在我国是有特定内涵与外延的概念。社会保障是具有经济福利性的、社会化的国民生活保障系统，由社会保险、社会救助、社会福利、优抚安置等组成。经济补偿金虽然具有社会保障的部分功能，但其本身不是社会保障。企业社会责任是指企业在创造利润、对股东和员工承担法律责任的同时，还要承担对消费者、社区和环境的责任，企业社会责任要求企业必须超越把利润作为唯一目标的传统理念，强调要在生产过程中对人的价值的关注，强调对环境、消费者、对社会的贡献。显然，企业社会责任和经济补偿金是两类不同的概念，无法解释经济补偿金的性质。我们认为，经济补偿金应被视为劳动法上特有的和独立的解除劳动合同的补偿形式，是法律规定的用人单位对因其解除劳动合同而遭受损失的劳动者的一种特定补偿义务。[①]获得经济补偿金需要具备两个条件：其一，具有符合法律规定的劳动关系消灭的事实；其二，劳动者对劳动关系的消灭主观上无责任。

（二）经济补偿金的支付情形与计算方法

1. 经济补偿金的支付情形

用人单位向劳动者支付经济补偿的情形包括：

（1）劳动者因用人单位有过错而解除合同的。劳动者因用人单位有过错而解除合同的就是劳动者依照《劳动合同法》第 38 条的规定解除劳动合同，其情形包括劳动者随时解除劳动合同和立即解除劳动合同。此时用人单位是有过错的，劳动者有权获得经济补偿。

（2）用人单位提出动议并与劳动者协商一致解除劳动合同的。也就是用人单位依照《劳动合同法》第 36 条的规定向劳动者提出解除劳动合同并与劳动者协商一致解除劳动合同的。

（3）用人单位无过失性解除劳动合同的。也就是用人单位依照《劳动合同法》第 40 条的规定解除劳动合同的，此种情形下，用人单位没有过错，劳动者也不存在重大过错，但法律为了保护弱势的劳动者的权益，规定用人单位向劳动者支付经济补偿金。

（4）用人单位经济性裁员的。也就是用人单位依据《劳动合同法》第 41 条第 1 款的规定解除劳动合同的。在经济性裁员的劳动合同解除中，劳动者本人无任何过错，完全是由于劳动者自身之外的原因，甚至是用人单位的原因而解除劳动合同。为了保障劳动者的合法权益，法律规定用人单位应该向劳动者支付经济补偿。

（5）劳动合同期限届满而终止固定期限劳动合同的，但用人单位维持或者

---

① 林嘉：《劳动法和社会保障法》，5 版，第 192 页，北京：中国人民大学出版社，2023。

提高劳动合同约定条件续订劳动合同，劳动者不同意的除外。依据《劳动法》规定，劳动合同期满终止是不需要支付经济补偿的，《劳动合同法》改变了这一规则。《劳动合同法》规定，一般情况下，劳动合同期限届满而终止固定期限劳动合同的，需要支付经济补偿；只是在用人单位维持或者提高劳动合同约定条件续订劳动合同、劳动者不同意的情况下，劳动合同期满不需要支付经济补偿。此外，依据《劳动合同法实施条例》第22条的规定，以完成一定工作任务为期限的劳动合同因劳动合同任务完成而终止的，也需要依法支付经济补偿金。

（6）劳动合同因用人单位主体资格丧失而终止的。也即用人单位被依法宣告破产、吊销营业执照、责令关闭、撤销或者用人单位决定提前解散，导致劳动合同终止的，用人单位应当支付经济补偿金。2020年最高人民法院颁布的《关于审理劳动争议案件适用法律问题的解释（一）》第48条规定："劳动合同法施行后，因用人单位经营期限届满不再继续经营导致劳动合同不能继续履行，劳动者请求用人单位支付经济补偿的，人民法院应予支持。"

需要注意的是，工伤职工的经济补偿金与一次性工伤医疗补助费和伤残就业补助金可以兼得，不得相互抵扣。《劳动合同法实施条例》第23条规定："用人单位依法终止工伤职工的劳动合同的，除依照劳动合同法第四十七条的规定支付经济补偿外，还应当依照国家有关工伤保险的规定支付一次性工伤医疗补助金和伤残就业补助金。"

2. 经济补偿金的计算方法

经济补偿金制度对于劳动者而言，实际上是实行分层调整的。经济补偿的对象不同，经济补偿金的计算方法有别。《劳动合同法》对高收入劳动者和普通劳动者两个不同的群体规定了不同的计算方法。

（1）高收入劳动者

高收入劳动者是指月工资高于用人单位所在直辖市、设区的市级人民政府公布的本地区上年度职工月平均工资三倍的劳动者。对于高收入者的经济补偿，法律规定了"双重限定"。第一个"限定"是经济补偿基数的限定，即经济补偿的基数不是按照职工的实际工资，而是按照职工月平均工资的三倍的数额；第二个"限定"是补偿年限的封顶，即支付经济补偿的年限最高不超过

12 年。之所以对高收入劳动者的经济补偿进行限定，是因为高收入劳动者在劳动力市场上的竞争力较强，容易找到工作，如果经济补偿金过高，一方面不利于职工队伍的稳定，另一方面也会增加用人单位的成本。

（2）普通劳动者

这里的“普通劳动者”就是除了“高收入劳动者”以外的其他劳动者。经济补偿按劳动者在本单位工作的年限，每满 1 年支付 1 个月工资的标准向劳动者支付。6 个月以上不满 1 年的，按 1 年计算；不满 6 个月的，向劳动者支付半个月工资的经济补偿。

经济补偿金的计算除要区分高收入劳动者和普通劳动者以外，还需要把握以下要点：

经济补偿的月工资按照劳动者应得工资计算，包括计时工资或者计件工资以及奖金、津贴和补贴等货币性收入。月工资是指劳动者在劳动合同解除或者终止前 12 个月的平均工资。劳动者在劳动合同解除或者终止前 12 个月的平均工资低于当地最低工资标准的，按照当地最低工资标准计算。劳动者工作不满 12 个月的，按照实际工作的月数计算平均工资。

对于劳动者非因本人原因从原用人单位被安排到新用人单位工作经济补偿的计算还涉及工作年限的认定问题。《劳动合同法实施条例》第 10 条规定，劳动者非因本人原因从原用人单位被安排到新用人单位工作的，劳动者在原用人单位的工作年限合并计算为新用人单位的工作年限。原用人单位已经向劳动者支付经济补偿的，新用人单位在依法解除、终止劳动合同计算支付经济补偿的工作年限时，不再计算劳动者在原用人单位的工作年限。《关于审理劳动争议案件适用法律问题的解释（一）》第 46 条规定，劳动者非因本人原因从原用人单位被安排到新用人单位工作，原用人单位未支付经济补偿，劳动者依据劳动合同法第三十八条规定与新用人单位解除劳动合同，或者新用人单位向劳动者提出解除、终止劳动合同，在计算支付经济补偿或赔偿金的工作年限时，劳动者请求把在原用人单位的工作年限合并计算为新用人单位工作年限的，人民法院应予支持。用人单位符合下列情形之一的，应当认定属于“劳动者非因本人原因从原用人单位被安排到新用人单位工作”：（1）劳动者仍在原工作场所、工作岗位工作，劳动合同主体由原用人单位变更为新用人单位；（2）用人单位以组织委派或任命形式对劳动者进行工作调动；（3）因用人单位合并、分立等原因导致劳动者工作调动；（4）用人单位及其关联企业与劳动者轮流订立劳动合同；（5）其他合理情形。

五、违法解除或者终止劳动合同的法律后果

《劳动合同法》第48条规定："用人单位违反本法规定解除或者终止劳动合同，劳动者要求继续履行劳动合同的，用人单位应当继续履行；劳动者不要求继续履行劳动合同或者劳动合同已经不能继续履行的，用人单位应当依照本法第八十七条规定支付赔偿金。"所谓违法解除或者终止劳动合同，是指在《劳动合同法》规定的可以解除劳动合同的情形之外解除、未按照《劳动合同法》规定的程序解除、违反《劳动合同法》规定的禁止解雇的规定而解除劳动合同的。用人单位违法解除或者终止劳动合同，对于劳动者来说，有两个选择：

（一）优先强制继续履行

用人单位违反《劳动合同法》规定的条件解除或者终止劳动合同，劳动者享有选择权，可以要求用人单位继续履行劳动合同，如果用人单位能够履行的，应当继续履行。

（二）支付赔偿金

用人单位违法解除或者终止劳动合同，如果劳动者不要求继续履行劳动合同或者劳动合同已经不能继续履行的，用人单位应当依照法律的规定支付赔偿金。这里的"赔偿金"是对用人单位违法解除或终止劳动合同给劳动者造成经济损失的惩罚性的补偿措施。那么，解除或终止劳动合同的经济补偿金和赔偿金有什么区别呢？

解除或终止劳动合同的经济补偿金和赔偿金的区别有以下三点：第一，性质和功能不同。经济补偿金是指在劳动者无过失的情况下，用人单位解除或终止劳动合同时，依法以货币的方式给予劳动者的一次性的经济补助，其功能是实现对劳动者的特殊照顾。赔偿金是用人单位在违法解除或终止劳动合同情形

下需要承担的法律后果，其不仅具有对劳动者损害进行补偿的功能，还带有对违法行为的惩罚功能。第二，适用的前提不同。经济补偿金适用于用人单位依法解除或终止劳动合同的情形，是合法解除劳动合同的附带义务。赔偿金适用于用人单位违法解除或终止劳动合同的情形，是用人单位违法解除或终止劳动合同需要承担的法律责任。二者适用的前提不同，不能同时适用。第三，数额不同。赔偿金是经济补偿金的二倍。

对于用人单位违法解除或者终止劳动合同时经济补偿金和赔偿金的关系，《劳动合同法实施条例》第25条明确规定："用人单位违反劳动合同法的规定解除或者终止劳动合同，依照劳动合同法第八十七条的规定支付了赔偿金的，不再支付经济补偿。赔偿金的计算年限自用工之日起计算。"简言之，经济补偿金和赔偿金不能同时适用，用人单位支付了赔偿金的，不再支付经济补偿。

需要注意的是，《劳动合同法》还规定了用人单位因违法行为而支付赔偿金的情形。《劳动合同法》第85条规定，用人单位有下列情形之一的，由劳动行政部门责令限期支付劳动报酬、加班费或者经济补偿；劳动报酬低于当地最低工资标准的，应当支付其差额部分；逾期不支付的，责令用人单位按应付金额50%以上100%以下的标准向劳动者加付赔偿金：（1）未按照劳动合同的约定或者国家规定及时足额支付劳动者劳动报酬的；（2）低于当地最低工资标准支付劳动者工资的；（3）安排加班不支付加班费的；（4）解除或者终止劳动合同，未依照法律规定向劳动者支付经济补偿的。这里的赔偿金不同于因用人单位违法解除或终止劳动合同支付的赔偿金，是"加付赔偿金"，其标准是应付金额的50%—100%，具体比例由劳动行政部门依法酌定。"加付赔偿金"适用的前置程序是"劳动行政部门责令限期支付"。

六、解除或终止劳动合同的附随义务

劳动合同是传统民事合同结合劳动关系的特殊性发展而来的一种特殊合同，诚实信用原则是具有人身从属性的劳动合同关系得以维系的一项基本原则。这就要求不仅劳动合同关系存续期间，用人单位与劳动者应当诚信履行劳动合同明示或默示的义务，而且在劳动合同关系结束时以及结束后，双方也应当根据劳动合同的约定或者基于诚实信用原则履行应尽的义务，即用人单位对劳动者的照顾以及劳动者对用人单位忠实的附随义务。《劳动合同法》规定了劳动合同解除或终止时当事人的附随义务，即“后合同义务”。

（一）用人单位的义务

1. 出具解除或终止劳动合同的证明

用人单位解除或终止劳动合同时，应出具解除、终止劳动合同的证明并写明劳动合同期限、解除或者终止劳动合同的日期、工作岗位、在本单位的工作年限。解除或终止劳动合同的证明具有重要的功能：第一，是劳动者办理失业登记，享受失业保险的凭证；第二，是劳动者签订新劳动合同必要的凭证；第三，是区分劳动合同解除、终止类型的依据；第四，是处理劳动争议的证据。《劳动合同法》第 89 条规定：“用人单位违反本法规定未向劳动者出具解除或者终止劳动合同的书面证明，由劳动行政部门责令改正；给劳动者造成损害的，应当承担赔偿责任。”下面的案例就是用人单位未及时出具终止劳动合同证明和转移档案导致的损害赔偿纠纷。

案情简介

陈某是某公司的一名水暖工。2008 年 1 月，陈某与公司之间的劳动合同到期。公司决定不再与陈某续签合同，于是双方终止了劳动合同关系。工作交接完毕后，陈某离开了某公司。2008 年 3 月 4 日，陈某因失业没有生活来源，在向当地劳动行政部门咨询办理失业保险金的相关事宜时才得知，领取该保险金的前提是，原公司为其出具终止劳动合同的证明，并应当将陈某的档案转至其户籍所在街道。第二天，陈某找到某公司人事部，请求某公司尽快为自己出具终止劳动合同的证明，并将个人档案转至户籍所在街道。但此事被人事部工作人员搪塞推掉了。由于某公司没有及时为陈某出具终止劳动合同的证明和转移档案，使陈某错过了办理失业登记的时间。为了尽快获得收入，维持基本生活，陈某不得不临时打零工，生活十分窘迫。陈某为维护自己的合法权益，在经过劳动争议仲裁程序后，向法院提起诉讼[①]。

---

① 苏号朋：《劳动法案例评析》，第 296 页，北京：对外经济贸易大学出版社，2008。

案例分析

在本案中，由于某公司没有及时为陈某出具终止劳动合同的证明和转移档案，使陈某错过了办理失业登记的时间，在生活困难的情况下得不到依据失业保险制度应该得到的失业保险待遇，其合法权益受损。公司的行为明显违反了《劳动合同法》的规定，法院应当依法判决用人单位赔偿由此造成的劳动者无法享受失业保险待遇的损失并办理档案的转移。

2. 在15日内为劳动者办理档案和社会保险关系转移手续

劳动者的工作档案是其人身性的体现，如果没有工作档案就很难正常就业。社会保险是通过用人单位代扣代缴的，如果没有社会保险关系，用人单位也无法为劳动者缴纳社会保险费，从而损害劳动者的社会保险权益。所以，法律规定劳动合同解除或终止后，用人单位应该及时（15日内）为劳动者办理档案和社会保险转移手续。如果违反上述规定，对劳动者造成的损害，用人单位需要承担责任。例如，某用人单位在劳动者离职时没有为劳动者办理档案转移手续，劳动者在办理退休手续时，需要档案证明其工作年限，原用人单位称当时没有办理档案关系交接手续，单位保管室也没有保存其档案，导致劳动者无法正常办理退休手续，官司打到法院后，法院裁决用人单位赔偿损失。依据《劳动合同法》第84条第3款的规定，劳动者依法解除或者终止劳动合同，用人单位扣押劳动者档案或者其他物品的，由劳动行政部门责令限期退还劳动者本人，并依照有关法律规定给予处罚；给劳动者造成损害的，应承担赔偿责任。

3. 用人单位对已经解除或者终止的劳动合同的文本，至少保存2年备查

法律要求用人单位对于已经解除或者终止的劳动合同文本保存一定的年限备查，是出于保存证据和维护劳动者权益的需要。

4. 用人单位应当向劳动者支付经济补偿的，在办结工作交接时要支付

解除或终止劳动合同，劳动者在无过失的情况下，有权依据《劳动合同法》有关规定获得经济补偿，经济补偿应该在办结工作交接时支付，这是用人单位的强制性的法定义务。

5. 用人单位对劳动者的信息负保密义务，不能泄露劳动者的个人信息

《民法典》对个人信息保护作出了原则性规定，《个人信息保护法》对个人信息保护作了全面系统的规定。劳动者个人信息保护直接关乎劳动者权利保障，用人单位解除或终止劳动关系后，对劳动者的信息负保密义务。违反该项义务，要承担相应的法律责任。

（二）劳动者的义务

劳动者在离开单位时，应当按照双方的约定与单位办理好工作交接，同时还要返还、归还用人单位的财产和资料。

劳动者对于用人单位的商业秘密和与知识产权有关的事项负有保密义务，如果有竞业限制约定且约定有效的，劳动者应履行竞业限制义务。劳动者和用人单位约定有服务期的，应该履行服务期约定。如果违反服务期约定，需要依法承担支付违约金的责任。

《劳动合同法》第 90 条还规定了劳动者的赔偿责任即“劳动者违反本法规定解除劳动合同，或者违反劳动合同中约定的保密义务或者竞业限制，给用人单位造成损失的，应当承担赔偿责任。”

第八节 劳务派遣

一、劳务派遣概述

（一）劳务派遣的概念

劳务派遣，又称劳动派遣或劳动力派遣，是指劳务派遣单位招用劳动者签订劳动合同后，按照其与用工单位订立的劳务派遣协议将劳动者派遣到用工单位，劳动者受用工单位指挥，在用工单位的监督下从事劳动的一种用工形式。需要注意的是，劳务派遣是派遣单位（用人单位）把建立劳动关系的劳动者派往要派单位（用工单位）工作，这里的要派单位应该具备用工主体资格。用人单位将本单位劳动者派往境外工作或者派往家庭、自然人处提供劳动的，不属于劳务派遣。用人单位将本单位劳动者派往境外工作，劳动关系和雇主义务都没有发生根本性的改变，只是工作地点、工作岗位等劳动条件发生了改变。用人单位将本单位劳动者派往家庭、自然人处提供劳动的，因为家庭和自然人不是劳动法中适格的用工主体，故不认定为劳务派遣。

（二）劳务派遣的特点

与直接用工的标准劳动关系相比较，劳务派遣具有以下特点：

1. 雇用与使用相分离，即“招工”与“用工”分离

标准劳动关系中，雇用与使用是一致的，用人单位与劳动者签订劳动合同，劳动者为用人单位提供劳动。劳务派遣关系中，雇用和使用是分离的，用人单位（派遣单位）招收劳动者，但其本身并不实际使用劳动者，劳动者在用工单位的指挥、管理和控制下从事劳动。被派遣劳动者的劳动关系在派遣单位，但是他不在派遣单位提供劳动，出现“有关系无劳动、有劳动无关系”的特殊形态。从这个意义上看，劳务派遣用工是一种间接用工、外部用工。

2. 劳务派遣的主体结构呈现三元化特征

标准用工的劳动合同有两方主体：劳动者与用人单位。由于雇佣与使用的分离，在劳务派遣关系中存在三个主体：劳务派遣单位（用人单位），劳动者，实际用工单位。这三个主体间的权利和义务由法律规定或合同约定。

3. 劳务派遣只能在特定的岗位实施

《劳动合同法》第66条规定：“劳动合同用工是我国的企业基本用工形式。劳务派遣用工是补充形式，只能在临时性、辅助性或者替代性的工作岗位上实施。”依据该条规定：劳务派遣只能在“三性”即“临时性、辅助性或者替代性”的工作岗位实施。临时性工作岗位是指存续时间不超过6个月的岗位；辅助性工作岗位是指为主营业务岗位提供服务的非主营业务岗位；替代性工作岗位是指用工单位的劳动者因脱产学习、休假等无法工作的一定期间内，可以由其他劳动者替代工作的岗位。在劳务派遣工作岗位的“三性”要求方面，临时性、替代性比较容易判断，辅助性则难以判断。为防止用人单位以“辅助性”岗位为由大量使用劳务派遣，2014年，人力资源和社会保障部公布《劳务派遣暂行规定》对辅助性岗位进行了严格规制，要求“用工单位决定使

用被派遣劳动者的辅助性岗位，应当经职工代表大会或者全体职工讨论，提出方案和意见，与工会或者职工代表平等协商确定，并在用工单位内公示”。《劳务派遣暂行规定》还规定：“用工单位应当严格控制劳务派遣用工数量，使用的被派遣劳动者数量不得超过其用工总量的10%。前款所称用工总量是指用工单位订立劳动合同人数与使用的被派遣劳动者人数之和。计算劳务派遣用工比例的用工单位是指依照劳动合同法和劳动合同法实施条例可以与劳动者订立劳动合同的用人单位。”

下面我们通过一个劳务派遣关系认定的案例，进一步了解劳务派遣制度的特点。

案情简介

2008年3月1日，盛某从山东农村到北京某超市上班，成为卖场内的一名销售女工。尽管她和她的同事们都戴着该超市统一发放的胸牌，身着带有该超市标志的工作服，销售该超市的商品，并由该超市管理，但一旦有劳动纠纷发生，该超市却可以不承担任何责任。该超市采用的并不是“引厂进店”的销售模式，但大多数的销售人员却需由供应商“派驻”。如此一来，该超市即将用人的责任和风险都转嫁给了供货商。当然，供货商也不甘吃亏，不少公司会再选择劳务派遣公司，进行第二次责任的转嫁。在工作了大半年以后，盛某在2009年1月1日被要求和一家劳务派遣公司签订劳动合同。在这样一套复杂的制度下，该超市似乎仅仅是一个工作场地的提供者，没有劳动合同的约束，不管发生任何纠纷，都可以撇开关系；而供应商则可通过劳务派遣，中断工龄计算，也可随意解雇工人，不需支付经济补偿金；至于劳务派遣公司则赚取中间费用。2009年4月，该超市提出2008年底怀孕的盛某已不适宜继续在该超市工作，要求其“退场”。盛某对此感到不甘，决心讨个说法。2009年6月，盛某将该超市及劳务派遣公司诉至北京市劳动争议仲裁委员会。当年12月，仲裁委裁决下发，认为盛某与该超市之间不存在劳动关系，一切责任不应由该超市承担。2010年10月5日，盛某向法院提起上诉。上诉状强调，该超市与劳务派遣公司串通规避法律、损害劳动者权益，要求确认其与该超市的劳动关系并继续履行劳动合同。12月15日，一审判决下发，法院认为该超市仅为盛某的实际工作地点，盛某主张与该超市存在事实劳动关系，“没有事实和法律依据”。与此同时，法院认定劳务派遣公司与盛某存在劳动关系，要求双方继续履行劳动合同。当年12月22日，盛某提起上诉，强调该超市与劳务派遣公司串通规避法律、损害劳动者权益，要求确认其与该超市的劳动关系并继续履行合同。①

案例分析

本案中，盛某和劳务派遣单位订立了劳动合同，南方人才公司具有劳务派遣资质，盛某具有劳动权利能力和劳动行为能力，合同订立符合法律的要求，劳务派遣关系成立。其虽在该超市上班，但该超市属于劳务派遣关系中的用工单位，并非劳动法意义上的雇主，其与盛某之间不构成劳动关系。劳务派遣单位是盛某的用人单位，和盛某之间存在劳动关系，应当履行用人单位的义务。《劳动合同法》第92条第2款规定，用工单位给被派遣劳动者造成损害的，劳务派遣单位与用工单位承担连带责任。本案中，该超市提出2008年底怀孕的盛某已不适宜继续工作，要求其“退场”，法院并没有认为该超市要求其“退场”的行为可以适用《劳动合同法》第92条的规定，而是认定劳务派遣公司与盛某存在劳动关系，要求双方继续履行劳动合同。如果依据2014年3月1日起施行的《劳务派遣暂行规定》来进行“旧案新评”，盛某在2008年底处于“产期、孕期、哺乳期”，在派遣期限届满前，用工单位不得将其退回劳务派遣单位；派遣期限届满的，应当延续至相应情形消失时方可退回。

（三）劳务派遣与相关制度的区别

1. 劳务派遣与劳务外包的区别

面对劳务派遣规制越来越严的情况，有的企业采取劳务外包来完成工作任务。劳务外包指发包单位将其生产任务或部分业务发包给承包单位，由该单位自行安排人员按照发包单位的要求完成相应的业务或工作。劳务派遣与劳务外

① 林嘉：《劳动法和社会保障法》，5版，第204—206页，北京：中国人民大学出版社，2023。

包的主要区别是：第一，劳务外包合同的标的是“事”，发包单位购买的是承包单位的“劳务”；劳务派遣合同的标的是“人”，劳务派遣关系中用工单位购买的是“劳动力”。第二，对员工的管理不同。劳务外包中，发包单位对承包单位的员工不进行直接的劳动管理，其工作形式与工作内容由承包单位自行决定；劳务派遣中，劳动者与派遣单位订立劳动合同，但要接受用工单位的劳动管理。第三，法律适用不同。劳务外包适用民法典中的合同制度；劳务派遣适用劳动合同制度。实务中，经常会发生“假外包、真派遣”现象，即发包单位对外签订劳务外包协议，但实际上却直接管理承包单位的员工。依据《劳务派遣暂行规定》，用人单位以承揽、外包等名义，按劳务派遣用工形式使用劳动者的，按照劳务派遣处理。

2. 劳务派遣与共享用工的区别

共享用工是不同用工主体之间进行用工余缺调剂合作，在尊重员工意愿、协商一致且不以营利为目的前提下，将闲置员工劳动力资源进行共享并调配至具有用工需求的用工主体的新型合作用工模式。共享用工可以实现跨地域、跨行业、跨企业、跨部门、跨职能用工，有利于优化人力资源配置。劳务派遣与共享用工都属于灵活用工，且都具有雇用和使用、劳动与关系分离的特点。两者的主要区别是：第一，劳务派遣单位需要有专门的资质，经营劳务派遣业务，应当向劳动行政部门依法申请行政许可；共享用工无须专门资质。第二，劳务派遣单位经营劳务派遣可以以营利为目的，获得利润；共享员工一般不以营利为目的。第三，劳务派遣对岗位性质、合同期限等有相应的规制；共享用工无相关限制且用工形式更为灵活。2020 年 9 月，人力资源和社会保障部办公厅发布《关于做好共享用工指导和服务的通知》，其中规定，企业不得将在本单位工作的被派遣劳动者以共享用工名义安排到其他单位工作。

3. 劳务派遣与职业介绍的区别

职业介绍是劳务中介组织通过向用人单位和劳动者提供信息服务，收取一定的中介费用，满足用工单位和求职者的用工与就业需求的行为。职业介绍的功能是牵线搭桥，本质是一种居间行为。劳动者与劳务中介组织不签订劳动合同，不存在劳动关系。劳务派遣关系中，劳动者与派遣单位签订劳动合同，建立劳动关系。

（四）我国劳务派遣的立法概况

劳务派遣是一种新型的用工形式，1994 年制定的《劳动法》并没有关于劳务派遣的规定。2007 年颁布的《劳动合同法》将“劳务派遣”纳入调整范围，在第五章“特别规定”中设“第二节”进行专门的规定，因为劳务派遣作为一种用工形式出现以后，在快速发展过程中暴露较多的问题，亟须法律规制。《劳动合同法》明确了劳务派遣单位的设立条件，劳务派遣的范围以及派遣单位与用工单位之间的义务和责任，其立法宗旨是限制劳务派遣范围扩大并规范其发展。但是，根据《劳动合同法》实施的情况，其限制和规范劳务派遣的立法目的并没有实现。原因在于：一是企业认为《劳动合同法》对企业的规制太严，在全日制用工情况下，企业会承担未签订劳动合同的双倍工资赔偿、单方预告解除劳动合同和经济性裁员的经济补偿等高昂成本且需要受无固定期限劳动合同的约束，所以转而寻求劳务派遣这种灵活的用工形式。二是《劳动合同法》对劳务派遣的立法存在技术性问题，如其规定劳务派遣一般应该在“三性”的工作岗位使用，但缺少对“三性”工作岗位的具体界定。特别是“三性”前面有“一般”两字，这给一些企业钻法律漏洞提供了借口，导致本来只是一个非主流的用工形式，却在我国盛行且有不断扩大的趋势。如果任由劳务派遣无序发展，会损害我国工人阶级当家作主的政治地位和社会公平。2012 年 12 月 28 日，《劳动合同法》进行了颁布以来的首次修改，这次修改只针对劳务派遣，对其进行严格规制，试图通过立法使劳务派遣从被滥用的状态回归到非主流用工的状态。为了进一步细化修改后的《劳动合同法》关于劳务派遣的规定，2013 年 6 月 20 日，人力资源和社会保障部公布《劳务派遣行政许可实施办法》，自 2013 年 7 月 1 日起施行；2014 年 1 月 24 日，人力资源和社会保障部公布《劳务派遣暂行规定》，自 2014 年 3 月 1 日起施行。

二、劳务派遣的法律关系

劳务派遣具有三个法律关系，分别是派遣单位和劳动者之间的法律关系、用工单位和劳动者的法律关系以及用工单位和派遣单位的法律关系。

关于劳务派遣法律关系的性质，有“单一雇主说”和“双重雇主说”两种观点。单一雇主说认为：劳动者在派遣关系里只是和派遣单位存在劳动关系，与用工单位（实际使用劳动者的单位即“要派单位”）之间不存在劳动关系，只是劳务关系。双重雇主说认为，在派遣关系里，劳动者有两个雇主，派遣单位是名义雇主，用工单位是实际雇主。从国外的经验来看，德国、日本等国家采纳“单一雇主说”，美国则采纳“双重雇主说”，承认双重劳动关系。

我国的劳动合同立法，是在“单一雇主说”的基础上，吸收了“双重雇主说”的合理因素，具体体现在：《劳动合同法》明确规定了派遣单位是用人单位，与劳动者订立劳动合同；另一方面，由于劳动者毕竟是在用工单位实际工作，劳动者与用工单位的关系不同于民法中的“劳务关系”，而是需要承担一定的“雇主义务”。《劳动合同法》规定用工单位需要执行国家劳动标准，提供相应的劳动条件和劳动保护等多项义务。

用工单位与派遣单位是两个独立的市场主体，它们之间是平等的关系，通过合同约定彼此间的权利和义务。一般认为它们之间是民事法律关系，但需要注意的是，用工单位与派遣单位的劳务派遣协议的客体是劳动者，劳动者是有权利的，因此，劳务派遣协议必然要受到劳动法律的规制，而不能简单地适用民事法律。《劳务派遣暂行规定》对劳务派遣协议应当载明的内容作了明确规定，包括派遣的工作岗位名称和岗位性质，工作地点，派遣人员数量和派遣期限，按照同工同酬原则确定的劳动报酬数额和支付方式，社会保险费的数额和支付方式，工作时间和休息休假事项，被派遣劳动者工伤、生育或者患病期间的相关待遇，劳动安全卫生以及培训事项，经济补偿等费用，劳务派遣协议期限，劳务派遣服务费的支付方式和标准，违反劳务派遣协议的责任，法律、法规、规章规定应当纳入劳务派遣协议的其他事项。

三、劳务派遣关系中各方主体的权利义务

（一）劳务派遣单位

1．劳务派遣单位的设立

劳务派遣单位是依照《公司法》规定设立的公司，只有依法设立的能够独

立承担法律责任，且能够承担对被派遣劳动者义务的企业法人才能专门经营劳务派遣业务。《劳动合同法》第57条规定：“经营劳务派遣业务应当具备下列条件：（一）注册资本不得少于人民币二百万元；（二）有与开展业务相适应的固定的经营场所和设施；（三）有符合法律、行政法规规定的劳务派遣管理制度；（四）法律、行政法规规定的其他条件。经营劳务派遣业务，应当向劳动行政部门依法申请行政许可；经许可的，依法办理相应的公司登记。未经许可，任何单位和个人不得经营劳务派遣业务。”《劳动合同法》第92条第1款规定：“违反本法规定，未经许可，擅自经营劳务派遣业务的，由劳动行政部门责令停止违法行为，没收违法所得，并处违法所得一倍以上五倍以下的罚款；没有违法所得的，可以处五万元以下的罚款。”

根据《劳务派遣行政许可实施办法》规定，申请经营劳务派遣业务应当具备下列条件：（1）注册资本不得少于人民币200万元；（2）有与开展业务相适应的固定的经营场所和设施；（3）有符合法律、行政法规规定的劳务派遣管理制度；（4）法律、行政法规规定的其他条件。申请经营劳务派遣业务应当向许可机关提交下列材料：（1）劳务派遣经营许可申请书；（2）营业执照或者《企业名称预先核准通知书》；（3）公司章程以及验资机构出具的验资报告或者财务审计报告；（4）经营场所的使用证明以及与开展业务相适应的办公设施设备、信息管理系统等清单；（5）法定代表人的身份证明；（6）劳务派遣管理制度，包括劳动合同、劳动报酬、社会保险、工作时间、休息休假、劳动纪律等与劳动者切身利益相关的规章制度文本；拟与用工单位签订的劳务派遣协议样本。许可机关对申请人提出的申请决定受理的，应当出具《受理决定书》；决定不予受理的，应当出具《不予受理决定书》，说明不予受理的理由，并告知申请人享有依法申请行政复议或者提起行政诉讼的权利。许可机关决定受理申请的，应当对申请人提交的申请材料进行审查。许可机关应当自受理之日起20个工作日内作出是否准予行政许可的决定。20个工作日内不能作出决定的，经本行政机关负责人批准，可以延长10个工作日，并应当将延长期限的理由告知申请人。申请人的申请符合法定条件的，许可机关应当依法作出准予行政许可的书面决定，并自作出决定之日起5个工作日内通知申请人领取《劳务派遣经营许可证》。《劳务派遣经营许可证》有效期为3年。

2. 劳务派遣单位对劳动者的义务

劳务派遣单位是《劳动合同法》所称用人单位，应当履行用人单位对劳动者的义务。

（1）签订劳动合同义务。劳务派遣单位应当与被派遣劳动者订立2年以上的固定期限劳动合同，除应当载明《劳动合同法》第17条规定的事项外，还应当载明被派遣劳动者的用工单位以及派遣期限、工作岗位等情况。

（2）告知义务。劳务派遣单位应当如实告知被派遣劳动者《劳动合同法》第8条规定的事项、应遵守的规章制度以及劳务派遣协议的内容。

（3）培训义务。劳务派遣单位建立培训制度，对被派遣劳动者进行上岗知识、安全教育培训。

（4）支付劳动报酬义务。劳务派遣单位按照国家规定和劳务派遣协议约定，依法支付被派遣劳动者的劳动报酬和相关待遇。劳务派遣单位不得克扣用工单位按照劳务派遣协议支付给被派遣劳动者的劳动报酬。被派遣劳动者在无工作期间，劳务派遣单位应当按照所在地人民政府规定的最低工资标准，按月支付劳动报酬。

（5）缴纳社会保险义务。劳务派遣单位按照国家规定和劳务派遣协议约定，依法为被派遣劳动者缴纳社会保险费，并办理社会保险相关手续。劳务派遣单位跨地区派遣劳动者的，应当在用工单位所在地为被派遣劳动者参加社会保险，按照用工单位所在地的规定缴纳社会保险费，被派遣劳动者按照国家规定享受社会保险待遇。劳务派遣单位在用工单位所在地设立分支机构的，由分支机构为被派遣劳动者办理参保手续，缴纳社会保险费。劳务派遣单位未在用工单位所在地设立分支机构的，由用工单位代劳务派遣单位为被派遣劳动者办理参保手续，缴纳社会保险费。

（6）督促用工单位合法用工义务，即督促用工单位依法为被派遣劳动者提供劳动保护和劳动安全卫生条件。

（7）出具相关证明义务。为劳动者依法出具解除或者终止劳动合同的证明，证明中载明劳动合同期限、终止或解除的日期、工作岗位以及工作年限等。

（8）协助处理纠纷义务。劳务派遣单位应当协助处理被派遣劳动者与用工单位的纠纷。

（9）禁止性义务。主要是劳务派遣单位不得向被派遣劳动者收取费用，不得以非全日制用工形式招用被派遣劳动者。此外，劳务派遣的禁止义务还包括“不得自我派遣”即用人单位不得设立劳务派遣单位向本单位或者所属单位派遣劳动者。用人单位或者其所属单位出资或者合伙设立的劳务派遣单位，向本单位或者所属单位派遣劳动者的，属于《劳动合同法》所规定的不得设立的劳务派遣单位。

（10）申请工伤认定并承担工伤保险义务。被派遣劳动者在用工单位因工作遭受事故伤害的，劳务派遣单位应当依法申请工伤认定，用工单位应当协助工伤认定的调查核实工作。劳务派遣单位承担工伤保险责任，但可以与用工单位约定补偿办法。

（11）承担连带赔偿义务。用工单位给被派遣劳动者造成损害的，劳务派遣单位与用工单位承担连带赔偿责任。

（12）法律法规和规章规定的其他事项。

（二）用工单位的法定义务

1. 执行国家劳动标准，提供相应的劳动条件和劳动保护

劳务派遣关系中，劳动者在用工单位处工作，处于用工单位的管理、控制之下，执行国家劳动标准，提供相应的劳动条件和劳动保护，是用工单位的法定义务。

2. 告知被派遣劳动者的工作要求和劳动报酬

规定用工单位告知义务，一方面是为了保障劳动者的知情权，另一方面主要是防止派遣单位克扣被派遣劳动者的劳动报酬。

3. 支付加班费、绩效奖金

用工单位提供与工作岗位相关的福利待遇，而且是直接向被派遣的劳动者支付。

4. 对在岗被派遣劳动者进行工作岗位所必需的培训

这里的“培训”主要是指岗前培训、劳动安全卫生培训。

5. 连续用工的，实行正常的工资调整机制

此项规定的目的是提高被派遣劳动者的劳动报酬，防止用工单位使用的劳

务派遣工长期处于低工资状态。

6. 用工单位不得将被派遣劳动者再派遣到其他用人单位

用工单位对被派遣的劳动者只享有用工管理权，必须按照劳务派遣协议用工，不得实施“再派遣”。

7. 用工单位应当根据工作岗位的实际需要与劳务派遣单位确定派遣期限

用人单位不得将连续用工期限分割订立数个短期劳务派遣协议。

8. 不得向劳动者收取费用

此外，被派遣劳动者在申请进行职业病诊断、鉴定时，用工单位应当负责处理职业病诊断、鉴定事宜，并如实提供职业病诊断、鉴定所需的劳动者职业史和职业危害接触史、工作场所职业病危害因素检测结果等资料。

（三）被派遣劳动者的权利

1. 同工同酬的权利

赋予被派遣劳动者同工同酬的权利，是劳动公平原则在劳务派遣中的基本要求。“同工同酬”指从事相同工作，付出等量劳动且取得相同劳动业绩的劳动者，应支付同等的劳动报酬，用工单位不能实行差别待遇。

《劳动合同法》第 63 条规定：“被派遣劳动者享有与用工单位的劳动者同工同酬的权利。用工单位应当按照同工同酬原则，对被派遣劳动者与本单位同类岗位的劳动者实行相同的劳动报酬分配办法。用工单位无同类岗位劳动者的，参照用工单位所在地相同或者相近岗位劳动者的劳动报酬确定。劳务派遣单位与被派遣劳动者订立的劳动合同和与用工单位订立的劳务派遣协议，载明或者约定的向被派遣劳动者支付的劳动报酬应当符合前款规定。”《劳务派遣暂行规定》第 9 条规定：“用工单位应当按照劳动合同法第六十二条规定，向被派遣劳动者提供与工作岗位相关的福利待遇，不得歧视被派遣劳动者。”

此外，《劳务派遣暂行规定》还规定了“同工同保”，明确了跨地区派遣劳动者的参保地区、缴费标准和缴费主体。其第 18 条规定：“劳务派遣单位跨地区派遣劳动者的，应当在用工单位所在地为被派遣劳动者参加社会保险，按照用工单位所在地的规定缴纳社会保险费，被派遣劳动者按照国家规定享受社会保险待遇。”第 19 条规定：“劳务派遣单位在用工单位所在地设立分支机构的，由分支机构为被派遣劳动者办理参保手续，缴纳社会保险费。劳务派遣单位未在用工单位所在地设立分支机构的，由用工单位代劳务派遣单位为被派遣劳动者办理参保手续，缴纳社会保险费。”

2. 参加或组织工会的权利

被派遣劳动者有权在劳务派遣单位或者用工单位依法参加或者组织工会，维护自身的合法权益。为最大限度地把包括劳务派遣工在内的广大职工组织到工会中来，切实维护其合法权益，2009 年 5 月 18 日，中华全国总工会发布《关于组织劳务派遣工加入工会的规定》，其中规定：劳务派遣单位和用工单位都应当依法建立工会组织，吸收劳务派遣工加入工会，任何组织和个人不得阻挠和限制。劳务派遣工应首先选择参加劳务派遣单位工会，劳务派遣单位工会委员会中应有相应比例的劳务派遣工会员作为委员会成员。劳务派遣单位没有建立工会组织的，劳务派遣工直接参加用工单位工会。在劳务派遣工会员接受派遣期间，劳务派遣单位工会可以委托用工单位工会代管。劳务派遣单位工会与用工单位工会签订委托管理协议，明确双方对会员组织活动、权益维护等的责任与义务。劳务派遣工的工会经费应由用工单位按劳务派遣工工资总额的2%提取并拨付劳务派遣单位工会，属于应上缴上级工会的经费，由劳务派遣单位工会按规定比例上缴。用工单位工会接受委托管理劳务派遣工会的，工会经费留用部分由用工单位工会使用或由劳务派遣单位工会和用工单位工会协商确定。

3. 依法享有解除劳动合同等权利

被派遣的劳动者属于劳动法意义上的劳动者，劳动法关于劳动者权益保护的一般规则同样适用于被派遣劳动者。例如，被派遣劳动者有辞职的权利。《劳务派遣暂行规定》第 14 条规定：“被派遣劳动者提前 30 日以书面形式通知劳务派遣单位，可以解除劳动合同。被派遣劳动者在试用期内提前 3 日通知劳务派遣单位，可以解除劳动合同。劳务派遣单位应当将被派遣劳动者通知解除劳动合同的情况及时告知用工单位。”被派遣劳动者也有协商解除、预告解除和即时解除劳动合同的权利，对此，《劳动合同法》第 65 条予以确认。

四、劳务派遣合同和一般劳动合同的区别

（一）劳动合同必备条款方面的区别

《劳动合同法》第 17 条规定了劳动合同的必备条款与约定条款。劳务派遣合同除应该具备劳动合同的必备条款的内容外，还应当载明被派遣劳动者的用工单位以及派遣期限、工作岗位等情况。

（二）劳动合同期限方面的区别

劳务派遣合同中劳务派遣单位应当与被派遣劳动者订立 2 年以上的固定期限劳动合同，按月支付劳动报酬。劳务派遣劳动合同期限的规定和劳务派遣的岗位的“三性”中的临时性规定是否存在矛盾？其实并不矛盾。劳务派遣岗位的“三性”要求并不是“三性”同时具备，只需具备“一性”即可采用劳务派遣。因此，如果工作岗位是辅助性的，订立 2 年以上的劳务派遣合同没有问题。但是，如果工作岗位是临时性的，就会存在问题。因为，临时性工作岗位是指存续时间不超过 6 个月的岗位。签了 2 年劳务派遣合同并被派到用工单位的临时性岗位去，6 个月以后这个岗位就不能再使用劳务派遣了，劳动者要被用工单位退回，退回后劳务派遣单位可以再派遣，如果派不出去，劳动者的劳动关系在派遣单位，劳动合同仍然存在。因此，被派遣劳动者在无工作期间，劳务派遣单位应当按照所在地人民政府规定的最低工资标准，向其按月支付报酬。这样规定是因为：一方面要保证被派遣劳动者的生存权，另一方面由于其没有付出劳动，工资标准也不能定得太高，可以适用所在地人民政府规定的最低工资标准。最低工资标准被认为是劳动正义的底线，是保证劳动者最基本生活的最低标准。

（三）劳动合同解除方面的区别

劳务派遣合同和普通劳动合同的重要区别体现在劳动合同解除方面。因为普通劳动合同是两个主体——用人单位和劳动者，合同解除只涉及两方。劳务派遣将传统的“用人”与“用工”一体的两方法律关系转化为劳务派遣单位、用工单位和劳动者之间的三方法律关系，劳动合同的解除涉及三方主体。例

如，劳动者是否能够胜任工作，是由实际使用劳动者的单位也即用工单位决定的，但用工单位不是劳动合同的主体，不是用人单位，没有权利解雇劳动者，这就会造成劳动合同解除的复杂性。

劳务派遣中，劳动者单方解除合同与普通劳动合同中的单方解除区别不大。例如，被派遣劳动者提前 30 日以书面形式通知劳务派遣单位，可以解除劳动合同。劳动者不直接向用工单位提出解除合同的原因是用工单位不是劳动法意义上的用人单位，不是劳动合同的当事人，不具备解除劳动合同的主体资格。劳务派遣单位收到被派遣劳动者解除劳动合同通知后，应当将情况及时告知用工单位。

与直接用工相比较，劳务派遣中解雇被派遣劳动者比较复杂，因为用工单位与被派遣劳动者之间建立的是用工关系，而非劳动合同关系。因此，出现法定解除劳动合同情形时，用工单位不能直接解除劳动合同，而是先作出退工决定，将劳动者退回。退回后劳务派遣单位依法妥善处理与被派遣劳动者的劳动关系。

第一，退工后可以解除劳动合同。根据《劳动合同法》第 65 条第 2 款的规定，被派遣劳动者有《劳动合同法》第 39 条和第 40 条第 1 项、第 2 项规定情形的，用工单位可以将劳动者退回劳务派遣单位，劳务派遣单位依照《劳动合同法》的有关规定，可以与劳动者解除劳动合同。

《劳动合同法》第 39 条规定了用人单位可以随时解除劳动合同的 6 种情形：(1) 在试用期间被证明不符合录用条件的；(2) 严重违反用人单位的规章制度的；(3) 严重失职，营私舞弊，给用人单位造成重大损害的；(4) 劳动者同时与其他用人单位建立劳动关系，对完成本单位的工作任务造成严重影响，或者经用人单位提出，拒不改正的；(5) 因以欺诈、胁迫的手段或者乘人之危，使对方在违背真实意思的情况下订立或者变更劳动合同的情形致使劳动合同无效的。(6) 被依法追究刑事责任的。当出现以上六种情形时，用工单位可以把劳动者退回到劳务派遣单位，派遣单位可以行使即时解除权解除劳动合同。

《劳动合同法》第 40 条第 1 项、第 2 项规定的是劳动者在患病或者非因工负伤，在规定的医疗期满后不能从事原工作也不能从事由用人单位另行安排的工作以及劳动者不能胜任工作，经过培训或者调整工作岗位，仍不能胜任工作的两种情况下，用人单位可以预告解雇，即用人单位提前30日以书面形式通知劳动者本人或者额外支付劳动者一个月工资后，可以解除劳动合同。

第二，退工并不必然解除劳动合同。根据《劳动派遣暂行规定》和《劳动合同法》等规定，当用工单位有《劳动合同法》规定的“客观情况发生重大变化”“经济性裁员”“用人单位主体不适格（用工单位被依法宣告破产、吊销营业执照、责令关闭、撤销、决定提前解散或者经营期限届满不再继续经营的）”以及“劳务派遣协议期满终止”等四种情形时，可以将劳动者退回劳务派遣单位。此时，劳务派遣单位不能直接行使单方解除劳动合同的权利，而是要“重新派遣”。劳务派遣单位重新派遣时维持或者提高劳动合同约定条件，被派遣劳动者不同意的，劳务派遣单位可以解除劳动合同；如果劳务派遣单位重新派遣时降低劳动合同约定条件，被派遣劳动者不同意的，劳务派遣单位不得解除劳动合同。但被派遣劳动者提出解除劳动合同的除外。此外，在被派遣劳动者退回后再无工作期间，劳务派遣单位应当按照不低于所在地人民政府规定的最低工资标准，向其按月支付报酬。

第三，用工单位不得退回的情形。《劳务派遣暂行规定》第13条规定：“被派遣劳动者有劳动合同法第四十二条规定情形的，在派遣期限届满前，用工单位不得依据本规定第十二条第一款第一项规定将被派遣劳动者退回劳务派遣单位；派遣期限届满的，应当延续至相应情形消失时方可退回。”这一规定是对退回被派遣劳动者情形的限制。根据此规定，如果被派遣劳动者有《劳动合同法》第42条规定的患病或者非因公负伤在规定的医疗期内，以及女职工在孕期、产期、哺乳期等六种情形的，在派遣期限届满前，用工单位不得依据《劳动合同法》规定的“劳动合同订立时所依据的客观情况发生重大变化”和经济性裁员条款将被派遣劳动者退回劳务派遣单位。派遣期限届满的，应当延续至相应情形消失时方可退回。该项规定是《劳动合同法》中禁止解雇规定在劳务派遣中的延伸，体现了对部分特殊被派遣劳动者的倾斜保护。

第九节 非全日制用工

一、非全日制用工的概念

非全日制用工是与全日制用工相对应的概念，是劳动者在同一单位的日工作时间没有达到标准的全日制工作时间的用工形式。《劳动合同法》第68条规定："非全日制用工，是指以小时计酬为主，劳动者在同一用人单位一般平均每日工作时间不超过四小时，每周工作时间累计不超过二十四小时的用工形式。"非全日制用工属于灵活用工方式的一种，并非按照标准工时全天工作。由于劳动者每日在同一用人单位工作时间较少，可以建立多重劳动关系，突破全日制用工的"劳动关系唯一性"的原则性限制。

二、非全日制用工的特殊规定

（一）劳动合同订立的特殊规定

《劳动合同法》第69条规定："非全日制用工双方当事人可以订立口头协议。从事非全日制用工的劳动者可以与一个或者一个以上用人单位订立劳动合同；但是，后订立的劳动合同不得影响先订立的劳动合同的履行。"首先，非全日制用工具有短期性、不稳定性的特点，劳动者与用人单位权利义务关系较为简单，可以对其作出灵活宽松的规定，放松劳动合同书面化的管制要求，只要双方协商一致，无须签订书面劳动合同。当然，如果双方当事人协商一致也可以订立书面劳动合同。其次，由于非全日制用工的劳动者在一家用人单位往往工作时间较短，劳动报酬也不会太高，因此，法律放松了对其劳动关系唯一性的恪守，允许他们在多个用人单位工作，与多个用人单位订立劳动合同，建立劳动关系。但是，先订立的劳动合同较后订立的劳动合同有优先的效力，后订立的劳动合同不得影响先订立的劳动合同的履行，这是诚信原则、公平原则在非全日制用工中的具体体现。

（二）试用期的特殊规定

《劳动合同法》第 70 条规定："非全日制用工双方当事人不得约定试用期。"禁止约定试用期是实现对非全日制劳动者权益的保护，以防止用人单位利用试用期间解除合同比较宽松、劳动标准相对较低等特点损害非全日制劳动者的合法权益。

（三）劳动报酬的特殊规定

《劳动合同法》第 72 条规定："非全日制用工小时计酬标准不得低于用人单位所在地人民政府规定的最低小时工资标准。非全日制用工劳动报酬结算支付周期最长不得超过十五日。"非全日制用工的计酬方式，以小时计酬为主，其他计酬为辅。如果按小时计酬，用人单位支付非全日制劳动者的小时计酬标准不得低于当地政府颁布的小时最低工资标准。非全日制用工的工资支付可以按小时、日、周结算，但其结算支付周期最长不得超过 15 日。通过强化工资标准、工资支付期限，能够强化对非全日制劳动者的权益保护。

（四）终止用工的特殊规定

《劳动合同法》第 71 条规定："非全日制用工双方当事人任何一方都可以随时通知对方终止用工。终止用工，用人单位不向劳动者支付经济补偿。"非全日制用工豁免了用人单位的解雇保护义务和经济补偿义务，任何一方都可以随时通知对方终止用工，不需要实体性条件，无须向对方预告，也无须协商一致。终止用工，用人单位不需要支付经济补偿。

三、实务中的非全日制用工问题

在劳动法实务中，与非全日制用工相关的问题主要是：

（一）家庭保姆、在校学生兼职是否属于非全日制用工

首先需要明确非全日制用工属于劳动关系，只是其不属于标准的劳动关

系。如果不构成劳动关系，就不是劳动法意义上的非全日制用工。家庭保姆不属于非全日制用工，因为家庭是自然人，不属于用人单位，不能成为劳动合同的适格主体，保姆与家庭之间是劳务关系。在校学生兼职是否属于非全日制用工，不能一概而论，需要区分情况。如果在校学生从事的是勤工助学性质的劳动，视为劳务关系，不属于非全日制用工；如果从事的是针对个人的服务，例如帮助照顾老人，也属于劳务关系，不属于非全日制用工；如果在校学生利用业余时间去某个单位兼职，按照单位的要求给付劳动，可以建立非全日制用工关系。

（二）非全日制用工的社会保险

非全日制工作的劳动者应当参加基本养老保险，原则上参照个体工商户的参保办法执行。非全日制工作的劳动者可以以个人身份参加基本医疗保险，并按照待遇水平与缴费水平相挂钩的原则，享受相应的基本医疗保险待遇。用人单位应当按照国家有关规定为建立劳动关系的非全日制劳动者缴纳工伤保险费。职工与两个或两个以上单位建立劳动关系，工伤事故发生时，职工为之工作的单位承担工伤保险责任。如果非全日制劳动者在用人单位工作期间发生工伤事故，用人单位则需要承担工伤责任；而用人单位没有为该劳动者缴纳工伤保险费的，由工伤保险基金支出的费用也应当由用人单位负责。

（三）非全日制用工的纠纷解决机制

非全日制用工纠纷属于劳动争议，应该适用劳动争议解决机制。具体而言，发生劳动争议，当事人不愿调解、调解不成或者达成后不履行的，可以向劳动仲裁委员会申请仲裁。如果当事人不服劳动争议仲裁委员会的仲裁裁决，除法律另有规定外，当事人可以向人民法院提起诉讼。这里的“法律另有规定”是指《劳动争议调解仲裁法》规定的“一裁终局”的情形。

第五章

集体合同法

第一节　集体合同概述

一、集体合同的概念和特征

（一）集体合同的概念

劳动关系的法律调整分为三个层次：一个是宏观层面的国家劳动标准（也称“劳动基准”）立法，确定劳动正义的底线；一个是微观层面的劳动合同，即劳动者与用人单位订立劳动合同来确定相互之间的权利和义务关系；还有一个是中观层面的集体合同。

我国《劳动法》第33条规定：“企业职工一方与企业可以就劳动报酬、工作时间、休息休假、劳动安全卫生、保险福利等事项，签订集体合同。集体合同草案应当提交职工代表大会或者全体职工讨论通过。集体合同由工会代表职工与企业签订；没有建立工会的企业，由职工推举的代表与企业签订。”《工会法》第6条第2款规定：“工会通过平等协商和集体合同制度等，推动健全劳动关系协调机制，维护职工劳动权益，构建和谐劳动关系。”2004年，劳动和社会保障部颁布的《集体合同规定》对集体合同进行了专门的界定：“集体合同，是指用人单位与本单位职工根据法律、法规、规章的规定，就劳动报酬、工作时间、休息休假、劳动安全卫生、职业培训、保险福利等事项，通过集体协商签订的书面协议。”《劳动合同法》第51条规定：“企业职工一方与用人单位通过平等协商，可以就劳动报酬、工作时间、休息休假、劳动安全卫生、保险福利等事项订立集体合同。集体合同草案应当提交职工代表大会或者全体职工讨论通过。集体合同由工会代表企业职工一方与用人单位订立；尚未建立工会的用人单位，由上级工会指导劳动者推举的代表与用人单位订立。”该规定进一步明确了集体合同是通过平等协商的方式订立的，是集体协商的结果。综上，我们可以对集体合同做一个学理性的界定：集体合同是指工会或劳动者推举的代表与用人单位或其团体为规范劳动关系通过集体协商而订立的，以全体劳动者的共同利益为中心，规定劳动者的集体劳动条件的书面协议。

（二）集体合同的特征

1. 集体合同的主体具有特定性

集体合同的主体具有特定性，一方是能够依法代表职工的工会组织或职工推举的代表，另一方是与之对应的用人单位或其他团体。

2. 集体合同的内容具有广泛性

集体合同以全体劳动者的共同权利义务为内容，可以涉及劳动关系的各个方面，比如工资的增长机制在个别劳动合同里是很难约定的，但是集体合同可以约定。劳动标准是集体合同的核心内容，对个别劳动合同有制约作用。

3. 集体合同的双方当事人的权利义务具有不均衡性

集体合同的双方当事人的权利义务具有不均衡性，强调用人单位的义务。用人单位不履行集体合同的义务，要承担法律和经济责任，而工会在集体合同中承担的义务，主要属于道义性质的义务，一般不需要承担法律和经济义务。

4. 集体合同属于要式合同

集体合同属于要式合同，体现在：其一，集体合同必须经过集体协商程序后订立；其二，集体合同必须采取书面形式；其三，集体合同要经劳动行政部门审查后生效。

5. 集体合同的效力具有扩张性和约束性

集体合同效力的扩张性是指集体合同效力可以扩展到当事人以外的第三方。合同具有相对性。甲和乙签订合同中的权利和义务只对甲和乙当事人有效，原则上不应当对合同以外的其他人有效。集体合同，除对当事人有一定的约束力外，还能够覆盖双方主体所各自代表的劳动者群体和用人单位组织。集体合同效力的约束性是指集体合同对于劳动合同有约束力，集体合同的劳动条件可以成为个别劳动合同的内容。

二、集体合同与劳动合同

（一）集体合同与劳动合同的联系

集体合同和劳动合同是劳动法中的两种合同形式，两者的上位概念是“合同”，具备合同制度的一般特点。两者相辅相成，互为补充，在构建和谐稳定的劳动关系、维护职工合法权益和促进企业健康发展方面起着重要的作用。

（二）集体合同与劳动合同的区别

1. 当事人不同

劳动合同当事人为劳动者和用人单位；集体合同当事人为劳动者团体（即工会）和用人单位或其团体。在集体合同中，工会和用人单位团体只是形式上的当事人，而实质上的当事人分别是工会所代表的职工和用人单位团体所代表的用人单位。

2. 目的不同

劳动合同的目的是确立劳动关系，明确当事人之间的权利义务；集体合同的目的是维护劳动者整体的合法权益，通过设立劳动条件标准来调整和改善劳动关系，促进劳动关系双方的共同发展。

3. 内容不同

劳动合同以单个劳动者的权利和义务为内容，是对单个劳动者的劳动条件和劳动标准的约定，内容具体，针对性强；集体合同以集体劳动关系中全体职工的共同权利和共同义务为内容，是关于一般劳动条件标准的约定，除专项集体合同外，内容比较宽泛，具有整体性。

4. 订立和生效的程序不同

劳动合同的订立没有特别的程序要求，其合同成立后，只要不存在无效的情况，劳动合同有效。集体合同的订立需要集体协商程序，其生效有特定的程序要求，如集体合同草案要经职工代表大会或全体职工讨论，集体合同需进行报送审查，如果劳动行政部门自收到集体合同文本之日起 15 日未提出异议的，集体合同生效。

5. 法律效力不同

劳动合同仅对劳动合同的当事人即用人单位和劳动者有法律效力；集体合同的法律效力具有扩张性，对签订合同的单个用人单位或用人单位团体所代表的全体用人单位，以及工会所代表的全体职工，都有法律效力。《劳动合同法》第 54 条第 2 款规定：“依法订立的集体合同对用人单位和劳动者具有约束力。行业性、区域性集体合同对当地本行业、本区域的用人单位和劳动者具有约束力。”此外，集体合同的效力强于劳动合同的效力。根据《劳动合同法》第 55 条的规定，用人单位与劳动者订立的劳动合同中劳动报酬和劳动条件等标准不得低于集体合同规定的标准。

三、集体合同的分类

（一）企业集体合同和区域性、行业性集体合同

企业集体合同是指企业层面的集体合同，由企业工会与用人单位签订；区域性集体合同，是由区域性工会组织代表该区域职工与该区域的用人单位签订的集体合同；行业性集体合同，是由各行业性工会组织代表全行业职工与相应的用人单位签订的集体合同。《劳动合同法》第 53 条规定：“在县级以下区域内，建筑业、采矿业、餐饮服务业等行业可以由工会与企业方面代表订立行业性集体合同，或者订立区域性集体合同。”根据《劳动合同法》第 54 条第 2 款的规定，行业性、区域性集体合同对当地本行业、本区域的用人单位和劳动者具有约束力。

（二）综合性集体合同和专项集体合同

综合性集体合同是指内容涉及工资、工作时间、劳动安全卫生、保险福利等劳动关系各方面的集体合同。

专项集体合同是指内容只涉及劳动关系的某个方面事项的集体合同。《劳动合同法》第 52 条规定：“企业职工一方与用人单位可以订立劳动安全卫生、女职工权益保护、工资调整机制等专项集体合同。”专项集体合同的种类可以有很多种，其中最重要的是工资专项集体合同。2004 年，劳动和社会保障部颁布了《工资集体协商试行办法》，为工资专项集体合同的签订提供了依据。

四、集体合同的意义

集体合同制度在劳动法体系中处于与劳动合同制度并重甚至比劳动合同制

度更重要的地位，是因为在保护劳动者利益和协调劳动关系方面，集体合同具有劳动立法和劳动合同所无法取代的功能[①]。

第一，集体合同是实现劳动关系协调的重要工具，有利于化解劳动关系矛盾，构建和谐稳定的劳动关系。劳动关系的协调机制由微观、中观和宏观三个方面构成。从趋势上来看，中观层面的集体协商与集体合同是劳动关系协调体系的重要机制。通过集体协商争取劳动者权益，然后通过集体合同把它给确定下来，劳动者入职后，签订劳动合同就有了更高的起点，因为凡是劳动合同约定的劳动标准低于集体合同的，一律无效。

第二，集体合同有助于维护劳动者的合法权益。通过集体合同可以有效地防止劳动合同对于劳动者的不公平，有利于法定劳动标准的贯彻执行。值得注意的是，集体合同制度对于加强对新就业形态劳动者的权益保护具有特别重要的意义。数字经济发展带来了用工方式的颠覆性变化，如何加强对新就业形态劳动者权益保护成为劳动法领域的重要课题。目前，我国新业态就业领域集体合同实践突破了劳动关系和地域限制，不再受制于加盟、外包等用工链条拉长的约束。例如，上海地区开展的平台企业“全网协商”：依托平台就业的全网劳动者通过推选代表组建职代会，通过职代会形成议事规则；推选协商代表开展集体协商并签订全网集体合同，经过职代会审议通过集体合同。这种实践保证了集体合同内容的正当性，也确保了集体合同的效力，为平台所有新就业形态劳动者提供权益保障。

第三，集体合同有利于劳动合同制度的完善。集体合同既可以弥补劳动立法的不足，也可以弥补劳动合同的不足，从而有利于劳动合同制度的完善。

五、我国集体合同的立法概况

（一）集体合同的第一次立法高峰

集体合同的第一次立法高峰出现在20世纪90年代，终止于2007年《劳

① 张建国，林嘉：《集体合同立法的可行性研究》，载《中国劳动关系学院学报》，2012（1）。

动合同法》的颁布[①]。

1992年，第七届全国人民代表大会通过的《工会法》规定了工会可以代表职工与企事业单位行政签订集体合同。1994年颁布的《劳动法》把集体合同与劳动合同并列作为一章，对集体合同的内容、订立和效力作了原则性规定。1994年，劳动部颁布《集体合同规定》，就集体合同的签订、审查和争议处理作了较为具体的规定。劳动部门率先在全国各地主持了试点工作，并建立起了以集体合同审查备案为核心的集体合同管理制度；全国总工会专门设立了集体合同部以配合政府集体合同工作。1995年，全国总工会制定了《工会参加平等协商和签订集体合同试行办法》。1995年，劳动部、全国总工会、国家经贸委和中国企业家协会发出《关于逐步实行集体协商和集体合同制度的通知》。2000年，劳动和社会保障部颁布了《工资集体协商试行办法》。2004年，劳动和社会保障部颁布经修改后的《集体合同规定》。2006年，劳动和社会保障部、全国总工会和中国企业联合会/中国企业家协会联合发布《关于开展区域性行业性集体协商工作的意见》，至此，我国集体合同第一次立法高峰已经实现。

（二）集体合同的第二次立法高峰

集体合同的第二次立法高峰是以2007年颁布的《劳动合同法》在第五章“特别规定”中专门规定集体合同制度为标志的。《劳动合同法》关于集体合同制度的重大发展体现在以下几个方面：

1. 规范专项集体合同

《劳动合同法》第52条规定：“企业职工一方与用人单位可以订立劳动安全卫生、女职工权益保护、工资调整机制等专项集体合同。”

2. 增加了行业性和区域性集体合同

《劳动合同法》第53条规定：“在县级以下区域内，建筑业、采矿业、餐饮服务业等行业可以由工会与企业方面代表订立行业性集体合同，或者订立区域性集体合同。”

---

① 吴文芳：《从混沌到自洽：中国集体合同效力的图景解说》，载《学术月刊》，2014（3）。

3. 规定了政府干预集体合同的内容

《劳动合同法》第 54 条第 1 款规定："集体合同订立后，应当报送劳动行政部门；劳动行政部门自收到集体合同文本之日起十五日内未提出异议的，集体合同即行生效。"《劳动合同法》第 55 条规定："集体合同中劳动报酬和劳动条件等标准不得低于当地人民政府规定的最低标准；用人单位与劳动者订立的劳动合同中劳动报酬和劳动条件等标准不得低于集体合同规定的标准。"

4. 规定了企业尚未建立工会的集体合同签订问题

《劳动合同法》第 51 条第 2 款中规定："尚未建立工会的用人单位，由上级工会指导劳动者推举的代表与用人单位订立。"

5. 明确了履行集体合同发生争议的解决办法

《劳动合同法》第 56 条规定："用人单位违反集体合同，侵犯职工劳动权益的，工会可以依法要求用人单位承担责任；因履行集体合同发生争议，经协商解决不成的，工会可以依法申请仲裁、提起诉讼。"

《劳动合同法》实施后，各地纷纷出台了与集体合同相关的法规。人力资源和社会保障部、全国总工会以及国家劳动关系三方会议联合积极推动了集体合同制度。

第二节 集体协商

一、集体协商概述

（一）集体协商的概念

集体协商，在国外通常称为"集体谈判"，是指职工方面与企业方面就劳动标准和劳动条件进行交涉，旨在订立集体合同的行为。2004 年颁布的《集体合同规定》第 4 条规定："用人单位与本单位职工签订集体合同或专项集体合同，以及确定相关事宜，应当采取集体协商的方式。集体协商主要采取协商会议的形式。"

集体协商能够保证集体合同有效性、针对性，防止集体合同的形式化。集体合同是集体协商的成果，但不是全部的结果。集体协商没有达成协议的，可以不签订集体合同。

（二）集体协商的原则

《集体合同规定》第5条规定："进行集体协商，签订集体合同或专项集体合同，应当遵循下列原则：（1）遵守法律、法规、规章及国家有关规定；（2）相互尊重，平等协商；（3）诚实守信，公平合作；（4）兼顾双方合法权益；（5）不得采取过激行为。"据此，进行集体协商，应该遵循下列原则。

1. 合法原则

订立集体合同的主体、内容和程序都要合法，不得与法律法规的内容相抵触。集体协商是在法律法规规定的范围内协商。

2. 平等原则

平等原则要求具体协商的双方当事人以平等的身份，在充分表达自己意愿的基础上，就集体合同条款进行协商。平等原则既体现为双方代表的法律地位平等，要相互尊重，也体现为协商代表的身份和人数对等。

3. 诚信原则

在集体协商过程中，如果是企业方不诚信会极大地损害劳动者的利益。诚信原则要求协商的双方要相互配合、相互合作，以善意的方式行使权利，诚实守信，公平合作。

4. 利益兼顾原则

集体协商要兼顾双方的合法权益，公平地确立双方的权利义务，做到互惠互利，实现劳资双方的共赢。

5. 平和原则

平和原则就是"不得采取过激行动原则"，也即在协商的过程中，双方要理性磋商与交涉，减少对抗和冲突，不采用暴力、胁迫的手段，不得扰乱公共秩序。

二、集体协商代表

（一）集体协商代表的确定

集体协商代表是指按照法定程序产生并有权代表本方利益进行集体协商的人员；集体协商双方的代表人数应当对等，每方至少 3 人，并各确定 1 名首席代表。职工一方的代表由工会指派，没有建立工会的企业，其职工代表由职工民主推举。职工一方的首席代表由本单位工会主席担任。工会主席可以书面委托其他协商代表代理首席代表。工会主席空缺的，首席代表由工会主要负责人担任。未建立工会的，职工一方的首席代表从协商代表中民主推举产生。用人单位一方的协商代表，由用人单位法定代表人指派，首席代表由单位法定代表人担任或由其书面委托的其他管理人员担任。但是，首席代表不得由非本单位人员代理。集体协商双方首席代表可以书面委托本单位以外的专业人员作为本方协商代表；委托人数不得超过本方代表的三分之一。

（二）集体协商代表的职责与义务

《集体合同规定》第 25 条规定：协商代表应履行下列职责：（1）参加集体协商；（2）接受本方人员质询，及时向本方人员公布协商情况并征求意见；（3）提供与集体协商有关的情况和资料；（4）代表本方参加集体协商争议的处理；（5）监督集体合同或专项集体合同的履行；（6）法律、法规和规章规定的其他职责。

《集体合同规定》第 26 条规定："协商代表应当维护本单位正常的生产、工作秩序，不得采取威胁、收买、欺骗等行为。协商代表应当保守在集体协商过程中知悉的用人单位的商业秘密。"

（三）集体协商代表的保护

为保护集体协商代表的权利，防止集体协商代表的合法权益受到侵害，《集体合同规定》规定了对集体协商代表的保护措施。第一，企业内部的协商代表参加集体协商视为提供了正常劳动。第二，职工一方协商代表在其履行协商代表职责期间劳动合同期满的，劳动合同期限自动延长至完成履行协商代表职责之时，除出现法定情形，用人单位不得与其解除劳动合同。这里的“法定情形”是指劳动者严重违反劳动纪律或用人单位依法制定的规章制度的；劳动者严重失职、营私舞弊，对用人单位利益造成重大损害的；劳动者被依法追究刑事责任等三种情形。第三，职工一方协商代表履行协商代表职责期间，用人单位无正当理由不得调整其工作岗位。

（四）集体协商代表的变更

工会可以更换职工一方协商代表；未建立工会的，经本单位半数以上职工同意可以更换职工一方协商代表。用人单位法定代表人可以更换用人单位一方协商代表。协商代表因更换、辞任或遇有不可抗力等情形造成空缺的，应在空缺之日起15日内按规定产生新的代表。

第三节 集体合同的运行

一、集体合同的内容、形式和期限

（一）集体合同的内容

集体合同的内容主要包括：（1）劳动报酬；（2）工作时间；（3）休息休假；（4）劳动安全与卫生；（5）补充保险和福利；（6）女职工和未成年工特殊保护；（7）职业技能培训；（8）劳动合同管理；（9）奖惩；（10）裁员；（11）集体合同期限；（12）变更、解除集体合同的程序；（13）履行集体合同发生争议时的协商处理办法；（14）违反集体合同的责任；（15）双方认为应当协商的其他内容。

（二）集体合同的形式

各国关于集体合同可以或应当以什么形式存在，都由立法明确规定。一般而言，集体合同为要式合同，必须采用书面形式。我国《集体合同规定》明确要求集体合同应当采用书面形式。口头形式的集体合同不具有法律效力。

集体合同的形式还有主件、附件之分。主件即综合性集体合同，其内容一般涉及劳动关系的各个方面。附件即专项集体合同，是就劳动关系的某个方面的事项签订的专项协议。我国目前法定的集体合同附件主要有工资协议，是指专门就工资事项签订的专项集体合同。《工资集体协商试行办法》规定，已订立集体合同的，工资协议作为集体合同的附件，并与集体合同具有同等效力。

（三）集体合同的期限

集体合同的期限应当适当，太短不利于劳动关系的稳定；太长难以保证劳动者利益随着社会、经济的发展而同步提高。集体合同的期限，由当事人双方在法定最短和最长期限范围内协商确定，期满前经当事人协商一致可以延期，但延期也不得超过法定最长期限。集体合同或专项集体合同期限一般为 1 年至 3 年，期满或双方约定的终止条件出现，即行终止。集体合同或专项集体合同期满前 3 个月内，任何一方均可向对方提出重新签订或续订的要求。

二、集体合同订立与生效的程序

集体合同订立与生效包括以下几个程序：

（一）提出协商要求

提出协商要求就是民法中的要约阶段。集体协商任何一方均可就签订集体合同或专项集体合同以及相关事宜，以书面形式向对方提出进行集体协商的要求。

一方提出进行集体协商要求的，另一方应当在收到集体协商要求之日起 20 日内以书面形式给予回应，无正当理由不得拒绝进行集体协商。

（二）协商前的准备

协商代表在协商前应做好以下准备工作：

（1）熟悉与集体协商内容有关的法律法规、规章和制度；（2）了解与集体协商内容有关的情况和资料，收集用人单位和职工对协商意向所持的意见；

（3）拟定集体协商议题，集体协商议题可由提出协商一方起草，也可由双方指派代表共同起草；（4）确定集体协商的时间、地点等事项；（5）共同确定一名非协商代表担任集体协商记录员。记录员应保持中立、公正，并为集体协商双方保密。

（三）召开集体协商会议

集体协商主要采取召开集体协商会议的形式。集体协商会议由双方首席代表轮流主持，并按下列程序进行：（1）宣布议程和会议纪律；（2）一方首席代表提出协商的具体内容和要求，另一方首席代表就对方的要求作出回应；（3）协商双方就商谈事项发表各自意见，开展充分讨论；（4）双方首席代表归纳意见。

集体协商未达成一致意见或出现事先未预料的问题时，经双方协商，可以中止协商。中止期限及下次协商时间、地点、内容由双方商定。经平等协商达成一致的，应根据协商结果形成集体合同草案，经过双方协商代表确认，由双方首席代表签字。

（四）职代会讨论通过

经双方协商代表协商一致的集体合同草案或专项集体合同草案应当提交职工代表大会或者全体职工讨论。职工代表大会或者全体职工讨论集体合同草案或专项集体合同草案，应当有三分之二以上职工代表或者职工出席，且须经全体职工代表半数以上或者全体职工半数以上同意，集体合同草案或专项集体合同草案方获通过。草案经职工代表大会或者职工大会通过后，由集体协商双方首席代表签字，集体合同成立。

（五）集体合同报送审查

集体合同或专项集体合同签订或变更后，应当自双方首席代表签字之日起10日内，由用人单位一方将文本一式三份报送劳动保障行政部门审查。

劳动保障行政部门对报送的集体合同或专项集体合同应当办理登记手续，对下列事项进行合法性审查：（1）集体协商双方的主体资格是否符合法律法规和规章规定；（2）集体协商程序是否违反法律法规、规章规定；（3）集体合同或专项集体合同内容是否与国家规定相抵触。

（六）集体合同的生效、公布

劳动保障行政部门自收到文本之日起15日内未提出异议的，集体合同或专项集体合同即行生效。劳动保障行政部门对集体合同或专项集体合同有异议的，应当自收到文本之日起15日内将《审查意见书》送达双方协商代表。《审查意见书》应当载明以下内容：（1）集体合同或专项集体合同当事人双方的名称、地址；（2）劳动保障行政部门收到集体合同或专项集体合同的时间；（3）审查意见；（4）作出审查意见的时间。《审查意见书》应当加盖劳动保障行政部门印章。生效的集体合同或专项集体合同，应当自生效之日起由协商代表及时以适当的形式向本方全体人员公布。

讲完了集体合同订立的程序，我们来分析一个集体合同订立方面的案例。

案情简介

某中外合资企业在签订集体合同时，面临一个问题：该企业没有设立工会。因此，企业认为应当选取了解企业状况的职工参与。于是，企业方提供了7名职工代表的名单，供职工表决通过。职工认为集体合同中的职工代表应当由自己选出，于是部分工人不参与表决。但是这7名职工代表还是获得了参与表决工人的半数同意，并与企业方的7名代表谈判。为了防止出现反对和赞成同等票数情况的发生，企业决定由企业方的一名代表作为协商的总决定人，在意见难以通过时使用决定票。协商的草案是企业预先拟定的，职工代表反对，但是受到企业解雇的威胁，所以草案最后得以通过。随即，全体代表签订了集体合同，并交当地劳动行政部门审查备案。本案需要讨论的问题是：集体合同订立程序的违法之处有哪些？①

案例分析

本案例集体合同订立的过程中有诸多违法之处：第一，员工方代表主体确定有误。尚未建立工会的用人单位，由上级工会指导劳动者推举的代表与用人

① 李炳安：《劳动和社会保障法》，4版，第129—130页，厦门：厦门大学出版社，2011。

单位订立劳动合同。集体协商的职工代表由职工民主推举，而不能由企业方提出名单让职工表决。第二，代表名单的确认应该由全体职工半数以上同意才能通过，而不是参与表决的职工的半数同意。第三，企业无权决定由企业方的一名代表作为协商的总决定人，在意见难以通过时行使决定票。第四，企业单方确定集体合同内容并威胁职工代表妥协不合法，集体合同的内容应该是双方协商一致的结果。第五，职工代表大会或者全体职工讨论集体合同草案，应当有三分之二以上职工代表或者职工出席，且须经全体职工代表半数以上或者全体职工半数以上同意，集体合同草案方获通过。

三、集体合同的履行

（一）集体合同履行的原则

集体合同依法签订并生效后，双方当事人应该按照集体合同的约定，全面完成各自义务。集体合同履行应当坚持实际履行、全面履行、协作履行的原则。

（二）集体合同履行的监督

集体合同履行过程中的监督非常重要。在我国，企业工会、企业职代会及其职工代表、签约双方代表以及劳动行政部门、企业主管部门、地方和产业工会，都负有对集体合同的履行进行监督的职责，其中工会的监督至关重要，1995 年，全国总工会制定的《工会参加平等协商和签订集体合同试行办法》对工会监督集体合同履行作了比较全面的规定：（1）企业工会应当定期组织有关人员对集体合同的履行情况进行监督检查，发现问题后，及时与企业协商解决。（2）企业工会可以与企业协商，建立集体合同履行的联合监督检查制度，定期或不定期对履行集体合同的情况进行监督检查。（3）工会小组和车间工会应当及时向企业工会报告集体合同在本班组和车间的履行情况。（4）职工代表大会有权对集体合同的履行实行民主监督。企业工会应当定期向职工代表大会或全体职工通报集体合同的履行情况，组织职工代表对集体合同的履行进行监督检查。

（三）集体合同争议的处理

集体合同争议分为集体合同签订争议和集体合同履行争议。《劳动合同法》第56条规定："用人单位违反集体合同，侵犯职工劳动权益的，工会可以依法要求用人单位承担责任；因履行集体合同发生争议，经协商解决不成的，工会可以依法申请仲裁、提起诉讼。"可以看出，因履行集体合同而发生的争议属于劳动争议中的权利争议，适用劳动争议处理制度。需要注意的是，因签订集体合同发生争议，属于利益争议，不属于劳动争议中的权利争议，不能通过劳动仲裁、诉讼解决。当事人协商不成的，当地人民政府劳动行政部门可以组织有关各方协调处理。

四、集体合同的效力

集体合同的效力包括对人的效力、时间效力和空间效力。

（一）对人的效力

依法订立的集体合同对用人单位和劳动者具有约束力。一般认为，受集体合同约束的人包括集体合同的当事人和关系人。前者指订立集体合同并且受集体合同约束的主体，即工会组织和用人单位或其团体；后者指无权订立集体合同却直接由集体合同获得利益并且受集体合同约束的主体，即工会组织所代表的全体职工和用人单位团体所代表的各个用人单位。《劳动法》第35条规定："依法签订的集体合同对企业和企业全体职工具有约束力。"《劳动合同法》第54条第2款规定："依法订立的集体合同对用人单位和劳动者具有约束力。"可见，我国集体合同对人的效力不限于工会会员，没有参加工会的职工也可以适用集体合同的规定。

（二）时间效力

集体合同的时间效力即集体合同在多长时间内具有约束力。它一般由集体合同依法自行规定，在有的情况下，由法律规定。集体合同的时间效力可以分为当前效力、溯及效力和以后效力。我国集体合同的时间效力始于集体合同生效，终于集体合同终止。

（三）空间效力

集体合同的空间效力因集体合同的层次不同而有差别，不同层次的集体合同适用于不同的地域空间。行业性、区域性集体合同对当地本行业、本区域的用人单位和劳动者具有约束力。全国性集体合同在全国有效，区域性集体合同在特定区域范围内有效；产业集体合同对特定产业的用人单位及其职工有效。

（四）集体合同与劳动合同的效力关系

集体合同的效力高于劳动合同，即集体合同具有支配其所覆盖的劳动者的劳动合同内容的效力。两者的效力关系表现为：第一，集体合同具有不可贬低效力。集体合同中规定的劳动条件和劳动报酬是个人劳动合同的最低标准，劳动合同的相关约定不得低于集体合同规定的标准，若低于此标准就由集体合同的规定取而代之。第二，集体合同具有补充效力。集体合同所规定的标准在一定条件下可以成为劳动合同内容的补充。当劳动合同对有关的劳动条件或劳动报酬未作约定的，集体合同的有关规定就自动成为劳动合同的内容。

案情简介

2018年8月1日，某公司工会代表全体职工与公司签订了集体合同。合同规定：职工工作时间为每日8小时，每周40小时，在上午和下午连续工作4小时期间安排休息一次，时间为20分钟；职工工资不低于每月2900元；公司提供每年一次的身体检查；合同有效期为2018年8月1日至2021年8月1日。该合同于9月底被劳动行政部门审查通过。2018年10月，该公司从人才市场招聘了一批技术工人，并与他们订立劳动合同。合同内容是：合同有效期自2018年10月1日至2020年10月1日，工作时间为每日10小时，每周50小时，上、下午各5小时无工间休息，工人工资每月不低于2800元，劳动中出现的伤亡由劳动者自行负责。本案需要讨论的问题是：（1）公司的集体合同对于新招用的工人是否有效？（2）公司和技术工人订立的劳动合同哪些条款无效？[①]

案例分析

公司的集体合同对于新招用的工人有效。理由是：集体合同的效力具有扩张性，集体合同签订并经过法定程序生效后，其不仅对签订合同的主体——工会和用人单位（或用人单位团体）有效，而且效力及于工会所代表的劳动者和用人单位团体所代表的劳动者，工会所代表的劳动者并不只是工会会员，而是企业所有的职工，包括签订集体合同时在职的职工，也包括企业在集体合同的有效期限内新招用的职工。本案中，集体合同依法签订并生效，合同有效期为2018年9月底至2021年8月1日，新招用的工人于2018年10月入职，在集体合同的有效期内，自然可以适用集体合同规定的劳动条件。因此，公司的集体合同对于新招用的工人有效。

公司与技术工人订立的劳动合同中，关于工作时间为“每日10小时，每周50小时，上、下午各5小时无工间休息”与集体合同的约定“职工工作时间为每日8小时，每周40小时，在上午和下午连续工作4小时期间安排休息一次，时间为20分钟”存在不一致。依据集体合同中规定的劳动条件和劳动报酬是个人劳动合同的最低标准，劳动合同的相关约定不得低于集体合同规定的标准的集体合同和劳动合同效力关系的原则，该劳动合同的约定无效，应该适用对劳动者有利的集体合同的规定。劳动合同中约定的工人工资“每月不低于2800元”的规定也低于集体合同中的职工工资“不低于每月2900元”，因此该劳动合同关于工资的约定无效。此外，该案例中的“劳动中出现的伤亡由劳动者自行负责”的约定，因违反了劳动基准法的强制性规定，也属无效。

① 本案例改编自李炳安主编的《劳动和社会保障法》。

第六章

基本劳动标准法

第一节 基本劳动标准法概述

一、基本劳动标准的含义

基本劳动标准与劳动基准的含义基本相同。1947 年日本制定了《劳动基准法》，我国官方文件一般不使用“劳动基准”的概念，而是用“劳动标准”。“劳动标准”包括一些技术标准，例如劳动定额、劳动产品质量标准等，其比“劳动基准”的范围更广。而通常意义的“劳动基准”并不涉及这类技术标准，只涉及劳动条件，所以，我国用“基本劳动标准”的概念替代“劳动标准”，用其指称劳动条件的最低标准。基本劳动标准是劳动法中的特有概念，不包括通常语义中的技术标准，而是指劳动条件的最低标准，其内容包括工资、工时、福利、休息休假、女职工和未成年工保护、劳动安全卫生等。

二、基本劳动标准的特点

基本劳动标准具有以下特点：第一，法定性。即基本劳动标准由法律法规直接规定。第二，保底性。基本劳动标准即当事人之间权利义务的最低标准，确立了劳动条件的底线性规则，劳动合同、集体合同的内容应在此标准基础上进行改善。第三，强制性。即当事人双方即便协商一致，也不能突破基本劳动标准的“底线”。

三、我国基本劳动标准的立法概况

基本劳动标准法是规定最低劳动条件的法律规范的总和。我国的基本劳动标准法主要体现在《劳动法》中规定的工作时间和休息休假、工资、劳动安全卫生、女职工和未成年工特殊保护的规定以及规定劳动标准某一方面事项的单行法律、行政法规、行政规章和其他规范性文件。例如：《职业病防治法》《安全生产法》等单行法律；《女职工劳动保护特别规定》《未成年工特殊保护规定》《禁止使用童工规定》等行政法规；《最低工资标准》《工资支付暂行规定》等部门规章。

我国基本劳动标准领域缺乏综合性立法，现行关于基本劳动标准的法律制度存在内容滞后、位阶偏低、法条分散、规范缺失等问题。所谓“内容滞后”主要指工时、工资等主要基本劳动标准制度都形成于20世纪90年代中期之前，不能适应当前调整劳动关系的需要；“位阶偏低”指许多具体劳动标准规范都是以部门规章形式存在，层次较低，强制力不够；“法条分散”指我国基本劳动标准的规则散见于各类法律行政法规、规章以及政策文件中，缺乏体系性；“规范缺失”指基本劳动标准缺少对于残障劳动者、高龄劳动者、学生工等特殊群体劳动者的保护，也缺乏远程办公、平台用工等基本劳动标准的规范。为加强对劳动者基本权利的保障，完善劳动法律制度，亟须出台一部内容完整、体系完备、具有前瞻性和操作性的综合性法律——《基本劳动标准法》[①]。

第二节 工资制度

一、工资的含义和性质

（一）工资的含义

工资又称薪金、薪酬，是指在劳动关系中，劳动者因履行劳动义务而获得的，由用人单位以法定方式支付的劳动报酬，包括基本工资、奖金、津贴、加班加点工资以及特殊情况下支付的工资等。我们经常使用狭义的工资概念，仅限于劳动报酬中的最基本、最稳定的部分，即基本工资，不包括奖金、津贴和补贴等。《工资支付暂行规定》采用广义的工资概念，是指用人单位依据劳动合同的规定，以各种形式支付给劳动者的工资报酬。

① 肖竹：《推动基本劳动标准立法 强化劳动者基本权益保障》，载《工人日报》，2023-11-14。

（二）工资的性质

工资是劳动力价值的货币表现，也是社会分配的一种形式。工资有两个特点：第一，工资是劳动者通过提供职业劳动所获得的报酬。不是劳动所获得的收入，不属于工资，比如通过购买股权获得的收益就不是工资收入；第二，工资是基于劳动关系而获得的劳动报酬，如果不是基于劳动关系获得的报酬，如劳动者利用业余时间创作作品获得的稿费收入也不是工资。

二、工资给付的基本原则和工资权利体系

（一）工资给付的基本原则

工资给付有三个基本原则：第一，按劳分配原则，是指根据劳动者提供的劳动数量和质量来分配个人消费品，等量劳动领取等量报酬，多劳多得，少劳少得；第二，同工同酬原则，是指用人单位对所有劳动者同等价值的劳动应给付同等的劳动报酬，不得因性别、年龄等实行差别待遇，这也是劳动公平原则的体现，强调同样的劳动、同样的业绩应该获得同样的报酬；第三，在经济发展的基础上逐步提高工资，使社会生产能够满足人民日益增长的美好生活需要。

（二）工资权利体系

工资权利体系有三项：第一，工资协商权，指劳动者的工资应该由自己做主，通过劳动合同和集体合同确定；第二，工资请求权，即请求用人单位按时、足额支付劳动报酬的权利；第三，工资优先权，指当企业出现资不抵债的问题时，在破产还债的程序中，要优先支付职工工资，这是一个涉及劳动者生存权保障的问题。

三、工资的形式及构成

（一）工资的形式

工资的形式是指以一定的工资分配制度为基础，按照确定的劳动标准和报酬标准，计量每个劳动者的实际劳动报酬的方式。工资的形式主要有以下三种：

1. 计时工资

计时工资就是按照计时工资标准和工作时间支付给劳动者个人的劳动报酬。计时工资按月支付的，即月工资；也有日工资和小时工资。计时工资的优点在于操作简单易行，适用于任何企业和工种；缺点是以劳动时间作为计算工资报酬的依据，不能完全将工资报酬与劳动数量和质量挂钩。

2. 计件工资

计件工资是指在一定的技术条件下，根据职工完成产品数量或工作量，乘以一定的计件单价所支付的劳动报酬。计时工资和计件工资之间是可以转化的。例如大部分高校中的老师都是计时工资，按月支付，但是也有很多高校制定了严格的考核办法，教师的工资收入几乎变成了“计件工资”，收入多少取决于课时量、发表论文的数量、带研究生人数的多少等。

3. 年薪

年薪是对一定条件的劳动者实行以企业财务年度为时间单位所计发的工资收入。我国年薪制主要适用于企业经营管理人员，是以年度为计算单位，依据经营管理者的责任、风险和经营管理业绩确定其报酬所得的一种特殊的工资制度。年薪是企业以财务年度为单位时间所计发的工资，因为企业的效益一般只能由当年数据反映出一些经营指标，所以可以根据财务变动的情况来确定年薪。年薪制度下，员工每个月都可以先预支一部分钱，最后年终统一结算。

年薪制是有风险的效益工资制度，是一种肯定素质和能力的工资制度，一般水平都比较高。需要注意的是，实行年薪制对企业员工收入差距产生了重要的影响。没有实行年薪制的企业员工收入差距不会太大，但实行年薪制的企业员工之间的收入很可能有较大差异。

（二）工资的构成

工资的构成分为基本工资、奖金、津贴、补贴及特殊情况下的工资。

1．基本工资

基本工资又称标准工资，是指劳动者与用人单位在劳动合同中约定的与工作岗位相适应的、相对固定的劳动报酬，它构成劳动者所得工资额的基本组成部分。基本工资一般可分解为若干个职能各自不同的工资单元，各个工资单元的计量规则不尽相同；各个单元都存在一定的等级差别和相应的多级标准，这种等级差别通常与劳动质量差别、技能水平差别或者岗位差别相对应。

2．奖金

奖金是支付给劳动者的超额劳动或相关非基本工资核算要素的报酬。奖金是工资的重要补充形式。一般而言，奖金是超额劳动的报酬，必须体现奖励性和差别性。但是，现在有很多不是超额劳动的报酬，而是非基本工资核算要素的收入，也叫奖金，如日本很多企业年终的时候都会多发几个月的基本工资作为奖金，欧美也有很多企业有圣诞节奖金。我们现行的工资制度里有“年终双薪”，即年终多发一个月的工资作为奖金。关于工资和奖金的问题，我们看一个案例。

案情简介

张某于2012年11月入职某公司任职出口业务员。双方于2013年1月25日签订《考核细则》。《考核细则》规定，不管出于何种原因于年底前离开公司的业务人员将不享受年终奖。2014年6月22日张某离职，后张某申请仲裁，要求公司支付2014年的年终奖。某公司拒绝支付，但也未举证年终奖金不属于法律规定的“工资”。关于该案的处理，有两种观点：第一种观点认为，不给离职员工发放年终奖完全是一种“歧视待遇”，有违同工同酬的原则，不公平也不合法。第二种观点认为，年终奖属于奖金的一种，是否发放、何时发放以及如何发放，完全是公司的权利，由公司说了算。

案例分析

本案的争议焦点是员工年前离职，公司是否应该发放年终奖？我们认为，是否支付年终奖取决于年终奖的性质；如果认定年终奖属于工资性质，应该支付。如果年终奖纯粹是奖励性质，公司有权决定是否发放。工资是指用人单位依据国家有关规定或劳动合同的约定，以货币形式直接支付给本单位劳动者的劳动报酬，包括计时工资、计件工资、年薪、奖金、津贴和补贴等。奖金属于劳动报酬，是劳动者工资的组成部分。虽然事实上奖金的发放存在多种形式，如月度奖、季度奖或年终奖等，但奖金发放形式的不同并不能改变这些奖金属于工资这一根本属性。[①]年终奖是用人单位根据全年经济效益和对员工全年工作业绩进行考核情况而发放的一次性奖金，属于合法劳动报酬的范畴，而不只是用人单位激励员工的手段。就本案而言，某公司并未举证本案争议的年终奖金不属于法律规定的“工资”范畴，所以应当认定年终奖金属于基本工资的补充。至于某公司《考核细则》关于年终奖的规定系用人单位免除自己的法定责任，排除劳动者权利的约定，违反了法律的相关规定，该约定条款应属无效。因此，某公司应按一定的比例支付张某2014年度的年终奖。

3．津贴

津贴是为补偿职工在特殊条件下的劳动消耗及生活费额外支出的工资补充形式，主要是特殊劳动的补偿。例如，为补偿职工额外劳动消耗而建立的津贴，如高空津贴、高温津贴、夜班津贴；为保障职工身体健康而建立的津贴，如有毒有害岗位津贴，林区、高原、水下工作津贴等。津贴必须体现补偿性和差别性，否则津贴就会变成福利待遇。

4．补贴

补贴一般是针对特定条件下因物价变动影响而对劳动者所做的临时性补助，补贴主要是指物价变动的补助，保证职工的收入水平不受物价波动的影响。如“菜篮子费”等。现在的补贴越来越多元化，有取暖补贴、交通补贴、通信补贴等。

5．特殊情况下的工资

这主要包括延长工作时间工资、履行法定义务期间工资、休假期间工资、

---

① 陈健全，林琳：《一起外企克扣职工奖金引出的诉讼》，载《工人日报》，2006-11-20。

停工期间工资等。

劳动法还对工资的范围做了明确的限定，规定以下收入不属于工资：第一，单位支付给劳动者的社会保险福利费用；第二，劳动保护方面的费用；第三，未列入工资总额的各种劳动报酬以及其他劳动收入（如创造发明奖、自然科学奖、合理化建议奖等）。

四、工资的支付保障

工资的支付保障是保障劳动者获得其全部应得工资的制度，该制度决定着劳动者能否安全、及时、足额、便捷地实际获得工资收入。

工资支付是指用人单位在劳动者完成了工作任务的前提下，按照法律规定或劳动合同约定向劳动者支付劳动报酬的行为。工资支付具有清偿工资债务和保障劳动者生活的双重功能。工资支付应该遵循以下原则：

（一）直接支付原则

工资必须直接支付给劳动者本人，不能任意支付给其他人，以保障劳动者获取工资的安全性和独立性。用人单位必须书面记录支付劳动者工资的数额、时间、领取者的姓名以及签名，并保存二年以上备查，如果职工本人因故不能领取工资时可由其亲属或委托他人代领。用人单位可委托银行代发工资。

（二）货币支付原则

工资支付的形式应该是法定货币形式，不得以实物、商品及有价证券代替货币支付工资。货币支付原则主要是确保工资能够满足劳动者多样化的生活需求，确保劳动者受领工资的便利和安全。我们看一个案例。

案情简介

2002 年 4 月，43 岁的任某到盘锦市安某福利厂做兼职会计，因多次要工资未果，经仲裁程序后向人民法院提起诉讼。法院经审理判决：厂方一次性给付任某 2400 元。但是在判决生效后的 15 天内，任某没有拿到一分钱，于是她向法院申请执行，结果换来的却是24个骨灰盒。法院的说法："骨灰盒也是商品，用骨灰盒抵顶工资不违反任何法律规定。"[①]

案例分析

法院的说法显然是于法无据的，我国《劳动法》第50条规定："工资应当以货币形式按月支付给劳动者本人。"《工资支付暂行规定》第5条更是明确规定"工资应当以法定货币支付。不得以实物及有价证券替代货币支付"。"用骨灰盒抵顶工资"违反了《劳动法》《工资支付暂行规定》等法律法规和规章的规定，是严重的违法行为。此外，骨灰盒不是普通的商品，用骨灰盒抵顶工资违背了公序良俗原则，应该予以纠正。

（三）及时足额支付原则

工资必须在用人单位与劳动者约定的日期支付。如遇节假日或休息日，则应提前在最近的工作日支付。工资至少每月支付一次，实行周、日、小时工资制的可按周、日、小时支付工资。用人单位必须按时向劳动者发放工资，不得延迟。用人单位无正当理由超过规定付薪时间未支付劳动者工资的构成无故拖欠工资。

足额支付原则要求用人单位按照劳动者实际应该获得的工资数量支付，不允许克扣。克扣系指用人单位无正当理由扣减劳动者应得工资（即在劳动者已提供正常劳动的前提下，用人单位按劳动合同规定的标准应当支付给劳动者的全部劳动报酬）。

克扣或无故拖欠工资的法律后果很严重，劳动者可以通过诉讼手段进行维权，劳动保障监察部门有责任进行劳动监察。《劳动合同法》第30条规定："用人单位应当按照劳动合同约定和国家规定，向劳动者及时足额支付劳动报酬。用人单位拖欠或者未足额支付劳动报酬的，劳动者可以依法向当地人民法院申请支付令，人民法院应当依法发出支付令。"《劳动合同法》第85条规定："用人单位有下列情形之一的，由劳动行政部门责令限期支付劳动报酬、

① 周斌：《2004十大劳动争议案》，载《中国劳动保障》，2005（1）。

加班费或者经济补偿；劳动报酬低于当地最低工资标准的，应当支付其差额部分；逾期不支付的，责令用人单位按应付金额百分之五十以上百分之一百以下的标准向劳动者加付赔偿金：（一）未按照劳动合同的约定或者国家规定及时足额支付劳动者劳动报酬的；（二）低于当地最低工资标准支付劳动者工资的；（三）安排加班不支付加班费的；（四）解除或者终止劳动合同，未依照本法规定向劳动者支付经济补偿的。”

五、工资扣除问题

足额支付是工资支付的原则，但在法律有明确规定的情况下，可以扣除工资。

（一）法定扣除项目

法定扣除项目有以下几项：（1）代扣代缴的个人所得税；（2）应由劳动者个人负担的各项社会保险费用；（2）法院判决、裁定中要求代扣的抚养费、赡养费；（4）法律法规规定的可以从工资中扣除的其他费用。

（二）可以从本人工资中扣除的规定

因劳动者本人原因给用人单位造成经济损失的，用人单位可按照劳动合同的约定要求其赔偿经济损失。经济损失的赔偿，可以从劳动者本人的工资中扣除。但每月扣除的部分不得超过劳动者当月工资的20%。若扣除后的剩余工资部分低于当地月最低工资标准，则按最低工资标准支付。可以从劳动者本人工资中扣除的规定，要受法律的两方面制约：一是扣除有上限，每月扣除的部分不得超过当月工资的20%；二是必须保证劳动者的生存权，若扣除后的剩余工资部分低于当地月最低工资标准的，则按最低工资标准支付。

（三）减发工资的情况

以下减发工资的情况不属于克扣工资：（1）国家的法律法规中有明确规定的；（2）依法签订的劳动合同中有明确规定的；（3）用人单位依法制定并经职

代会批准的厂规、厂纪中有明确规定的；（4）企业工资总额与经济效益相联系，经济效益下浮时，工资必须下浮的（但支付给劳动者工资不得低于当地的最低工资标准）；（5）因劳动者请事假等相应减发工资等。

除上述情形以外，实践中还有一些工资扣除情形，如预借差旅费的扣除，党费、会费、捐赠款项的扣除等。预借差旅费，如果出差人不及时报销或结算时不予退回多于实际发生出差费用部分，用人单位在出差人的工资中予以扣除，这属于债务的抵销，应该予以认可，但需要限定一个扣除比例。在工资中扣除会费和捐助款项等是违法行为，侵犯了劳动者的工资支配权，应该予以纠正。

六、工资拖欠问题

工资必须按时支付，不能拖欠。但是，下列情况的拖欠不属于无故拖欠：（1）用人单位遇到非人力所能抗拒的自然灾害、战争等原因，无法按时支付工资；（2）用人单位确因生产经营困难、资金周转受到影响，在征得本单位工会同意后，可暂时延期支付劳动者工资，延期时间的最长限制可由各省、自治区、直辖市劳动行政部门根据各地情况确定。上述两种情况的拖欠不属于无故拖欠的范围。在我国，解决拖欠工资问题，特别是拖欠农民工工资问题一直是党和政府高度重视的民生保障和社会治理问题，为此建构了综合施策的治理机制①。

1. 启动刑罚手段进行治理

2011年2月25日，第十一届全国人大常委会第十九次会议表决通过的《刑法修正案（八）》中，出于加强民生保护目的，加大对一些严重损害劳动者利益的行为惩处力度，将部分拒不支付劳动报酬的行为纳入了刑法调整范围。2011年修正后的《刑法修正案（八）》第41条规定："以转移财产、逃匿等方法逃避支付劳动者的劳动报酬或者有能力支付而不支付劳动者的劳动报酬，数额较大，经政府有关部门责令支付仍不支付的，处三年以下有期徒刑或

① 冯彦君：《劳动法》，第106页，北京：中国人民大学出版社，2020。

者拘役，并处或者单处罚金；造成严重后果的，处三年以上七年以下有期徒刑，并处罚金。单位犯前款罪的，对单位判处罚金，并对其直接负责的主管人员和其他直接责任人员，依照前款的规定处罚。有前两款行为，尚未造成严重后果，在提起公诉前支付劳动者的劳动报酬，并依法承担相应赔偿责任的，可以减轻或者免除处罚。”2013 年 1 月 14 日，最高人民法院发布了《关于审理拒不支付劳动报酬刑事案件适用法律若干问题的解释》，针对拒不支付劳动报酬罪所涉及的术语界定、定罪量刑标准、单位犯罪等问题，进一步明确了相关刑事案件的法律适用标准。

2. 建立并逐步完善了建设领域工资保证金支付

根据用人单位工资支付情况，实行差异化缴存，推行银行保函等第三方担保制度，规范工资保证金收缴、使用、退还，确保农民工工资支付安全。

3. 颁布《保障农民工工资支付条例》

为确保农民工按时足额获得工资报酬，根治拖欠农民工工资现象，2019 年 12 月 30 日，国务院公布《保障农民工工资支付条例》，自 2020 年 5 月 1 日起施行。该条例明确规定了政府责任、拖欠农民工工资的清偿责任主体、建设领域工程款拖欠导致欠薪的预防、建设领域用工及工资支付规范、监督检查和欠薪行为的惩戒等内容。

七、特殊情况下的工资支付

特殊情况下的工资支付，就是依法或按照协议在非正常工作情况下支付给职工的工资。主要有：

1. 依法参加社会活动的工资支付

劳动者在法定工作时间依法参加社会活动，用人单位应视同其提供了正常劳动而支付工资。社会活动包括依法行使选举权或被选举权；当选代表出席乡（镇）、区以上政府、党派、工会、青年团、妇女联合会等组织召开的会议；出任人民法庭证明人；出席劳动模范、先进工作者大会；《工会法》规定的不脱产工会基层委员会委员因工作活动占用的生产或工作时间；其他依法参加的社会活动。

2. 休假期间的工资制度

劳动者依法享受年休假、探亲假、产假、婚假、丧假期间，用人单位应按照劳动合同规定的标准支付劳动者工资。

3. 停工停产期间，用人单位应支付的工资

非劳动者原因造成单位停工、停产在一个工资支付周期内的，用人单位应按劳动合同规定的标准支付劳动者工资。超过一个工资支付周期的，若劳动者提供了正常劳动，则支付给劳动者的劳动报酬不得低于当地的最低工资标准；若劳动者没有提供正常劳动，应按国家有关规定办理。

4. 用人单位依法破产时，应该支付的工资

用人单位依法破产时，劳动者有权获得其工资。在破产清偿中用人单位应按《中华人民共和国企业破产法》规定的清偿顺序，首先支付本单位劳动者的工资。

5. 职工加班加点，应当支付加班加点工资。

用人单位依法安排劳动者在日法定标准工作时间以外延长工作时间的，按照不低于劳动合同规定的劳动者本人小时工资标准的150%支付劳动者工资；用人单位依法安排劳动者在休息日工作，而又不能安排补休的，按照不低于劳动合同规定的劳动者本人日或小时工资标准的200%支付劳动者工资；用人单位依法安排劳动者在法定休假日工作的，按照不低于劳动合同规定的劳动者本人日或小时工资标准的300%支付劳动者工资。

6. 特殊人员的工资支付问题

一是劳动者受处分后的工资支付：劳动者受行政处分后仍在原单位工作（如留用察看、降级等）或受刑事处分后重新就业的，应主要由用人单位根据具体情况自主确定其工资报酬；劳动者受刑事处分期间，如收容审查、拘留（羁押）、缓刑、监外执行或劳动教养期间，其待遇按国家有关规定执行。二是学徒工、熟练工、大中专毕业生在学徒期、熟练期、见习期、试用期及转正定级后的工资待遇由用人单位依法自主确定。三是新就业复员军人的工资待遇由用人单位自主确定；分配到企业的军队转业干部的工资待遇，按国家有关规定执行。

八、最低工资标准制度

（一）最低工资标准的概念和特点

最低工资标准，是指劳动者在法定工作时间或依法签订的劳动合同约定的工作时间内提供了正常劳动的前提下，用人单位依法应支付的最低劳动报酬。这里的“正常劳动”是指劳动者按依法签订的劳动合同约定，在法定工作时间或劳动合同约定的工作时间内从事的劳动。劳动者依法享受带薪年休假、探亲假、婚丧假、生育（产）假、节育手术假等国家规定的假期间，以及法定工作时间内依法参加社会活动期间，视为提供了正常劳动。最低工资标准具有以下特点：第一，最低工资标准是国家通过立法确定并强制施行的工资标准，具有法律效力，不能变通和规避。第二，最低工资标准是国家干预劳动力市场的产物，它解决的是低薪劳动者的生存权问题。第三，最低工资标准是劳动者获得劳动报酬的底线，低于最低工资标准支付工资是违法行为。

（二）最低工资标准的构成

最低工资标准由国家规定的劳动报酬项目构成，包括基本工资和奖金、津贴等，但下列费用不包含在最低工资范围之内：延长工作时间的工资；中班、夜班、高温、低温、井下、有毒有害等特殊工作环境、条件下的津贴；法律法规和国家规定的劳动者福利待遇等。

（三）最低工资标准的制定

最低工资标准是单位劳动时间内的最低工资数额。《劳动法》第 48 条规定：“国家实行最低工资保障制度。最低工资的具体标准由省、自治区、直辖市人民政府规定，报国务院备案。用人单位支付劳动者的工资不得低于当地最低工资标准。”我国不实行全国统一的最低工资标准，由各地根据具体情况确定最低工资标准。

《劳动法》第 49 条规定，确定和调整最低工资标准应当综合参考下列因素：一是劳动者本人及平均赡养人口的最低生活费用；二是社会平均工资水平；三是劳动生产率；四是就业状况；五是地区之间经济发展水平的差异。

我国最低工资标准一般采取月最低工资标准和小时最低工资标准的形式。月最低工资标准适用于全日制就业劳动者，小时最低工资标准适用于非全日制就业劳动者。确定和调整月最低工资标准，应参考当地就业者及其赡养人口的最低生活费用、城镇居民消费价格指数、职工个人缴纳的社会保险费和住房公积金、职工平均工资、经济发展水平、就业状况等因素。确定和调整小时最低工资标准，应在颁布的月最低工资标准的基础上，考虑单位应缴纳的基本养老保险费和基本医疗保险费因素，同时还应适当考虑非全日制劳动者在工作稳定性、劳动条件和劳动强度、福利等方面与全日制就业人员之间的差异。

最低工资标准的制定实行“三方原则”，《最低工资规定》第 8 条规定：“最低工资标准的确定和调整方案，由省、自治区、直辖市人民政府劳动保障行政部门会同同级工会、企业联合会/企业家协会研究拟订，并将拟订的方案报送劳动保障部。方案内容包括最低工资确定和调整的依据、适用范围、拟订标准和说明。劳动保障部在收到拟订方案后，应征求全国总工会、中国企业联合会/企业家协会的意见。劳动保障部对方案可以提出修订意见，若在方案收到后 14 日内未提出修订意见的，视为同意。”

最低工资标准发布实施后，如影响最低工资标准的相关因素发生变化，应当适时调整。最低工资标准每两年至少调整一次。

第三节　工作时间和休息休假制度

一、工作时间

（一）工作时间的含义

工作时间是指依国家法律规定劳动者完成其本职工作的时间。工作时间的本质是实现劳动力和生产资料相结合并完成劳动过程的时间，既包括劳动者实际工作的时间，也包括劳动者的某些非实际工作时间（也称“辅助工作时间”），如工作前的准备时间、停工待料时间、下班前的交接时间、进入用人单位后参与和工作直接相关以及企业指派的学习、培训、会议等时间。工作时间的最高界限取决于劳动者的身体界限和道德界限。前者是为了满足生理需要，后者是为了满足精神和社会需要。法律强制限制工作时间的意旨在于明确区分了属于劳动者自己可以自由支配的时间和属于雇主的时间[①]。《劳动法》规定，国家实行每日工作时间不超过 8 小时，平均每周工作时间不超过 44 小时的工时制度。1995 年 3 月，国务院发布《关于修改〈国务院关于职工工作时间的规定〉的决定》，确立了我国目前的工时制度：职工每日工作 8 小时，每周工作 40 小时。国家机关、事业单位实行统一的工作时间，星期六和星期日为休息日。《劳动法》严格限定工作时间的长度，有利于顺利完成劳动者的再生产、提升劳动者的素质、实现劳动者的全面发展。

（二）工时制度的基本内容

工时制度即工作时间制度的简称。工作时间可以分为标准工时和非标准工时。标准工时即一般工作时间，是法律规定的基本工时标准，通常是工时最高标准；非标准工时即特殊工作时间，适用于特殊情形的工时制度。特殊工时制度的工作时间和休息办法不同于标准工作时间，包括缩短工时制、不定时工时制、综合计算工时制等。

1．标准工时

标准工时是由国家法律规定的，在正常情况下劳动者从事工作的时间。标准工时是工时制度的最基本形式，也是其他特殊工时制度的计算依据和参照标准。我国标准工时是 8 小时工作日，40 小时工作周。以此为基础，结合 2024 年 11 月修订的《全国年节及纪念日放假办法》，可以计算年工作日、季工作日和月工作日。年工作日为 365–104（休息日）–13（法定节假日）=248 天；季工作日为年工作日 ÷ 4=62 天；月工作日为 248 天 ÷ 12=20.67 天。

2．特殊工时

（1）缩短工时制

缩短工时制是指法律规定在特殊情形下实行的工作时间少于标准工作时间

① 王天玉：《工作时间基准的体系构造及立法完善》，载《法律科学》，2016（1）。

长度的工时制度，即劳动者每天工作的时数少于8小时或者每周工作的时数少于40小时，这适用于在特殊条件下从事劳动和有特殊情况的劳动者。如，特定行业劳动者、夜班劳动者（从本日22时至次日6时）、在哺乳期工作的女职工、怀孕7个月以上的女职工、未成年工人等。具体而言，特定行业劳动者（从事矿山、井下、高温、低温、有毒有害、特别繁重或过度紧张的劳动的职工）应在一定程度上缩短工作时间；一般从事夜班工作的劳动者每日缩短1小时；哺乳期工作的女职工，一般每日给予两次哺乳时间，每次30分钟；怀孕7个月以上的女职工、在工作时间之内应安排一定的休息时间。一般未成年工每日要缩短工作时间1小时。

（2）不定时工时制

不定时工时制是指没有固定的上下班时间限制的工时形式，它是针对因生产特点、工作特殊需要或职责范围的关系，无法按标准工作时间衡量而需要机动作业的职工所采用的一种工时制度。不定时即无固定的起点和终点，无法计算和衡量工作日长度。不定时工时制度有以下三个要点：

第一，适用的范围特定。企业对符合下列条件之一的职工，可以实行不定时工作制：（1）企业中的高级管理人员、外勤人员、推销人员、部分值班人员和其他因工作无法按标准工作时间衡量的职工；（2）企业中的长途运输人员、出租汽车司机和铁路、港口、仓库的部分装卸人员以及因工作性质特殊需机动作业的职工；（3）其他因生产特点、工作特殊需要或职责范围的关系适合实行不定时工作制的职工。

第二，需要审批。用人单位实行不定时工作制应当报劳动行政部门批准。对未经劳动行政部门审批的，不得实行不定时工作时间制度。

第三，经批准实行不定时工作制的职工，不受《劳动法》规定的日延长工作时间标准和每月延长工作时间标准的限制，不适用《劳动法》有关加班工资的规定。

下面我们看一个有关不定时工时制的案例。

案情简介

刘某是某公司办公室的内勤人员，与公司签订了劳动合同，在劳动合同中约定了工作职责，并约定实行不定时工作时间制度。公司为了减少非生产人员的工资开支，实际上安排刘某承担了原两个工作人员的工作任务量。因此，为了完成公司领导交给的工作任务，刘某在正常工作时间内经常加点工作，并且也没有休息日，每周平均工作时间长达50多小时。刘某无法承受工作压力，便向公司提出解除劳动合同，要求公司按规定支付加班工资。公司认为，双方在劳动合同中约定的是实行不定时工作时间制度，劳动者加班完成工作任务是理所应当的，要求支付加班工资没有理由。刘某向劳动争议仲裁委提起仲裁申请，要求确认公司在安排工作时间问题上存在违法行为，要求公司按规定支付加班工资。

案例分析

本案中，刘某是公司办公室的内勤人员，不属于应当实行不定时工作时间制度的人员范围，且实行不定时工作时间制度的用人单位应当报劳动行政部门批准。未经劳动行政部门审批的，不得实行不定时工作时间制度。本案中，公司没有履行审批程序，即使公司提出申请，因为刘某不属于不定时工作时间制度法定的适用对象，劳动行政部门也不会批准。所以，公司在安排刘某工作时间问题上存在违法行为，应该向刘某支付加班工资。

（3）综合计算工时制

综合计算工时制是针对工作性质特殊，需连续作业或受季节和自然条件限制的企业的部分职工，采用的以周、月、季、年等为周期综合计算工作时间的一种工时制度。综合计算工时制度的特点是时间连续使用和计算，“相对集中工作、集中休息”，其平均日工作时间和周工作时间应与标准工作时间基本相同。综合计算工时制度有以下的要点：

第一，适用范围特定。实行综合计算工时制的职工主要有如下三类人员：（1）交通、铁路、邮电、水运、航空、渔业等行业中因工作性质特殊，需连续作业的职工；（2）地质及资源勘探、建筑、制盐、制糖、旅游等受季节和自然条件限制行业的部分职工；（3）其他适合实行综合计算工时制的职工。

第二，可以相对集中工作、集中休息的工作制度。实行综合计算工时制是从部分企业生产实际出发，以保证生产的正常进行和劳动者的合法权益，所以在综合计算周期内，某一具体工作日或工作周的实际工作时间可以超过 8 小时或 40 小时。

第三，需要审批。用人单位实行综合计算工时制的审批制度与实行不定时工作制的审批方法相同。在审批综合计算工时制的过程中，企业要做到以下两点：一是企业实行综合计算工时工作制以及在该制度中采取何种工作方式，一定要与工会和劳动者协商；二是对于第三级以及以上体力劳动强度的工作岗位，劳动者每日连续工作时间不得超过 11 小时，而且每周至少休息一天。

第四，综合计算周期内的总体工作时间不应超过总体法定标准工作时间，超过部分应视为延长工作时间并按《劳动法》及有关规定支付加班工资报酬。

（4）计件工时制

计件工时制是指以劳动者完成一定劳动定额为标准的工作时间制度。实际上是计时工资的一种转换。对实行计件工作的劳动者，用人单位应当根据标准工时制度合理确定其劳动定额和计件报酬标准；对实行计件工时制的用人单位，必须以劳动者在一个标准工作日（一昼夜工作 8 小时）和一个标准工作周（一周工作 40 小时，每周工作 5 天）的工作时间内能够完成的计件数量为标准，确定劳动者日或周的劳动定额。劳动定额，是指在一定的生产技术和生产组织条件下，为生产一定量的合格产品或完成一定量的工作所预先规定的劳动消耗标准或是在单位时间内预先规定的完成合格产品数量的标准。合理的劳动定额应当是在正常情况下，大多数劳动者按照标准工作时间劳动能够完成的定额量。

（5）非全日制工时制

非全日制工时制，即以小时计酬为主，劳动者在同一用人单位一般平均每日工作时间不超过 4 小时，每周工作时间累计不超过 24 小时的工作时间制度。

（6）弹性工时制

弹性工时制，是指在工作周时数不变的情况下，在标准工作日的基础上，按照预先规定的办法，由劳动者个人有限度地自主安排工作时间的制度。

二、休息休假

（一）休息休假的概念

休息休假又称休息时间，是劳动者在国家规定的法定工作时间以外自行支配的时间。休息休假制度是实现劳动者休息权的重要保障，它包括四个方面：

第一，工作中的间歇时间，是指劳动者在一个工作日内的休息时间和用餐时间。间歇时间在劳动者连续工作一定时间后实行，有利于帮助劳动者消除疲劳，恢复体力和精力。间歇时间的长短可由用人单位根据具体情况来确定。

第二，每天的休息时间，即每天工作 8 小时以外的休息时间。

第三，每周的连续休息时间也就是双休日，是劳动者工作满一个工作周以后的休息时间。《劳动法》第 38 条规定，用人单位应当保证劳动者每周至少休息 1 天。1995 年修订的《国务院关于职工工作时间的规定》进一步缩短工时，规定“国家机关、事业单位实行统一的工作时间，星期六和星期日为周休息日”，将每工作周的休息天数增加到 2 天。

第四，节日休假和带薪年休假。节日休假是指由国家法律统一规定的用于欢度节日、开展庆祝、纪念活动的休息时间。带薪年休假是指劳动者连续工作满一定的工作年限后，享有的保留工作、带薪连续休假。

（二）休假的种类

1. 法定休假日

法定节假日是指由国家法律统一规定的用于欢度节日、开展庆祝、纪念活动的休息时间，其不仅具有保障休息权的功能，还蕴含着重要的文化意义和功能。

根据 2024 年 11 月修订的《全国年节及纪念日放假办法》（自 2025 年 1 月 1 日起施行），我国法定节日主要有以下几种：

一是全体公民放假的节日：新年，放假 1 天（1 月 1 日）；春节，放假 4 天（农历除夕、正月初一至初三）；清明节，放假 1 天（农历清明当日）；劳动节，放假 2 天（5 月 1 日、2 日）；端午节，放假 1 天（农历端午当日）；中秋节，放假 1 天（农历中秋当日）；国庆节，放假 3 天（10 月 1 日、2 日、3

日）。全体公民放假的假日，如果适逢星期六、星期日，应当在工作日补假。

二是部分公民放假的节日及纪念日：妇女节（3月8日），妇女放假半天；青年节（5月4日），14周岁以上的青年放假半天；儿童节（6月1日），不满14周岁的少年儿童放假1天；中国人民解放军建军纪念日（8月1日），现役军人放假半天。部分公民放假的假日，如果适逢星期六、星期日，则不补假。

三是少数民族习惯的节日，由各少数民族聚居地区的地方人民政府，按照各民族习惯，规定放假日期。

2. 带薪年休假

带薪年休假是劳动者工作达到一定期限后，每年可以享有的保留工作带薪连续休假。2007年12月14日《职工带薪年休假条例》颁布。2008年9月18日《企业职工带薪年休假实施办法》颁布。

（1）适用范围

机关、团体、企业、事业单位、民办非企业单位、有雇工的个体工商户等单位的职工连续工作1年以上的，享受带薪年休假。单位应当保证职工享受年休假。职工在年休假期间享受与正常工作期间相同的工资收入。

（2）条件与假期

职工累计工作已满1年不满10年的，年休假5天；已满10年不满20年的，年休假10天；已满20年的，年休假15天。国家法定休假日、休息日不计入年休假的假期。职工依法享受的探亲假、婚丧假、产假等国家规定的假期以及因工伤停工留薪期间不计入年休假假期。

职工有下列情形之一的，不享受当年的年休假：职工依法享受寒暑假，其休假天数多于年休假天数的；职工请事假累计20天以上且单位按照规定不扣工资的；累计工作满1年不满10年的职工，请病假累计2个月以上的；累计工作满10年不满20年的职工，请病假累计3个月以上的；累计工作满20年以上的职工，请病假累计4个月以上的。

（3）效力与待遇

带薪年休假具有强制执行的效力，不能通过双方的约定而免除，更不能通过用人单位的规章制度排除。单位根据生产、工作的具体情况，并考虑职工本人意愿，统筹安排职工年休假。年休假在1个年度内可以集中安排，也可以分段安排，一般不跨年度安排。单位因生产、工作特点确有必要跨年度安排职工年休假的，可以跨 1 个年度安排。

单位确因工作需要不能安排职工休年休假的，经职工本人同意，可以不安排职工休年休假。对职工应休未休的年休假天数，单位应当按照该职工日工资收入的 300%支付年休假工资报酬，其中包含用人单位支付职工正常工作期间的工资收入。用人单位安排职工休年休假，但是职工因本人原因且书面提出不休年休假的，用人单位可以只支付其正常工作期间的工资收入。

用人单位与职工解除或者终止劳动合同时，当年度未安排职工休满应休年休假天数的，应当按照职工当年已工作时间折算应休未休年休假天数，并支付未休年休假工资报酬，但折算后不足 1 整天的部分不支付未休年休假工资报酬。折算方法：当年度在本单位已过日历天数 ÷ 365 天 × 职工本人全年应当享受的年休假天数－当年度已安排年休假天数。

（4）保障与救济

县级以上地方人民政府人事部门、劳动保障部门应当依据职权对单位执行带薪年休假制度的情况主动进行监督检查。工会组织依法维护职工的年休假权利。单位不安排职工休年休假又不依照法律规定给予年休假工资报酬的，由县级以上地方人民政府人事部门或者劳动保障部门依据职权责令限期改正；对逾期不改正的，除责令该单位支付年休假工资报酬外，单位还应当按照年休假工资报酬的数额向职工加付赔偿金；对拒不支付年休假工资报酬、赔偿金的，属于公务员和参照公务员法管理的人员所在单位的，对直接负责的主管人员以及其他直接责任人员依法给予处分；属于其他单位的，由劳动保障部门、人事部门或者职工申请人民法院强制执行。

3. 事假

事假是指在法定的节假日之外，劳动者因出现特定事由，由其本人提出申请并由用人单位予以批准或认可的休假，包括探亲假、产假、婚丧假和病假。

（1）探亲假

探亲假即探望亲人的假期，是指与父母或配偶分居两地的职工，每年享有的与父母或配偶团聚的假期。《国务院关于职工探亲待遇的规定》对探亲假的适用范围、标准与待遇等做了规定。

第一，适用范围。凡在国家机关、人民团体和全民所有制企业、事业单位工作满一年的固定职工，与配偶不住在一起，又不能在公休假日团聚的，可以享受探望配偶假待遇；与父亲、母亲都不住在一起，又不能在公休假日团聚的，可以享受探望父母假的待遇。但是，职工与父亲或与母亲一方能够在公休假日团聚的，不能享受探望父母假的待遇。

第二，标准。探望配偶的，每年给予一方探亲假一次，假期为 30 天；未婚职工探望父母，原则上每年给假一次，假期为 20 天，如果因为工作需要，本单位当年不能给予假期，或者职工自愿两年探亲一次，可以两年给假一次，假期为 45 天；已婚职工探望父母的，每 4 年给假一次，假期为 20 天。实行休假制度的职工应该在休假期间探亲；如果休假期较短，可由本单位适当安排，补足其探亲假的天数。探亲假期是职工与配偶、父母团聚的时间，包括公休假日和法定节日在内。另外，单位应该根据实际需要给予路程假。

第三，待遇。职工在规定的探亲假期和路程假期内，按照本人的标准工资发给工资。职工探望配偶和未婚职工探望父母的往返路费，由所在单位负担。已婚职工探望父母的往返路费，在本人月标准工资 30%以内的，由本人自理，超过部分由所在单位负担。

（2）产假

产假即妇女生育假。国家规定产假的目的是保证产妇恢复健康，产假期间工资照发。《女职工劳动保护特别规定》规定，女职工生育享受 98 天产假，其中产前可以休假 15 天；难产的，增加产假 15 天；生育多胞胎的，每多生育一个婴儿，增加产假 15 天。女职工怀孕未满 4 个月流产的，享受 15 天产假；怀孕满 4 个月流产的，享受 42 天产假。根据 2021 年修正的《人口与计划生育法》的规定，符合法律法规规定生育子女的夫妻，可以获得延长生育假的奖励或者其他福利待遇。

（3）婚丧假

婚丧假是指劳动者本人结婚以及其直系亲属死亡时依法享受的假期。根据 1980 年《关于国营企业职工请婚丧假和路程假问题的通知》的规定，职工可享有 1 天至 3 天的婚丧假，路程较远的，还可以给予路程假。在批准的婚丧假和路程假期间，工资照发、费用自理。

（4）病假

病假是指劳动者本人因患病或非因工负伤，需要停止工作医疗时，企业应该根据劳动者本人实际参加工作年限和在本单位工作年限，给予一定的医疗假期。申请病假需要履行程序，并应出具医院证明。企业职工在医疗期内，其病假工资、疾病救济费和医疗待遇按照有关规定执行。

三、延长工作时间及其限制

（一）延长工作时间的条件和程序

延长工作时间，是依法在特殊情况下实行的一种在一定范围内超过标准工作时间的特殊工时形式。延长工作时间又称“加班加点”。在节假日或休息日工作称为“加班”，在法定标准工作时间之外延长工作时间，称为“加点”。需要注意的是，我们经常把“加班”“加点”混为一谈，都称为“加班”，事实上加班和加点存在明显区别：第一，加班时间限于法定节假日和周休日，而加点时间限于正常工作日；第二，在周休日加班，首先应安排劳动者补休，不能补休的，应加发劳动报酬；在节假日加班，不能以安排劳动者补休的方式替代，加点则不予补休而加发劳动报酬；第三，加班的劳动报酬高于加点的劳动报酬。

延长工作时间是相对于特定的工作时间而言的，因此，它适用于标准工作日、缩短工作日，而不定时工时制度下不存在加班加点的情形。《劳动法》第 41 条规定：“用人单位由于生产经营需要，经与工会和劳动者协商后可以延长工作时间，一般每日不得超过一小时；因特殊原因需要延长工作时间的，在保障劳动者身体健康的条件下延长工作时间每日不得超过三小时，但是每月不得超过三十六小时。”《劳动法》第 42 条规定：“有下列情形之一的，延长工作时间不受本法第四十一条规定的限制：（一）发生自然灾害、事故或者因其他原因，威胁劳动者生命健康和财产安全，需要紧急处理的；（二）生产设备、交通运输线路、公共设施发生故障，影响生产和公众利益，必须及时抢修的；（三）法律、行政法规规定的其他情形。”

（二）延长工作时间的限制措施

延长工作时间损害了劳动者的休息权利，必须受到法律的严格限制。

1．适用范围限制

对怀孕7个月以上的女职工，用人单位不得延长劳动时间；对哺乳未满1周岁的婴儿的女职工，用人单位不得延长劳动时间。

2．程序限制

一般情况下，延长工作时间，首先要与工会协商。延长工作时间与劳动者的切身利益直接相关，用人单位需要延长工作时间时，应当将延长的理由、人数、时间长度等相关事宜与工会说明，征得工会同意。如果工会认为延长工作时间的理由不充分或内容不适当，有权向用人单位提出，通过协商予以修改、完善。延长工作时间还需要与劳动者协商。劳动法奉行不得强迫劳动的原则，而且延长工作时间占用劳动者的休息时间，牺牲了劳动者的休息权，因此，用人单位还应与劳动者协商，征得劳动者的同意。

3．长度限制

延长工作时间一般每日不超过1小时，因特殊情况需要延长工作时间的，在保障劳动者身体健康的情况下每日不超过3小时，每月延长工作时间的总数不超过36小时。

（三）延长工作时间的补偿

延长工作时间不仅要进行限制，还需要对提供额外劳动的劳动者给予补偿。

1．补休

补休适用于用人单位安排劳动者在休息日延长工作时间的情形。工作时间延长后第一措施不是补偿而是补休。休息日安排劳动者工作，补休具有优先性，不能安排补休的，才适用补偿。补休时间应等同于加班时间，法定节假日一般不安排补休。

2．支付延长工作时间的工资

延长工作时间的工资标准为：（1）安排劳动者延长工作时间的，支付不低于工资的150%的工资报酬；（2）休息日安排劳动者工作又不能安排补休的，支付不低于工资的200%的工资报酬；（3）法定休假日安排劳动者工作的，支付不低于工资的300%的工资报酬。实行计件工资的劳动者，在完成计件定额任务后，由用人单位安排延长工作时间的，应根据上述规定的原则，分别按照不低于其本人法定工作时间计件单价的150%、200%、300%支付其工资。经劳动行政部门批准实行综合计算工时工作制的，其综合计算工作时间超过法定标准工作时间的部分，应视为延长工作时间，并应按本规定支付劳动者延长工作时间的工资。实行不定时工时制度的劳动者，不执行上述规定。

在实践中我们需要注意的是，劳动法中的加班加点一定是“用人单位安排”的，即因为用人单位的原因而延长工作时间的。实务中，既可以通过加班的申请批准程序体现，也可以通过劳动合同的约定体现，但是，劳动者因自己不能按时完成工作任务而导致的“自愿加班”，要求单位支付加班工资于法无据。

下面我们分析一个与加班相关的案例。

案情简介

2007年1月，马先生就职于北京某保险公司某支公司，并担任该支公司的法人，月收入1.5万余元。2008年12月，马先生办理了退休手续，与公司终止了劳动合同，之后马先生向劳动仲裁委员会申请仲裁，要求该保险公司给付其加班费等各项补偿20余万元。因马先生已超过退休年龄，劳动仲裁委员会以不属于受理范围为由驳回了马先生的申诉。随后，马先生向北京市密云县人民法院提起诉讼，希望通过法院保护自己的权利。在庭审中马先生称，自己在公司工作期间经常在周末到公司进行加班，检查员工的工作情况等，并且在奥运会期间经常加班，处理可能发生的突发事件。并且，由于自己的工作性质和职务特点，经常需要陪客户吃饭，造成自己在平时下班后也不能正常地休息，所以按照法律规定，单位理应支付加班费。保险公司辩称，马先生身为支公司的法定代表人，并没有人要求其进行加班，并且其在周末偶尔去单位也只是简单的检查工作，没什么事情就回去，并不是像平时上班那样需要办理公务，就该行为的性质而言应该属于值班，不应支付加班费。马先生作为公司的法人代表，是该公司的领导，其所主张的加班实际上是到单位处理一些可能发生的突发事件，如果没事可自行休息，并不是为了直接完成生产任务而进行的加班，这与他平时的工作内容不具有延续性。据此，北京市密云县人民法院于2009年6月作出判决，驳回了马先生的诉讼请求。

案例分析

本案的争议焦点是马先生是否有权主张加班费，这涉及马先生的工时制度。从案情材料看，马先生是公司的法定代表人，属于企业中的高级管理人员，本来可以适用不定时工作时间制度。如果适用了不定时工作时间制度，依据法律规定，不定时工时是不受《劳动法》规定的日延长工作时间标准和每月延长工作时间标准的限制，不适用《劳动法》有关加班工资的规定。但是，按照《劳动法》的规定，实行不定时工作制的用人单位应当报劳动行政部门批准实行不定时工作时间制度。对未经劳动行政部门审批的，不得实行不定时工时制度。本案中，公司没有就不定时工时报劳动行政部门审批，因此马先生实行的工时制度并非不定时工时。那么马先生是否有权主张加班费呢？这又涉及值班和加班的区别。加班和值班具有以下区别：第一，内容不同。加班是劳动者根据用人单位的安排，在法定标准工作时间之外延长工作时间或在休息日、法定节假日从事生产或工作，其工作内容是劳动者工作的延续，即加班的劳动者除国家规定的上班时间外，还要针对“同一工作”额外付出一定的劳动；值班是用人单位安全、消防、节假日或处理紧急事务等需要，安排劳动者在非工作时间内完成某项工作任务，其工作内容具有非生产性，一般与本职工作有较大区别，或虽与本职工作有关，但值班期间可以休息，并不具有工作上的延续性。第二，程序要求不同。用人单位安排加班一般应当征求工会和劳动者的意见；值班安排属于用人单位用工自主权，用人单位安排值班的，劳动者原则上需要服从。第三，待遇标准不同。加班需要按照劳动法的规定支付加班费；值班只需支付“值班津贴”，具体标准由用人单位按照劳动合同或规章制度等确定[①]。本案中，马先生的行为属于值班，主张公司要按照加班工资的标准发放加班费于法无据。

① 王琳：《劳动合同法》，2版，第65页，北京：中国人民大学出版社，2022。

第四节 劳动保护法律制度

劳动保护法律制度，是指保护劳动者在职业劳动过程中的生命和健康安全的法律制度。劳动保护法律制度产生的背景是工业社会取代农业社会后带来的大量的工业风险及所引发的社会危害，为预防工业风险，为劳动者营造安全、健康的工作环境，劳动保护法应运而生。劳动保护法也被称为“劳动安全卫生法”或“职业安全卫生法”，其具体内容包括安全生产法律制度、职业病防治法律制度、职业安全卫生技术规程、职业安全卫生管理制度以及女职工和未成年工的特殊劳动保护。劳动保护法的内容具有技术性，对其全面掌握需要具备大量的安全生产、职业卫生方面的知识。

一、安全生产法律制度

2002年，全国人民代表大会常务委员会通过了《安全生产法》(于2009年、2014年、2021年进行了三次修正)。《安全生产法》是我国劳动保护领域的一部基础性的法律，也是保障人民群众生命和财产安全的最重要的一部法律，其主要内容如下：

（一）适用范围

《安全生产法》第2条明确规定：“在中华人民共和国领域内从事生产经营活动的单位（以下统称生产经营单位）的安全生产，适用本法；有关法律、行政法规对消防安全和道路交通安全、铁路交通安全、水上交通安全、民用航空安全以及核与辐射安全、特种设备安全另有规定的，适用其规定。”

（二）安全生产的方针与原则

《安全生产法》第3条规定：“安全生产工作坚持中国共产党的领导。安全生产工作应当以人为本，坚持人民至上、生命至上，把保护人民生命安全摆在首位，树牢安全发展理念，坚持安全第一、预防为主、综合治理的方针，从源头上防范化解重大安全风险。安全生产工作实行管行业必须管安全、管业务必须管安全、管生产经营必须管安全，强化和落实生产经营单位主体责任与政府监管责任，建立生产经营单位负责、职工参与、政府监管、行业自律和社会监督的机制。”

（三）政府的安全生产职责

《安全生产法》第 8 条规定：“国务院和县级以上地方各级人民政府应当根据国民经济和社会发展规划制定安全生产规划，并组织实施。安全生产规划应当与国土空间规划等相关规划相衔接。各级人民政府应当加强安全生产基础设施建设和安全生产监管能力建设，所需经费列入本级预算。县级以上地方各级人民政府应当组织有关部门建立完善安全风险评估与论证机制，按照安全风险管控要求，进行产业规划和空间布局，并对位置相邻、行业相近、业态相似的生产经营单位实施重大安全风险联防联控。”

《安全生产法》第 9 条规定：“国务院和县级以上地方各级人民政府应当加强对安全生产工作的领导，建立健全安全生产工作协调机制，支持、督促各有关部门依法履行安全生产监督管理职责，及时协调、解决安全生产监督管理中存在的重大问题。乡镇人民政府和街道办事处，以及开发区、工业园区、港区、风景区等应当明确负责安全生产监督管理的有关工作机构及其职责，加强安全生产监管力量建设，按照职责对本行政区域或者管理区域内生产经营单位安全生产状况进行监督检查，协助人民政府有关部门或者按照授权依法履行安全生产监督管理职责。”

《安全生产法》第 10 条规定：“国务院应急管理部门依照本法，对全国安全生产工作实施综合监督管理；县级以上地方各级人民政府应急管理部门依照本法，对本行政区域内安全生产工作实施综合监督管理。国务院交通运输、住房和城乡建设、水利、民航等有关部门依照本法和其他有关法律、行政法规的规定，在各自的职责范围内对有关行业、领域的安全生产工作实施监督管理；县级以上地方各级人民政府有关部门依照本法和其他有关法律、法规的规定，在各自的职责范围内对有关行业、领域的安全生产工作实施监督管理。对新兴行业、领域的安全生产监督管理职责不明确的，由县级以上地方各级人民政府按照业务相近的原则确定监督管理部门。应急管理部门和对有关行业、领域的安全生产工作实施监督管理的部门，统称负有安全生产监督管理职责的部门。负有安全生产监督管理职责的部门应当相互配合、齐抓共管、信息共享、资源共用，依法加强安全生产监督管理工作。”

《安全生产法》第 17 条规定：“县级以上各级人民政府应当组织负有安全生产监督管理职责的部门依法编制安全生产权力和责任清单，公开并接受社会监督。”

（四）生产经营单位的安全生产保障责任

生产经营单位的安全生产保障责任主要是生产经营单位应当具备法律、行政法规和国家标准或者行业标准规定的安全生产条件；不具备安全生产条件的，不得从事生产经营活动。

生产经营单位的主要负责人对本单位安全生产工作负有下列职责：（1）建立健全并落实本单位全员安全生产责任制，加强安全生产标准化建设；（2）组织制定并实施本单位安全生产规章制度和操作规程；（3）组织制定并实施本单位安全生产教育和培训计划；（4）保证本单位安全生产投入的有效实施；（5）组织建立并落实安全风险分级管控和隐患排查治理双重预防工作机制，督促、检查本单位的安全生产工作，及时消除生产安全事故隐患；（6）组织制定并实施本单位的生产安全事故应急救援预案；（7）及时、如实报告生产安全事故。

生产经营单位的全员安全生产责任制应当明确各岗位的责任人员、责任范围和考核标准等内容。生产经营单位应当建立相应的机制，加强对全员安全生产责任制落实情况的监督考核，保证全员安全生产责任制的落实。生产经营单位应当对从业人员进行安全生产教育和培训，保证从业人员具备必要的安全生产知识，熟悉有关的安全生产规章制度和安全操作规程，掌握本岗位的安全操作技能，了解事故应急处理措施，知悉自身在安全生产方面的权利和义务。未经安全生产教育和培训合格的从业人员，不得上岗作业。生产经营单位使用被派遣劳动者的，应当将被派遣劳动者纳入本单位从业人员统一管理，对被派遣劳动者进行岗位安全操作规程和安全操作技能的教育与培训。劳务派遣单位应当对被派遣劳动者进行必要的安全生产教育和培训。

生产经营单位接收中等职业学校、高等学校学生实习的，应当对实习学生进行相应的安全生产教育和培训，提供必要的劳动防护用品。学校应当协助生产经营单位对实习学生进行安全生产教育和培训。生产经营单位应当建立安全生产教育和培训档案，如实记录安全生产教育和培训的时间、内容、参加人员以及考核结果等情况。生产经营单位应当建立安全风险分级管控制度，按照安全风险分级采取相应的管控制度。

（五）生产经营单位的从业人员安全生产的权利义务

生产经营单位的从业人员安全生产的权利义务主要为以下几点：

1. 劳动合同的安全条款

生产经营单位与从业人员订立的劳动合同，应当载明有关保障从业人员劳动安全、防止职业危害的事项，以及依法为从业人员办理工伤保险的事项。生产经营单位不得以任何形式与从业人员订立协议，免除或者减轻其对从业人员因生产安全事故伤亡依法应承担的责任。

2. 知情权和建议权

生产经营单位的从业人员有权了解其作业场所和工作岗位存在的危险因素、防范措施及事故应急措施，有权对本单位的安全生产工作提出建议。

3. 批评、检举、控告、拒绝权

从业人员有权对本单位安全生产工作中存在的问题提出批评、检举、控告；有权拒绝违章指挥和强令冒险作业。生产经营单位不得因从业人员对本单位安全生产工作提出批评、检举、控告或者拒绝违章指挥、强令冒险作业而降低其工资、福利等待遇或者解除与其订立的劳动合同。

4. 紧急处置权

从业人员发现直接危及人身安全的紧急情况时，有权停止作业或者在采取可能的应急措施后撤离作业场所。生产经营单位不得因从业人员在紧急情况下停止作业或者采取紧急撤离措施而降低其工资、福利等待遇或者解除与其订立的劳动合同。

5. 事故后的救治和赔偿

生产经营单位发生生产安全事故后，应当及时采取措施救治有关人员。因生产安全事故受到损害的从业人员，除依法享有工伤保险外，依照有关民事法律尚有获得赔偿的权利的，有权提出赔偿要求。

6. 落实岗位安全责任和服从安全管理义务

从业人员在作业过程中，应当严格落实岗位安全责任，遵守本单位的安全生产规章制度和操作规程，服从管理，正确佩戴和使用劳动防护用品。

7. 接受安全生产教育和培训义务

从业人员应当接受安全生产教育和培训，掌握本职工作所需的安全生产知识，提高安全生产技能，增强事故预防和应急处理能力。

8. 报告义务

从业人员发现事故隐患或者其他不安全因素，应当立即向现场安全生产管理人员或者本单位负责人报告；接到报告的人员应当及时予以处理。

9. 工会监督

工会有权对建设项目的安全设施与主体工程同时设计、同时施工、同时投入生产和使用进行监督，提出意见。工会对生产经营单位违反安全生产法律法规，侵犯从业人员合法权益的行为，有权要求纠正；发现生产经营单位违章指挥、强令冒险作业或者发现事故隐患时，有权提出解决的建议，生产经营单位应当及时研究答复；发现危及从业人员生命安全的情况时，有权向生产经营单位建议组织从业人员撤离危险场所，生产经营单位必须立即作出处理。工会有权依法参加事故调查，向有关部门提出处理意见，并要求追究有关人员的责任。

10. 被派遣劳动者的权利义务

生产经营单位使用被派遣劳动者的，被派遣劳动者享有《安全生产法》规定的从业人员的权利，并应当履行《安全生产法》规定的从业人员的义务。

（六）工伤保险和安全生产责任保险

《安全生产法》第51条规定："生产经营单位必须依法参加工伤保险，为从业人员缴纳保险费。国家鼓励生产经营单位投保安全生产责任保险；属于国家规定的高危行业、领域的生产经营单位，应当投保安全生产责任保险。具体范围和实施办法由国务院应急管理部门会同国务院财政部门、国务院保险监督管理机构和相关行业主管部门制定。"《安全生产法》第 109 条规定："高危行业、领域的生产经营单位未按照国家规定投保安全生产责任保险的，责令限期改正，处五万元以上十万元以下的罚款；逾期未改正的，处十万元以上二十万元以下的罚款。"

根据 2016 年 12 月 9 日中共中央、国务院颁布的《关于推进安全生产领域改革发展的意见》，高危行业领域主要包括八大类行业：矿山、危险化学品、烟花爆竹、交通运输、建筑施工、民用爆炸物品、金属冶炼、渔业生产。

（七）法律责任制度

《安全生产法》规定了非常严格的法律责任制度，具体体现在：一是增加了按日计罚制度。《安全生产法》第 112 条规定，生产经营单位违反本法规定，被责令改正且受到罚款处罚，拒不改正的，负有安全生产监督管理职责的部门可以自作出责令改正之日的次日起，按照原处罚数额按日连续处罚。二是罚款金额高。《安全生产法》第 114 条规定，发生特别重大事故，情节特别严重、影响特别恶劣的，应急管理部门可以按照罚款数额的 2 倍以上 5 倍以下，对负有责任的生产经营单位处以罚款，最高可至 1 亿元。三是处罚力度大。依据《安全生产法》第 92 条规定，对承担安全评价、认证、检测、检验职责的第三方机构出具虚假报告等严重违法行为，不仅处以数额较大的罚款；还规定从事相关工作，情节严重的，实行终身行业和职业禁入。

（八）公益诉讼制度

《安全生产法》第 74 条第 2 款规定，因安全生产违法行为造成重大事故隐患或者导致重大事故，致使国家利益或者社会公共利益受到侵害的，人民检察院可以根据民事诉讼法、行政诉讼法的相关规定提起公益诉讼。

二、职业病防治法律制度

职业病是指企业、事业单位和个体经济组织等用人单位的劳动者在职业活动中，因接触粉尘、放射性物质和其他有毒、有害物质而引起的疾病。依据

《职业病防治法》规定，职业病必须具备以下四个条件：（1）患病主体是企业、事业单位或个体经济组织的劳动者；（2）必须是在从事职业活动的过程中产生的；（3）必须是因接触粉尘、放射性物质和其他有毒、有害物质等职业病危害因素引起的；（4）必须是国家公布的职业病分类和目录所列的职业病。预防、控制和消除职业病是劳动保护法的主要任务，也是用人单位的法定责任。我国关于职业病防治的法律规范主要是《职业病防治法》《职业病诊断与鉴定管理办法》《职业病分类和目录》等。

职业病防治工作坚持预防为主、防治结合的方针，建立用人单位负责、行政机关监管、行业自律、职工参与和社会监督的机制，实行分类管理、综合治理。

（一）职业病的前期预防

用人单位应当依照法律法规要求，严格遵守国家职业卫生标准，落实职业病预防措施，从源头上控制和消除职业病危害。

产生职业病危害的用人单位的设立除应当符合法律、行政法规规定的设立条件外，其工作场所还应当符合下列职业卫生要求：（1）职业病危害因素的强度或者浓度符合国家职业卫生标准；（2）有与职业病危害防护相适应的设施；（3）生产布局合理，符合有害与无害作业分开的原则；（4）有配套的更衣间、洗浴间、孕妇休息间等卫生设施；（5）设备、工具、用具等设施符合保护劳动者生理、心理健康的要求；（6）法律、行政法规和国务院卫生行政部门关于保护劳动者健康的其他要求。

国家建立职业病危害项目申报制度。用人单位工作场所存在职业病目录所列职业病的危害因素的，应当及时、如实向所在地卫生行政部门申报危害项目，接受监督。

新建、扩建、改建建设项目和技术改造、技术引进项目可能产生职业病危害的，建设单位在可行性论证阶段应当进行职业病危害预评价。医疗机构建设项目可能产生放射性职业病危害的，建设单位应当向卫生行政部门提交放射性职业病危害预评价报告。

职业病防治实行“三同时制度”，即建设项目的职业病防护设施所需费用应当纳入建设项目工程预算，并与主体工程同时设计，同时施工，同时投入生产和使用。建设项目的职业病防护设施设计应当符合国家职业卫生标准和卫生要求；其中，医疗机构放射性职业病危害严重的建设项目的防护设施设计，应当经卫生行政部门审查同意后，方可施工。建设项目在竣工验收前，建设单位应当进行职业病危害控制效果评价。医疗机构可能产生放射性职业病危害的建设项目竣工验收时，其放射性职业病防护设施经卫生行政部门验收合格后，方可投入使用；其他建设项目的职业病防护设施应当由建设单位负责依法组织验收，验收合格后，方可投入生产和使用。卫生行政部门应当加强对建设单位组织的验收活动和验收结果的监督核查。

（二）劳动过程中的防护与管理

1．职业病防治管理措施

用人单位应当采取的职业病防治管理措施：（1）设置或者指定职业卫生管理机构或者组织，配备专职或者兼职的职业卫生管理人员，负责本单位的职业病防治工作；（2）制定职业病防治计划和实施方案；（3）建立、健全职业卫生管理制度和操作规程；（4）建立、健全职业卫生档案和劳动者健康监护档案；（5）建立、健全工作场所职业病危害因素监测及评价制度；（6）建立、健全职业病危害事故应急救援预案。用人单位应当保障职业病防治所需的资金投入，不得挤占、挪用，并对因资金投入不足导致的后果承担责任。用人单位必须采用有效的职业病防护设施，并为劳动者提供个人使用的符合防治职业病要求的防护用品。用人单位应当优先采用有利于防治职业病和保护劳动者健康的新技术、新工艺、新设备、新材料，逐步替代职业病危害严重的技术、工艺、设备、材料。

2．劳动过程防护与管理的基本制度

（1）职业病危害的警示告知制度

产生职业病危害的用人单位，应当在醒目位置设置公告栏，公布有关职业病防治的规章制度、操作规程、职业病危害事故应急救援措施和工作场所职业病危害因素检测结果。对产生严重职业病危害的作业岗位，应当在其醒目位置，设置警示标识和中文警示说明。警示说明应当载明产生职业病危害的种类、后果、预防以及应急救治措施等内容。用人单位与劳动者订立劳动合同（含聘用合同，下同）时，应当将工作过程中可能产生的职业病危害及其后果、职业病防护措施和待遇等如实告知劳动者，并在劳动合同中写明，不得隐瞒或者欺骗。劳动者在已订立劳动合同期间因工作岗位或者工作内容变更，从事与所订立劳动合同中未告知的存在职业病危害的作业时，用人单位应当依照前款规定，向劳动者履行如实告知的义务，并协商变更原劳动合同相关条款。用人单位违反上述规定的，劳动者有权拒绝从事存在职业病危害的作业，用人单位不得因此解除与劳动者所订立的劳动合同。

（2）职业病危害因素监测及评价制度

用人单位应当实施由专人负责的职业病危害因素日常监测，并确保监测系统处于正常运行状态；应当按照国务院卫生行政部门的规定，定期对工作场所进行职业病危害因素检测、评价。检测、评价结果存入用人单位职业卫生档案，定期向所在地卫生行政部门报告并向劳动者公布。发现工作场所职业病危害因素不符合国家职业卫生标准和卫生要求时，用人单位应当立即采取相应治理措施，仍然达不到国家职业卫生标准和卫生要求的，必须停止存在职业病危害因素的作业；职业病危害因素经治理后，符合国家职业卫生标准和卫生要求的，方可重新作业。

（3）职业卫生培训制度

用人单位的主要负责人和职业卫生管理人员应当接受职业卫生培训，遵守职业病防治法律法规，依法组织本单位的职业病防治工作。用人单位应当对劳动者进行上岗前的职业卫生培训和在岗期间的定期职业卫生培训，普及职业卫生知识，督促劳动者遵守职业病防治法律法规、规章和操作规程，指导劳动者正确使用职业病防护设备和个人使用的职业病防护用品。劳动者应当学习和掌握相关的职业卫生知识，增强职业病防范意识，遵守职业病防治法律法规、规章和操作规程，正确使用、维护职业病防护设备和个人使用的职业病防护用品，发现职业病危害事故隐患应当及时报告。

（4）职业健康检查制度

对从事接触职业病危害作业的劳动者，用人单位应当按照国务院卫生行政部门的规定组织上岗前、在岗期间和离岗时的职业健康检查，并将检查结果书面告知劳动者。职业健康检查费用由用人单位承担。用人单位不得安排未经上岗前职业健康检查的劳动者从事接触职业病危害的作业；不得安排有职业禁忌的劳动者从事其所禁忌的作业；对在职业健康检查中发现有与所从事的职业相关的健康损害的劳动者，应当调离原工作岗位，并妥善安置；对未进行离岗前职业健康检查的劳动者不得解除或者终止与其订立的劳动合同。

（5）职业健康监护制度

用人单位应当为劳动者建立职业健康监护档案，并按照规定的期限妥善保存。职业健康监护档案应当包括劳动者的职业史、职业病危害接触史、职业健康检查结果和职业病诊疗等有关个人健康资料。劳动者离开用人单位时，有权索取本人职业健康监护档案复印件，用人单位应当如实、无偿提供，并在所提供的复印件上签章。

（6）应急救援制度

发生或者可能发生急性职业病危害事故时，用人单位应当立即采取应急救援和控制措施，并及时报告所在地卫生行政部门和有关部门。卫生行政部门接到报告后，应当及时会同有关部门组织调查处理；必要时，可以采取临时控制措施。卫生行政部门应当组织做好医疗救治工作。对遭受或者可能遭受急性职业病危害的劳动者，用人单位应当及时组织救治、进行健康检查和医学观察，所需费用由用人单位承担。

3．用人单位对劳动者的义务

用人单位应该保障劳动者享有以下职业卫生保护权利：（1）获得职业卫生教育、培训；（2）获得职业健康检查、职业病诊疗、康复等职业病防治服务；（3）了解工作场所产生或者可能产生的职业病危害因素、危害后果和应当采取的职业病防护措施；（4）要求用人单位提供符合防治职业病要求的职业病防护设施和个人使用的职业病防护用品，改善工作条件；（5）对违反职业病防治法律法规以及危及生命健康的行为提出批评、检举和控告；（6）拒绝违章指挥和强令进行没有职业病防护措施的作业；（7）参与用人单位职业卫生工作的民主管理，对职业病防治工作提出意见和建议。因劳动者依法行使正当权利而降低其工资、福利等待遇或者解除、终止与其订立的劳动合同的，其行为无效。用人单位不得安排未成年工从事接触职业病危害的作业；不得安排孕期、哺乳期的女职工从事对本人和胎儿、婴儿有危害的作业。

4. 工会在职业病防治中的作用

工会组织应当督促并协助用人单位开展职业卫生宣传教育和培训，有权对用人单位的职业病防治工作提出意见和建议，依法代表劳动者与用人单位签订劳动安全卫生专项集体合同，与用人单位就劳动者反映的有关职业病防治的问题进行协调并督促解决。工会组织对用人单位违反职业病防治法律法规，侵犯劳动者合法权益的行为，有权要求纠正；产生严重职业病危害时，有权要求采取防护措施，或者向政府有关部门建议采取强制性措施；发生职业病危害事故时，有权参与事故调查处理；发现危及劳动者生命健康的情形时，有权向用人单位建议组织劳动者撤离危险现场，用人单位应当立即作出处理。

（三）职业病诊断制度

1. 职业病诊断的主体

职业病诊断应当由取得《医疗机构执业许可证》的医疗卫生机构承担。承担职业病诊断的医疗卫生机构还应当具备下列条件：（1）具有与开展职业病诊断相适应的医疗卫生技术人员；（2）具有与开展职业病诊断相适应的仪器、设备；（3）具有健全的职业病诊断质量管理制度。劳动者可以在用人单位所在地、本人户籍所在地或者经常居住地依法承担职业病诊断的医疗卫生机构进行职业病诊断。

2. 职业病诊断的参考因素

职业病诊断，应当综合分析下列因素：（1）病人的职业史；（2）职业病危害接触史和工作场所职业病危害因素情况；（3）临床表现以及辅助检查结果等。没有证据否定职业病危害因素与病人临床表现之间的必然联系的，应当诊断为职业病。职业病诊断、鉴定过程中，用人单位不提供工作场所职业病危害因素检测结果等资料的，诊断、鉴定机构应当结合劳动者的临床表现、辅助检查结果和劳动者的职业史、职业病危害接触史，并参考劳动者的自述、卫生行政部门提供的日常监督检查信息等，作出职业病诊断、鉴定结论。

3. 用人单位的义务

用人单位应当如实提供职业病诊断、鉴定所需的劳动者职业史和职业病危害接触史、工作场所职业病危害因素检测结果等资料；卫生行政部门应当监督检查和督促用人单位提供上述资料；劳动者和有关机构也应当提供与职业病诊断、鉴定有关的资料。职业病诊断、鉴定机构需要了解工作场所职业病危害因素情况时，可以对工作场所进行现场调查，也可以向卫生行政部门提出，卫生行政部门应当在十日内组织现场调查。用人单位不得拒绝、阻挠。

4. 相关争议的解决

职业病诊断、鉴定过程中，在确认劳动者职业史、职业病危害接触史时，当事人对劳动关系、工种、工作岗位或者在岗时间有争议的，可以向当地的劳动人事争议仲裁委员会申请仲裁；接到申请的劳动人事争议仲裁委员会应当受理，并在 30 日内作出裁决。当事人在仲裁过程中对自己提出的主张，有责任提供证据。劳动者无法提供由用人单位掌握管理的与仲裁主张有关的证据的，仲裁庭应当要求用人单位在指定期限内提供；用人单位在指定期限内不提供的，应当承担不利后果。劳动者对仲裁裁决不服的，可以依法向人民法院提起诉讼。用人单位对仲裁裁决不服的，可以在职业病诊断、鉴定程序结束之日起 15 日内依法向人民法院提起诉讼。

当事人对职业病诊断有异议的，可以向作出诊断的医疗卫生机构所在地地方人民政府卫生行政部门申请鉴定。职业病诊断争议由设区的市级以上地方人民政府卫生行政部门根据当事人的申请，组织职业病诊断鉴定委员会进行鉴定。当事人对设区的市级职业病诊断鉴定委员会的鉴定结论不服的，可以向省、自治区、直辖市人民政府卫生行政部门申请再鉴定。

职业病诊断鉴定委员会由相关专业的专家组成。省、自治区、直辖市人民政府卫生行政部门应当设立相关的专家库，需要对职业病争议作出诊断鉴定时，由当事人或者当事人委托有关卫生行政部门从专家库中以随机抽取的方式确定参加诊断鉴定委员会的专家。职业病诊断鉴定委员会组成人员应当遵守职业道德，客观、公正地进行诊断鉴定，并承担相应的责任。职业病诊断鉴定委员会组成人员不得私下接触当事人，不得收受当事人的财物或者其他好处，与当事人有利害关系的，应当回避。

（四）职业病病人的保障

医疗卫生机构发现疑似职业病病人时，应当告知劳动者本人并及时通知用人单位。用人单位应当及时安排对疑似职业病病人进行诊断；在疑似职业病病人诊断或者医学观察期间，不得解除或者终止与其订立的劳动合同，并承担疑似职业病病人在诊断、医学观察期间的费用。

用人单位应当保障职业病病人依法享受国家规定的职业病待遇。用人单位应当按照国家有关规定，安排职业病病人进行治疗、康复和定期检查；对不适宜继续从事原工作的职业病病人，应当调离原岗位，并妥善安置；对从事接触职业病危害作业的劳动者，应当给予适当岗位津贴。

职业病病人的诊疗、康复费用，伤残以及丧失劳动能力的职业病病人的社会保障，按照国家有关工伤保险的规定执行。除工伤保险外，依照有关民事法律，尚有获得赔偿的权利的，职业病病人有权向用人单位提出赔偿要求。用人单位没有依法参加工伤保险的，其医疗和生活保障由该用人单位承担。

职业病病人变动工作单位，其依法享有的待遇不变。用人单位在发生分立、合并、解散、破产等情形时，应当对从事接触职业病危害的作业的劳动者进行健康检查，并按照国家有关规定妥善安置职业病病人。用人单位已经不存在或者无法确认劳动关系的职业病病人，可以向地方人民政府医疗保障、民政部门申请医疗救助和生活等方面的救助。

三、女职工和未成年工的特殊劳动保护

女职工即女性劳动者；未成年工是指年满 16 周岁未满 18 周岁的劳动者。基于女职工和未成年工的身体、生理及各自的特殊需要，国家需要对其采取特殊的制度和措施进行保护。女职工和未成年工的特殊保护彰显了劳动法保护弱者、追求实质平等的法价值和维护社会公共利益的法本位，有利于社会的和谐和健康发展。

（一）女职工的特殊劳动保护

国家保障妇女享有与男子平等的劳动权利和社会保障权利。各级人民政府和有关部门应当完善就业保障政策措施，防止和纠正就业性别歧视，为妇女创造公平的就业创业环境，为就业困难的妇女提供必要的扶持和援助。关于女职工特殊劳动保护的法律规范，主要体现在《劳动法》《劳动合同法》《妇女权益保障法》《女职工劳动保护特别规定》《女职工保健工作规定》等法律法规中，主要是：

1．女职工的劳动就业保护

用人单位在招录（聘）过程中，除国家另有规定外，不得实施下列行为：（1）限定为男性或者规定男性优先；（2）除个人基本信息外，进一步询问或者调查女性求职者的婚育情况；（3）将妊娠测试作为入职体检项目；（4）将限制结婚、生育或者婚姻、生育状况作为录（聘）用条件；（5）其他以性别为由拒绝录（聘）用妇女或者差别化地提高对妇女录（聘）用标准的行为。用人单位在录（聘）用女职工时，应当依法与其签订劳动（聘用）合同或者服务协议，劳动（聘用）合同或者服务协议中应当具备女职工特殊保护条款，并不得规定限制女职工结婚、生育等内容。职工一方与用人单位订立的集体合同中应当包含男女平等和女职工权益保护相关内容，也可以就相关内容制定专章、附件或者单独订立女职工权益保护专项集体合同。

用人单位应当遵守女职工禁忌从事的劳动范围的规定。女职工禁忌从事的劳动范围：（1）矿山井下作业；（2）体力劳动强度分级标准中规定的第四级体力劳动强度的作业；（3）每小时负重6次以上、每次负重超过20公斤的作业，或者间断负重、每次负重超过25公斤的作业。用人单位应当将本单位属于女职工禁忌从事的劳动范围的岗位书面告知女职工。

女职工在怀孕以及依法享受产假期间，劳动（聘用）合同或者服务协议期满的，劳动（聘用）合同或者服务协议期限自动延续至产假结束。但是，用人单位依法解除、终止劳动（聘用）合同、服务协议，或者女职工依法要求解除、终止劳动（聘用）合同、服务协议的除外。

2. 女职工的工资福利保护

用人单位工资分配实行男女同工同酬。妇女在享受福利待遇方面享有与男性平等的权利。用人单位在晋职、晋级、评聘专业技术职称和职务、培训等方面，应当坚持男女平等的原则，不得歧视妇女。用人单位不得因结婚、怀孕、产假、哺乳等情形，降低女职工的工资和福利待遇，限制女职工晋职、晋级、评聘专业技术职称和职务

3. 女职工的生育保护

生育保护是指按照国家有关女职工特殊劳动保护的法律法规，对在经期、孕期、产期、哺乳期的女职工给予特殊保护。

（1）女职工的经期保护

女职工在月经期间，用人单位不得安排其从事国家规定禁忌从事的劳动。女职工在经期禁忌从事的劳动范围：①冷水作业分级标准中规定的第二级、第三级、第四级冷水作业；②低温作业分级标准中规定的第二级、第三级、第四级低温作业；③体力劳动强度分级标准中规定的第三级、第四级体力劳动强度作业；④高处作业分级标准中规定的第三级、第四级高处作业。

（2）女职工的孕期保护

一是女职工在怀孕期间，用人单位不得安排其从事国家规定的孕期禁忌从事的劳动。二是女职工在孕期不能适应原劳动的，用人单位应当根据医疗机构的证明，予以减轻劳动量或者安排其他能够适应的劳动。三是对怀孕满 7 个月以上（含 7 个月）的女职工，单位不得延长劳动时间或者安排夜班劳动，并在劳动时间内安排一定的休息时间。四是怀孕女职工在劳动时间内进行产前检查，所需时间计入劳动时间，依法支付劳动报酬。

（3）女职工的产期保护

具体包括：一是女职工生育享受 98 天产假，其中产前可以休假 15 天；难产的，增加产假 15 天；生育多胞胎的，每多生育 1 个婴儿，增加产假 15 天。二是女职工怀孕未满 4 个月流产的，享受 15 天产假；怀孕满 4 个月流产的，享受 42 天产假。三是女职工产假期间的生育津贴，对已经参加生育保险的，按照用人单位上年度职工月平均工资的标准由生育保险基金支付；对未参加生育保险的，按照女职工产假前工资的标准由用人单位支付。女职工生育或者流

产的医疗费用，按照生育保险规定的项目和标准，对已经参加生育保险的，由生育保险基金支付；对未参加生育保险的，由用人单位支付。

（4）女职工的哺乳期保护

具体包括：一是女职工在哺乳期内，用人单位不得安排其从事哺乳期禁忌从事的劳动。二是对哺乳未满 1 周岁婴儿的女职工，用人单位不得延长劳动时间或者安排夜班劳动。三是用人单位在每天的劳动时间内为哺乳期女职工安排 1 小时哺乳时间；女职工生育多胞胎的，每多哺乳 1 个婴儿每天增加 1 小时哺乳时间。

4. 职业安全健康保护

职业安全健康保护的内容具体包括：一是用人单位应加强女职工的特殊劳动保护，对女职工进行劳动安全卫生知识培训。二是女职工比较多的用人单位应当根据女职工的需要，建立女职工卫生室、孕妇休息室、哺乳室等设施，妥善解决女职工在生理卫生、哺乳方面的困难。三是用人单位应当预防和制止对女职工的性骚扰。关于性骚扰，《民法典》第 1010 条规定："违背他人意愿，以言语、文字、图像、肢体行为等方式对他人实施性骚扰的，受害人有权依法请求行为人承担民事责任。机关、企业、学校等单位应当采取合理的预防、受理投诉、调查处置等措施，防止和制止利用职权、从属关系等实施性骚扰。"《妇女权益保障法》第 23 条规定："禁止违背妇女意愿，以言语、文字、图像、肢体行为等方式对其实施性骚扰。受害妇女可以向有关单位和国家机关投诉。接到投诉的有关单位和国家机关应当及时处理，并书面告知处理结果。受害妇女可以向公安机关报案，也可以向人民法院提起民事诉讼，依法请求行为人承担民事责任。"第 25 条规定明确规定了用人单位预防和制止性骚扰的义务：用人单位应当采取下列措施预防和制止对妇女的性骚扰：制定禁止性骚扰的规章制度；明确负责机构或者人员；开展预防和制止性骚扰的教育培训活动；采取必要的安全保卫措施；设置投诉电话、信箱等，畅通投诉渠道；建立和完善调查处置程序，及时处置纠纷并保护当事人隐私和个人信息；支持、协助受害妇女依法维权，必要时为受害妇女提供心理疏导；其他合理的预防和制止性骚扰措施。

（二）未成年工的特殊劳动保护

未成年工的特殊劳动保护是针对未成年工处于生长发育期的特点，以及接受义务教育的需要，采取的特殊劳动保护措施。

1. 最低就业年龄的规定

最低就业年龄是国家法律规定的公民就业的最低年龄。我国的最低就业年龄为16周岁。《劳动法》第15条规定："禁止用人单位招用未满十六周岁的未成年人。文艺、体育和特种工艺单位招用未满十六周岁的未成年人，必须依照国家有关规定，履行审批手续，并保障其接受义务教育的权利。"2002年，国务院制定了《禁止使用童工规定》，规定国家机关、社会团体 、企业事业单位、民办非企业单位或者个体工商户均不得招用不满16周岁的未成年人。禁止任何单位或者个人为不满16周岁的未成年人介绍就业。禁止不满16周岁的未成年人开业从事个体经营活动。《未成年人保护法》第61条规定，任何组织或者个人不得招用未满十六周岁未成年人，国家另有规定的除外。

2. 对未成年工在劳动过程中的保护

《未成年人保护法》第61条规定，招用已满十六周岁未成年人的单位和个人应当执行国家在工种、劳动时间、劳动强度和保护措施等方面的规定，不得安排其从事过重、有毒、有害等危害未成年人身心健康的劳动或者危险作业。对于未成年工在劳动过程中的保护主要体现在以下几个方面：

（1）未成年工禁忌劳动范围

《劳动法》第64条规定，不得安排未成年工从事矿山井下、有毒有害、国家规定的第四级体力劳动强度的劳动和其他禁忌从事的劳动。为贯彻实施《劳动法》，1994年，劳动部颁发《未成年工特殊保护规定》，对用人单位不得安排未成年工从事劳动的范围作了具体规定。

（2）未成年工定期健康检查制度

《劳动法》第65条规定，用人单位应当对未成年工定期进行健康检查。《未成年特殊劳动保护规定》对未成年工的定期健康检查制度进行了具体规定：定期健康检查的时间是安排工作岗位之前、工作满一年、年满十八周岁、距前一次的体检时间已超过半年。未成年工的健康检查应按法定的《未成年工健康检查表》列出的项目进行。用人单位应根据未成年工的健康检查结果安排其从事适合的劳动，对不能胜任原劳动岗位的，应根据医务部门的证明，予以减轻劳动量或安排其他劳动。

（3）未成年工的使用和特殊保护登记制度

国家对未成年工的使用和特殊保护实行登记制度。用人单位招收使用未成年工，除符合一般用工要求外，还须向所在地的县级以上劳动行政部门办理登记。劳动行政部门根据《未成年工健康检查表》和《未成年工登记表》，核发《未成年工登记证》。未成年工须持《未成年工登记证》上岗；各级劳动行政部门须严格依法，审核体检情况和拟安排的劳动范围。

第七章

劳动监察法

第一节　劳动监察概述

一、劳动监察的概念、特征和原则

（一）劳动监察的概念

劳动监察（也称劳动保障监察）是指具有监察权的劳动保障监察机构依法对用人单位及劳动服务主体（包括职业介绍机构、职业技能培训机构和职业技能考核鉴定机构等）遵守劳动保障法律法规和规章的情况进行监督和检查，并对发现的违法行为进行执法的活动。劳动监察是劳动执法的核心内容，是劳动执法的具体化、制度化。

（二）劳动监察的特征

1. 法定性

劳动监察的法定性是指劳动监察的主体和职责都是法律规定的。一方面，“法定职责必须为”，行政主体要遵循依法行政原则；另一方面，“法无授权不可为”，行政主体对行政相对人设定义务或减损其权利，必须有法律的授权。劳动监察的主体是县级以上劳动保障行政部门设立的劳动保障监察行政机构和劳动保障行政部门依法委托实施劳动保障监察的组织。劳动监察的职责由《劳动法》《劳动保障监察条例》《关于实施〈劳动保障监察条例〉若干规定》等法律法规和规章规定。

2. 行政性

劳动监察本质上是政府行政部门的行政执法行为，具有行政性。相对于司法的被动性，劳动监察机构可以主动积极地行使权力。比如，劳动保障行政部门可以对用人单位及其劳动场所进行日常巡视检查；而法院则恪守“不告不理”原则，具有被动性。

3. 专门性

劳动监察是由法定的劳动保障监察机构对劳动法的执行与遵守情况实施的专门监督。不同于行政机构的内设部门，劳动保障监察机构依法对外独立行使劳动保障监察的职权。

（三）劳动监察的原则

劳动保障监察遵循公正、公开、高效、便民的原则。实施劳动保障行政处罚坚持以事实为依据，以法律为准绳原则；坚持教育与处罚相结合原则；坚持接受社会监督原则。

二、劳动监察与相关概念的区别

（一）劳动监察与劳动监督

劳动监督是指监督主体依法对用人单位和劳动服务主体贯彻执行劳动法的情况进行监督的一系列活动。劳动监督是一个制度体系，包括劳动监察、其他行政部门监督、工会监督、其他组织和个人监督。其中，劳动监察和其他行政部门监督统称为行政监督，工会监督、其他组织和个人的监督统称为社会监督。

劳动监察属于行政监督，是与国家权力相联系的行政执法，在劳动监督体系中处于核心地位。社会监督是通过社会力量对劳动法律贯彻执行情况进行的监督，是没有强制力的监督。不过，社会监督虽然没有强制力，但可以作为启动行政监督的机制。例如，某企业的违法用工在工会等社会监督下被曝光，产生很大社会反响，此时劳动监察部门就应该主动地去查处其违法行为。

（二）劳动监察与劳动仲裁

劳动监察与劳动仲裁的根本区别在于劳动监察是一种监督手段，而劳动仲裁是一种纠纷解决方式。[①]具体而言，它们之间的区别在于：

1．机构不同

劳动仲裁机构的组成奉行“三方原则”，由劳动行政部门代表、工会代表和用人单位代表共同组成。依据2017年颁布的《劳动人事争议仲裁组织规

---

① 林嘉：《劳动法和社会保障法》，5版，第294页，北京：中国人民大学出版社，2023。

则》，我国的劳动仲裁委员会由干部主管部门代表、人力资源社会保障等相关行政部门代表、军队文职人员工作管理部门代表、工会代表、用人单位方面代表等组成。劳动监察机构仅由人力资源社会保障行政部门单方组成。

2. 性质不同

劳动仲裁是一种裁判行为，仲裁机构处于中立地位，具有准司法性；劳动监察本质上是一种行政执法行为。

3. 启动不同

劳动仲裁实行不告不理原则，必须由当事人提出仲裁请求才能进行；劳动监察是监察机构的权力和职责，应当积极主动实施。

4. 手段不同

劳动仲裁机构无权对当事人进行处罚，对劳动争议有调解权；劳动监察机构在监察中发现违法行为可实施行政处罚，但对被监督事项无权调解。

5. 依据不同

劳动仲裁的依据可以是强制性规范也可以是任意性规范，还能依据合法有效的合同条款、用人单位内部劳动保障规章制度进行调解和裁决；劳动监察的依据限于强制性规范即法律法规和规章，不得以合同条款和用人单位内部劳动保障规章制度作为监察依据，执法的依据只能是国家的法律，企业的“厂规厂法”、劳动合同不能作为执法的依据。

6. 申诉途径不同

劳动争议当事人不服仲裁判决，依照法律规定，一般可向法院提起诉讼；劳动监察相对人不服劳动监察决定，可依法申请行政复议或提起行政诉讼。

劳动监察和劳动仲裁的区别，理论上是很清楚的，但是实际中经常会有这样的问题——劳动纠纷哪些由劳动监察管理，哪些由劳动仲裁管理。比如说拖欠劳动者工资问题。拖欠劳动者工资请劳动仲裁来处理没有问题，请劳动监察介入处理也是可以的。某一个企业拖欠农民工工资，如果走劳动仲裁，可能解决的时间比较长；如果找劳动监察，打电话投诉举报，在证据确凿的情况下，劳动监察部门就可以责令企业限期支付。但是，赔偿争议要由劳动仲裁来处理。《劳动保障监察条例》第 21 条规定：“劳动者与用人单位就赔偿发生争议的，依照国家有关劳动争议处理的规定处理。”2022 年 1 月 7 日，人力资源和社会保障部修订的《关于实施〈劳动保障监察条例〉若干规定》第16条，进一步明确，下列因用人单位违反劳动保障法律行为对劳动者造成损害，劳动者与用人单位就赔偿发生争议的，依照国家有关劳动争议处理的规定处理：（1）因用人单位制定的劳动规章制度违反法律、法规规定，对劳动者造成损害的；（2）因用人单位违反对女职工和未成年工的保护规定，对女职工和未成年工造成损害的；（3）因用人单位原因订立无效合同，对劳动者造成损害的；（4）因用人单位违法解除劳动合同或者故意拖延不订立劳动合同，对劳动者造成损害的；（5）法律、法规和规章规定的其他因用人单位违反劳动保障法律的行为，对劳动者造成损害的。

下面我们来分析一个劳动监察方面的案例。

案情简介

李某、陈某等45人向深圳市劳动保障监察机构投诉深圳某地产投资公司拖欠员工的工资。深圳市劳动监察支队经充分调查，确认该公司拖欠员工工资201万元。劳动监察支队向该公司发出《劳动保障监察限期整改指令书》，要求其限期整改拖欠工资违法行为，该公司未能在限期内改正。在履行事先告知程序后，劳动行政部门依法发出《劳动保障监察行政处理决定书》，责令该公司向李某、陈某等45人支付拖欠的工资201万元，另加付50%赔偿金[①]。

案例分析

本案是劳动监察机构依法处理拖欠工资的案例。依法纠正和查处违反劳动法律法规和规章的行为是劳动保障行政部门的法定职责。《劳动合同法》第85条规定："用人单位有下列情形之一的，由劳动行政部门责令限期支付劳动报酬、加班费或者经济补偿；劳动报酬低于当地最低工资标准的，应当支付其差额部分；逾期不支付的，责令用人单位按应付金额百分之五十以上百分之一百以下的标准向劳动者加付赔偿金：（一）未按照劳动合同的约定或者国家规定及时足额支付劳动者劳动报酬的；（二）低于当地最低工资标准支付劳动者工

① 闫宝卿：《劳动保障监察案例选编》，第149页，北京：中国劳动保障出版社，2010。

资的；（三）安排加班不支付加班费的；（四）解除或者终止劳动合同，未依照本法规定向劳动者支付经济补偿的。”深圳某地产投资公司拖欠员工的工资，属于本条中“未按照劳动合同的约定或者国家规定及时足额支付劳动者劳动报酬的”情形，劳动监察部门要求限期整改，但是公司并没有按照要求限期整改，后来劳动监察部门又发出一个处理决定书，责令其支付拖欠的工资，同时责令用人单位按应付金额的50%向劳动者加付赔偿金，是符合法律规定的。

三、我国劳动监察的立法概况

1994年颁布的《劳动法》第十一章规定了“监督检查”，为劳动监察制度的确立奠定了法律基础。2004年11月1日，国务院通过的《劳动保障监察条例》专门规范劳动监察制度。为了实施《劳动保障监察条例》，规范劳动保障监察行为，2004年12月劳动和社会保障部发布《关于实施〈劳动保障监察条例〉若干规定》，2007年颁布的《劳动合同法》、2008年颁布的《劳动合同法实施条例》、2019年颁布的《保障农民工工资支付条例》等法律法规也规定了劳动监察制度的相关内容。

此外，关于劳动监察方面的立法还包括地方性法规、规章等。例如，《浙江省劳动保障监察条例》《山东省劳动和社会保障监察条例》《江西省劳动保障监察条例》《广东省劳动保障监察条例》《湖南省劳动保障监察条例》《青岛市劳动保障监察条例》《贵阳市劳动保障监察条例》等。

第二节　劳动监察制度的基本内容

一、劳动监察的主体

（一）劳动保障监察机构

劳动保障监察机构是指依法享有监察权并代表国家对用人单位遵守劳动法

的情况实行监督检查的专门机构，包括县级以上劳动保障行政部门设立的劳动保障监察行政机构和劳动保障行政部门依法委托实施劳动保障监察的组织。劳动保障监察机构具体负责劳动保障监察管理工作。与劳动保障行政部门其他的内设机构不同，劳动保障监察机构是行使国家劳动监察职能的专门机构，其职权由法律法规规定，而不是由劳动保障行政部门通过内部分工来确定①。

（二）劳动监察员

劳动监察员指的是具体执行劳动保障监察的专职或兼职人员。劳动保障监察员应当经过相应的考核或者考试录用。劳动保障监察员依法履行劳动保障监察职责，受法律保护。劳动保障监察员应当忠于职守、秉公执法、勤政廉洁、保守秘密。

二、劳动监察的对象和事项

（一）劳动监察的对象

劳动监察的对象是用人单位、职业介绍机构、职业技能培训机构和职业技能考核鉴定机构。

（二）劳动监察的事项

依据《劳动合同法》《劳动保障监察条例》，劳动监察的事项包括：

1. 用人单位制定内部劳动保障规章制度的情况。

2. 用人单位与劳动者订立和解除劳动合同的情况，具体包括：（1）是否依法订立劳动合同；（2）是否存在合同文本方面的问题；（3）是否违法与劳动者约定试用期；（4）是否违法扣押劳动者证件或收取财物；（5）解除或终止劳动合同，是否按规定向劳动者支付经济补偿；（6）是否存在因违法解除或终止劳动合同而应当支付赔偿金却未支付的情况；（7）解除或终止劳动合同时，是否出具相关证明或扣押劳动者档案等物品；（8）劳务派遣中派遣单位或用人单

---

① 郑斯林：《关于〈实施劳动保障监察条例〉若干规定》，载《中国劳动保障》，2005（2）。

位是否存在违法行为。

3. 用人单位遵守禁止使用童工规定的情况。

4. 用人单位遵守女职工和未成年工特殊劳动保护规定的情况。

5. 用人单位遵守工作时间和休息休假规定的情况。

6. 用人单位支付劳动者工资和执行最低工资标准的情况。

7. 用人单位参加各项社会保险和缴纳社会保险费的情况，具体包括：（1）向社会保险经办机构办理社会保险登记情况；（2）用人单位向社会保险经办机构应申报的情况；（3）用人单位缴纳社会保险费和代扣代缴职工缴费的情况；（4）用人单位向职工告知缴纳社会保险费明细情况；（5）骗取社会保险基金支出或者骗取社会保险待遇的情况。

8. 职业介绍机构、职业技能培训机构和职业技能考核鉴定机构遵守国家有关职业介绍、职业技能培训和职业技能考核鉴定的规定的情况。

9. 法律法规规定的其他劳动保障监察事项。

三、劳动监察的形式

（一）主动监察

1. 日常巡视监察

日常巡视监察即劳动保障行政部门监察人员巡视用人单位及劳动场所，及时发现违法行为，并依法处理的过程。劳动保障行政部门对用人单位及其劳动场所的日常巡视检查，应当制定年度计划和中长期规划，确定重点检查范围，并按照现场检查的规定进行。

2. 书面监察

劳动保障行政部门对用人单位按照要求报送的有关遵守劳动保障法律情况的书面材料应进行审查，并对审查中发现的问题及时予以纠正和查处。

3. 专项检查

劳动保障行政部门可以针对劳动保障法律实施中存在的重点问题集中组织专项检查活动，必要时，可以联合有关部门或组织共同进行。

（二）接受举报和投诉

举报即检举和控告，是我国宪法和法律赋予公民参与管理国家与管理社会的一项民主权利。投诉是指公民个人因合法权益受到侵犯，而向国家机关进行的控告，因处理结果与其有直接利害关系，要求保护其合法权益的行为。举报和投诉是有区别的：举报是公民的一项权利，其内容可以与自己有直接关系，也可以与自己没有直接关系。投诉是处理结果与自己有利害关系的。比如，劳动者就单位拖欠自己工资问题向劳动监察机构反映和要求处理，这就是投诉，因为处理结果与本人有利害关系。如果处理结果与本人没有直接关系，比如，某人发现一个企业非法使用童工，直接向劳动监察机构反映，这属于举报。劳动保障行政部门应当设立举报、投诉信箱，公开举报、投诉电话，依法查处举报和投诉反映的违反劳动保障法律的行为。任何组织或个人对违反劳动保障法律的行为，有权向劳动保障行政部门举报。劳动保障行政部门对举报人反映的违反劳动保障法律的行为应当依法予以查处，并为举报人保密；对举报属实，为查处重大违反劳动保障法律的行为提供主要线索和证据的举报人，给予奖励。劳动者对用人单位违反劳动保障法律、侵犯其合法权益的行为，有权向劳动保障行政部门投诉。对因同一事由引起的集体投诉，投诉人可推荐代表投诉。投诉应当由投诉人向劳动保障行政部门递交投诉文书。书写投诉文书确有困难的，可以口头投诉，由劳动保障监察机构进行笔录，并由投诉人签字。投诉文书应当载明下列事项：（1）投诉人的姓名、性别、年龄、职业、工作单位、住所和联系方式，被投诉用人单位的名称、住所、法定代表人或者主要负责人的姓名、职务；（2）劳动保障合法权益受到侵害的事实和投诉请求事项。

（三）特别监察

特别监察指的是重大案件查处和突发事件应急处置。对因违反劳动保障法律法规或者规章的行为引起的群体性事件，劳动保障行政部门应当根据应急预案，迅速会同有关部门处理。

四、劳动监察的管辖

（一）级别管辖

对用人单位的劳动保障监察，原则上由县级或设区的市级劳动保障行政部门管辖，但比较重大的案件可以由更高级的人力资源社会保障行政部门管辖。

（二）地域管辖

对用人单位的劳动保障监察，由用人单位用工所在地的县级或者设区的市级劳动保障行政部门管辖。

（三）指定管辖

劳动保障监察，实行属地（即用人单位用工所在地）管辖。上级劳动保障行政部门根据工作需要，可以调查处理下级劳动保障行政部门管辖的案件。劳动保障行政部门对劳动保障监察管辖发生争议的，报请共同的上一级劳动保障行政部门指定管辖。

五、劳动监察主体的职权和义务

（一）主体职权

《劳动法》第 86 条第 1 款规定："县级以上各级人民政府劳动行政部门监督检查人员执行公务，有权进入用人单位了解执行劳动法律、法规的情况，查阅必要的资料，并对劳动场所进行检查。"《劳动保障监察条例》第 15 条第 1 款规定："劳动保障行政部门实施劳动保障监察，有权采取下列调查、检查措施：（一）进入用人单位的劳动场所进行检查；（二）就调查、检查事项询问有关人员；（三）要求用人单位提供与调查、检查事项相关的文件资料，并作出解释和说明，必要时可以发出调查询问书；（四）采取记录、录音、录像、照像或者复制等方式收集有关情况和资料；（五）委托会计师事务所对用人单位工资支付、缴纳社会保险费的情况进行审计；（六）法律、法规规定可以由劳动保障行政部门采取的其他调查、检查措施。"《劳动合同法》第 75 条第 1 款规定："县级以上地方人民政府劳动行政部门实施监督检查时，有权查阅与劳动合同、集体合同有关的材料，有权对劳动场所进行实地检查，用人单位和劳动者都应当如实提供有关情况和材料。"

（二）主体义务

劳动保障监察员对用人单位遵守劳动保障法律情况进行监察时，应当遵循以下规定：（1）进入用人单位时，应佩戴劳动保障监察执法标志，出示劳动保障监察证件，并说明身份；（2）就调查事项制作笔录，应由劳动保障监察员和被调查人（或其委托代理人）签名或盖章。被调查人拒不签名、盖章的，应注明拒签情况。

劳动保障监察员进行调查、检查时，承担下列义务：（1）依法履行职责，秉公执法；（2）保守在履行职责过程中获知的商业秘密；（3）为举报人保密。劳动保障监察员滥用职权、玩忽职守、徇私舞弊或者泄露在履行职责过程中知悉的商业秘密的，依法给予行政处分；构成犯罪的，依法追究刑事责任。劳动保障行政部门和劳动保障监察员违法行使职权，侵犯用人单位或者劳动者的合法权益的，依法承担赔偿责任。

六、劳动监察的程序

我国现行的劳动监察程序可分为不立案检查程序与立案检查程序。

（一）不立案检查程序

尚未发现用人单位有违法行为而不立案，仅对用人单位进行例行检查、不定期检查的程序。程序相对比较简单。

（二）立案检查程序

立案查处违反劳动法案件的程序，比较复杂和严格，主要程序和步骤是：

1. 立案受理

劳动保障行政部门认为用人单位有违反劳动保障法律法规或者规章的行

为，需要进行调查处理的，应当及时立案。对符合下列条件的投诉，劳动保障行政部门应当在接到投诉之日起5个工作日内依法受理，并于受理之日立案查处：（1）违反劳动保障法律的行为发生在两年内的；（2）有明确的被投诉用人单位，且投诉人的合法权益受到侵害是被投诉用人单位违反劳动保障法律的行为所造成的；（3）属于劳动保障监察职权范围并由受理投诉的劳动保障行政部门管辖。

劳动保障行政部门通过日常巡视检查、书面审查、举报等发现用人单位有违反劳动保障法律的行为，需要进行调查处理的，应当及时立案查处。立案应当填写立案审批表，报劳动保障监察机构负责人审查批准。劳动保障监察机构负责人批准之日即为立案之日。

2. 回避

劳动保障监察员办理的劳动保障监察事项与本人或者其近亲属有直接利害关系的，应当回避。具体而言，有下列情形之一的，应当回避：（1）本人是用人单位法定代表人或主要负责人的近亲属的；（2）本人或其近亲属与承办查处的案件事项有直接利害关系的；（3）因其他原因可能影响案件公正处理的。当事人认为劳动保障监察员符合应当回避的情形之一的，有权向劳动保障行政部门申请，要求其回避。当事人申请劳动保障监察员回避，应当采用书面形式。劳动保障行政部门应当在收到回避申请之日起3个工作日内依法审查，并由劳动保障行政部门负责人作出回避决定。决定作出前，不停止实施劳动保障监察。回避决定应当告知申请人。

3. 调查取证

立案受理后，劳动监察机构应当行使各种权力，采取各种措施查清事实、收集证据。劳动保障行政部门对违反劳动保障法律行为的调查，应当自立案之日起60个工作日内完成；情况复杂的，经劳动保障行政部门负责人批准，可以延长30个工作日。

4. 处理

对用人单位存在的违反劳动保障法律的行为事实确凿并有法定处罚（处理）依据的，可以当场作出限期整改指令或依法当场作出行政处罚决定。对不能当场作出处理的违法案件，劳动保障监察员经调查取证，应当提出初步处理建议，并填写案件处理报批表。对违反劳动保障法律的行为作出行政处罚或者行政处理决定前，应当告知用人单位，听取其陈述和申辩；法律法规规定应当依法听证的，应当告知用人单位有权依法要求举行听证；用人单位要求听证的，劳动保障行政部门应当组织听证。劳动保障行政部门对违反劳动保障法律的行为，根据调查、检查的结果，作出以下处理：（1）对依法应当受到行政处罚的，依法作出行政处罚决定；（2）对应当改正未改正的，依法责令改正或者作出相应的行政处理决定；（3）对情节轻微，且已改正的，撤销立案。经调查、检查，劳动保障行政部门认定违法事实不能成立的，也应当撤销立案。发现违法案件不属于劳动保障监察事项的，应当及时移送有关部门处理；涉嫌犯罪的，应当依法移送司法机关。劳动保障行政部门立案调查完成，应在15个工作日内作出行政处罚（行政处理或者责令改正）或者撤销立案决定；特殊情况，经劳动保障行政部门负责人批准可以延长。作出行政处罚或者行政处理决定，应当告知用人单位依法享有申请行政复议或者提起行政诉讼的权利。当事人对劳动保障行政处理或行政处罚决定不服申请行政复议或者提起行政诉讼的，行政处理或行政处罚决定不停止执行。法律另有规定的除外。

5. 交付或送达

劳动保障监察限期整改指令书、劳动保障行政处理决定书、劳动保障行政处罚决定书应当在宣告后当场交付当事人；当事人不在场的，劳动保障行政部门应当在7日内依照《民事诉讼法》的有关规定，将劳动保障监察限期整改指令书、劳动保障行政处理决定书、劳动保障行政处罚决定书送达当事人。

6. 建档

劳动保障监察案件结案后应建立档案。档案资料应当至少保存3年。

需要注意的是，违反劳动保障法律法规或者规章的行为在2年内未被劳动保障行政部门发现，也未被举报、投诉的，劳动保障行政部门不再查处。该期限，自违反劳动保障法律法规或者规章的行为发生之日起计算；违反劳动保障法律法规或者规章的行为有连续或者继续状态的，自行为终了之日起计算。

第八章

劳动争议处理法

第一节　劳动争议处理概述

一、劳动争议的概念和特点

（一）劳动争议的概念

劳动争议又称劳动纠纷，是指劳动者与用人单位基于劳动关系，围绕劳动权利或利益所发生的争议。劳动争议可以分为狭义的劳动争议和广义的劳动争议。狭义的劳动争议是指劳动关系双方当事人即劳动者与用人单位因实现劳动权利或履行劳动义务而引起的争议。广义的劳动争议包括用人单位及其雇主组织和劳动者及其工会因劳动关系所发生的争议。我国劳动争议也称“劳动人事争议”，因为劳动争议和人事争议在处理机构和程序方面已经并轨。

（二）劳动争议的特点

1. 劳动争议的主体具有特定性

劳动争议的主体限于劳动关系的双方当事人及其团体。

2. 劳动争议内容具有特殊性

劳动争议的内容是劳动权利义务和劳动利益，主要是指劳动关系双方当事人依照劳动法律法规、劳动合同、集体合同而确定的，在设立、变更、终止劳动关系过程中产生的权利和义务。

3. 劳动争议的处理程序具有特殊性

协商、调解、仲裁、诉讼是处理劳动争议的法定方式。发生劳动争议后，劳动者可以与用人单位协商达成和解协议；当事人不愿协商、协商不成或者达成和解协议后不履行的，可以向调解组织申请调解；不愿调解、调解不成或者达成调解协议后不履行的，可以向劳动仲裁委员会申请仲裁；对仲裁裁决不服的，除依法适用终局裁决的争议案件外，可以向人民法院提起诉讼。劳动争议处理程序的特殊性体现在当劳动争议需要由国家公权力介入处理的时候，仲裁是提起诉讼的前置必经程序，即劳动争议不经仲裁程序是不能进入诉讼程序的。法律作出这种制度安排，目的是充分发挥劳动仲裁快捷、便利解决争议的特点与作用，将仲裁的独特优势与诉讼的司法保障作用结合起来，确保合法、公正、及时解决争议。

二、劳动争议的分类

（一）权利争议和利益争议

权利争议是指因实现劳动法、集体合同和劳动合同所规定的权利义务而发生的争议。权利争议是针对已确立的权利义务发生的，具有法律上的可衡量性和可塑性，又称“法律上的争议”或“实现既定权利的争议”[①]。

利益争议是指主张有待确定的权利和义务所发生的争议。即当事人主张的权利义务事先没有法律或契约进行确定，而是当事人在集体谈判或协商中提出利益诉求却难以达成一致时发生的争议[②]。利益争议不具有法律上的可衡量性和可塑性，也称“事实上的争议”或“确定权利的争议”。

权利争议和利益争议的区别主要是：第一，权利争议是在实然层面的劳动者的既定权利未能实现所发生的争议；利益争议是应然层面的劳动者及其团体的利益诉求未获得认可的争议。第二，权利争议可以通过法定的劳动争议处理程序解决；利益争议只能通过双方协商或在政府协调下解决。

（二）个别劳动争议和集体劳动争议

个别劳动争议是指单个的劳动者与用人单位之间的劳动争议，可以分为个体性劳动争议和群体性劳动争议。群体性劳动争议，一般是指多个劳动者（10人以上）就同一类行为或基于共同的争议理由与用人单位发生的争议，其本质是个体性劳动争议的叠加，可以适用诉讼法上的代表人制度。

集体劳动争议又称“集体合同争议”，即在集体劳动关系运行过程中因签订、变更、履行集体合同发生的劳动争议。其中签订、变更集体合同的争议属于利益争议；履行集体合同的争议属于权利争议。

---

① 何平：《我国劳动争议调解制度功能缺失之反思》，载《河北法学》，2014（1）。

② 王全兴：《劳动法》，4版，第463页，北京：法律出版社，2017。

依据《劳动人事仲裁办案规则》，处理劳动者一方在十人以上并有共同请求的争议案件，或者因履行集体合同发生的劳动争议案件，适用集体劳动人事争议处理的规定。也就是说，在我国，群体性劳动争议和履行集体合同的争议是可以通过劳动人事仲裁解决的。

（三）国内劳动争议和涉外劳动争议

国内劳动争议，是指具有中国国籍的劳动者与用人单位之间的劳动争议。涉外劳动争议，是指当事人一方或双方具有涉外因素的劳动争议。我国《劳动合同法》第 2 条规定："中华人民共和国境内的企业、个体经济组织、民办非企业单位等组织（以下称用人单位）与劳动者建立劳动关系，订立、履行、变更、解除或者终止劳动合同，适用本法。国家机关、事业单位、社会团体和与其建立劳动关系的劳动者，订立、履行、变更、解除或者终止劳动合同，依照本法执行"。《涉外民事关系法律适用法》第 43 条规定："劳动合同，适用劳动者工作地法律；难以确定劳动者工作地的，适用用人单位主营业地法律。劳务派遣，可以适用劳务派出地法律。"

三、劳动争议的受案范围

（一）关于劳动争议受案范围的法律规定

《劳动争议仲裁调解法》对劳动争议的受案范围作了集中、统一的规定，具体包括：（1）因确认劳动关系发生的争议；（2）因订立、履行、变更、解除和终止劳动合同发生的争议；（3）因除名、辞退和辞职、离职发生的争议；（4）因工作时间、休息休假、社会保险、福利、培训以及劳动保护发生的争议；（5）因劳动报酬、工伤医疗费、经济补偿或者赔偿金等发生的争议；（6）法律法规规定的其他劳动争议。

（二）关于劳动争议受案范围的司法解释

1. 劳动争议受案范围的正面清单

根据《最高人民法院关于审理劳动争议案件适用法律问题的解释（一）》

第1条规定，劳动者与用人单位之间发生的下列纠纷，属于劳动争议：（1）劳动者与用人单位在履行劳动合同过程中发生的纠纷；（2）劳动者与用人单位之间没有订立书面劳动合同，但已形成劳动关系后发生的纠纷；（3）劳动者与用人单位因劳动关系是否已经解除或者终止，以及应否支付解除或者终止劳动关系经济补偿金发生的纠纷；（4）劳动者与用人单位解除或者终止劳动关系后，请求用人单位返还其收取的劳动合同定金、保证金、抵押金、抵押物发生的纠纷，或者办理劳动者的人事档案、社会保险关系等转移手续发生的纠纷；（5）劳动者以用人单位未为其办理社会保险手续，且社会保险经办机构不能补办导致其无法享受社会保险待遇为由，要求用人单位赔偿损失发生的纠纷；（6）劳动者退休后，与尚未参加社会保险统筹的原用人单位因追索养老金、医疗费、工伤保险待遇和其他社会保险待遇而发生的纠纷；（7）劳动者因工伤、职业病，请求用人单位依法给予工伤保险待遇发生的纠纷；（8）劳动者依据《劳动合同法》第85条规定①，要求用人单位支付加付赔偿金发生的纠纷；（9）因企业自主进行改制发生的纠纷。

2. 劳动争议受案范围的负面清单

下列纠纷不属于劳动争议：（1）劳动者请求社会保险经办机构发放社会保险金的纠纷；（2）劳动者与用人单位因住房制度改革产生的公有住房转让纠纷；（3）劳动者对劳动能力鉴定委员会的伤残等级鉴定结论或者对职业病诊断鉴定委员会的职业病诊断鉴定结论的异议纠纷；（4）家庭或者个人与家政服务人员之间的纠纷；（5）个体工匠与帮工、学徒之间的纠纷；（6）农村承包经营户与受雇人之间的纠纷。

需要注意的是，《劳动争议调解仲裁法》对劳动争议受案范围的规定，是劳动争议受案范围的一般规定，具有原则性，且主要是针对调解和仲裁的情

---

① 《劳动合同法》第85条规定：用人单位有下列情形之一的，由劳动行政部门责令限期支付劳动报酬、加班费或者经济补偿；劳动报酬低于当地最低工资标准的，应当支付其差额部分；逾期不支付的，责令用人单位按应付金额百分之五十以上百分之一百以下的标准向劳动者加付赔偿金：（一）未按照劳动合同的约定或者国家规定及时足额支付劳动者劳动报酬的；（二）低于当地最低工资标准支付劳动者工资的；（三）安排加班不支付加班费的；（四）解除或者终止劳动合同，未依照本法规定向劳动者支付经济补偿的。

况。劳动争议的受案范围还需要结合司法解释等规范性文件进行判断。例如，关于退休人员再就业争议、“企业停薪留职、内退、下岗待岗以及放长假”等四类人员再就业争议是否属于劳动争议，就需要参考《最高人民法院关于审理劳动争议案件适用法律问题的解释（一）》第32条的规定处理：“用人单位与其招用的已经依法享受养老保险待遇或者领取退休金的人员发生用工争议而提起诉讼的，人民法院应当按劳务关系处理。企业停薪留职人员、未达到法定退休年龄的内退人员、下岗待岗人员以及企业经营性停产放长假人员，因与新的用人单位发生用工争议而提起诉讼的，人民法院应当按劳动关系处理。”该司法解释关于劳动争议受案范围的规定是针对当事人不服劳动争议仲裁机构作出的裁决，依法提起诉讼的，人民法院受理劳动争议的范围，但是对于调解、仲裁阶段关于劳动争议受案范围也有重要参考价值。

关于劳动争议受案范围的界定，我们看一个案例。

案情简介

原告江某等26人原系某公司员工。该公司于2000年9月制定了《企业年金方案》，规定企业年金与公司的经济效益挂钩，实施范围为具有本市户籍的在职员工，还规定了企业年金的具体缴费办法，方案从即日起开始实施。2001年1月，市社保局批复同意该方案。公司陆续为30多名高层管理人员办理了参加企业年金手续，并补缴了1997年1月至2000年8月的企业年金所需费用。公司没有为普通员工办理参加企业年金手续。2003年，因公司改制，江某等26名普通员工陆续离职。在得知公司没有为他们办理企业年金后，于2003年、2004年期间多次到公司的上级主管部门市投资控股公司、市国资委以及有关政府部门上访，要求为他们办理企业年金参保手续。因上访未果，2005年9月20日江某等26人向市劳动争议仲裁委提起仲裁请求，要求公司为原告等人补办企业年金参保手续，补缴从1997年1月至离职期间的企业年金所需费用。请问：劳动仲裁委员会是否应该受理此案？[1]

① 黄振东，聂效：《企业年金纠纷属于劳动争议》，载《中国劳动》，2008（10）。

案例分析

企业年金又称“补充养老保险”，是指企业及其职工在依法参加基本养老保险的基础上，自主建立的补充养老保险制度。企业年金所需费用由企业和职工个人共同缴纳。企业年金基金实行完全积累，为每个参加企业年金的职工建立个人账户，按照国家有关规定投资运营。企业年金基金投资运营收益并入企业年金基金。企业年金是我国多层次养老保险体系（职工基本养老保险、企业年金和个人储蓄性养老保险）中的“第二支柱”。职工参加企业年金方案的条件是：第一，与本单位订立劳动合同并试用期满；第二，依法参加企业职工基本养老保险并履行缴费义务。也即，企业建立企业年金的前提是企业必须依法参加社会养老保险并履行缴费义务，如果企业尚未参加社会养老保险并缴足费用，是不能建立企业年金制度的。关于企业年金争议是否属于劳动争议，学界有不同观点：一种观点认为，企业年金争议不属于劳动争议受案范围“因工作时间、休息休假、社会保险、福利、培训以及劳动保护发生的争议”条款中的“社会保险、福利”。因该条款中的“社会保险”指的是基本养老保险，“福利”指的是提升职工生活品质的福利措施。另一种观点认为，企业年金属于“社会保险、福利”范畴，因为企业年金本身就是职业福利，应该纳入劳动争议范围。我国现行的制度关于企业年金的规定并不明确，《企业年金办法》第30条规定：“因订立或者履行企业年金方案发生争议的，按照国家有关集体合同的规定执行。因履行企业年金基金管理合同发生争议的，当事人可以依法申请仲裁或者提起诉讼。”依据该规定，企业年金争议是否属于劳动争议并不明确，这也导致了职工因年金发生争议没有合理的渠道获得救济，亟须把企业年金争议纳入劳动争议受案范围。

四、劳动争议处理的原则和机制

（一）劳动争议处理的原则

1. 合法、公正、及时原则

合法原则要求劳动争议处理既要符合实体法的规定，又要符合程序法的要求；公正原则要求对劳动争议双方要公平对待，在查清事实的基础上，准确适用法律，依法公正地解决纠纷；及时原则要求快速处理纠纷，避免久拖不决。

2. 着重调解原则

着重调解原则要求把调解贯穿于劳动争议处理的全过程，不仅把调解作为处理劳动争议的一个独立的程序，而且在劳动争议诉诸国家公权力解决的仲裁和诉讼阶段也可以进行调解。

3. 三方性原则

三方性原则是指国家、用人单位和劳动者，共同参与劳动争议处理。《劳动争议调解仲裁法》第 8 条规定："县级以上人民政府劳动行政部门会同工会和企业方面代表建立协调劳动关系三方机制，共同研究解决劳动争议的重大问题。"

（二）劳动争议处理机制

劳动争议处理机制，是指由各种劳动争议处理机构和相互衔接的处理程序共同构成的解决劳动争议的制度体系。国外劳动争议处理模式主要有以韩国、澳大利亚为代表的单一仲裁机构模式和以德国、法国、瑞典、芬兰等为代表的单一司法机构模式。我国《劳动法》《劳动争议调解仲裁法》从法律层面建构了从自力救济到公力救济的劳动争议处理机制。

《劳动法》第 77 条第 1 款规定："用人单位与劳动者发生劳动争议，当事人可以依法申请调解、仲裁、提起诉讼，也可以协商解决。"《劳动法》第 79 条规定："劳动争议发生后，当事人可以向本单位劳动争议调解委员会申请调解；调解不成，当事人一方要求仲裁的，可以向劳动争议仲裁委员会申请仲裁。当事人一方也可以直接向劳动争议仲裁委员会申请仲裁。对仲裁裁决不服的，可以向人民法院提起诉讼。"

《劳动争议调解仲裁法》第 4 条规定："发生劳动争议，劳动者可以与用人单位协商，也可以请工会或者第三方共同与用人单位协商，达成和解协议。"《劳动争议调解仲裁法》第 5 条规定："发生劳动争议，当事人不愿协商、协商不成或者达成和解协议后不履行的，可以向调解组织申请调解；不愿调解、调解不成或者达成调解协议后不履行的，可以向劳动争议仲裁委员会申请仲裁；对仲裁裁决不服的，除本法另有规定的外，可以向人民法院提起诉讼。"劳动争议处理机制的特点是“仲裁前置”或“先裁后审”，劳动仲裁是劳动争议处理的必经程序。

《劳动争议调解仲裁法》第9条规定，用人单位违反国家规定，拖欠或者未足额支付劳动报酬，或者拖欠工伤医疗费、经济补偿或者赔偿金的，劳动者可以向劳动行政部门投诉，劳动行政部门应当依法处理。据此，也可以把劳动监察纳入广义的劳动争议处理机制中。

第二节　劳动争议协商与调解

一、劳动争议协商

（一）劳动争议协商的概念与原则

劳动争议协商是指劳动者和用人单位为解决劳动争议，通过平等自愿、互谅互让的沟通商谈，在认清事实、明辨是非的情况下，化解矛盾达成共识的过程。

劳动争议协商具有双向性、便捷性、灵活性等特点。“劳动争议协商是处理劳动争议的最优方法，它能充分体现当事人双方的自由意志，符合及时、平等、便利、经济地解决劳动争议的要求。同时，就地解决劳动争议，争议事端不会扩散到社会，企业和员工都可以避免由此带来的负面效应。特别地，劳动争议协商有利于劳资双方化解矛盾，继续合作”[①]。劳动争议协商，应当根据事实和有关法律法规的规定，遵循平等、自愿、合法、公正、及时的原则。

（二）劳动争议协商的形式与步骤

根据《企业劳动争议协商调解规定》，协商的形式主要是：（1）当事人之间直接协商即发生劳动争议，一方当事人可以通过与另一方当事人约见、面谈

① 汪蕾，劳川奇：《建构企业劳动争议协商机制》，载《中国劳动》，2011（2）。

等方式协商解决。（2）劳动者邀请工会组织与用人单位进行协商。劳动者可以要求所在企业工会参与或者协助其与企业进行协商。工会也可以主动参与劳动争议的协商处理，维护劳动者合法权益。（3）劳动者通过代表协商。劳动者可以委托其他组织或者个人作为其代表进行协商。

劳动争议协商的步骤为：一方当事人提出协商要求后，另一方当事人应当积极做出口头或者书面回应。5 日内不做出回应的，视为不愿协商。协商的期限由当事人书面约定，在约定的期限内没有达成一致的，视为协商不成。当事人可以书面约定延长期限。协商达成一致，应当签订书面和解协议。和解协议对双方当事人具有约束力，当事人应当履行。

（三）劳动争议和解协议的效力

协商是法律规定的解决劳动争议的首推程序，和解协议是协商一致的结果，其本质上是一种特殊的劳动合同，和解协议对双方当事人具有约束力，当事人应当履行。

根据《企业劳动争议协商调解规定》的规定，经仲裁庭审查，和解协议程序和内容合法有效的，仲裁庭可以将其作为证据使用。但是，当事人为达成和解的目的作出妥协所涉及的对争议事实的认可，不得在其后的仲裁中作为对其不利的证据。

《最高人民法院关于审理劳动争议案件适用法律问题的解释（一）》第 35 条规定："劳动者与用人单位就解除或者终止劳动合同办理相关手续、支付工资报酬、加班费、经济补偿或者赔偿金等达成的协议，不违反法律、行政法规的强制性规定，且不存在欺诈、胁迫或者乘人之危情形的，应当认定有效。前款协议存在重大误解或者显失公平情形，当事人请求撤销的，人民法院应予支持。"

二、劳动争议调解

（一）劳动争议调解的概念与原则

劳动争议调解是指在第三方即劳动争议调解组织的主持下，依据法律和道德规范对劳动争议的双方当事人，通过民主协商的方式，互谅互让，达成协议，从而消除纷争的一种活动。劳动争议调解，应当根据事实和有关法律法规的规定，遵循平等、自愿、合法、公正、及时的原则。

（二）劳动争议调解组织

发生劳动争议，当事人可以到下列调解组织申请调解：（1）企业劳动争议调解委员会；（2）依法设立的基层人民调解组织；（3）在乡镇、街道设立的具有劳动争议调解职能的组织。

企业劳动争议调解委员会由职工代表和企业代表组成。职工代表由工会成员担任或者由全体职工推举产生，企业代表由企业负责人指定。企业劳动争议调解委员会主任由工会成员或者双方推举的人员担任。根据《企业劳动争议协商调解规定》的规定，大中型企业应当依法设立调解委员会，小微型企业可以设立调解委员会，也可以由劳动者和企业共同推举人员，开展调解工作。

（三）劳动争议调解程序

1. 申请与受理

当事人申请劳动争议调解可以书面申请，也可以口头申请。口头申请的，调解组织应当当场记录申请人基本情况、申请调解的争议事项、理由和时间。

调解委员会接到调解申请后，对属于劳动争议受理范围且双方当事人同意调解的，应当在 3 个工作日内受理。对不属于劳动争议受理范围或者一方当事人不同意调解的，应当做好记录，并书面通知申请人。发生劳动争议，当事人没有提出调解申请，调解委员会可以在征得双方当事人同意后主动调解。

2. 实施调解

调解劳动争议，应当充分听取双方当事人对事实和理由的陈述，耐心疏导，帮助其达到协议。调解委员会调解劳动争议一般不公开进行。但是，双方当事人要求公开调解的除外。调解委员会根据案件情况指定调解员或者调解小组进行调解，在征得当事人同意后，也可以邀请有关单位和个人协助调解。调解员应当全面听取双方当事人的陈述，采取灵活多样的方式方法，开展耐心、细致的说服疏导工作，帮助当事人自愿达成调解协议。

3. 制作调解书

经调解达成协议的，应当制作调解协议书。调解协议书一式三份，双方当事人和调解委员会各执一份。调解协议书由双方当事人签名或者盖章，经调解员签名并加盖调解组织印章后生效，对双方当事人具有约束力，当事人应当履行。

4. 告知当事人申请仲裁

调解不成功的，应在调解过程记录中注明，并告知当事人依法申请仲裁。调解委员会调解劳动争议，应当自受理调解申请之日起15日内结束。但是，双方当事人同意延期的可以延长。在前款规定期限内未达成调解协议的，视为调解不成。

（四）劳动争议调解协议的效力

生效的调解协议对双方当事人具有约束力，当事人应当履行。

《最高人民法院关于审理劳动争议案件适用法律问题的解释（一）》第51条规定："当事人在调解仲裁法第十条规定的调解组织主持下达成的具有劳动权利义务内容的调解协议，具有劳动合同的约束力，可以作为人民法院裁判的根据。当事人在调解仲裁法第十条规定的调解组织主持下仅就劳动报酬争议达成调解协议，用人单位不履行调解协议确定的给付义务，劳动者直接提起诉讼的，人民法院可以按照普通民事纠纷受理。"

《劳动争议调解仲裁法》第16条规定，因支付拖欠劳动报酬、工伤医疗费、经济补偿或者赔偿金事项达成调解协议，用人单位在协议约定期限内不履行的，劳动者可以持调解协议书依法向人民法院申请支付令。人民法院应当依法发出支付令。支付令是人民法院依照民事诉讼法规定的督促程序，根据债权人的申请，依法作出的督促债务人为一定给付义务的法律文书。支付令在债务人接到支付令之日起15日内，不向法院提出书面异议方可实现。债务人对债权债务关系没有异议，但对清偿能力、清偿期限、清偿方式提出不同意见的，不影响支付令的效力。若法院裁定终结督促程序，支付令自行失效，债权人可以提出诉讼。

（五）劳动争议调解协议的仲裁审查与司法确认

加强劳动争议调解协议的效力有两种方式：一是向劳动人事仲裁委员会申请审查并以调解书置换调解协议，二是向法院申请司法确认。

1. 调解协议的仲裁置换

为强化调解协议的效力，加强调解与仲裁的衔接，《企业劳动争议协商调解规定》第 27 条第 2 款规定："双方当事人可以自调解协议生效之日起 15 日内共同向仲裁委员会提出仲裁审查申请。仲裁委员会受理后，应当对调解协议进行审查，并根据《劳动人事争议仲裁办案规则》第五十四条规定，对程序和内容合法有效的调解协议，出具调解书。"《劳动人事争议仲裁办案规则》对调解协议的仲裁审查作了专门规定，具体内容如下：

经调解组织调解达成调解协议的，双方当事人可以自调解协议生效之日起 15 日内，共同向有管辖权的仲裁委员会提出仲裁审查申请。当事人申请审查调解协议，应当向仲裁委员会提交仲裁审查申请书、调解协议和身份证明、资格证明以及其他与调解协议相关的证明材料，并提供双方当事人的送达地址、电话号码等联系方式。

仲裁委员会收到当事人仲裁审查申请，应当及时决定是否受理。决定受理的，应当出具受理通知书。有下列情形之一的，仲裁委员会不予受理：（1）不属于仲裁委员会受理争议范围的；（2）不属于本仲裁委员会管辖的；（3）超出规定的仲裁审查申请期间的；（4）确认劳动关系的；（5）调解协议已经人民法院司法确认的。仲裁委员会审查调解协议，应当自受理仲裁审查申请之日起 5 日内结束。因特殊情况需要延期的，经仲裁委员会主任或者其委托的仲裁院负责人批准，可以延长 5 日。调解书送达前，一方或者双方当事人撤回仲裁审查申请的，仲裁委员会应当准许。仲裁委员会受理仲裁审查申请后，应当指定仲裁员对调解协议进行审查。仲裁委员会经审查认为调解协议的形式和内容合法有效的，应当制作调解书。调解书的内容应当与调解协议的内容相一致。调解书经双方当事人签收后，发生法律效力。

调解协议具有下列情形之一的，仲裁委员会不予制作调解书：（1）违反法律、行政法规强制性规定的；（2）损害国家利益、社会公共利益或者公民、法人、其他组织合法权益的；（3）当事人提供证据材料有弄虚作假嫌疑的；（4）违反自愿原则的；（5）内容不明确的；（6）其他不能制作调解书的情形。仲裁委员会决定不予制作调解书的，应当书面通知当事人。当事人撤回仲裁审查申请或者仲裁委员会决定不予制作调解书的，应当终止仲裁审查。

2. 调解协议的司法确认

调解协议经过人民法院确认后，其效力得以加固，可以获得据以申请强制执行的效力。《人民调解法》第 33 条规定："经人民调解委员会调解达成调解协议后，双方当事人认为有必要的，可以自调解协议生效之日起三十日内共同向人民法院申请司法确认，人民法院应当及时对调解协议进行审查，依法确认调解协议的效力。人民法院依法确认调解协议有效，一方当事人拒绝履行或者未全部履行的，对方当事人可以向人民法院申请强制执行。人民法院依法确认调解协议无效的，当事人可以通过调解方式变更原调解协议或者达成新的调解协议，也可以向人民法院提起诉讼"《最高人民法院关于审理劳动争议案件适用法律问题的解释（一）》第 52 条规定："当事人在人民调解委员会主持下仅就给付义务达成的调解协议，双方认为有必要的，可以共同向人民调解委员会所在地的基层人民法院申请司法确认。"

第三节 劳动争议仲裁

一、劳动争议仲裁的概念与特征

劳动争议仲裁是指劳动争议当事人将劳动争议提交法定的仲裁机构——劳动争议仲裁委员会，由其对双方的劳动争议进行处理，并作出对双方具有约束力的裁决的活动。劳动争议仲裁具有以下特点：一是公正性，即劳动仲裁是由中立的第三方居中裁判，需要实现公平公正；二是及时性，即仲裁与诉讼相比，比较快捷，仲裁的程序没有诉讼严格，仲裁的申请、受理、审理和作出裁决比较简单；三是强制性，强制性一方面是指仲裁程序的启动，不需要当事人达成协议，只要有一方当事人申请仲裁即可，另一方当事人没有权利拒绝；另一方面是指劳动争议案件的处理必须经过仲裁后才能进入诉讼程序，仲裁是诉讼的前置程序[①]。

二、劳动争议仲裁与民商事仲裁

1．仲裁机构和性质不同

劳动争议仲裁的机构是由人民政府依法设立的专门处理争议案件的劳动争议仲裁委员会，其性质具有官方性；民商事仲裁的机构是各仲裁委员会，具有民间性。

2．仲裁的对象不同

劳动争议仲裁处理的是用人单位与劳动者之间的劳动权利与义务纠纷，用人单位与劳动者存在隶属关系；民商事仲裁处理的是发生在平等主体之间的民商事纠纷。

3．程序启动条件不同

劳动争议仲裁，只要劳动者或用人单位有一方提出仲裁申请，仲裁程序即可启动。民商事仲裁属于自愿仲裁，必须有当事人达成的仲裁协议，没有事前或事后达成的仲裁协议，民商事仲裁机构没有管辖权，仲裁程序无法启动。

4．仲裁的地位不同

劳动争议仲裁是解决劳动争议的必经程序，当事人只有先经过劳动争议仲裁，才能够向法院起诉，否则法院不予受理；民商事仲裁中，是否仲裁，由双方当事人决定，实行当事人意思自治。

5．是否可起诉不同

劳动争议实行“先裁后审”，当事人不服劳动争议仲裁裁决的，除部分案件对用人单位实行一裁终局的，当事人可依法向法院起诉。民商事仲裁实行一裁终局，不服裁决的，不能向法院起诉。

---

① 林嘉：《劳动法和社会保障法》，5版，第310页，北京：中国人民大学出版社，2023。

三、劳动争议仲裁机构

劳动争议仲裁机构包括劳动争议仲裁委员会及其办事机构、仲裁庭及仲裁员。

（一）劳动争议仲裁委员会及其办事机构

劳动人事仲裁委员会是国家授权依法独立处理劳动争议的专门机构。劳动争议仲裁委员会按照统筹规划、合理布局和适应实际需要的原则设立。省、自治区人民政府可以决定在市、县设立；直辖市人民政府可以决定在区、县设立。直辖市、设区的市也可以设立一个或者若干个劳动争议仲裁委员会。劳动争议仲裁委员会不按行政区划层层设立。

仲裁委员会由干部主管部门代表、人力资源社会保障等相关行政部门代表、军队文职人员工作管理部门代表、工会代表和用人单位方面代表等组成。仲裁委员会组成人员应当是单数。

仲裁委员会设主任一名，副主任和委员若干名。仲裁委员会主任由政府负责人或者人力资源社会保障行政部门主要负责人担任。

仲裁委员会依法履行下列职责：（1）聘任、解聘专职或者兼职仲裁员；（2）受理争议案件；（3）讨论重大或者疑难的争议案件；（4）监督本仲裁委员会的仲裁活动；（5）制定本仲裁委员会的工作规则；（6）其他依法应当履行的职责。

仲裁委员会应当每年至少召开两次全体会议，研究本仲裁委员会职责履行情况和重要工作事项。仲裁委员会主任或者三分之一以上的仲裁委员会组成人员提议召开仲裁委员会会议的，应当召开。仲裁委员会的决定实行少数服从多数原则。

仲裁委员会下设实体化的办事机构，具体承担争议调解仲裁等日常工作。办事机构称为劳动人事争议仲裁院，设在人力资源社会保障行政部门。仲裁院对仲裁委员会负责并报告工作。

仲裁委员会的经费依法由财政予以保障。仲裁经费包括人员经费、公用经费、仲裁专项经费等。仲裁院可以通过政府购买服务等方式聘用记录人员、安保人员等办案辅助人员。仲裁委员会组成单位可以派兼职仲裁员常驻仲裁院，参与争议调解仲裁活动。

（二）仲裁员和仲裁庭

1. 仲裁员

仲裁员是由仲裁委员会聘任、依法调解和仲裁争议案件的专业工作人员。仲裁员应当公道正派并符合下列条件之一：（1）曾任审判员的；（2）从事法律研究、教学工作并具有中级以上职称的；（3）具有法律知识、从事人力资源管理或者工会等专业工作满5年的；（4）律师执业满3年的。

仲裁员分为专职仲裁员和兼职仲裁员。专职仲裁员和兼职仲裁员在调解仲裁活动中享有同等权利，履行同等义务。兼职仲裁员进行仲裁活动，所在单位应当予以支持。

仲裁委员会应当依法聘任一定数量的专职仲裁员，也可以根据办案工作需要，依法从干部主管部门、人力资源社会保障行政部门、军队文职人员工作管理部门、工会、企业组织等相关机构的人员以及专家学者、律师中聘任兼职仲裁员。

仲裁员享有以下权利：履行职责应当具有的职权和工作条件；处理争议案件不受干涉；人身、财产安全受到保护；参加聘前培训和在职培训；法律法规规定的其他权利。

仲裁员应当履行以下义务：依法处理争议案件；维护国家利益和公共利益，保护当事人合法权益；严格执行廉政规定，恪守职业道德；自觉接受监督；法律法规规定的其他义务。

2. 仲裁庭

仲裁委员会处理争议案件实行仲裁庭制度，实行一案一庭制。处理下列争议案件应当由三名仲裁员组成仲裁庭，设首席仲裁员：（1）十人以上并有共同请求的争议案件；（2）履行集体合同发生的争议案件；（3）有重大影响或者疑难复杂的争议案件；（4）仲裁委员会认为应当由三名仲裁员组庭处理的其他争议案件。

简单争议案件可以由一名仲裁员独任仲裁。

四、劳动争议仲裁管辖与时效

（一）劳动争议仲裁管辖

劳动争议仲裁委员会负责管辖本区域内发生的劳动争议。劳动争议由劳动合同履行地或者用人单位所在地的劳动争议仲裁委员会管辖。双方当事人分别向劳动合同履行地和用人单位所在地的劳动争议仲裁委员会申请仲裁的，由劳动合同履行地的劳动争议仲裁委员会管辖。

（二）劳动争议仲裁时效

劳动争议仲裁时效，是劳动者和用人单位向劳动仲裁委员会申请仲裁的有效期间，超过仲裁期间，就丧失请求劳动仲裁委员会保护其权利实现资格的制度。

1. 仲裁时效的期间及计算

劳动争议申请仲裁的时效期间为 1 年，从当事人知道或者应当知道其权利被侵害之日起计算。劳动关系存续期间因拖欠劳动报酬发生争议的，劳动者申请仲裁不受 1 年仲裁时效期间的限制；但是，劳动关系终止的，应当自劳动关系终止之日起 1 年内提出。

2. 仲裁时效的中断

仲裁时效，因当事人一方向对方当事人主张权利，或者向有关部门请求权利救济，或者对方当事人同意履行义务而中断。从中断时起，已经计算的仲裁时效归零，仲裁时效期间重新计算。

3. 仲裁时效的中止

因不可抗力或者有其他正当理由，当事人不能在规定的仲裁时效期间申请仲裁的，仲裁时效中止。从中止时效的原因消除之日起，仲裁时效期间继续计算。

五、劳动争议仲裁程序

（一）申请和受理

申请人申请仲裁应当提交书面仲裁申请，并按照被申请人人数提交副本。

仲裁申请书应当载明下列事项：（1）劳动者的姓名、性别、年龄、职业、工作单位和住所，用人单位的名称、住所和法定代表人或者主要负责人的姓名、职务；（2）仲裁请求和所根据的事实、理由；（3）证据和证据来源、证人姓名和住所。书写仲裁申请确有困难的，可以口头申请，由劳动争议仲裁委员会记入笔录，并告知对方当事人。

劳动争议仲裁委员会收到仲裁申请之日起 5 日内，认为符合受理条件的，应当受理，并通知申请人；认为不符合受理条件的，应当书面通知申请人不予受理，并说明理由。

劳动争议仲裁受理的标准：（1）属于劳动争议的受案范围；（2）有明确的仲裁请求和事实理由；（3）申请人是与本案有直接利害关系的自然人、法人或者其他组织，有明确的被申请人；（4）属于仲裁委员会管辖范围。

劳动争议仲裁委员会逾期未作出决定或者决定不予受理的，申请人可以就该劳动争议事项向人民法院提起诉讼。

仲裁委员会在申请人申请仲裁时，可以引导当事人通过协商、调解等方式解决争议，给予必要的法律释明及风险提示。

（二）开庭准备

劳动争议仲裁委员会裁决劳动争议案件实行仲裁庭制。仲裁庭由 3 名仲裁员组成，设首席仲裁员。简单劳动争议案件可以由 1 名仲裁员独任仲裁。

仲裁员有下列情形之一，应当回避，当事人也有权以口头或者书面方式提出回避申请：（1）是本案当事人或者当事人、代理人的近亲属的；（2）与本案有利害关系的；（3）与本案当事人、代理人有其他关系，可能影响公正裁决的；（4）私自会见当事人、代理人，或者接受当事人、代理人的请客送礼的。劳动争议仲裁委员会对回避申请应当及时作出决定，并以口头或者书面方式通知当事人。

仲裁庭应当在开庭 5 日前，将开庭日期、地点书面通知双方当事人。当事人有正当理由的，可以在开庭 3 日前请求延期开庭。是否延期，由劳动争议仲裁委员会决定。

（三）审理

仲裁庭在正式审理前，应首先在当事人之间进行调解，达成调解协议的，制作调解书结案。当事人不同意调解的，继续审理。

开庭审理时，仲裁员应当听取申请人的陈述和被申请人的答辩，主持庭审调查、质证和辩论、征询当事人最后意见，并进行调解。申请人收到书面通知，无正当理由拒不到庭或者未经仲裁庭同意中途退庭的，可以视为撤回仲裁申请。被申请人收到书面通知，无正当理由拒不到庭或者未经仲裁庭同意中途退庭的，可以缺席裁决。《劳动人事争议仲裁办案规则》还规定了中止审理制度：有下列情形之一的，经仲裁委员会主任或者其委托的仲裁院负责人批准，可以中止案件审理，并书面通知当事人：（1）劳动者一方当事人死亡，需要等待继承人表明是否参加仲裁的；（2）劳动者一方当事人丧失民事行为能力，尚未确定法定代理人参加仲裁的；（3）用人单位终止，尚未确定权利义务承继者的；（4）一方当事人因不可抗拒的事由，不能参加仲裁的；（5）案件审理需要以其他案件的审理结果为依据，且其他案件尚未审结的；（6）案件处理需要等待工伤认定、伤残等级鉴定以及其他鉴定结论的；（7）其他应当中止仲裁审理的情形。中止审理的情形消除后，仲裁庭应当恢复审理。

仲裁庭对专门性问题认为需要鉴定的，可以交由当事人约定的鉴定机构鉴定；当事人没有约定或者无法达成约定的，由仲裁庭指定的鉴定机构鉴定。根据当事人的请求或者仲裁庭的要求，鉴定机构应当派鉴定人参加开庭。当事人经仲裁庭许可，可以向鉴定人提问。

当事人在仲裁过程中有权进行质证和辩论。质证和辩论终结时，首席仲裁员或者独任仲裁员应当征询当事人的最后意见。

当事人提供的证据经查证属实的，仲裁庭应当将其作为认定事实的根据。劳动争议仲裁举证的基本规则是“谁主张、谁举证”，即当事人对自己提出的主张，有责任提供证据加以证明，否则可能会承担不利后果。考虑到举证能力等因素，《劳动争议调解仲裁法》第 39 条第 2 款规定：“劳动者无法提供由用人单位掌握管理的与仲裁请求有关的证据，仲裁庭可以要求用人单位在指定期限内提供。用人单位在指定期限内不提供的，应当承担不利后果。”《劳动人事仲裁办案规则》重申上述规则，并进一步规定，在法律没有具体规定、按照上述规则无法确定举证责任承担的，仲裁庭可以根据公平原则和诚实信用原则，综合当事人举证能力等因素确定举证责任的承担。此外，还规定了举证时限制度：承担举证责任的当事人应当在仲裁委员会指定的期限内提供有关证据。当事人在该期限内提供证据确有困难的，可以向仲裁委员会申请延长期限，仲裁委员会根据当事人的申请适当延长。当事人逾期提供证据的，仲裁委员会应当责令其说明理由；拒不说明理由或者理由不成立的，仲裁委员会可以根据不同情形不予采纳该证据，或者采纳该证据但予以训诫。当事人因客观原因不能自行收集的证据，仲裁委员会可以根据当事人的申请，参照民事诉讼有关规定予以收集；仲裁委员会认为有必要的，也可以决定参照民事诉讼有关规定予以收集。

仲裁庭应当将开庭情况记入笔录。当事人和其他仲裁参加人认为对自己陈述的记录有遗漏或者差错的，有权申请补正。如果不予补正，应当记录该申请。笔录由仲裁员、记录人员、当事人和其他仲裁参加人签名或者盖章。

（四）裁决

当事人申请劳动争议仲裁后，可以自行和解。达成和解协议的，可以撤回仲裁申请。仲裁庭在作出裁决前，应当先行调解。调解达成协议的，仲裁庭应当制作调解书。调解书应当写明仲裁请求和当事人协议的结果。调解书由仲裁员签名，加盖劳动争议仲裁委员会印章，送达双方当事人。调解书经双方当事人签收后，发生法律效力。《最高人民法院关于审理劳动争议案件适用法律若干问题的解释（一）》第 11 条规定，劳动争议仲裁机构作出的调解书已经发生法律效力，一方当事人反悔提起诉讼的，人民法院不予受理；已经受理的，裁定驳回起诉。

调解不成或者调解书送达前，一方当事人反悔的，仲裁庭应当及时作出裁决。裁决应当按照多数仲裁员的意见作出，少数仲裁员的不同意见应当记入笔录。仲裁庭不能形成多数意见时，裁决应当按照首席仲裁员的意见作出。

仲裁庭裁决案件时，裁决内容同时涉及终局裁决和非终局裁决的，应当分别制作裁决书，并告知当事人相应的救济权利。《劳动争议调解仲裁法》第 47

条规定："下列劳动争议，除本法另有规定的外，仲裁裁决为终局裁决，裁决书自作出之日起发生法律效力：（一）追索劳动报酬、工伤医疗费、经济补偿或者赔偿金，不超过当地月最低工资标准十二个月金额的争议；（二）因执行国家的劳动标准在工作时间、休息休假、社会保险等方面发生的争议。"《劳动人事争议仲裁办案规则》进一步明确了一裁终局裁决中的几个问题：第一，追索劳动报酬、工伤医疗费、经济补偿或者赔偿金，如果仲裁裁决涉及数项，对单项裁决数额不超过当地月最低工资标准 12 个月金额的事项，应当适用终局裁决。第二，前款经济补偿包括《劳动合同法》规定的竞业限制期限内给予的经济补偿、解除或者终止劳动合同的经济补偿等；赔偿金包括劳动合同法规定的未签订书面劳动合同二倍工资、违法约定试用期的赔偿金、违法解除或者终止劳动合同的赔偿金等。用人单位对仲裁裁决无权起诉，但有证据证明仲裁裁决有下列情形之一，可以自收到仲裁裁决书之日起 30 日内向劳动争议仲裁委员会所在地的中级人民法院申请撤销裁决：（1）适用法律、法规确有错误的；（2）劳动争议仲裁委员会无管辖权的；（3）违反法定程序的；（4）裁决所根据的证据是伪造的；（5）对方当事人隐瞒了足以影响公正裁决的证据的；（6）仲裁员在仲裁该案时有索贿受贿、徇私舞弊、枉法裁决行为的。人民法院经组成合议庭审查核实裁决有前款规定情形之一的，应当裁定撤销。仲裁裁决被人民法院裁定撤销的，当事人可以自收到裁定书之日起 15 日内就该劳动争议事项向人民法院提起诉讼。

裁决书应当载明仲裁请求、争议事实、裁决理由、裁决结果、当事人和裁决日期。裁决书由仲裁员签名，加盖劳动人事争议仲裁委员会印章。对裁决持不同意见的仲裁员，可以签名，也可以不签名。

仲裁庭裁决案件时，其中一部分事实已经清楚，可以就该部分先行裁决。仲裁庭对追索劳动报酬、工伤医疗费、经济补偿或者赔偿金的案件，根据当事人的申请，可以裁决先予执行，移送人民法院执行。仲裁庭裁决先予执行的，应当符合下列条件：（1）当事人之间权利义务关系明确；（2）不先予执行将严重影响申请人的生活。申请先予执行的，可以不提供担保。

仲裁庭裁决劳动争议案件，应当自劳动争议仲裁委员会受理仲裁申请之日起 45 日内结束。案情复杂需要延期的，经劳动争议仲裁委员会主任批准，可以延期并书面通知当事人，但是延长期限不得超过 15 日。逾期未作出仲裁裁决的，当事人可以就该劳动争议事项向人民法院提起诉讼。

六、劳动争议的简易处理

劳动争议案件符合下列情形之一的，可以简易处理：（1）事实清楚、权利义务关系明确、争议不大的；（2）标的额不超过本省、自治区、直辖市上年度职工年平均工资的；（3）双方当事人同意简易处理的。仲裁委员会决定简易处理的，可以指定一名仲裁员独任仲裁，并应当告知当事人。

争议案件有下列情形之一的，不得简易处理：（1）涉及国家利益、社会公共利益的；（2）有重大社会影响的；（3）被申请人下落不明的；（4）仲裁委员会认为不宜简易处理的。

简易处理的案件，经与被申请人协商同意，仲裁庭可以缩短或者取消答辩期。

仲裁庭可以用电话、短信、传真、电子邮件等简便方式送达仲裁文书，但送达调解书、裁决书除外。以简便方式送达的开庭通知，未经当事人确认或者没有其他证据证明当事人已经收到的，仲裁庭不得按撤回仲裁申请处理或者缺席裁决。

简易处理的案件，仲裁庭可以根据案件情况确定举证期限、开庭日期、审理程序、文书制作等事项，但应当保障当事人陈述意见的权利。

仲裁庭在审理过程中，发现案件不宜简易处理的，应当在仲裁期限届满前决定转为按照一般程序处理，并告知当事人。案件转为按照一般程序处理的，仲裁期限自仲裁委员会受理仲裁申请之日起计算，双方当事人已经确认的事实，可以不再进行举证、质证。

七、劳动争议的特别仲裁程序

处理劳动者一方在 10 人以上并有共同请求的争议案件，或者因履行集体合同发生的劳动争议案件，适用特别仲裁程序。

发生劳动者一方在10人以上并有共同请求的争议的，劳动者可以推举3名至5名代表参加仲裁活动。代表人参加仲裁的行为对其所代表的当事人发生效力，但代表人变更、放弃仲裁请求或者承认对方当事人的仲裁请求，进行和解，必须经被代表的当事人同意。因履行集体合同发生的劳动争议，经协商解决不成的，工会可以依法申请仲裁；尚未建立工会的，由上级工会指导劳动者推举产生的代表依法申请仲裁。

仲裁委员会应当自收到当事人集体劳动人事争议仲裁申请之日起5日内作出受理或者不予受理的决定。决定受理的，应当自受理之日起5日内将仲裁庭组成人员、答辩期限、举证期限、开庭日期和地点等事项一次性通知当事人。

仲裁委员会处理集体劳动人事争议案件，应当由3名仲裁员组成仲裁庭，设首席仲裁员。仲裁委员会处理因履行集体合同发生的劳动争议，应当按照三方原则组成仲裁庭处理。

仲裁庭处理集体劳动人事争议，开庭前应当引导当事人自行协商，或者先行调解。仲裁庭处理集体劳动人事争议案件，可以邀请法律工作者、律师、专家学者等第三方共同参与调解。协商或者调解未能达成协议的，仲裁庭应当及时裁决。

第四节　劳动争议诉讼

一、劳动争议诉讼概念

劳动争议诉讼是指劳动争议当事人不服劳动争议仲裁委员会的裁决，在规定的期限内（收到仲裁裁决之日起15日）向人民法院起诉，人民法院依照民事诉讼程序，依法对劳动争议案件进行审理和裁判的活动。劳动争议诉讼是解决劳动争议的最终程序。人民法院审理劳动争议案件，一般都适用民事诉讼程序。

关于劳动争议处理的司法机构的设置，各国的做法不尽一致。如英国在司法部下设产业法庭和就业上诉法庭来审理劳动案件，德国设立劳动法院审理劳动案件，法国在法院内部设立专门的劳工法庭审理劳动案件。我国在实践中一般是由人民法院的民事审判庭审理劳动争议的案件。目前，已有部分法院开始设立专门的劳动法庭来处理劳动争议案件。2021 年 7 月，由最高人民法院批复设立的专业化劳动法庭——苏州劳动法庭成立。

二、劳动争议诉讼的受理

（一）人民法院受理劳动争议案件的要件

人民法院受理劳动争议案件的要件如下：（1）起诉人是劳动争议的当事人；（2）一般需要仲裁前置；（3）明确的被告、具体的诉讼请求和事实根据；（4）法定的期限内提起诉讼；（5）属于人民法院的受案范围；（6）人民法院有管辖权。

关于人民法院的受案范围，《最高人民法院关于审理劳动争议案件适用法律问题的解释（一）》的第 1 条对人民法院应予受理的劳动争议类型作了列举性规定，第 2 条则对于不属于劳动争议的情况作了明确规定，其具体情况参见前面介绍的劳动争议受案范围的正面清单与负面清单。

（二）劳动争议案件的受理范围

1. 对劳动争议仲裁裁决的起诉

当事人对除终局裁决以外的其他劳动争议案件的仲裁裁决不服的，可以自收到仲裁裁决书之日起 15 日内向人民法院提起诉讼。

根据《最高人民法院关于审理劳动争议案件适用法律问题的解释（一）》第 12 条的规定：劳动争议仲裁机构逾期未作出受理决定或仲裁裁决，当事人直接提起诉讼的，人民法院应予受理，但申请仲裁的案件存在下列事由的除外：（1）移送管辖的；（2）正在送达或者送达延误的；（3）等待另案诉讼结果、评残结论的；（4）正在等待劳动争议仲裁机构开庭的；（5）启动鉴定程序或者委托其他部门调查取证的；（6）其他正当事由。

《最高人民法院关于审理劳动争议案件适用法律问题的解释（一）》第 8

条规定，劳动争议仲裁机构为纠正原仲裁裁决错误重新作出裁决，当事人不服依法提起诉讼的，人民法院应当受理。

此外，劳动争议仲裁机构作出的预先支付劳动者劳动报酬、工伤医疗费、经济补偿或者赔偿金的裁决，用人单位不履行上述裁决中的给付义务，劳动者依法申请强制执行的，人民法院应予受理。

2. 对劳动争议仲裁不予受理案件的起诉

（1）劳动争议仲裁机构以当事人申请仲裁的事项不属于劳动争议为由，作出不予受理的书面裁决、决定或者通知，当事人不服依法提起诉讼的，人民法院应当分情况予以处理：属于劳动争议案件的，应当受理；虽不属于劳动争议案件，但属于人民法院主管的其他案件，应当依法受理。

（2）劳动争议仲裁机构以申请仲裁的主体不适格为由，作出不予受理的书面裁决、决定或者通知，当事人不服依法提起诉讼，经审查确属主体不适格的，人民法院不予受理；已经受理的，裁定驳回起诉。

3. 可以直接受理劳动争议案件的特殊情形

（1）劳动者以用人单位的工资欠条为证据直接提起诉讼，诉讼请求不涉及劳动关系其他争议的，视为拖欠劳动报酬争议，人民法院按照普通民事纠纷受理。工资支付既是劳动法上用人单位的义务，也是一种特殊的债权债务关系，如果这种债权债务关系劳动者已经持有工资欠条作为证据，可以视为劳动债权债务关系已经转变为普通的债权债务关系，直接进入诉讼程序，没有必要再走仲裁程序。

（2）当事人在《劳动争议调解仲裁法》规定的调解组织主持下仅就劳动报酬争议达成调解协议，用人单位不履行调解协议确定的给付义务，劳动者直接提起诉讼的，人民法院可以按照普通民事纠纷受理。

（3）劳动者依据有关法律规定向人民法院申请支付令，符合《民事诉讼法》关于督促程序规定的，人民法院应予受理。申请支付令被人民法院裁定终结督促程序后，劳动者依据调解协议直接提起诉讼的，人民法院应予受理。

4. 不予受理的案件

（1）劳动争议仲裁机构仲裁的事项不属于人民法院受理的案件范围，当事人不服依法提起诉讼的，人民法院不予受理；已经受理的，裁定驳回起诉。

（2）当事人不服劳动争议仲裁机构作出的预先支付劳动者劳动报酬、工伤医疗费、经济补偿或者赔偿金的裁决，依法提起诉讼的，人民法院不予受理。

（3）劳动争议仲裁机构作出的调解书已经发生法律效力，一方当事人反悔提起诉讼的，人民法院不予受理；已经受理的，裁定驳回起诉。

三、劳动争议诉讼管辖

劳动争议案件由用人单位所在地或者劳动合同履行地的基层人民法院管辖。劳动合同履行地不明确的，由用人单位所在地的基层人民法院管辖。法律另有规定的，依照其规定。

劳动者与用人单位均不服劳动争议仲裁机构的同一裁决，向同一人民法院起诉的，人民法院应当并案审理，双方当事人互为原告和被告，对双方的诉讼请求，人民法院应当一并作出裁决。在诉讼过程中，一方当事人撤诉的，人民法院应当根据另一方当事人的诉讼请求继续审理。双方当事人就同一仲裁裁决分别向有管辖权的人民法院起诉的，后受理的人民法院应当将案件移送给先受理的人民法院。

劳动争议仲裁机构以无管辖权为由对劳动争议案件不予受理，当事人提起诉讼的，人民法院按照以下情形分别处理：（1）经审查认为该劳动争议仲裁机构对案件确无管辖权的，应当告知当事人向有管辖权的劳动争议仲裁机构申请仲裁；（2）经审查认为该劳动争议仲裁机构有管辖权的，应当告知当事人申请仲裁，并将审查意见书面通知该劳动争议仲裁机构；劳动争议仲裁机构仍不受理，当事人就该劳动争议事项提起诉讼的，人民法院应予受理。

四、劳动争议诉讼当事人

劳动争议诉讼当事人指因劳动权利义务关系发生纠纷。以自己的名义进行诉讼并受法院裁判约束的利害关系人，包括原告、被告、共同诉讼人和第三人。《最高人民法院关于审理劳动争议案件适用法律问题的解释（一）》对劳动争议诉讼中涉及的特殊情况的当事人诉讼资格问题作了具体规定：

用人单位与其他单位合并的，合并前发生的劳动争议，由合并后的单位为当事人；用人单位分立为若干单位的，其分立前发生的劳动争议，由分立后的实际用人单位为当事人。用人单位分立为若干单位后，具体承受劳动权利义务的单位不明确的，分立后的单位均为当事人。

用人单位招用尚未解除劳动合同的劳动者，原用人单位与劳动者发生的劳动争议，可以列新的用人单位为第三人。原用人单位以新的用人单位侵权为由提起诉讼的，可以列劳动者为第三人。原用人单位以新的用人单位和劳动者共同侵权为由提起诉讼的，新的用人单位和劳动者列为共同被告。

劳动者在用人单位与其他平等主体之间的承包经营期间，与发包方和承包方双方或者一方发生劳动争议，依法提起诉讼的，应当将承包方和发包方作为当事人。

劳动者与未办理营业执照、营业执照被吊销或者营业期限届满仍继续经营的用人单位发生争议的，应当将用人单位或者其出资人列为当事人。

未办理营业执照、营业执照被吊销或者营业期限届满仍继续经营的用人单位，以挂靠等方式借用他人营业执照经营的，应当将用人单位和营业执照出借方列为当事人。

当事人不服劳动争议仲裁机构作出的仲裁裁决，依法提起诉讼，人民法院审查认为仲裁裁决遗漏了必须共同参加仲裁的当事人的，应当依法追加遗漏的人为诉讼当事人。被追加的当事人应当承担责任的，人民法院应当一并处理。

五、劳动争议诉讼中的举证责任

劳动争议诉讼举证责任原则上遵循“谁主张，谁举证”的规则。但是在特定情况下实行举证责任倒置，由用人单位承担举证责任。这些特定情况包括：（1）劳动者主张加班费的，应当就加班事实的存在承担举证责任；但劳动者有证据证明用人单位掌握加班事实存在的证据，用人单位不提供的，由用人单位承担不利后果。（2）因用人单位做出的开除、除名、辞退、解除劳动合同、减少劳动报酬、计算劳动者工作年限等决定而发生的劳动争议，用人单位负举证责任。（3）劳动者认为是工伤而用人单位不认为是工伤的，由用人单位负举证责任。特定情况下的劳动争议举证责任倒置，旨在减轻劳动者的举证负担，加强对其合法权益的保护。

六、劳动争议诉讼的裁决

劳动争议诉讼的裁决是指法院审理劳动案件，根据查明和认定的案件事实，正确适用法律，以国家审判机关的名义，对案件中的劳动权利义务争议，作出权威性的判定。

劳动争议诉讼按照人民法院审理民事案件的程序进行。简单的案件可以适用简易程序，一般案件适用普通一审程序审理，包括申请、受理、开庭准备、当事人陈述、法庭辩论、最后陈述、进行调解和法院判决等步骤。

法院经过审理后，应依法作出判决。根据不同的情况作出处理：用人单位对劳动者作出的开除、除名、辞退等处理，或者因其他原因解除劳动合同确有错误的，人民法院可以依法判决予以撤销。对于追索劳动报酬、养老金、医疗费以及工伤保险待遇、经济补偿金、培训费及其他相关费用等案件，给付数额不当的，人民法院可以予以变更。当事人申请人民法院执行劳动争议仲裁机构作出的发生法律效力的裁决书、调解书，被申请人提出证据证明劳动争议仲裁裁决书、调解书有下列情形之一，并经审查核实的，人民法院可以根据规定，裁定不予执行：（1）裁决的事项不属于劳动争议仲裁范围，或者劳动争议仲裁机构无权仲裁的；（2）适用法律、法规确有错误的；（3）违反法定程序的；（4）裁决所根据的证据是伪造的；（5）对方当事人隐瞒了足以影响公正裁决的证据的；（6）仲裁员在仲裁该案时有索贿受贿、徇私舞弊、枉法裁决行为的；（7）人民法院认定执行该劳动争议仲裁裁决违背社会公共利益的。人民法院在不予执行的裁定书中，应当告知当事人在收到裁定书之次日起 30 日内，可以就该劳动争议事项向人民法院提起诉讼。

第九章

社会保险法概论

第一节　社会保险概述

一、社会保险的概念与特征

（一）社会保险的概念

社会保险是指国家通过立法强制实施的，由劳动者、用人单位（雇主）以及国家三方共同筹资，建立社会保险基金，对劳动者因年老、失业、疾病、工伤、生育等原因退出工作岗位、暂时失去劳动岗位或因健康等原因造成损失提供收入或补偿的一种社会保障制度。

我国《劳动法》第 70 条规定："国家发展社会保险事业，建立社会保险制度，设立社会保险基金，使劳动者在年老、患病、工伤、失业、生育等情况下获得帮助和补偿。"《社会保险法》第 2 条规定："国家建立基本养老保险、基本医疗保险、工伤保险、失业保险、生育保险等社会保险制度，保障公民在年老、疾病、工伤、失业、生育等情况下依法从国家和社会获得物质帮助的权利。"社会保险具有保障劳动者基本生活、维护社会安定和促进经济发展的作用。社会保险制度是社会主义市场经济制度的支柱性制度，是增进民生福祉，提高人民生活品质的基础性制度。

（二）社会保险的特征

1. 社会性

社会保险的社会性主要表现为：一是社会保险对象的社会性。即享受保险对象范围广泛，包括社会上不同行业、不同所有制和不同身份、不同用工形式的各种劳动者，有的社会保险项目还扩展到全体公民。我国社会保险中的养老保险和医疗保险适用对象扩大至所有公民，而工伤保险、失业保险、生育保险的对象是职工。二是社会保险基金来源的社会性。社会保险基金来源于用人单位、个人的缴费以及政府为特定人群所承担的缴费义务和政府补助。三是社会保险目的和效果的社会性。社会保险制度建立与实施的目的是保障劳动者在年老、工伤、疾病、生育、失业等遭遇劳动风险的情况下，获得最基本的生活保障，以维护社会安全，促进社会发展。社会保险也被称为是社会的“安全阀”“稳定器”。

2．强制性

社会保险是国家立法加以确认并强制实施，具有强制性。社会保险的强制性体现为：一是社会保险关系的建立具有强制性。当事人不能自行确定是否参加社会保险，以及选择所参加的社会保险项目。《劳动法》第72条规定：“用人单位和劳动者必须依法参加社会保险，缴纳社会保险费。”二是社会保险费用的缴纳具有强制性。社会保险的缴费主体必须按照法定的标准和期限及时、足额缴纳社会保险费用。三是社会保险待遇给付的条件具有强制性。如申请给付养老金必须符合下列条件：参加基本养老保险；达到法定退休年龄；累计缴费满15年等。实践中经常发生的“劳动者自愿放弃社会保险”或劳动者承诺不买“五险一金”等约定，因其违背了社会保险的强制性，在法律上是无效的。

3．互济性

凡属保险，必有互济性，因为社会保险建立的基础是风险分担，被保险人通过参加社会保险，形成共同体，通过集中与分配资金来分散风险。社会保险的互济性体现为两个方面：一是社会保险实行社会统筹，并依据调剂的原则集中和使用资金，解决不同情况下劳动者的基本生活需要。二是建立社会保险关系，只是确立了受益的可能性。接受社会保险给付，必须发生劳动风险。这就决定了劳动者按同等标准缴纳社会保险费，而不可能享受同等数量的社会保险待遇，其缴纳的社会保险费实际上可能成为帮助别人的资金来源。

二、社会保险与商业保险

社会保险与商业保险都属于保险范畴，都具有分散和抵御风险，对参保人（投保人）进行补偿的功能。一方面，社会保险从商业保险处移植了诸多的保险原理与技术；另一方面，商业保险可以作为社会保险的补充，成为我国多层次社会保障体系的有机组成部分。两者的主要区别如下：

第一，保险的目的和性质不同。社会保险的目的是预防社会风险，实现社会安全，具有社会性和强制性。商业保险的目的是实现投保人或被保险人的财产和人身安全，由参保人自主决定是否与保险机构订立保险合同，具有个体性和自愿性。

第二，保险对象不同。我国社会保险中的职工基本养老、职工基本医疗工伤、失业、生育保险的对象是劳动者，其适用范围由法律规定。城乡居民养老保险和医疗保险的保险对象为城乡居民。商业保险则只要满足保险产品的投保要求，任何自然人、法人等组织都可以参加。

第三，是否具有营利性不同。社会保险具有非营利性，社会保险基金的利息及投资所得都应纳入社会保险基金。商业保险具有营利性，保险公司经营保险业务以营利为目的。

第四，保险基金来源不同。社会保险的基金来源于用人单位、劳动者、城乡居民的缴费和国家财政支持。商业保险的基金则全部由投保人缴纳。

第五，保障水平不同。社会保险为被保险人提供的保障是最基本的，其目的是保障劳动者或城乡居民的基本生活。商业保险提供的保障水平则取决于保险双方当事人的约定和投保人所缴保费的多少以及其他因素，只要被保险人符合投保条件并有一定的缴费能力，就可以获得高水平的保障。

第六，管理体制不同。社会保险由政府职能部门及所属的社会保险经办机构管理、运营。商业保险则由依法批准经营保险业务的保险公司运营和管理。

第七，适用的法律不同。调整社会保险关系的社会保险法律属于社会法范畴，一般由劳动法、社会保险法及其配套法规构成。调整商业保险关系的法律属于私法范畴，主要由商业保险法及其配套法规构成。

第二节　社会保险法概述

一、社会保险法的概念和属性

社会保险法是调整社会保险关系的法律规范的总和。我国的社会保险法律规范由调整社会保险关系的法律、行政法规、规章等构成。2010 年 10 月

28 日，第十一届全国人民代表大会常务委员会第十七次会议通过的《社会保险法》在社会保险法律体系中具有基础性的地位。《社会保险法》分为总则、基本养老保险、基本医疗保险、工伤保险、失业保险、生育保险、社会保险费征缴、社会保险基金、社会保险经办、社会保险监督、法律责任、附则共十二章。

社会保险法调整的社会保险关系既不同于平等主体之间的私法关系，也不同于基于行政职权形成的公法关系，而是具有公私混合的属性。社会保险法就其性质而言，归属于社会法，其原因在于：第一，从法的本位来看，社会保险法以社会公共利益为本位。社会保险制度建立的初衷是预防和化解社会风险，社会保险的发展方向是覆盖面不断扩大，在社会分配中不断彰显公平正义，从而促进社会安全与社会和谐，实现社会成员公共福祉的最大化。第二，从法的价值看，社会保险法以实质公平为价值追求。社会保险通过费用征收和待遇给付，实现了社会财富在不同人群的重新分配，这种重新分配更有利于弱势群体，在此意义上，社会保险制度矫正了形式公平的局限，更有力地实现实质公平。第三，从调整手段来看，社会保险法以强制调整为主。社会保险关系的建立、费用的征缴、待遇的给付等都不是当事人意思自治的范畴，而是基于法律的强制性规定和法定标准。①

二、社会保险法的基本原则

社会保险法的基本原则是指导社会保险立法、执法、司法和守法的基础性原理和价值准则。具体包括：

（一）社会安全原则

维护社会安全是社会保险制度产生的基本动因，也是社会保险制度主要功能的体现。有了社会保险制度的保障，当劳动者失去工资收入时，陷入劳动风

---

① 林嘉：《劳动法和社会保障法》，5 版，第 348—349 页，北京：中国人民大学出版社，2023。

险境地时，可从国家和社会获得社会保险待遇，以维持基本的生活。

（二）强制保险原则

强制保险原则蕴含着强制和保险两层含义。“强制”即社会保险区别于商业保险，不以当事人的合意为保险关系建立的基础，而是以国家法律法规为依据建立并依靠国家公权力保障实施。“保险”使社会保险区别于社会救助等其他社会保障制度，获得社会救助不需要受助人先履行义务，只要其陷入了贫困境地，不能维持基本生活，国家有责任提供基本生活保障。“保险”原则要求社会保险的权利义务关系具有关联性。一般情况下，参保人要先履行缴费义务才能享受保险待遇，且参保人享受的社会保险待遇水平与其缴费水平存在一定的关联性。

（三）所得再分配原则

所得再分配原则即社会保险具有互助互济功能，注重对社会弱者的照顾，不同于商业保险奉行的市场法则，社会保险追求建立在“社会连带”思想上的整体公平与实质公平。

（四）社会保险水平与经济社会发展水平相适应原则

社会保险水平过高，政府和用人单位在经济上难以承受，影响用人单位的投资和生产经营的积极性，反而会导致失业率的上升和职工享受社会保险的待遇降低；社会保险水平过低，职工的基本生活难以保证，会导致消费市场的萧条乃至社会的不稳定，最终也会影响社会保险制度的可持续发展。因此，需要根据经济社会发展水平和各方面的承受能力，恰当地确定社会保险的项目和水平。《劳动法》第 71 条规定：“社会保险水平应当与社会经济发展水平和社会承受能力相适应。”《社会保险法》吸收了《劳动法》的规定并把社会保险水平应当与社会经济发展水平相适应上升为社会保险法的原则。社会保险水平应当与经济社会发展水平相适应原则要求确定社会保险水平，不仅要考虑社会保险的目的，即保障国民的基本社会需要，而且也应充分考虑我国的经济社会发展水平，使社会保险水平在保证实现其基本目标的前提下，随着我国经济社会的不断发展而逐步提高。

三、我国社会保险制度的方针

《社会保险法》第 3 条规定："社会保险制度坚持广覆盖、保基本、多层次、可持续的方针"。

"广覆盖"，就是要不断扩大社会保险的覆盖范围，尽最大可能为全体公民提供保障服务。"广覆盖"体现了社会保险制度建设的普遍性原则。《社会保险法》以法律规范形式把社会保险的"广覆盖"方针确立下来，具有重要的意义，为我国社会保险制度建设确立了方向和目标。实行"广覆盖"的必要性在于：首先，是我国宪法的内在要求。我国宪法规定每个公民都享有社会保障的基本权利，这是社会保险实行广覆盖的根本依据。其次，是维护社会公平正义的要求。社会保险作为国家的一项基本社会经济制度，必须尽量覆盖到全体公民，特别要让社会弱势群体能够感受到自己作为公民能够得到国家的关怀和保护。再次，是社会保险"大数法则"之必需。社会保险要实现分散社会风险的功能，需要参保对象之间能够互助互济，需要资金统筹调剂，而这是以社会保险的广覆盖为前提条件的。最后，是发展社会主义市场经济的要求。它有利于均衡不同市场主体之间的经济负担，促进市场主体发育和公平竞争。"广覆盖"方针的最终目标是"全覆盖"，即人人享有社会保险。

"保基本"，就是要使社会保险标准与我国现阶段的经济社会发展水平相适应，实行以保障基本生活为主的社会保障。社会保险制度很大程度是在劳动者遭遇社会风险时的一种物质补偿制度，其目的是保障社会成员的基本生活，维护社会成员的生存权和社会稳定。人类社会发展的目标是每个人能够获得全面而自由发展的福利社会。但是我国的基本国情在客观上决定了在相当长的历史时期内不可能走财政税收支撑的全民福利的道路，所以我国的社会保险制度必须贯彻满足基本需求的方针。"保基本"的实质，就是既要保障基本生活需要，又要防止超越发展阶段过快的福利增长，防止出现社会保险领域的道德风险。

"多层次"，就是既要发展政府主导的基本社会保险，也要发展各种类型的补充保险。社会保障是社会互济、共建和共享的福利体系，应当采取多层次的保障方式，满足不同水平的社会保障需求。我国社会保险主要有三个层次：第一层次是基本保险，通过政府强制实施的各项社会保险制度，除生育保险、工伤保险外，通常由国家、用人单位和劳动者个人三方出资负担。基本保险是国家通过立法强制实施的，参加基本保险是用人单位和参保人的法定义务。第二层次是补充保险，国家鼓励和引导企业、事业单位根据自身的生产经营状况和实际，采用自愿原则，建立企业年金和补充医疗保险，提高部分成员的保障水平和福利待遇。我国《劳动法》第 75 条第 1 款规定："国家鼓励用人单位根据本单位实际情况为劳动者建立补充保险。"第三层次是个人储蓄性保险，即由劳动者个人根据自己的收入情况和意愿以商业保险形式为自己建立的保险或者以储蓄方式，预防发生困难时生活需要所采取的措施。个人储蓄性保险，是劳动者个人的行为，投保多少完全依据劳动者自身的经济能力确定，保险费用由劳动者个人承担。储蓄性保险符合我国劳动者的传统习惯，对于保障劳动者在意外困难时的经济需要，具有普遍意义。我国《劳动法》第 75 条第 2 款规定："国家提倡劳动者个人进行储蓄性保险。"

"可持续"，就是要建立社会保险可持续发展的长效机制，实现社会保险制度稳定运行。社会保险是关乎民生民权和代际公平的事业，既要保障当代人的福利和权益，又不能损害后代人的福利和权益。实现社会保险可持续发展，必须把社会保险纳入经济社会发展规划，兼顾社会目标和经济目标、短期目标和长期目标；必须通过社会保险立法确定社会保险的对象和内容、保险制度和模式、监管机制和手段；必须发挥国家的主导作用，逐步实现社会保险范围由窄到宽、社会保险项目由少到多、社会保险标准合理适度；必须保证社会保险基金安全和保值增值，切实加强社会保险基金的征缴、筹集、管理、投资运营和监管，做到社会保险基金的收支平衡、量入为出①。

① 华建敏：《加快建设中国特色社会保障体系》，载《国家行政学院学报》，2007（6）。

第三节　我国社会保险法的历史发展

我国传统的社会保险法律制度是建立在计划经济体制上的。1951 年 2 月，政务院公布实施《中华人民共和国劳动保险条例》，这是新中国第一部综合性的社会保险行政法规。该条例的颁布实施，标志着中国除失业保险外，包括养老、工伤、疾病、生育、遗属等的职工社会保险制度已初步建立。与此同时，国家也建立了针对机关和事业单位职工的社会保险制度。

1969 年至改革开放前，受“文化大革命”的影响，社会保险制度建设出现倒退。从中央到地方的劳动保险管理机构被撤销或停止工作；企业职工社会保险费用统筹制度被废止。

自 20 世纪 70 年代末起，我国开始实行改革开放政策。伴随着改革开放的实践，社会保险制度也进行了改革、重构和建设。改革开放四十多年来的中国社会保险法制建设可以分为以下 4 个阶段①。

一、社会保险法制的改革阶段

20 世纪 80 年代中期后，中国进入对社会保险制度的改革探索期。1986 年，国务院颁布《国营企业实行劳动合同制暂行规定》，规定对劳动合同制职工的退休养老基金实行社会统筹，开启了社会保险社会化的改革。同年 7 月，国务院颁布《国营企业职工待业保险暂行规定》，失业保险制度开始建立。1991 年 6 月，国务院发布了《关于企业职工养老保险制度改革的决定》，提出要建立多层次养老保险的目标，基本养老保险实行社会统筹。这一阶段我国社会保险法制设计的目标主要是为当时国有企业改革配套，为国有企业与国有职工服务。

① 杨思斌：《我国社会保障法治建设四十年：回顾、评估与前瞻》，载《北京行政学院学报》，2018（3）。

二、社会保险法制的重构阶段

1993年11月，中共中央十四届三中全会通过的《关于建立社会主义市场经济体制若干问题的决定》，将推动社会保险改革作为社会主义经济体制改革的配套措施。1994年全国人大常委会通过了《劳动法》，对社会保险和社会福利作了专章规定。1996年第八届全国人大第四次会议批准《国民经济和社会发展"九五"计划和2010年远景规划目标纲要》，明确提出加快养老保险、失业保险以及医疗保险制度的改革，初步形成多层次的社会保障制度。1998年3月，第九届全国人大第一次会议批准组建劳动和社会保障部，统管全国的劳动和社会保障事务。这一阶段社会保险制度建设的重要成就主要体现在六个方面。

一是在养老保险方面，1995年，国务院发布《关于深化企业职工养老保险制度改革的通知》，确立了社会统筹与个人账户相结合的养老保险制度改革方案。1997年，国务院颁布《关于建立统一的企业职工基本养老保险制度的决定》，统一规定企业缴费率、职工缴费率和基本养老保险待遇。

二是在医疗保险方面，1993年，经国务院批准，国家体改委、财政部、劳动部、卫生部印发了《关于职工医疗制度改革的试点意见》，明确提出要建立社会统筹医疗保险基金和个人账户相结合的医疗保险制度。1998年，国务院发布《关于建立城镇职工基本医疗保险制度的决定》，要求在全国范围内建立覆盖全体城镇职工、社会统筹和个人账户相结合的基本医疗保险制度。

三是在失业保险方面，1999年，国务院发布了《失业保险条例》，与市场经济体制相适应的失业保险制度得以定型。

四是在工伤保险方面，1996年，劳动部发布《企业职工工伤保险试行办法》，首次将工伤保险作为单独的社会保险制度实施。2003年，国务院颁布了《工伤保险条例》，对工伤保险进行了比较全面的规范。

五是在生育保险方面，1994年，劳动部发布《企业职工生育保险试行办法》，将生育保险的管理模式由用人单位管理逐步转变为实行社会统筹，由各地社会保险机构负责生育保险工作，城镇职工生育保险制度全面推行。

六是在社会保障基金管理方面，1999年，国务院颁布《社会保险费征缴暂行条例》，对社会保险费的征收、缴纳作了明确规定。同年7月，财政部、劳动和社会保障部联合制定《社会保险基金财务制度》和《社会保险基金会计制度》。2001年，劳动和社会保障部颁布《社会保险基金监督举报工作管理办法》和《社会保险基金行政监督办法》。2003年，劳动和社会保障部发布《社会保险稽核办法》和《社会保障基金现场监督规则》。

三、社会保险法制的深化改革阶段

2004年，第十届全国人民代表大会第二次会议通过的《中华人民共和国宪法修正案》提出“国家建立健全同经济发展水平相适应的社会保障制度”。社会保障制度被庄严地载入宪法。2010年10月28日，全国人民代表大会常务委员会通过了《社会保险法》，奠定了社会保险法律体系的基石。《社会保险法》对基本养老保险、基本医疗保险、工伤保险、失业保险、生育保险分章进行了规定，以充分保障公民在年老、疾病、工伤、失业、生育等情况下依法从国家和社会获得物质帮助的权利。《社会保险法》对于规范社会保险关系，维护公民参加社会保险和享受社会保险待遇的合法权益，使公民共享发展成果，促进共同富裕目标的实现具有重要意义。

这一阶段的社会保障法制建设取得的主要成就还有：2005年，国务院颁布《关于完善企业职工基本养老保险制度的决定》，进一步扩大基本养老保险覆盖范围，对个人账户、基本养老金的计发办法及其调整机制等予以规范。2006年，国务院颁布《关于解决农民工问题的若干意见》，提出了积极稳妥地解决农民工社会保障问题。2009年，国务院常务会议审议并原则通过了《关于开展新型农村社会养老保险试点的指导意见》。

四、社会保险法制的完善阶段

“十二五”以来，社会保险制度建设进入新的发展阶段，这一阶段的重大进步是社会保险法律得以实施，相关社会保险制度得以完善。

2011年7月1日，《社会保险法》正式施行，这是社会保险制度建设的标志性事件，标志着中国社会保险制度开始向定型和稳定的方向发展，有关社会保险的基本制度框架体系已经形成，社会保险制度运行进入依法推进的新阶段。

为配合《社会保险法》的实施，2011年，人力资源和社会保障部发布了《实施〈中华人民共和国社会保险法〉若干规定》《社会保险个人权益记录管理办法》和《社会保险基金先行支付暂行办法》三个部门规章。同年，人力资源和社会保障部还发布了《在中国境内就业的外国人参加社会保险暂行办法》。2012年，人力资源和社会保障部发布了《关于开展社会保险基金社会监督试点的意见》。

2014年，全国人大常委会将“以欺诈、伪造证明材料或者通过其他手段骗取社会保险金或者其他社会保障待遇的行为”归为《刑法》第266条规定的诈骗公私财物的行为，为打击社会保障欺诈提供了刑法保障。

2015年，国务院颁布了《关于机关事业单位工作人员养老保险制度改革的决定》，针对机关事业单位工作人员的养老保险改革拉开了序幕。

2016年，全国人大常委会授权国务院通过试点的方式来推进生育保险和基本医疗保险的合并实施，实质上是对《社会保险法》的局部修订，表明《社会保险法》开始进入适应制度变革的调整阶段。同年，人力资源和社会保障部、财政部发布《关于阶段性降低社会保险费率的通知》，提出阶段性降低养老保险、失业保险费率。国务院颁布《全国社会保障基金条例》，社会保障基金管理趋于法制化。

2018年12月29日，第十三届全国人民代表大会常务委员会第七次会议通过关于修改《社会保险法》的决定。对《社会保险法》进行了修改：（1）将第57条中的“工商行政管理部门”修改为“市场监督管理部门”。（2）将第64条第1款中的“各项社会保险基金按照社会保险险种分别建账，分账核算，执行国家统一的会计制度”修改为“除基本医疗保险基金与生育保险基金合并建账及核算外，其他各项社会保险基金按照社会保险险种分别建账，分账核算。社会保险基金执行国家统一的会计制度”。（3）将第66条中的“社会保险基金预算按照社会保险项目分别编制”修改为“除基本医疗保险基金与生育保险基金预算合并编制外，其他社会保险基金预算按照社会保险项目分别编制”。

第四节 社会保险基金

一、社会保险基金概述

社会保险基金是指由社会保险经办机构经办的基本养老保险基金、基本医疗保险基金、工伤保险基金、失业保险基金和生育保险基金的总称。社会保险基金具有强制性、储备性和互济性的特点：强制性是指社会保险基金依照国家法律强制征缴，并严格依照法律规定管理和使用。储备性是指社会保险基金如同“蓄水池”，具有储备性的特征，其主要功能是预防和化解可能出现的社会风险。互济性是指社会保险基金是根据大数法则，统筹运用参保人的缴费，以使社会成员共同承担风险，是社会成员之间互济性的反映①。

我国社会保险基金主要来自参保人，而以国家财政补贴为补充，体现了“劳资政”三方在社会保险方面的责任共担机制。在我国不同的社会保险险种，基金的筹集比例不同，且近年来处于不断改革之中。例如，目前养老保险单位缴费比例已经降至16%，劳动者个人缴费的比例仍为个人工资的8%；职工医疗保险用人单位缴费的比例一般为6%，劳动者个人缴费的比例为2%左右。

二、社会保险基金的监管

（一）社会保险基金管理的原则

社会保险基金管理需要遵循以下原则：

1. 分账管理、专款专用原则

除基本医疗保险基金与生育保险基金合并建账及核算外，其他各项社会保险基金按照社会保险险种分别建账，分账核算。社会保险基金执行国家统一的会计制度，社会保险基金专款专用，任何组织和个人不得侵占或者挪用。

① 林嘉：《劳动法和社会保障法》，5版，第365页，北京：中国人民大学出版社，2023。

2. 收支平衡原则

社会保险基金通过预算实现收支平衡。县级以上人民政府在社会保险基金出现支付不足时，给予补贴。

3. 透明、安全管理原则

社会保险经办机构应当定期向社会公布参加社会保险情况以及社会保险基金的收入、支出、结余和收益情况。社会保险基金在保证安全的前提下，按照国务院规定投资运营实现保值增值。社会保险基金不得违规投资运营，不得用于平衡其他政府预算，不得用于兴建、改建办公场所和支付人员经费、运行费用、管理费用，或者违反法律、行政法规规定挪作其他用途。

（二）社会保险基金的监管

国家对社会保险基金实行严格监管。国务院和省、自治区、直辖市人民政府建立健全社会保险基金监督管理制度，保障社会保险基金安全、有效运行。县级以上人民政府采取措施，鼓励和支持社会各方面参与社会保险基金的监督。

确保社会保险基金的安全、完整和有效运行，是基金监管的首要目标。因此，严格监管是社会保险基金监督管理的首要、基本要求。严格监管有利于控制基金运行、管理和投资运营的风险，有利于维护参保人的合法权益，有利于基金经办机构、管理机构和投资运营机构建立起良好的管理制度和信息体系，最终实现基金保值增值的目标。

1. 社会保险基金监管的目标

社会保险基金监管的首要目标是确保基金的完整和安全。社会保险基金在投资运营中，面临着系统性风险、非系统性风险等诸多风险，加上社会保险基金本身的特殊性，维护基金安全是基金管理最重要、最基本的目标。安全性目标指社会保险基金的投资经办机构必须绝对保障投资的社会保险基金能够按期如数收回，并取得预期投资收益。

2. 社会保险基金的监管方式

政府集中监管是建立完备的社会保险基金监管体制的核心。政府作为社会保险制度的关键责任主体，由其直接出面管理社会保险基金无疑具有合理性。

不同的社会组织、社会群体均应当有权参与到社会保险基金的监督之中。对此，县级以上各级人民政府应当采取措施，鼓励和支持社会各方面参与社会保险基金的监督。

三、全国社会保障基金

全国社会保障基金是为筹集和积累社会保障资金，合理分摊社会保障转型成本，并更好地应对人口老龄化而成立的基金。《社会保险法》第 71 条规定："国家设立全国社会保障基金，由中央财政预算拨款以及国务院批准的其他方式筹集的资金构成，用于社会保障支出的补充、调剂。全国社会保障基金由全国社会保障基金管理运营机构负责管理运营，在保证安全的前提下实现保值增值。全国社会保障基金应当定期向社会公布收支、管理和投资运营的情况。国务院财政部门、社会保险行政部门、审计机关对全国社会保障基金的收支、管理和投资运营情况实施监督。"

与资金来源于企业、个人缴费和财政补贴并用于社会保险待遇开支的专项社会保险基金不同，全国社会保障基金来源于中央财政预算拨款、国有股减持划入资金、股权划拨资产、投资收益、经国务院批准以其他方式筹集的资金等。全国社会保障基金是中央政府集中的战略储备基金，在社会保险基金出现财务危机时，充当着补充、调剂基金的作用。

第五节 社会保险经办

社会保险经办是指社会保险经办机构办理各项社会保险的活动。社会保险经办机构是指人力资源社会保障行政部门所属的经办基本养老保险、工伤保险、失业保险等社会保险的机构和医疗保障行政部门所属的经办基本医疗保险、生育保险等社会保险的机构。

为了规范社会保险经办，优化社会保险服务，保障社会保险基金安全，维护用人单位和个人的合法权益，促进社会公平，2023 年 8 月 16 日，国务院颁布《社会保险经办条例》。

一、社会保险经办的原则与体制

（一）社会保险经办的原则

社会保险经办工作坚持中国共产党的领导，坚持以人民为中心，遵循合法、便民、及时、公开、安全的原则。

（二）社会保险经办体制

国务院人力资源社会保障行政部门主管全国基本养老保险、工伤保险、失业保险等社会保险经办工作。国务院医疗保障行政部门主管全国基本医疗保险、生育保险等社会保险经办工作。

县级以上地方人民政府人力资源社会保障行政部门按照统筹层次主管基本养老保险、工伤保险、失业保险等社会保险经办工作。县级以上地方人民政府医疗保障行政部门按照统筹层次主管基本医疗保险、生育保险等社会保险经办工作。国务院人力资源社会保障行政部门、医疗保障行政部门以及其他有关部门按照各自职责，密切配合、相互协作，共同做好社会保险经办工作。

县级以上地方人民政府应当加强对本行政区域社会保险经办工作的领导，加强社会保险经办能力建设，为社会保险经办工作提供保障。

二、社会保险登记和关系转移

（一）社会保险登记

用人单位在登记管理机关办理登记时同步办理社会保险登记。个人申请办理社会保险登记，以居民身份证号码作为社会保障号码，取得社会保障卡和医保电子凭证。社会保障卡是个人参加基本养老保险、基本医疗保险、工伤保险、失业保险、生育保险等社会保险和享受各项社会保险待遇的凭证，包括实体社会保障卡和电子社会保障卡。医保电子凭证是个人参加基本医疗保险、生育保险等社会保险和享受基本医疗保险、生育保险等社会保险待遇的凭证。社会保险经办机构应当自收到申请之日起 10 个工作日内办理完毕。

登记管理机关应当将用人单位设立、变更、注销登记的信息与社会保险经办机构共享，公安、民政、卫生健康、司法行政等部门应当将个人的出生、死亡以及户口登记、迁移、注销等信息与社会保险经办机构共享。用人单位的性质、银行账户、用工等参保信息发生变化，以及个人参保信息发生变化的，用人单位和个人应当及时告知社会保险经办机构。社会保险经办机构应当对用人单位和个人提供的参保信息与共享信息进行比对核实。

用人单位和个人申请变更、注销社会保险登记，社会保险经办机构应当自收到申请之日起 10 个工作日内办理完毕。用人单位注销社会保险登记的，应当先结清欠缴的社会保险费、滞纳金、罚款。

社会保险经办机构应当及时、完整、准确记录下列信息：（1）社会保险登记情况；（2）社会保险费缴纳情况；（3）社会保险待遇享受情况；（4）个人账户情况；（5）与社会保险经办相关的其他情况。

（二）社会保险关系转移

1. 养老保险关系转移

参加职工基本养老保险的个人跨统筹地区就业，其职工基本养老保险关系随同转移。参加职工基本养老保险的个人在机关事业单位与企业等不同性质用人单位之间流动就业，其职工基本养老保险关系随同转移。参加城乡居民基本养老保险且未享受待遇的个人跨统筹地区迁移户籍，其城乡居民基本养老保险关系可以随同转移。

2. 医疗保险关系的转移

参加职工基本医疗保险的个人跨统筹地区就业，其职工基本医疗保险关系随同转移。参加城乡居民基本医疗保险的个人跨统筹地区迁移户籍或者变动经常居住地，其城乡居民基本医疗保险关系可以按照规定随同转移。职工基本医疗保险与城乡居民基本医疗保险之间的关系转移，按照规定执行。

3. 失业保险关系的转移

参加失业保险的个人跨统筹地区就业，其失业保险关系随同转移。

4. 工伤保险、生育保险关系的转移

参加工伤保险、生育保险的个人跨统筹地区就业，在新就业地参加工伤保险、生育保险。

用人单位和个人办理社会保险关系转移接续手续的，社会保险经办机构应当在规定时限内办理完毕，并将结果告知用人单位和个人，或者提供办理情况查询服务。

三、社会保险待遇核定和支付

1. 养老保险待遇核定和支付

用人单位和个人应当按照国家规定，向社会保险经办机构提出领取基本养老金的申请。社会保险经办机构应当自收到申请之日起20个工作日内办理完毕。参加职工基本养老保险的个人死亡或者失业人员在领取失业保险金期间死亡，其遗属可以依法向社会保险经办机构申领丧葬补助金和抚恤金。社会保险经办机构应当及时核实有关情况，按照规定核定并发放丧葬补助金和抚恤金。

2. 医疗、生育保险待遇核定和支付

个人医疗费用、生育医疗费用中应当由基本医疗保险（含生育保险）基金支付的部分，由社会保险经办机构审核后与医疗机构、药品经营单位直接结算。因特殊情况个人申请手工报销，应当向社会保险经办机构提供医疗机构、药品经营单位的收费票据、费用清单、诊断证明、病历资料。社会保险经办机构应当对收费票据、费用清单、诊断证明、病历资料进行审核，并自收到申请之日起30个工作日内办理完毕。

参加生育保险的个人申领生育津贴，应当向社会保险经办机构提供病历资料。社会保险经办机构应当对病历资料进行审核，并自收到申请之日起10个工作日内办理完毕。人力资源社会保障行政部门、医疗保障行政部门应当按照各自职责建立健全异地就医医疗费用结算制度。社会保险经办机构应当做好异地就医医疗费用结算工作。

3. 工伤保险待遇核定和支付

工伤职工及其用人单位依法申请劳动能力鉴定、辅助器具配置确认、停工留薪期延长确认、工伤旧伤复发确认，应当向社会保险经办机构提供诊断证明、病历资料。个人治疗工伤的医疗费用、康复费用、安装配置辅助器具费用应当由工伤保险基金支付的部分，由社会保险经办机构审核后与医疗机构、辅助器具配置机构直接结算。因特殊情况用人单位或者个人申请手工报销，应当向社会保险经办机构提供医疗机构、辅助器具配置机构的收费票据、费用清单、诊断证明、病历资料。社会保险经办机构应当对收费票据、费用清单、诊断证明、病历资料进行审核，并自收到申请之日起 20 个工作日内办理完毕。

4. 失业保险待遇核定和支付

个人申领失业保险金，社会保险经办机构应当自收到申请之日起 10 个工作日内办理完毕。个人在领取失业保险金期间，社会保险经办机构应当从失业保险基金中支付其应当缴纳的基本医疗保险（含生育保险）费用。个人申领职业培训等补贴，应当提供职业资格证书或者职业技能等级证书。社会保险经办机构应当对职业资格证书或者职业技能等级证书进行审核，并自收到申请之日起 10 个工作日内办理完毕。

5. 社会保险待遇的停止享受

个人出现国家规定的停止享受社会保险待遇的情形，用人单位、待遇享受人员或者其亲属应当自相关情形发生之日起 20 个工作日内告知社会保险经办机构。社会保险经办机构核实后应当停止发放相应的社会保险待遇。社会保险经办机构应当通过信息比对、自助认证等方式，核验社会保险待遇享受资格。通过信息比对、自助认证等方式无法确认社会保险待遇享受资格的，社会保险经办机构可以委托用人单位或者第三方机构进行核实。对涉嫌丧失社会保险待遇享受资格后继续享受待遇的，社会保险经办机构应当调查核实。经调查确认不符合社会保险待遇享受资格的，停止发放待遇。

四、社会保险经办服务和管理

（一）社会保险经办服务

1. 社会保险经办机构应当依托社会保险公共服务平台、医疗保障信息平台等实现跨部门、跨统筹地区社会保险经办。

2．社会保险经办机构应当推动社会保险经办事项与相关政务服务事项协同办理。

3．社会保险经办的“一站式服务”即社会保险经办窗口应当进驻政务服务中心，为用人单位和个人提供一站式服务。

4．社会保险经办体系的“全覆盖”即人力资源社会保障行政部门、医疗保障行政部门应当强化社会保险经办服务能力，实现省、市、县、乡镇（街道）、村（社区）全覆盖。

5．社会保险经办服务的渠道。用人单位和个人办理社会保险事务，可以通过政府网站、移动终端、自助终端等服务渠道办理，也可以到社会保险经办窗口现场办理。

6．无障碍环境建设。社会保险经办机构应当加强无障碍环境建设，提供无障碍信息交流，完善无障碍服务设施设备，采用授权代办、上门服务等方式，为老年人、残疾人等特殊群体提供便利。

7．要求提供身份证件以外的其他证明材料的依据。用人单位和个人办理社会保险事务，社会保险经办机构要求其提供身份证件以外的其他证明材料的，应当有法律法规和国务院决定依据。

8．关于社会保险经办提供相关服务费用的规定。社会保险经办机构免费向用人单位和个人提供查询核对社会保险缴费和享受社会保险待遇记录、社会保险咨询等相关服务。

9．关于社会保险经办服务协议的规定。社会保险经办机构应当根据经办工作需要，与符合条件的机构协商签订服务协议，规范社会保险服务行为。人力资源社会保障行政部门、医疗保障行政部门应当加强对服务协议订立、履行等情况的监督。医疗保障行政部门所属的社会保险经办机构应当改进基金支付和结算服务，加强服务协议管理，建立健全集体协商谈判机制。

（二）社会保险经办管理

社会保险经办机构应当妥善保管社会保险经办信息，确保信息完整、准确和安全。社会保险经办机构应当建立健全业务、财务、安全和风险管理等内部控制制度。社会保险经办机构应当定期对内部控制制度的制定、执行情况进行检查、评估，对发现的问题进行整改。

社会保险经办机构应当明确岗位权责，对重点业务、高风险业务分级审核。社会保险经办机构应当加强信息系统应用管理，健全信息核验机制，记录业务经办过程。

社会保险经办机构具体编制下一年度社会保险基金预算草案，报本级人力资源社会保障行政部门、医疗保障行政部门审核汇总。社会保险基金收入预算草案由社会保险经办机构会同社会保险费征收机构具体编制。

社会保险经办机构设立社会保险基金支出户，用于接受财政专户拨入基金、支付基金支出款项、上解上级经办机构基金、下拨下级经办机构基金等。社会保险经办机构应当按照国家统一的会计制度对社会保险基金进行会计核算、对账。

社会保险经办机构应当核查下列事项：（1）社会保险登记和待遇享受等情况；（2）社会保险服务机构履行服务协议、执行费用结算项目和标准情况；（3）法律法规规定的其他事项。

社会保险经办机构发现社会保险服务机构违反服务协议的，可以督促其履行服务协议，按照服务协议约定暂停或者不予拨付费用、追回违规费用、中止相关责任人员或者所在部门涉及社会保险基金使用的社会保险服务，直至解除服务协议；社会保险服务机构及其相关责任人员有权进行陈述、申辩。

社会保险经办机构发现用人单位、个人、社会保险服务机构违反社会保险法律法规、规章的，应当责令改正。对拒不改正或者依法应当由人力资源社会保障行政部门、医疗保障行政部门处理的，及时移交人力资源社会保障行政部门、医疗保障行政部门处理。国务院人力资源社会保障行政部门、医疗保障行政部门会同有关部门建立社会保险信用管理制度，明确社会保险领域严重失信主体名单认定标准。社会保险经办机构应当如实记录用人单位、个人和社会保险服务机构及其工作人员违反社会保险法律法规行为等失信行为。

个人多享受社会保险待遇的，由社会保险经办机构责令退回；难以一次性退回的，可以签订还款协议分期退回，也可以从其后续享受的社会保险待遇或者个人账户余额中抵扣。

第十章

养老保险法

第一节 养老保险法概述

一、养老保险的含义

养老保险是社会保险制度的重要组成部分，是社会保险最重要的险种之一。所谓养老保险是国家通过立法建立养老保险基金，被保险人达到法定退休年龄（或丧失劳动能力）并退出工作岗位时，可以从养老保险基金中领取养老金，以保障其基本生活需要的社会保险制度。

养老保险主要包含以下三层含义：

1. 养老保险是在法定范围内的老年人完全或基本退出社会劳动生活后才自动发生作用的。这里所说的“完全”，是以劳动者与生产资料的脱离为特征的；所谓“基本”，指的是参加社会化的劳动已经不是主要社会生活内容。

2. 养老保险是为保障老年人的基本生活需求，为其提供稳定可靠的生活来源。

3. 养老保险是以社会保险为手段来达到保障老年人生活的目的。我国《社会保险法》的出台，在事实上明确了我国社会保障体系是以社会保险为主体的制度体系，也标志着中国特色的养老保障体系，是以权利义务相结合的缴费型养老保险为主体的制度体系。

二、养老保险的特点

养老保险具有社会保险的一般特点，如社会性、保险性和强制性。养老保险的强制性非常重要。社会保险实务中经常出现当事人协商一致免缴社会保险费的约定是否有效的争议。我们看下面的案例。

案情简介

北京市某中外合作企业与职工江某在签订劳动合同的同时，签订了一份《社会保险确认书》。《社会保险确认书》约定，江某同意企业不为其缴纳养老保险等社会保险费用，企业为江某每月加付工资100元。江某工作两年后被公司辞退而引发劳动争议。江某向劳动争议仲裁委员会申请仲裁，要求所在企业为其补交养老保险等社会保险费用。对于补交社会保险费用的请求，企业认为江某在《社会保险确认书》中同意企业不为其办理养老等社会保险，况且企业每个月已为江某多付100元的工资。所以该企业觉得没有必要为江某再补交养老保险等社会保险费用。请问此案应该如何处理?

案例分析

社会保险是国家通过立法强制实施的一种社会保障制度，凡属于法律规定范围的用人单位和劳动者都必须参加，并依法缴纳社会保险费。因此，任何关于放弃缴纳社会保险费的约定都因违反法律的强制性规定而无效。《劳动法》第72条规定，用人单位和劳动者必须依法参加社会保险，缴纳社会保险费。《社会保险法》第10条明确规定，职工应当参加基本养老保险，由用人单位和职工共同缴纳基本养老保险费。《社会保险费征缴暂行条例》第3条专门规定了外商投资企业及其职工属于基本养老保险、基本医疗保险和失业保险的征缴范围，外商投资企业及其职工应当依法向当地社会保险经办机构缴纳社会保险费。本案中一方面某中外合作企业属于《劳动法》《社会保险法》规定的用人单位，依法应当履行参保缴费义务；另一方面，某中外合作企业属于外商投资企业，自然适用《社会保险费征缴暂行条例》。总之，参加社会保险，缴纳社会保险费是用人单位和劳动者的法定义务，不得以任何方式逃避和放弃。用人单位和劳动者双方约定的以多发一点工资来取代缴纳社会保险费的协议违反了国家法律的强制性规定，不仅损害了劳动者的利益，而且损害了社会保险的制度利益。本案中，企业和职工江某的“免交社会保险费”的约定虽然是当事人协商一致的结果，但违反了法律的强制性规定，所以没有法律效力，不受法律保护。

养老保险除了具有社会保险的一般特点外，还具有自身的特点：第一，养老保险待遇支付具有确定性。人人都会老，老年生活必须有基本的生活资料保障。与医疗保险、失业保险、工伤保险等险种的风险具有偶然性和不可预测性相比，年老或丧失劳动能力的老年风险具有确定性，因此，养老保险待遇的给付具有确定性。第二，养老保险待遇给付具有持续性。医疗保险、失业保险待遇一般都是一次性给付，而养老保险待遇给付的期限是劳动者退出工作岗位至其生命终结，因此养老保险待遇的给付方式通常为持续性的给付。第三，养老保险待遇具有一定的补偿性。养老保险是以社会保险的手段实现老年保障的目的，强调先缴费后享受待遇，先履行义务后享受权利。基本养老保险待遇以养老保险缴费为条件，并与缴费的时间长短和数额多少直接相关。所以，参保人获得的养老保险待遇在一定程度上是对其在职期间缴费和劳动贡献的补偿。

三、养老保险的覆盖范围和体系结构

覆盖全体公民是世界各国养老保险制度发展的方向，我国养老保险制度发展方向是“覆盖城乡居民”，把更多的社会成员纳入保障范围，实现“老有所养”。除了为有劳动关系或人事关系的职工建立养老保险制度外，我国还为没有劳动关系的城乡居民建立养老保险制度，进而实现养老保险的全覆盖。

世界银行曾在《防止老龄危机》研究报告中建议，各国的社会养老保险体系要建立“三个支柱”：一是公共支柱，即基本养老保险；二是企业年金，即企业补充养老保险；三是个人储蓄性养老保险。我国社会保障制度以建立多层次的社会保障体系为目标，在养老保险方面，养老保险由基本养老保险、补充养老保险（企业年金或职业年金）以及个人储蓄性养老保险构成。2022 年 4 月 21 日，国务院办公厅发布了《关于推动个人养老金发展的意见》（以下简称《意见》）。《意见》指出：“推动发展适合中国国情、政府政策支持、个人自愿参加、市场化运营的个人养老金，与基本养老保险、企业（职业）年金相衔接，实现养老保险补充功能，协调发展其他个人商业养老金融业务，健全多层次、多支柱养老保险体系。”根据《意见》的规定，在中国境内参加城镇职工基本养老保险或者城乡居民基本养老保险的劳动者，可以参加个人养老金制度。个人养老金实行个人账户制度，缴费完全由参加的个人承担，实行完全积累。由此，我国多层次养老金制度体系框架已初步建成。

我国多层次养老金体系包括三个层次：第一个层次是政府主导的基本养老金，其职责是为社会成员年老之后持续提供稳定的收入，确保其具有购买基本生活资料的能力。这一制度由政府依靠国家强制力组织实施，以社会化的方式筹集资金，并有国家财政兜底。在我国具体表现为职工基本养老保险制度、居民基本养老保险制度和机关事业单位基本养老保险制度。第二个层次是企业（职业）年金，旨在为工薪劳动者提供基本养老金之外的补充养老保险。此项制度由用人单位和参保人共同缴费，由用人单位或其委托的机构管理和运行。在我国，包括面向企业劳动者自愿建立的企业年金制度和面向机关事业单位公职人员强制建立的职业年金制度。第三个层次则是建立在个人缴费和市场运行基础上的第三支柱养老金，其中既包括市场上的各种个人养老金产品，也包括以制度化方式建立的个人养老金制度。《意见》规定的个人养老金是国家支持的第三支柱养老金产品，其资金完全来源于个人，产品形式是市场上经备案后的各种金融产品，政府予以税收优惠，而最终的产品收益则取决于市场，风险也由个人承担，从而是政府支持、市场运营、个人负责的补充型养老金①。

第二节　职工基本养老保险

职工基本养老保险（以下简称基本养老保险）是面向职工的养老保险制度。由于我国的职工养老保险是从城镇企业职工开始建制，在一个相当长的时期内，企业职工和机关事业单位的养老保险实行“双轨制”。2015 年国务院发布《关于机关事业单位工作人员养老保险制度改革的决定》，机关事业单位的养老保险与企业职工养老保险开始并轨。

一、基本养老保险的适用范围

我国养老保险是依据与职业关联的原则来设计的，基本养老保险制度适用的对象主要是与企业建立劳动关系的劳动者。为适应社会经济发展和人权保障的需要，基本养老保险制度的适用范围呈现逐步扩大的趋势。《社会保险费征

---

① 何文炯：《个人养老金：明晰定位，稳步推进》，载《经济研究参考》，2022（7）。

缴暂行条例》规定，基本养老保险费的征缴范围包括国有企业、城镇集体企业、外商投资企业、城镇私营企业和其他城镇企业及其职工，实行企业化管理的事业单位及其职工。省、自治区、直辖市人民政府根据当地实际情况，可以规定将城镇个体工商户纳入基本养老保险的范围。2005 年，《国务院关于完善企业职工基本养老保险制度的决定》进一步扩大了基本养老保险覆盖范围，规定城镇各类企业职工、个体工商户、灵活就业人员和农民合同制职工都要参加企业职工基本养老保险。在此基础上，《社会保险法》对基本养老保险覆盖范围作了进一步规定。《社会保险法》第 10 条规定："职工应当参加基本养老保险，由用人单位和职工共同缴纳基本养老保险费。无雇工的个体工商户、未在用人单位参加基本养老保险的非全日制从业人员以及其他灵活就业人员可以参加基本养老保险，由个人缴纳基本养老保险费。公务员和参照公务员法管理的工作人员养老保险的办法由国务院规定。"这里的"职工"是与用人单位相对应的概念，应该是除公务员和参照公务员法进行管理的工作人员以外的所有用人单位的劳动者，不仅包括企业、民办非企业单位、有雇工的个体工商户的职工，也包括机关、团体、事业单位中签订劳动合同或聘用合同的人员以及在中国境内就业的外国人。

无雇工的个体工商户、未在用人单位参加基本养老保险的非全日制从业人员以及其他灵活就业人员（以下统称为灵活就业人员）可以参加基本养老保险，由个人缴纳基本养老保险费。灵活就业人员可以根据实际情况，自愿参加基本养老保险，但由于其没有用人单位，需要完全由个人承担相应的缴费义务。

二、基本养老保险基金的构成

基本养老保险基金由用人单位和个人缴费以及政府补贴等组成。

（一）用人单位缴费

我国基本养老保险实行的是缴费制，基本养老保险基金主要由用人单位和个人缴费组成。用人单位缴纳的养老保险费是养老保险基金的主要来源。用人单位对劳动者不仅要承担按时足额发放工资的义务，而且有义务为劳动者缴纳基本养老保险费用。用人单位承担缴费义务，使养老保险基金来源避免了单一渠道，增加了养老保险制度本身的可持续性。

用人单位和职工缴纳基本养老保险费用的多少取决于两个要素：费基和费率。费基是指用人单位或个人用于计算缴纳基本养老保险费用的工资基数，费率是按照一定的缴费基数缴纳养老保险费的比例，用人单位或劳动者个人应缴费金额为费基乘以规定的缴费比例。

基本养老保险费的费率直接关系到企业人工成本和企业的竞争力，不仅直接关系到国家、用人单位和劳动者个人的利益分配关系，也关系到养老保险制度的可持续发展。费率定得过高，必然加重用人单位的负担，不利于社会经济的发展；费率定得过低，可能会导致筹集的养老保险基金不足，必然会使社会保险难以为继。合理的基本养老保险费的费率需要综合各种因素进行科学测定和适时调整。1997 年，《国务院关于建立统一的企业职工基本养老保险制度的决定》规定，企业缴纳基本养老保险费的比例，一般不得超过企业工资总额的 20%（包括划入个人账户的部分），具体比例由省、自治区、直辖市人民政府确定。少数省、自治区、直辖市因离退休人数较多、养老保险负担过重，确需超过企业工资总额 20%的，应报劳动部、财政部审批。由于承担了制度转轨和改革成本，我国用人单位的费率较高，已经达到了国际公认的企业养老保险费率（20%）的警戒线。

《社会保险法》没有具体规定用人单位缴纳基本养老保险费的费率，只是规定应当按照国家规定的本单位职工工资总额的比例缴纳基本养老保险费，至于具体的比例是多少没有明确，这为基本养老保险费率的调整预留了空间。2016 年 4 月，人力资源和社会保障部与财政部联合发出《关于阶段性降低社会保险费率的通知》，规定从 2016 年 5 月 1 日起，企业职工基本养老保险单位缴费比例超过 20%的省（区、市），将单位缴费比例降至 20%；单位缴费比例为 20%且 2015 年底企业职工基本养老保险基金累计结余可支付月数高于 9 个月的省（区、市），可以阶段性地将单位缴费比例降低至 19%，降低费率的期限暂按两年执行。具体方案由各省（区、市）确定。2019 年 4 月 1 日，国务院办公厅印发《降低社会保险费率综合方案》，规定自 2019 年 5 月 1 日起，降低城镇职工基本养老保险（包括企业和机关事业单位基本养老保险）单位缴费比例。各省、自治区、直辖市及新疆生产建设兵团养老保险单位缴费比例高于16%的，可降至16%；目前低于16%的，要研究并提出过渡办法。各省具体调整或过渡方案于2019年4月15日前报人力资源和社会保障部、财政部备案。

用人单位缴纳社会基本养老保险费用的费基，在我国城镇职工基本养老保险制度施行之初不太统一和规范，有以企业职工工资总额作为基数的，有以职工个人缴费工资之和为基数的，还有以企业工资总额和离退休费用之和作为基数的。1997年，国务院颁布的《关于建立统一的企业职工基本养老保险制度的决定》规定，企业缴纳基本养老保险费一般不得超过企业工资总额的20%。基本养老保险应该是全国统一的制度，缴费基数的统一是制度统一的重要方面。《社会保险法》规定“用人单位应当按照国家规定的本单位职工工资总额的比例缴纳基本养老保险费”。这里的“本单位职工工资总额”是指用人单位在一定时期内直接支付给本单位全部职工的劳动报酬总额。工资总额由下列6个部分组成：（1）计时工资；（2）计件工资；（3）奖金；（4）津贴和补贴；（5）加班加点工资；（6）特殊情况下支付的工资。用人单位支付给职工的劳动报酬，不论其经费来源、支付形式、费用列支渠道、是否计入成本、是否计征所得税，都应列入工资总额计算范围。

城镇个体工商户和灵活就业人员参加社会保险也采取社会统筹和个人账户相结合的模式。但是，由于城镇个体工商户和灵活就业人员没有用人单位为其承担缴费义务，只能是自己承担相应的缴费义务。2005年，国务院颁布的《关于完善企业职工基本养老保险制度的决定》规定：“城镇个体工商户和灵活就业人员参加基本养老保险的缴费基数为当地上年度在岗职工平均工资，缴费比例为20%，其中8%记入个人账户。”《社会保险法》规定，无雇工的个体工商户、未在用人单位参加基本养老保险的非全日制从业人员以及其他灵活就业人员参加基本养老保险的，应当按照国家规定缴纳基本养老保险费，分别记入基本养老保险统筹基金和个人账户。《降低社会保险费率综合方案》规定：“个体工商户和灵活就业人员参加企业职工基本养老保险，可以在本省全口径城镇单位就业人员平均工资的60%至300%之间选择适当的缴费基数。”

（二）劳动者个人缴费

劳动者个人缴纳的养老保险费也是养老保险基金的重要来源，个人在享受养老保险权利之前也需要履行缴费义务。职工应当按照国家规定的本人工资的比例缴纳基本养老保险费，记入个人账户。

关于职工个人缴纳基本养老保险费的费率，1997 年，国务院颁布的《关于建立统一的企业职工基本养老保险制度的决定》规定："个人缴纳基本养老保险费（以下简称个人缴费）的比例，1997 年不得低于本人缴费工资的 4%，1998 年起每两年提高 1 个百分点，最终达到本人缴费工资的 8%。有条件的地区和工资增长较快的年份，个人缴费比例提高的速度应适当加快。"从 2006 年 1 月 1 日起，个人账户的规模统一由本人缴费工资的 11%调整为 8%，全部由个人缴费形成，单位缴费不再划入个人账户。

《社会保险法》规定"职工应当按照国家规定的本人工资的比例缴纳基本养老保险费，记入个人账户"。这里的本人工资即缴费工资，是指职工本人上一年度月平均工资。月平均工资按国家统计局规定列入工资总额统计的项目计算，包括工资、奖金、津贴、补贴等收入。本人月平均工资低于当地职工平均工资 60%的，按当地职工月平均工资的 60%缴费；超过当地职工月平均工资 300%的，按当地职工月平均工资的 300%缴费，超过部分不记入缴费工资基数，也不记入计发养老金的基数。需要注意的是，《降低社会保险费率综合方案》调整社保缴费基数政策，规定"调整就业人员平均工资计算口径。各省应以本省城镇非私营单位就业人员平均工资和城镇私营单位就业人员平均工资加权计算的全口径城镇单位就业人员平均工资，核定社保个人缴费基数上下限，合理降低部分参保人员和企业的社保缴费基数"。

缴费工资上下限的确定，主要是为了保证职工退休后，不至于因在职时工资收入差距过大而导致其基本养老金差距进一步拉大。新招职工以起薪当月工资收入作为缴费工资基数；从第二年起，按上一年实发工资的月平均工资作为缴费工资基数。单位派出的长期脱产学习人员、经批准请长假的职工，保留工资关系的，以脱产或请假的上年月平均工资作为缴费工资基数。单位派出境外、国外工作的职工，按本人出境（国）上年在本单位领取的月平均工资作为缴费工资基数；次年的缴费工资基数按上年本单位平均工资增长率进行调整。失业后再就业的职工，以再就业起薪当月的工资收入作为缴费工资基数；从第二年起，按上一年实发工资的月平均工资作为缴费工资基数。

职工个人缴纳的基本养老保险费全部记入个人账户，形成个人账户基金，用于退休后个人账户养老金的发放。这里的“个人账户”用于记录参加基本养老保险的职工缴纳的基本养老保险费和利息金额。个人账户是计算职工退休时个人账户养老金的重要依据。

（三）政府补贴

政府补贴指由政府财政所提供的用于补贴养老保险基金的资金。在养老保险基金的筹集中，政府并不直接缴纳养老保险费，而是在用人单位和职工双方负担的基础上发挥辅助性的作用，承担补贴责任。目前，我国政府每年根据地方基本养老保险金的支出情况和做实个人账户的需要给予补贴。

（四）养老保险费利息和其他收益

基本养老保险费利息即将基本养老保险金存入银行或者按照国家规定购买国债所得的利息收入。社会保险基金在保证安全的前提下，按照国家规定投资运营实现的收益也是养老基金的重要来源。

（五）滞纳金

《社会保险法》第86条规定，“用人单位未按时足额缴纳社会保险费的，由社会保险费征收机构责令限期缴纳或者补足，并自欠缴之日起，按日加收万分之五的滞纳金”。滞纳金并入社会保险基金，成为养老保险基金的来源。

（六）其他可以纳入基本养老保险基金的资金

其他可以纳入基本养老保险基金的资金，即法律规定的上述资金之外的应该纳入基本养老保险基金的资金，如养老保险投资运营的收益。

三、基本养老金的模式、组成、确定与调整

（一）基本养老金的统账结合模式

世界范围内的基本养老保险主要有三种模式：一是现收现付制。即以近期横向收支平衡为原则的基金筹集方式。养老保险基金主要由雇主和雇员共同缴费构成，保险费的收入全部用于当期养老金的给付，以支定收，实行现收现付。二是积累制。即以远期纵向平衡为原则的基金筹集方式，建立个人账户，个人缴纳的养老保险费全部进入个人账户，资金用于投资取得收益，个人退休后养老金给付的多少取决于个人账户的积累额。三是混合模式。即实行现收现付和部分积累相结合。

我国实行的是社会统筹与个人账户相结合（以下简称统账结合）的模式。统账结合是我国养老保险制度的核心内容，也是我国在世界上首创的一种新型的基本养老保险基金收支管理模式。其基本理念是把社会互济和自我保障相结合，实现公平与效率的兼顾。具体做法是将养老保险缴费的一部分记入社会统筹账户，实现社会互济，另一部分记入个人账户，多缴多得，可以继承，激励劳动者退休之前努力工作。

社会统筹是指社会保险基金在一定范围内由社会保险征收机构依法统一征收、统一管理、统一调剂使用。这一制度是在原企业职工退休制度的基础上改革而形成的，具体办法为改变企业各自负担本企业职工离退休费的办法，改由社会保险费征收机构按照一定的缴费基数和缴费比例向企业和劳动者统一征收养老保险费，形成由社会保险经办机构统一管理的基本养老保险基金。基本养老保险费用社会统筹，符合社会保险的“大数法则”，能够增强社会保险的互济功能，能够均衡和减轻企业的养老保险费用负担，为企业之间的平等竞争创造条件；能够促进劳动力流动，加快形成劳动力市场；保障劳动者退休后的养老待遇不受企业经济效益好坏和存亡的影响等。

个人账户是社会保险经办机构按照国家规定，为每位参保职工所建立的，用以记录职工的缴费情况和记载个人账户储存额（包含本金和利息），并作为计发和领取养老金的重要依据。从 2006 年 1 月 1 日起，个人账户的规模统一由本人缴费工资的 11%调整为 8%，全部由个人缴费形成，单位缴费不再划入

个人账户。个人账户基金由强制性的个人缴费积累形成，由个人支配使用，不做社会互济，基金采取完全积累的方式，退休时按月支付使用。

《社会保险法》第 11 条第 1 款规定，基本养老保险实行社会统筹与个人账户相结合。我国职工养老保险的统账结合模式吸收了现收现付制的优点，借鉴了积累制的长处：既体现了社会保险的社会互济、分散风险、保障性强的特点，又强调了职工的自我保障意识和激励机制；既有利于保障待遇给付，又有利于规避风险；既有利于促进公平，又有利于提高效率。社会统筹账户实行现收现付，不必将当代人的缴费完全积累下来，有利于缓解完全积累制下的投资运行风险，避免资金受通货膨胀的侵蚀；个人账户的引入，实现了预留资金的目的，有利于缓解人口老龄化的压力。

（二）我国基本养老金的组成

在我国实行养老保险制度改革以前，基本养老金也称退休金、退休费，是一种最主要的养老保险待遇。基本养老金是依据国家有关规定，在劳动者年老或丧失劳动能力后，根据他们对社会所作的贡献和所具备的享受养老保险资格或退休条件，按月以货币形式支付的保险待遇，主要用于保障职工退休后的基本生活需要。1997 年，国务院颁发的《关于建立统一的企业职工基本养老保险制度的决定》规定，基本养老金由三部分组成：基础养老金、过渡性养老金（对养老保险制度改革前参加工作，之后退休的职工加发的一部分养老金）、个人账户养老金。其中，基础养老金、过渡性养老金等由社会保险基金支付，个人账户养老金由职工个人账户支付。个人账户储存额不得要求提前支付，只能待职工退休后用于养老。《社会保险法》第 15 条第 1 款规定："基本养老金由统筹养老金和个人账户养老金组成。"即基本养老金由统筹基金支付的统筹养老金和由个人账户支付的个人账户养老金两部分组成，这种制度设计体现了社会互济和个人责任相结合的立法理念。

社会统筹养老金。社会统筹养老金也即基础养老金，是退休人员基本养老金的重要组成部分。依据《国务院关于完善企业职工基本养老保险制度的决定》规定的新计发办法，基础养老金以职工退休时当地上年度在岗职工月平均工资与本人指数化月平均缴费工资之和的平均值（即两个数之和的一半）作为基数，缴费每满 1 年发给 1%。计算公式为：基础养老金＝（参保人员退休时当地上年度在岗职工月平均工资+本人指数化月平均缴费工资）÷2×缴费年限×1%。新计发办法将缴费时间长短和数额多少与待遇水平挂钩，参保人员每多缴一年增发一个百分点，上不封顶，有利于形成“多工作、多缴费、多得养老金”的激励约束机制，也与退休人员的平均预期寿命情况相符合。

2. 个人账户养老金。个人账户是指社会保险经办机构根据每位参加基本养老保险的职工的身份识别号码，为其设立的一个终身不变的个人账户。个人账户记入的内容包括三部分：当年缴费资金、当年本金生成的利息、历年累计储存额本息。个人账户养老金是基本养老金的重要组成部分，个人为自己养老储蓄的资金，通过个人账户全部储存额本息计算出来。个人账户养老金月标准为职工退休时本人个人账户累计储存额除以计发月数。其中计发月数按职工退休时城镇人口平均预期寿命、本人退休年龄、利息等因素确定。个人账户养老金从个人账户中列支。依据《国务院关于深化企业职工养老保险制度改革的通知》，职工离退休后，基本养老金个人账户的储存额已经领取完毕时，由社会统筹基金按规定标准继续支付，直到其死亡。《社会保险法》第 14 条规定：“个人账户不得提前支取，记账利率不得低于银行定期存款利率，免征利息税。个人死亡的，个人账户余额可以继承。”

（三）基本养老金的确定因素

一般认为，养老保险待遇水平在任何情况下不能高于在职时的收入，而只是其一定的百分比，这种百分比被称为“养老金的替代率”。《社会保险法》第 15 条第 2 款规定：“基本养老金根据个人累计缴费年限、缴费工资、当地职工平均工资、个人账户金额、城镇人口平均预期寿命等因素确定。”缴纳保险费是享受基本养老保险待遇的前提，缴费年限越长，对社会保险基金的贡献越大，就应该享受越多的基本养老金。缴费工资反映了劳动者对社会的实际劳动贡献，应该是计算养老保险待遇的基础。当地职工平均工资是有关机构依法确定的本地区劳动者在一定时期内的平均工资。由于它比较科学合理，也是确定基本养老金应该考虑的因素。个人账户金额是用于记录参加基本养老保险社会统筹的职工缴纳的基本养老保险费以及利息金额的，也是职工领取基本养老金的主要依据之一。城镇人口平均预期寿命是指城镇人口可能存活的平均年数。社会经济条件、卫生医疗水平限制着人们的寿命。所以不同的社会，不同的时期，人类寿命的长短有着很大的差别；同时，由于体质、遗传因素、生活条件等个体差异，也使每个人的寿命长短悬殊。因此，虽然难以预测具体某个人的寿命有多长，但可以通过科学的方法计算并告知在一定的死亡水平下，预期每个人出生时平均可存活的年数。它是根据某一个群体年龄（或年龄组）死亡率用寿命表方法计算得出的一个统计指标，是各年龄死亡率的综合反映。人均预期寿命，可以反映出一个社会生活质量的高低，也是国际上用来评价一个国家人口的生存质量和健康水平的重要参考指标之一。在退休条件等因素不变的条件下，平均预期寿命的增加会导致领取养老金人数的增加，进而会影响养老保险基金的收支平衡。《社会保险法》并没有明确规定基本养老金具体的计算方法，方便政策对基本养老保险金的计发进行调整。

（四）基本养老金的调整机制

基本养老金调整机制也即养老金的调整制度，是为了保证退休人员基本养老保险待遇不会随着经济增长，生活水平的提高而降低，按规定对退休人员的基本养老金定期进行调整而形成的一种制度，其目的是保障退休人员的实际生活水平不降低，并适当分享社会经济发展成果①。1994 年，国际劳工组织第 67 号《收入保障建议书》提出："社会保障待遇标准应该随着主要收入水平或生活费用的任何变化而重新审查。"

目前，世界各国关于养老金的调整机制主要有四种：一是养老金根据物价指数的变化进行调整，以美国和日本为代表。二是养老金根据工资水平的变化进行调整，以德国、法国为代表。三是养老金与物价和工资的变化双挂钩，以英国为代表。四是在基本养老金之外再加发与工资收入挂钩的补充养老金，以加拿大为代表。

由于基本养老金是退休者在退休初期按照退休前一年工资收入的一定替代

---

① 何文炯，洪蕾，陈新彦：《职工基本养老保险待遇调整效应分析》，载《中国人口科学》，2012（3）。

率计算所得，而退休者一般要在退休后继续生存较长年限，如果其初始养老金保持固定不变，那么，由于经济的波动，每年物价水平的变化，退休者用这部分养老金所能购买的生活资料和服务的数量就会有很大的不同。为了保证退休人员在相当长的退休期间内其实际生活水平不降低，需要建立基本养老金正常调整机制，以保证退休者的最基本的生活需要。

20 世纪 90 年代，我国的养老金调整机制问题被提上议事日程。1991 年 6 月，国务院发布的《关于企业职工养老保险制度改革的决定》规定："国家根据城镇居民生活费用价格指数增长情况，参照在职职工工资增长情况对基本养老金进行适当调整，所需费用从基本养老保险基金中开支。"1995 年，国务院发布的《关于深化企业职工养老保险制度改革的通知》规定："各地区应当建立基本养老金正常调整机制。基本养老金可按当地职工上一年度平均工资增长率的一定比例进行调整，具体办法在国家政策指导下由省、自治区、直辖市人民政府确定。"2005 年，国务院发布的《关于完善企业职工基本养老保险制度的决定》提出要"建立基本养老金正常调整机制。根据职工工资和物价变动等情况，国务院适时调整企业退休人员基本养老金水平，调整幅度为省、自治区、直辖市当地企业在岗职工平均工资年增长率的一定比例"。自 2005 年开始，国家每年提高企业退休人员基本养老金标准，有效发挥了养老保险制度"减震器"和"安全网"的重要作用。

基本养老金是养老责任的代际转移，属于国民收入的再分配，关系到广大退休人员的切身利益。为了规范基本养老金调整机制，保证退休人员分享经济发展成果，建立更为科学、合理的基本养老金调整办法。《社会保险法》第 18 条规定："国家建立基本养老金正常调整机制。根据职工平均工资增长、物价上涨情况，适时提高基本养老保险待遇水平。"职工平均工资增长情况反映了劳动者分配的社会财富的增长水平，是调整基本养老保险金标准的重要指标。物价上涨直接影响养老金的实际购买力，进而影响退休人员的生活质量，因此，物价上涨情况也是调整基本养老金时应该考虑的重要因素。适时提高意味着基本养老金待遇水平的提高，需要审时度势，考虑养老金增长的刚性、政府财政支付的承受能力等多种因素，选择适当时机进行。《社会保险法》规定建立基本养老金正常调整机制，意味着保障退休人员生活水平不降低并适当分享社会经济发展成果，已经成为一种国家意志，具有强制性，体现了国家对企业退休人员的关怀和帮助。

四、基本养老保险待遇的给付

基本养老保险待遇的给付内容包括基本养老金、丧葬补助金和抚恤金以及疾病津贴。这里主要介绍领取基本养老金的条件。

我国实行缴费型养老保险制度，参加基本养老保险的个人享受养老保险待遇，按月领取基本养老金，需要具备以下两个要件：

（一）达到法定退休年龄并办理相关手续

退休是指职工因年老或因工致残、因病致残完全丧失劳动能力退出工作岗位，国家同时给予一定的物质保障，使职工安度晚年。退休年龄是一个国家根据社会经济发展的需要、人口的预期寿命、劳动力市场的供求状况、劳动人口的抚养比及养老保险基金的承受能力等因素所规定的退出工作岗位，享受养老保险待遇的年龄。

我国法定的企业职工退休年龄，是指国家法律规定的正常退休年龄。特殊工种按照规定可以提前退休。2001 年国家经济贸易委员会、人事部、劳动和社会保障部发布《关于深化国有企业内部人事、劳动、分配制度改革的意见》，规定“企业不再套用政府机关的行政级别，不再比照国家机关公务员确定管理人员的行政级别。打破‘干部’和‘工人’的界限，变身份管理为岗位管理。在管理岗位工作的即为管理人员。岗位发生变动后，其收入和其他待遇要按照新的岗位相应调整”。也就是说，对于企业女职工而言，退休年龄不再按女工人、女干部身份进行区分，而是按岗位区分。

从国际情况看，多数国家规定的退休年龄一般为 60—65 岁。随着人口老龄化的加剧以及人均预期寿命的延长，为减轻养老基金支付的压力，许多国家纷纷延迟退休年龄。基于我国经济、社会、人口形势发展需要，2024 年 9 月 13 日，全国人大常委会会议表决通过了《关于实施渐进式延迟法定退休年龄的决定》，规定从 2025 年 1 月 1 日起，我国将用 15 年时间，逐步将男职工的法定退休年龄从原 60 周岁延迟到 63 周岁，将女职工的法定退休年龄从原 50 周岁、55 周岁，分别延迟到 55 周岁、58 周岁。本次改革强调小步调整、弹性实施、分类推进、统筹兼顾的原则，以确保不同群体的需求得到满足。

（二）累计缴费达法定的年限

规定缴费年限体现了劳动者权利与义务的对应关系，可以避免一些人临近退休年龄才缴纳保险费并获得退休金，避免一些新移民纯粹为了获取退休保障而迁入；也体现了对参加养老保险者的公平。养老保险缴费年限长短需要考虑以下两个因素：一是从养老保险精算的角度，缴费年限的设置需要实现缴费与待遇给付的平衡；二是养老保险缴费年限的确定与各国人均预期寿命以及退休年龄密切相关。各国一般都规定一个最低缴费年限。关于最低缴费年限的长短，国际劳工组织建议为十五年。1951 年颁布的《劳动保险条例》规定享受退休待遇的最低年限为参加工作十年以上。1997 年国务院改革企业职工基本养老保险制度时，将按月领取基本养老金的最低缴费年限规定为十五年。《社会保险法》第 16 条第 1 款规定："参加基本养老保险的个人，达到法定退休年龄时累计缴费满十五年的，按月领取基本养老金。"《关于实施渐进式延迟法定退休年龄的决定》规定自 2030 年起将养老保险最低缴费年限从 15 年逐步提高到 20 年。值得注意的是，提高最低缴费年限，是从 2030 年开始实施。也即，在 2025 年到 2029 年期间退休的职工，最低缴费年限仍为 15 年，保持不变。对于 2030 年后退休的职工，最低缴费年限采用小步调整的方法，每年提高 6 个月，逐步提高最低缴费年限至 20 年。未来养老保险累计缴费年限的调整，有助于增强养老保险制度的可持续性，确保养老体系平稳运行，保障老年人的生活质量。

五、基本养老保险关系的转移接续制度

社会保险实行属地管理，在社会保险制度没有实现全国统筹的情况下，用人单位参加所在地的社会保险统筹。在市场经济条件下，职工的工作具有流动性，经常会出现职工因工作岗位的变动导致个人社会保险关系转移的问题。社

会保险关系转移包括统筹地区内的社会保险关系转移和跨统筹地区的社会保险关系转移。对于统筹地区内的养老保险关系转移原则上“只转关系，不转移基金”，即职工以及转出单位到所在的社会保险经办机构办理相关的转出手续，再由职工或转入单位到其所在地的社会保险经办机构办理转入手续即可，不涉及个人账户资金的转移。对于跨统筹地区的社会保险关系转移，则不仅涉及社会保险关系的转移，还涉及相关的社保基金的转移。我国养老保险实行个人账户和社会统筹相结合的制度，且各地的统筹层次不统一。在劳动者跨地区就业时，有的地方规定，社会统筹账户不得跨省，有的不得跨市、县转移，劳动者跨地区就业时，有关用人单位缴纳的社会统筹部分既不能转移，也不能提取，如果劳动者不在该地区就业的，最终也无法享受社会保险待遇。这种状况使得许多劳动者缺乏缴纳社会保险费的积极性，也导致部分农民工选择退保。

为了保障跨地区就业的劳动者的养老保险权益，2008 年开始实施的《劳动合同法》第 49 条规定：“国家采取措施，建立健全劳动者社会保险关系跨地区转移接续制度。”2009 年，人力资源社会保障部和财政部颁布了《城镇企业职工基本养老保险关系转移接续暂行办法》(以下简称《暂行办法》)，于 2010 年 1 月 1 日起实施。《暂行办法》有效解决了长期以来社会持续关注的我国养老保险关系转移接续问题。《暂行办法》遵循 4 条基本原则：第一，保障性原则。所有参加了城镇企业职工基本养老保险制度的劳动者，在流动到异地就业并继续参保时，应当转移接续基本养老保险关系，保障其已参保缴费形成的权益不受损失。参保人员达到待遇领取年龄前，不得终止基本养老保险关系并办理退保手续。第二，公平性原则。流动就业人员，只要符合国家规定的条件，不论是何种户籍，不论曾经在几个地方流动就业参保或间断性就业参保，都应当保障其同样的领取基本养老保险待遇的权利。参保人员达到基本养老保险待遇领取条件的，其在各地的参保缴费年限合并计算，个人账户储存额累计计算。第三，唯一性原则。流动就业人员无论在多少个地方流动就业，但养老保险关系在同一时期应当是唯一的，不能有多重养老保险关系，待遇也由一个地区统一支付。参保人员跨省就业时，由原参保所在地社保经办机构开具参保缴费凭证，其基本养老保险关系应随同转移到新参保地。第四，平衡性原则。基本养老保险关系转移接续应综合考虑转入地与转出地、当期与长远的资金平衡关系。转入地要承担未来发放转入人员基本养老金的责任，完全不转移单位缴费，长期支付的资金压力较大；而统筹基金是现收现付的，实际上是所有在职职工用其缴费来支付已经退休老年人的退休金，如果单位缴费全部转移，则转出地当期确保基本养老金发放的负担过重，也难以承受。所以，流动参保人员最后的养老金支付责任，由各流动转移地通过转移养老保险个人账户和部分统筹基金予以分担。

《暂行办法》规定，参保人员跨省流动就业转移基本养老保险关系时，按下列方法计算转移资金：（1）个人账户储存额：1998 年 1 月 1 日之前按个人缴费累计本息计算转移，1998 年 1 月 1 日后按计入个人账户的全部储存额计算转移；（2）统筹基金（单位缴费）：以本人 1998 年 1 月 1 日后各年度实际缴费工资为基数，按 12%的总和转移，参保缴费不足 1 年的，按实际缴费月数计算转移。

依据《暂行办法》的规定，当劳动者达到基本养老待遇领取条件时，首先依据户籍所在地确定待遇领取地；当养老保险关系所在地与户籍所在地不一致时，按照“从长”（缴费满 10 年的参保地）和“从后”（多个参保地缴费都满 10 年则按最后的参保地）的原则确定待遇领取地；如果没有超过 10 年缴费的参保地，则转回户籍所在地。总之，要让每一个符合条件的参保人员都能明确在一地领取基本养老保险待遇。参保人员转移接续基本养老保险后，符合待遇领取条件的，其个人账户养老金，应将在各地参保缴费的储存额本息累加计算；对其基础养老金的核定，以本人各年度缴费工资、缴费年限和待遇领取地对应的各年度在岗职工平均工资计算。

《社会保险法》规定：“个人跨统筹地区就业的，其基本养老保险关系随本人转移，缴费年限累计计算。个人达到法定退休年龄时，基本养老金分段计算、统一支付。”其中关于“缴费年限累计计算”的规定，是因为缴费年限直接涉及参保人的权利，领取基本养老保险待遇有最低缴费年限，并且养老金的多少与缴费年限存在着相关关系，多缴多得。只有缴费年限累计计算才能保护劳动者权益。这实际上是把个人跨地区就业的基本养老保险转移接续制度的重要内容上升为法律，从法律上解决了参保人员因就业地的变换而丧失养老保险权益的问题，解决了参保缴费年限在各地互认和累加的问题，从根本上维护了劳动者的社会保险权益，也将推动全国统一的人力资源市场规则的形成和完善。如果实现了全国统筹，缴费年限累计计算就理所当然了。“个人达到法定退休年龄时，基本养老金分段计算、统一支付”的规定中的“分段计算”是指参保人员以本人各年度缴费工资、缴费年限和待遇取得地对应的各年度在岗职工平均工资计算其基本养老金；“统一支付”是指无论参保人员在哪里退休，退休地社会保险经办机构应当将各统筹地区的缴费年限和相对应的养老保险待遇分段计算出来，将养老金统一支付给参保人。该项规定突破了《暂行办法》的规定。《暂行办法》第 6 条（四）中规定：“基本养老保险关系不在户籍所在地，且在每个参保地的累计缴费年限均不满 10 年的，将其基本养老保险关系及相应资金归集到户籍所在地，由户籍所在地按规定办理待遇领取手续，享受基本养老保险待遇。”此规定意味着大部分跨地区流动就业人员养老金的最终领取地是其户籍所在地。由于我国各地经济发展不平衡，在异地累计缴费不满 10 年的参保人，如果缴纳了参保地高标准养老保险费，领取户籍所在地低标准养老金，最终会导致缴费标准与待遇标准不对等的情况，无法享受公平的养老保险待遇。为实现社会保险的公平原则，《社会保险法》适当地借鉴了欧盟各国之间的基本养老保险关系转移按照“缴费年限合并计算，待遇分段支付”的原则，规定“基本养老金分段计算、统一支付”，即分段计算相应的待遇，相应统筹地区支付相应的缴纳期间的养老金，最终由社保经办机构归集发放，统一支付。

第三节　企业年金制度

企业年金是指企业及其职工在依法参加基本养老保险的基础上，自主建立的补充养老保险制度。企业年金是城镇职工多层次养老保险体系的重要组成部分，能够更好地保障职工退休后的生活。同时，企业年金在企业的管理中也具有重要的激励作用，是企业提高竞争力、实现人力资源优化配置的重要政策工具。2004 年，劳动和社会保障部出台了《企业年金试行办法》和《企业年金基金管理试行办法》，2017 年 12 月 18 日，《企业年金办法》公布，自 2018 年

2月1日起施行,《企业年金试行办法》同时废止。

一、企业年金的筹资与管理模式

企业年金所需费用由企业和职工个人共同缴纳。企业年金基金实行完全积累，为每个参加企业年金的职工建立个人账户，按照国家有关规定投资运营。企业年金基金投资运营收益并入企业年金基金。企业和职工建立企业年金，应当确定企业年金受托人，由企业代表委托人与受托人签订受托管理合同。受托人可以是符合国家规定的法人受托机构，也可以是企业按照国家有关规定成立的企业年金理事会。

二、企业年金方案的订立、变更和终止

企业和职工建立企业年金，应当依法参加基本养老保险并履行缴费义务，企业具有相应的经济负担能力。

建立企业年金，企业应当与职工一方通过集体协商确定，并制定企业年金方案。企业年金方案应当提交职工代表大会或者全体职工讨论通过。

企业年金方案应当包括以下内容:（1）参加人员;（2）资金筹集与分配的比例和办法;（3）账户管理;（4）权益归属;（5）基金管理:（6）待遇计发和支付方式;（7）方案的变更和终止;（8）组织管理和监督方式;（9）双方约定的其他事项。

企业年金方案适用于企业试用期满的职工。

企业应当将企业年金方案报送所在地县级以上人民政府人力资源社会保障行政部门。中央所属企业的企业年金方案报送人力资源和社会保障部。跨省企业的企业年金方案报送其总部所在地省级人民政府人力资源社会保障行政部门。省内跨地区企业的企业年金方案报送其总部所在地设区的市级以上人民政府人力资源社会保障行政部门。人力资源社会保障行政部门自收到企业年金方案文本之日起15日内未提出异议的，企业年金方案即行生效。

企业与职工一方可以根据本企业情况，按照国家政策规定，经协商一致，

变更企业年金方案。变更后的企业年金方案应当经职工代表大会或者全体职工讨论通过，并重新报送人力资源社会保障行政部门。

有下列情形之一的，企业年金方案终止：（1）企业因依法解散、被依法撤销或者被依法宣告破产等原因，致使企业年金方案无法履行的；（2）因不可抗力等原因致使企业年金方案无法履行的；（3）企业年金方案约定的其他终止条件出现的。企业应当在企业年金方案变更或者终止后10日内报告人力资源社会保障行政部门，并通知受托人。企业应当在企业年金方案终止后，按国家有关规定对企业年金基金进行清算，并按照相关规定处理。

三、企业年金基金筹集

企业年金基金由下列各项组成：（1）企业缴费；（2）职工个人缴费；（3）企业年金基金投资运营收益。

企业缴费每年不超过本企业职工工资总额的8%。企业和职工个人缴费合计不超过本企业职工工资总额的12%。具体所需费用，由企业和职工一方协商确定。职工个人缴费由企业从职工个人工资中代扣代缴。实行企业年金后，企业如遇到经营亏损、重组并购等当期不能继续缴费的情况，经与职工一方协商，可以中止缴费。不能继续缴费的情况消失后，企业和职工恢复缴费，并可以根据本企业实际情况，按照中止缴费时的企业年金方案予以补缴。补缴的年限和金额不得超过实际中止缴费的年限和金额。

四、账户管理

企业缴费应当按照企业年金方案确定的比例和办法计入职工企业年金个人账户，职工个人缴费计入本人企业年金个人账户。企业应当合理确定本单位当期缴费计入职工企业年金个人账户的最高额与平均额的差距。企业当期缴费计入职工企业年金个人账户的最高额与平均额不得超过5倍。职工企业年金个人账户中个人缴费及其投资收益自始归属于职工个人。职工企业年金个人账户中企业缴费及其投资收益，企业可以与职工一方约定其自始归属于职工个人，也可以约定随着职工在本企业工作年限的增加逐步归属于职工个人，完全归属于职工个人的期限最长不超过8年。

有下列情形之一的，职工企业年金个人账户中企业缴费及其投资收益完全归属于职工个人：（1）职工达到法定退休年龄、完全丧失劳动能力或者死亡的；（2）出现企业年金方案终止情形的；（3）非因职工过错企业解除劳动合同的，或者因企业违反法律规定职工解除劳动合同的；（4）劳动合同期满，由于企业原因不再续订劳动合同的；（5）企业年金方案约定的其他情形。

企业年金暂时未分配至职工企业年金个人账户的企业缴费及其投资收益，以及职工企业年金个人账户中未归属于职工个人的企业缴费及其投资收益，计入企业年金企业账户。企业年金企业账户中的企业缴费及其投资收益应当按照企业年金方案确定的比例和办法计入职工企业年金个人账户。

职工变动工作单位时，新就业单位已经建立企业年金或者职业年金的，原企业年金个人账户权益应当随同转入新就业单位企业年金或者职业年金。职工新就业单位没有建立企业年金或者职业年金的，或者职工升学、参军、失业期间，原企业年金个人账户可以暂时由原管理机构继续管理，也可以由法人受托机构发起的集合计划设置的保留账户暂时管理；原受托人是企业年金理事会的，由企业与职工协商选择法人受托机构管理。

企业年金方案终止后，职工原企业年金个人账户由法人受托机构发起的集合计划设置的保留账户暂时管理；原受托人是企业年金理事会的，由企业与职工一方协商选择法人受托机构管理。

五、企业年金待遇

符合下列条件之一的，可以领取企业年金：（1）职工在达到国家规定的退休年龄或者完全丧失劳动能力时，可以从本人企业年金个人账户中按月、分次或者一次性领取企业年金，也可以将本人企业年金个人账户资金全部或者部分购买商业养老保险产品，依据保险合同领取待遇并享受相应的继承权；（2）出国（境）定居人员的企业年金个人账户资金，可以根据本人要求一次性支付给本人；（3）职工或者退休人员死亡后，其企业年金个人账户余额可以继承。未达到上述企业年金领取条件之一的，不得从企业年金个人账户中提前提取资金。

六、管理监督

企业成立企业年金理事会作为受托人的，企业年金理事会应当由企业和职工代表组成，也可以聘请企业以外的专业人员参加，其中职工代表应不少于三分之一。企业年金理事会除管理本企业的企业年金事务之外，不得从事其他任何形式的营业性活动。

受托人应当委托具有企业年金管理资格的账户管理人、投资管理人和托管人，负责企业年金基金的账户管理、投资运营和托管。企业年金基金应当与委托人、受托人、账户管理人、投资管理人、托管人和其他为企业年金基金管理提供服务的自然人、法人或者其他组织的自有资产或者其他资产分开管理，不得挪作其他用途。

县级以上人民政府人力资源社会保障行政部门负责对本办法的执行情况进行监督检查。对违反本办法的，由人力资源社会保障行政部门予以警告，责令改正。

因订立或者履行企业年金方案发生争议的，按照国家有关集体合同的规定执行。因履行企业年金基金管理合同发生争议的，当事人可以依法申请仲裁或者提起诉讼。

第四节　机关事业单位工作人员养老保险制度

一、机关事业单位工作人员养老保险概述

（一）机关事业单位工作人员养老保险改革的背景

我国机关事业单位退休制度于 1955 年开始建立。机关事业单位工作人员的养老保险由财政或单位负责支付，待遇相对优厚。20 世纪 90 年代，企业进

行社会化养老保险改革，实行社会统筹与个人账户相结合的基本养老保险制度，城镇其他就业群体也逐步被纳入这一制度范围。只有机关事业单位仍实行原有退休制度，不同的养老保障制度模式产生了“双轨制”问题。突出表现在：企业单位和职工个人都缴纳养老保险费，待遇水平与缴费多少联系密切；而机关事业单位及其工作人员不缴费，待遇与缴费无关，从而引发了社会对养老保障制度公平性的质疑。同时，由于制度模式不同，机关事业单位工作人员和企业职工相互流动时，养老保险关系的转移接续困难，在一定程度上制约了人力资源的合理流动和优化配置。为了统筹推进城乡养老保障体系建设，逐步化解机关事业单位工作人员与企业职工养老金的“待遇差”的矛盾，深化机关事业单位改革，有必要对事业单位工作人员养老保险制度进行改革①。

2005 年颁布的《公务员法》明确要求国家建立公务员保险制度，为我国公务员养老保险制度改革提供了法律依据。《社会保险法》将公务员和参公管理的工作人员的养老保险制度授权国务院制定相关制度。2015 年 1 月 3 日，国务院颁布《关于机关事业单位工作人员养老保险制度改革的决定》，规定自 2014 年 10 月 1 日起实施机关事业单位养老保险制度改革。

（二）机关事业单位工作人员养老保险的适用对象

机关事业单位工作人员养老保险的适用对象为：

一是公务员，即依法履行公职、纳入国家行政编制、由国家财政负担工资福利的工作人员。

二是参照公务员法管理的机关（单位）工作人员，即法律法规授权的具有公共事务管理职能的事业单位中除工勤人员以外的工作人员。

三是事业单位及其编制内的工作人员。事业单位，是指国家为了社会公益目的，由国家机关举办或者其他组织利用国有资产举办的，从事教育、科技、文化、卫生等活动的社会服务组织。事业单位工作人员，只有编制内人员才能参加机关事业单位养老保险制度改革，编制外人员一般是通过劳动合同建立劳动关系，应依法参加企业职工养老保险。

---

① 马志英：《浅谈机关事业单位养老保险制度的改革与创新》，载《人力资源管理》，2018（1）。

二、机关事业单位工作人员基本养老保险制度改革的内容

（一）社会统筹与个人账户相结合

机关事业单位工作人员养老保险制度改革的目标是建立与企业职工等城镇从业人员统一的社会统筹与个人账户相结合的基本养老保险制度，实行同样的缴费标准、计发办法、调整机制，从制度和机制上化解“双轨制”矛盾。《关于机关事业单位工作人员养老保险制度改革的决定》规定，基本养老保险费由单位和个人共同负担。单位缴纳基本养老保险费的比例为本单位工资总额的20%，个人缴纳基本养老保险费的比例为本人缴费工资的8%，由单位代扣。按本人缴费工资8%的数额建立基本养老保险个人账户，全部由个人缴费形成。个人工资超过当地上年度在岗职工平均工资300%以上的部分，不计入个人缴费工资基数；低于当地上年度在岗职工平均工资60%的，按当地在岗职工平均工资的60%计算个人缴费工资基数。个人账户储存额只用于工作人员养老，不得提前支取，每年按照国家统一公布的记账利率计算利息，免征利息税。参保人员死亡的，个人账户余额可以依法继承。

（二）养老金的筹资机制

机关事业单位及其工作人员应按规定及时足额缴纳养老保险费。各级社会保险费征缴机构应切实加强基金征缴，做到应收尽收。各级政府应积极调整和优化财政支出结构，加大社会保障资金投入，确保基本养老金按时足额发放，同时为建立职业年金制度提供相应的经费保障，确保机关事业单位养老保险制度改革平稳推进。

（三）基本养老金的计发办法

机关事业单位养老保险待遇实行“新人新制度、中人逐步过渡、老人老办法”，具体是：

1.“新人”

《关于机关事业单位工作人员养老保险制度改革的决定》实施后参加工作、个人缴费年限累计满15年的人员，退休后按月发放基本养老金。基本养

老金由基础养老金和个人账户养老金组成。退休时的基础养老金月标准以当地上年度在岗职工月平均工资和本人指数化月平均缴费工资的平均值为基数，缴费每满 1 年发给 1%。个人账户养老金月标准为个人账户储存额除以计发月数，计发月数根据本人退休时城镇人口平均预期寿命、本人退休年龄、利息等因素确定。机关事业单位工作人员养老保险待遇确定的新规则，使得退休人员从按退休时“最终工资”打折计发退休费转变为按整个职业生涯的缴费计发基本养老金，既体现了国家收入再分配更加注重公平的要求，也体现了工作人员之间贡献大小的差别，调动单位和职工参保缴费的积极性。

2. “中人”

《关于机关事业单位工作人员养老保险制度改革的决定》实施前参加工作、实施后退休且缴费年限（含视同缴费年限）累计满 15 年的人员，按照合理衔接、平稳过渡的原则，在发给基础养老金和个人账户养老金的基础上，再依据视同缴费年限长短发给过渡性养老金。《关于机关事业单位工作人员养老保险制度改革的决定》实施后达到退休年龄但个人缴费年限累计不满 15 年的人员，其基本养老保险关系处理和基本养老金计发比照《实施〈中华人民共和国社会保险法〉若干规定》执行。“中人”在计发基础养老金和个人账户养老金的基础上，再加发过渡性养老金，以维护其“视同缴费年限”期间的养老保险权益。为保持“中人”待遇的平稳过渡，改革设定了一定期限的过渡期，过渡期内实行新老办法对比，新办法低于老办法的予以补齐，高于老办法的予以适当限制。

3. “老人”

《关于机关事业单位工作人员养老保险制度改革的决定》实施前已经退休的人员，继续按照国家规定的原待遇标准发放基本养老金，同时执行基本养老金调整办法。机关事业单位离休人员仍按照国家统一规定发给离休费，并调整相关待遇。

（四）经办服务与管理

人力资源和社会保障部负责在京中央国家机关及所属事业单位基本养老保险的管理工作，同时集中受托管理其职业年金基金。中央国家机关所属京外单位的基本养老保险实行属地化管理。社会保险经办机构应做好机关事业单位养老保险参保登记、缴费申报、关系转移、待遇核定和支付等工作。要按照国家统一制定的业务经办流程和信息管理系统建设要求，建立健全管理制度，由省级统一集中管理数据资源，实现规范化、信息化和专业化管理，不断提高工作效率和服务质量。

普遍发放全国统一的社会保障卡，实行基本养老金社会化发放。加强街道、社区人力资源社会保障工作平台建设，加快老年服务设施和服务网络建设，为退休人员提供方便快捷的服务。

（五）基金管理和监督

按照社会保险大数法则，机关事业单位养老保险应实行省级统筹，以增强基金调剂和支付能力。具备条件的省（区、市）可以从改革一开始就实行省级统筹；暂不具备条件的，可先实行省级基金调剂制度，并积极创造条件，加快向省级统筹过渡。

基本养老保险基金实行严格的预算管理，纳入社会保障基金财政专户，实行收支两条线管理，专款专用，确保安全。为避免出现机关事业单位占用企业养老保险基金的情况，机关事业单位养老保险基金单独建账，与企业养老保险基金分别管理。

（六）养老保险关系转移接续

参保人员在同一统筹范围内的机关事业单位之间流动，只转移养老保险关系，不转移基金。参保人员跨统筹范围流动或在机关事业单位与企业之间流动，在转移养老保险关系的同时，基本养老保险个人账户储存额随同转移，并以本人改革后各年度实际缴费工资为基数，按 12%的总和转移基金，参保缴费不足 1 年的，按实际缴费月数计算转移基金。转移后基本养老保险缴费年限（含视同缴费年限）、个人账户储存额累计计算。

三、机关事业单位职业年金制度

2015 年 3 月 27 日，国务院办公厅发布《机关事业单位职业年金办法》，对机关事业单位的职业年金制度作出了具体规定。

（一）职业年金的概念与建制目的

职业年金，是指机关事业单位及其工作人员在参加机关事业单位基本养老保险的基础上，建立的补充养老保险制度。职业年金建制是为建立多层次养老保险体系，保障机关事业单位工作人员退休后的生活水平，促进人力资源合理流动。

（二）职业年金的筹资

职业年金所需费用由单位和工作人员个人共同承担。单位缴纳职业年金费用的比例为本单位工资总额的 8%，个人缴费比例为本人缴费工资的 4%，由单位代扣。单位和个人缴费基数与机关事业单位工作人员基本养老保险缴费基数一致。

根据经济社会发展状况，国家适时调整单位和个人职业年金缴费的比例。除了缴费外，职业年金基金的来源还包括职业年金基金投资运营收益和国家规定的其他收入。

（三）职业年金的账户管理

职业年金基金采用个人账户方式管理。个人缴费实行实账积累。对财政全额供款的单位，单位缴费根据单位提供的信息采取记账方式，每年按照国家统一公布的记账利率计算利息，工作人员退休前，本人职业年金账户的累计储存额由同级财政拨付资金计算；对非财政全额供款的单位，单位缴费实行实账积累。实账积累形成的职业年金基金，实行市场化投资运营，按实际收益计息。单位缴费按照个人缴费基数的 8%计入本人职业年金个人账户；个人缴费直接计入本人职业年金个人账户。职业年金基金投资运营收益，按规定计入职业年金个人账户。

（四）职业年金转移

工作人员变动工作单位时，职业年金个人账户资金可以随同转移。工作人员升学、参军、失业期间或新就业单位没有实行职业年金或企业年金制度的，其职业年金个人账户由原管理机构继续管理运营。新就业单位已建立职业年金或企业年金制度的，原职业年金个人账户资金随同转移。

（五）职业年金的领取

符合下列条件之一的可以领取职业年金：（1）工作人员在达到国家规定的退休条件并依法办理退休手续后，由本人选择按月领取职业年金待遇的方式。可一次性用于购买商业养老保险产品，依据保险契约领取待遇并享受相应的继承权；可选择按照本人退休时对应的计发月数计发职业年金月待遇标准，发完为止，同时职业年金个人账户余额享有继承权。本人选择任一领取方式后不再更改。（2）出国（境）定居人员的职业年金个人账户资金，可根据本人要求一次性支付给本人。（3）工作人员在职期间死亡的，其职业年金个人账户余额可以继承。未达到上述职业年金领取条件之一的，不得从个人账户中提前提取资金。

（六）职业年金基金的投资运营与监管

职业年金基金投资管理应当遵循谨慎、分散风险的原则，保证职业年金基金的安全性、收益性和流动性。职业年金基金应当委托具有资格的投资运营机构作为投资管理人，负责职业年金基金的投资运营；应当选择具有资格的商业银行作为托管人，负责托管职业年金基金。委托关系确定后，应当签订书面合同。职业年金基金必须与投资管理人和托管人的自有资产或其他资产分开管理，保证职业年金财产独立性，不得挪作其他用途。

第十一章

医疗保险法

第一节 医疗保险法概述

一、医疗保险法的概念

医疗保险是补偿公民因疾病而产生的医疗费用的一种社会保险制度。人们在社会经济活动中，不可避免地会遭遇意外事故所致的身体伤害和各种疾病因素引发的健康损害。这些身体伤害或健康损害又会导致一定的经济损失。对个人来讲，要独立承担上述经济损失有时是非常困难的，但却可以依靠集体的力量，利用保险的方式筹集基金，对少数人因非职业伤害和疾病医疗产生的费用进行补偿，以保证劳动力的再生产的正常进行。医疗保险最早可以追溯至1883年德国《疾病保险法》规定的疾病保险，后来随着医疗保险覆盖范围的扩大，医疗保险取代疾病保险的概念，成为一项独立的社会保险制度。

医疗保险是通过向参保人（用人单位和职工）收取医疗保险费，建立医疗保险基金，当被保险人患病并去医疗机构就诊而发生医疗费用时，由医疗保险机构给予一定的经济补偿。因此，医疗保险具有保险的两大职能：风险转移和补偿功能，把个体疾病风险所致的经济损失分摊给所有受同样风险威胁的成员，用集中起来的医疗保险基金来补偿由疾病所带来的经济损失。

医疗保险法就是调整医疗保险关系的法律规范的总称，即规定人们因生病或非因工负伤需要治疗时，由国家或社会为其提供必需的医疗服务及物质帮助的一种社会保险制度。

二、医疗保险法的特点

医疗保险法具有以下特点：第一，所涉及的法律关系复杂。医疗保险关系涉及被保险人（患者）、医疗保险经办机构、医疗服务机构、药品提供者、政府等多方主体，权利义务关系复杂[①]。第二，医疗保险法以实质公平为价值追

① 林嘉：《劳动法和社会保障法》，5版，第397页，北京：中国人民大学出版社，2023。

求。医疗保险的参保人都需要缴纳费用，但能够享受待遇、利用医疗服务的只是患病或因工负伤的人，医疗保险待遇的享受与缴费多少并没有直接关系。医疗保险制度集中体现了健康人群和病人群体、高收入群体和低收入群体的互助共济。第三，基金监管在医疗保险法中具有重要地位。由于医疗保险采用第三方付费，涉及医院、医药、患者、医保等多个主体的利益博弈，存在信息不对称和道德风险，管理难度较大。为保障医疗保险基金的安全，促进基金有效使用，维护公民医疗保障权益，必须依法加强医疗保险基金的监管。

第二节　我国医疗保险法制的发展历史

我国医疗保障制度建立于中华人民共和国成立之初。以 1951 年中央政府颁布的《劳动保险条例》等相关法规政策为依据，由企业福利费开支的适用于企业职工，并惠及其家属的劳保医疗制度得以建立。以 1952 年政务院颁布的《关于全国各级人民政府、党派、团体及所属事业单位的国家工作人员实行公费医疗的指示》为依据，由财政提供经费的适用于机关事业单位工作人员的公费医疗制度得以建立。1955 年，山西省高平市建立了农村合作医疗，这是一定范围内集体经济成员的带有共济、互助性质的医疗保障。1979 年，《农村合作医疗章程（试行方案）》出台。公费医疗、劳保医疗以及农村的合作医疗制度成为我国计划经济时期医疗保障的基本制度。

20 世纪 90 年代中期，与社会主义市场经济的不断发展相适应，我国医疗保障制度发生重大转变，开始向社会化的医疗保险制度转型。1993 年，党的十四届三中全会通过《中共中央关于建立社会主义市场经济体制若干问题的决定》，提出了城镇职工医疗保险要以“医疗保险金由单位和个人共同负担、实行社会统筹和个人帐户相结合”为改革的目标。1994 年 4 月，由国家体改委、财政部、劳动部、卫生部共同制定的《关于职工医疗制度改革的试点意见》发布，明确了我国医疗保险改革要建立“统账结合”医疗保险制度，并使之逐步覆盖城镇所有劳动者。1994 年 12 月，城镇职工基本医疗保险制度改革开始在江苏省镇江市和江西省九江市进行试点。1998 年 12 月，国务院下发《关于建立城镇职工基本医疗保险制度的决定》，部署了在全国范围内推行职工医疗保险制度改革的工作。要求在全国范围内建立与社会主义初级阶段生产力水平相适应、覆盖全体城镇职工、“统账结合”的基本医疗保险制度，确立了中国医疗保险制度改革的基本目标、基本原则和主要政策。我国的医疗保障体系开始从免费的福利制度转向权利义务相结合的缴费型的社会保险制度。2003 年 5 月，劳动和社会保障部发布《关于城镇灵活就业人员参加基本医疗保险的指导意见》，灵活就业人员被纳入基本医疗保险制度。

在城镇职工基本医疗保险制度基本实现定型的同时，我国的新型农村合作医疗保险制度也开始提上议程。以《关于进一步加强农村卫生工作的决定》（2002 年）、《关于建立新型农村合作医疗制度的意见》（2003 年）和《关于进一步做好新型农村合作医疗试点工作的指导意见》（2004 年）的颁发为标志，我国新型农村合作医疗制度正式确立。

为保障尚未纳入制度化保障的城镇居民的医疗保险权利，实现城镇基本医疗保险制度的全覆盖，2007 年 7 月，国务院印发《关于开展城镇居民基本医疗保险试点的指导意见》，城镇居民基本医疗保险工作开始推进。2008 年 10 月，国务院办公厅印发了《关于将大学生纳入城镇居民基本医疗保险试点范围的指导意见》，大学生也成为城镇居民医疗保险的保障对象。通过城镇职工医疗保险、城镇居民医疗保险和新型农村合作医疗等“城乡二元”的三大制度，我国城乡全体居民都有了基本医疗保障制度安排，基本医疗保险实现了制度上的全覆盖，社会化的“全民医保”体系初步建立。

2010 年，新出台的《社会保险法》将职工基本医疗保险、新型农村合作医疗和城镇居民基本医疗保险上升为法律制度，标志着我国医疗保险改革开始步入法治化轨道。

2016 年，国务院发布《关于整合城乡居民基本医疗保险制度的意见》，城镇居民基本医疗保险制度和新型农村合作医疗制度开始进行整合。自此，我国的基本医疗保险由传统的“职工、农民和居民”三项制度开始变为“职工、居民”两项制度。

2018 年 3 月，《国务院机构改革方案》提出组建国家医疗保障局，将医疗保障的相关职责进行整合。十三届全国人大一次会议表决通过了《关于国务院机构改革方案的决定》，国家医疗保障局组建。国家医疗保障局的成立是我国医疗保险制度发展的标志性事件，它为基本医疗保险的统一立法提供了契机，为基本医疗保险的法治化提供了组织保障。

2020 年 2 月，中共中央、国务院发布《关于深化医疗保障制度改革的意见》，对中国特色医疗保障改革与制度建设作出了全面统筹规划，是新时代全面深化医疗保障改革的纲领性文件。

我国现行的医疗保险制度主要由职工基本医疗保险和城乡居民基本医疗保险两大制度构成，其中，城镇职工基本医疗保险制度是开展时间最早、制度体系最为复杂，同时也是最为典型的医疗保险制度。以下主要介绍城镇职工基本医疗保险。

第三节　城镇职工基本医疗保险

一、城镇职工基本医疗保险的覆盖范围

1998 年 12 月 14 日，国务院发布的《关于建立城镇职工基本医疗保险制度的决定》明确规定，城镇所有用人单位及其职工都要参加基本医疗保险，包括：企业（国有企业、集体企业、外商投资企业、私营企业等）、机关、事业单位、社会团体、民办非企业单位及其职工，都要参加基本医疗保险。乡镇企业及其职工、城镇个体经济组织业主及其从业人员是否参加基本医疗保险，由省、自治区、直辖市人民政府决定。基本医疗保险原则上以地级以上行政区（包括地、市、州、盟）为统筹单位，也可以县（市）为统筹单位，北京、天津、上海 3 个直辖市原则上在全市范围内实行统筹。所有用人单位及其职工都要按照属地管理原则参加所在统筹地区的基本医疗保险，执行统一政策，实行基本医疗保险基金的统一筹集、使用和管理。铁路、电力、远洋运输等跨地区、生产流动性较大的企业及其职工，可以相对集中的方式异地参加统筹地区的基本医疗保险。

《社会保险法》第23条第1款规定：“职工应当参加职工基本医疗保险，由用人单位和职工按照国家规定共同缴纳基本医疗保险费。”该项规定，实际上扩大了职工基本医疗保险的覆盖范围，不再对职工进行区分，所有建立劳动关系的职工都应当参加基本医疗保险，这是国家的强制性规定，用人单位和职工必须遵守。

为解决灵活就业人员的医疗保障问题，2003年5月26日，劳动和社会保障部出台了《关于城镇灵活就业人员参加基本医疗保险的指导意见》，规定灵活就业人员参加基本医疗保险要坚持权利和义务相对应、缴费水平与待遇水平相挂钩的原则。在参保政策和管理办法上既要与城镇职工基本医疗保险制度相衔接，又要适应灵活就业人员的特点。已与用人单位建立明确劳动关系的灵活就业人员，要按照用人单位参加基本医疗保险的方法缴费参保。其他灵活就业人员，要以个人身份缴费参保。《社会保险法》第23条第2款规定：“无雇工的个体工商户、未在用人单位参加职工基本医疗保险的非全日制从业人员以及其他灵活就业人员可以参加职工基本医疗保险，由个人按照国家规定缴纳基本医疗保险费。”灵活就业人员参加职工基本医疗保险实行自愿原则，这部分人员可以根据个人意愿决定是否参加基本医疗保险，这与职工参加基本医疗保险的强制原则是不相同的。

二、城镇基本医疗保险的筹资与基金构成

职工和灵活就业人员参加职工基本医疗保险，需要承担基本医疗保险费的缴费义务。但是，由于就业方式不同，他们承担基本医疗保险费缴纳义务的方式也不同。《社会保险法》规定了用人单位和职工的共同缴费义务，同时规定退休职工如果达到法定退休年龄时累计缴费达到国家规定年限的，退休后不缴费。用人单位缴费率控制在职工工资总额的6%左右，职工缴费率一般为本人工资收入的2%，具体缴费比例由统筹地区根据实际情况确定。灵活就业人员参加基本医疗保险的缴费率原则上按照当地的缴费率确定。从统筹基金起步的地区，可参照当地基本医疗保险建立统筹基金的缴费水平确定。缴费基数可参照当地上一年职工年平均工资核定。灵活就业人员缴纳的医疗保险费纳入统筹

地区基本医疗保险基金统一管理。

基本医疗保险基金由统筹基金和个人账户构成。职工个人缴纳的基本医疗保险费，全部计入个人账户。用人单位缴纳的基本医疗保险费分为两部分，一部分用于建立统筹基金，另一部分划入个人账户。划入个人账户的比例一般为用人单位缴费的30%左右，具体比例由统筹地区根据个人账户的支付范围和职工年龄等因素确定。由于职工医疗保险基金的个人账户无法实现医疗保险的风险共担和互助共济功能，《社会保险法》对医疗保险中的个人账户作了淡化处理，并没有规定医疗保险基金的“统账结合”。《关于深化医疗保障制度改革的意见》指出“改革职工基本医疗保险个人账户，建立健全门诊共济保障机制”。2021年4月13日，国务院办公厅发布的《关于建立健全职工基本医疗保险门诊共济保障机制的指导意见》规定：“科学合理确定个人账户计入办法和计入水平，在职职工个人账户由个人缴纳的基本医疗保险费计入，计入标准原则上控制在本人参保缴费基数的2%，单位缴纳的基本医疗保险费全部计入统筹基金；退休人员个人账户原则上由统筹基金按定额划入，划入额度逐步调整到统筹地区根据本意见实施改革当年基本养老金平均水平的2%左右。”

三、城镇职工基本医疗保险的待遇

（一）基本医疗保险的待遇标准

基本医疗保险的待遇与其他社会保险项目存在较大差异。养老保险、工伤保险和失业保险主体上都是收入保障机制，而医疗保险则是医疗费用补偿机制，通过为参保人提供相应的医疗服务达到恢复健康之目的。城镇职工基本医疗保险标准关系到公民在医疗保障方面的权利及其水平的高低。其待遇标准，国家已经出台了相应的规定。

《国务院关于建立城镇职工基本医疗保险制度的决定》明确规定，职工基本医疗保险的统筹基金和个人账户划定各自的支付范围，分别核算，不得互相挤占。统筹基金用于支付住院医疗和部分门诊大病费用。统筹基金支付有起付标准和最高支付标准，起付标准原则上控制在当地职工年平均工资的10%左右，最高支付限额原则上控制在当地职工年平均工资的4倍左右。起付标准以下的医疗费用，从个人账户中支付或由个人自付。起付标准以上、最高支付限额以下的医疗费用，主要从统筹基金中支付，支付比例目前全国平均为80%左右，个人也要负担一定比例。超过最高支付限额的医疗费用，可以通过商业医疗保险等途径解决。统筹基金的具体起付标准、最高支付限额以及在起付标准以上和最高支付限额以下医疗费用的个人负担比例，由统筹地区根据以收定支、收支平衡的原则确定。个人账户主要支付门诊费用、住院费用中个人自付部分以及在定点药店购药费用。个人账户归个人使用，可以结转和继承。

《关于深化医疗保障制度改革的意见》在完善基本医疗保险制度方面指出："完善基本医疗保险制度。坚持和完善覆盖全民、依法参加的基本医疗保险制度和政策体系，职工和城乡居民分类保障，待遇与缴费挂钩，基金分别建账、分账核算。统一基本医疗保险统筹层次、医保目录，规范医保支付政策确定办法。逐步将门诊医疗费用纳入基本医疗保险统筹基金支付范围，改革职工基本医疗保险个人账户，建立健全门诊共济保障机制。"同时指出，实行医疗保障待遇清单制度，"建立健全医疗保障待遇清单制度，规范政府决策权限，科学界定基本制度、基本政策、基金支付项目和标准，促进医疗保障制度法定化、决策科学化、管理规范化。各地区要确保政令畅通，未经批准不得出台超出清单授权范围的政策。严格执行基本支付范围和标准，实施公平适度保障，纠正过度保障和保障不足问题"。

（二）基本医疗保险医疗费用的支付

《社会保险法》第28条规定："符合基本医疗保险药品目录、诊疗项目、医疗服务设施标准以及急诊、抢救的医疗费用，按照国家规定从基本医疗保险基金中支付。"《社会保险法》第31条规定："社会保险经办机构根据管理服务的需要，可以与医疗机构、药品经营单位签订服务协议，规范医疗服务行为。医疗机构应当为参保人员提供合理、必要的医疗服务。"

1．基本医疗保险药品目录

2020年7月30日，国家医疗保障局发布《基本医疗保险用药管理暂行办法》规定：基本医疗保险用药范围通过制定《基本医疗保险药品目录》（以下简称《药品目录》）进行管理，符合《药品目录》的药品费用，按照国家规定由基本医疗保险基金支付。《药品目录》实行通用名管理，《药品目录》内药品的同通用名药品自动属于基本医疗保险基金支付范围。《药品目录》由凡例、西药、中成药、协议期内谈判药品和中药饮片五部分组成。省级医疗保障行政部门按国家规定增补的药品单列。为维护临床用药安全和提高基本医疗保险基金使用效益，《药品目录》对部分药品的医保支付条件进行限定。

国务院医疗保障行政部门负责建立基本医疗保险用药管理体系，制定和调整全国范围内基本医疗保险用药范围，使用和支付的原则、条件、标准及程序等，组织制定、调整和发布国家《药品目录》并编制统一的医保代码，对全国基本医疗保险用药工作进行管理和监督。国家医疗保障经办机构受国务院医疗保障行政部门委托承担国家《药品目录》调整的具体组织实施工作。

省级医疗保障行政部门负责本行政区域内的基本医疗保险用药管理，制定本地区基本医疗保险用药管理政策措施，负责《药品目录》的监督实施等工作。各省（自治区、直辖市）以国家《药品目录》为基础，按照国家规定的调整权限和程序将符合条件的民族药、医疗机构制剂、中药饮片纳入省级医保支付范围，按规定向国务院医疗保障行政部门备案后实施。

统筹地区医疗保障行政部门负责《药品目录》及相关政策的实施，按照医保协议对定点医药机构医保用药行为进行审核、监督和管理，按规定及时结算和支付医保费用，并承担相关的统计监测、信息报送等工作。

2. 基本医疗保险诊疗项目

基本医疗保险诊疗项目是指符合以下条件的各种医疗技术服务项目和采用医疗仪器、设备与医用材料进行的诊断、治疗项目：（1）临床诊疗所必需、安全有效、费用适宜的诊疗项目；（2）由物价部门制定了收费标准的诊疗项目；（3）由定点医疗机构为参保人员提供的定点医疗服务范围内的诊疗项目。具体范围由 1999 年 6 月 30 日劳动和社会保障部、财政部、国家经济贸易委员会、卫生部、国家中医药管理局发布的《关于城镇职工基本医疗保险诊疗项目管理的意见》等相关文件来明确。

3. 基本医疗保险医疗服务设施标准

基本医疗保险医疗服务设施是指由定点医院提供的，参保人员在接受诊断、治疗和护理过程中必需的生活服务设施。1999 年 6 月 30 日，劳动和社会保障部、财政部、国家经济贸易委员会、卫生部、国家中医药管理局发布的《关于确定城镇职工基本医疗保险医疗服务设施范围和支付标准的意见》第3条采用排除性规定，“基本医疗保险基金不予支付的生活服务项目和服务设施费用，主要包括：（一）就（转）诊交通费、急救车费；（二）空调费、电视费、电话费、婴儿保温箱费、食品保温箱费、电炉费、电冰箱费及损坏公物赔偿费；（三）陪护费、护工费、洗理费、门诊煎药费；（四）膳食费；（五）文娱活动费以及其他特需生活服务费用。其他医疗服务设施项目是否纳入基本医疗保险基金支付范围，由各省（自治区、直辖市，下同）劳动保障行政部门规定”。除了上述费用外，急诊、抢救的医疗费用也按照国家规定从基本医疗保险基金中支付。根据1999年5月11日劳动和社会保障部、卫生部、国家中医药管理局制定的《城镇职工基本医疗保险定点医疗机构管理暂行办法》第12条规定：“参保人员应在选定的定点医疗机构就医，并可自主决定在定点医疗机构购药或持处方到定点零售药店购药。除急诊和急救外，参保人员在非选定的定点医疗机构就医发生的费用，不得由基本医疗保险基金支付。”《实施〈中华人民共和国社会保险法〉若干规定》明确：参保人员确需急诊、抢救的，可以在非协议医疗机构就医；因抢救必须使用的药品可以适当放宽范围。参保人员急诊、抢救的医疗服务具体管理办法由统筹地区根据当地实际情况制定。

需要注意的是，《关于深化医疗保障制度改革的意见》对建立管用高效的医保支付机制做了全面部署：

一是完善医保目录动态调整机制。立足基金承受能力，适应群众基本医疗需求、临床技术进步，调整优化医保目录，将临床价值高、经济性评价优良的药品、诊疗项目、医用耗材纳入医保支付范围，规范医疗服务设施支付范围。健全医保目录动态调整机制，完善医保准入谈判制度。合理划分中央与地方目录调整职责和权限，各地区不得自行制定目录或调整医保用药限定支付范围，逐步实现全国医保用药范围基本统一。建立医保药品、诊疗项目、医用耗材评价规则和指标体系，健全退出机制。

二是创新医保协议管理。完善基本医疗保险协议管理，简化优化医药机构定点申请、专业评估、协商谈判程序。将符合条件的医药机构纳入医保协议管理范围，支持“互联网+医疗”等新服务模式发展。建立健全跨区域就医协议管理机制。制定定点医药机构履行协议考核办法，突出行为规范、服务质量和费用控制考核评价，完善定点医药机构退出机制。

三是持续推进医保支付方式改革。完善医保基金总额预算办法，健全医疗保障经办机构与医疗机构之间协商谈判机制，促进医疗机构集体协商，科学制定总额预算，与医疗质量、协议履行绩效考核结果相挂钩。大力推进大数据应用，推行以按病种付费为主的多元复合式医保支付方式，推广按疾病诊断相关分组付费，医疗康复、慢性精神疾病等长期住院按床日付费，门诊特殊慢性病按人头付费。探索医疗服务与药品分开支付。适应医疗服务模式发展创新，完善医保基金支付方式和结算管理机制。探索对紧密型医疗联合体实行总额付费，加强监督考核，结余留用、合理超支分担，有条件的地区可按协议约定向医疗机构预付部分医保资金，缓解其资金运行压力。

（三）基本医疗保险基金支付的特殊规定

《社会保险法》第 30 条规定："下列医疗费用不纳入基本医疗保险基金支付范围：（一）应当从工伤保险基金中支付的；（二）应当由第三人负担的；（三）应当由公共卫生负担的；（四）在境外就医的。医疗费用依法应当由第三人负担，第三人不支付或者无法确定第三人的，由基本医疗保险基金先行支付。基本医疗保险基金先行支付后，有权向第三人追偿。"

1. 基本医疗保险基金不予支付的项目

基本医疗保险基金支付的前提条件中要求参保人员患病（职业病除外）或非因工负伤，而工伤保险基金支付的前提条件则是要求参保人员患职业病或因工负伤。因此，基本医疗保险基金与工伤保险基金在适用条件上的互补关系决定了应当从工伤保险基金中支付的医疗费用不纳入基本医疗保险基金支付范围。具体而言，在工伤医疗康复待遇中，治疗工伤所需的挂号费、医疗康复费、药费、住院费等费用符合工伤保险诊疗项目目录、工伤保险药品目录、工伤保险住院服务标准的，从工伤保险基金中支付。为避免上述范围内的医疗费用支付与职工基本医疗保险基金支付的范围产生重合，《社会保险法》明确工伤职工因治疗工伤所需支付的医疗费用，凡是按照上述规定应当由工伤保险基金支付的，基本医疗保险基金不予支付。

由于第三人侵权，导致参保人员的人身受到伤害而产生的医疗费用，依法应由侵权人负担，基本医疗保险不予支付。但是，如果在这种情况下，侵权人（第三人）不支付该参保人员的医疗费用，或者因侵权人逃逸等无法确定侵权人是谁的，为了保证受害的参保人员能够获得及时的医疗救治，《社会保险法》规定由基本医疗保险基金先行支付该参保人员的医疗费用。基本医疗保险基金先行支付后，医疗保险经办机构从受害的参保人员那里取得代位追偿权，有权向第三人即侵权人就其应当支付的医疗费用进行追偿。

医疗卫生事业中的医疗费用存在公共卫生负担的医疗费用和基本医疗保险基金支付的医疗费用两大类。中国现阶段的基本公共卫生服务，主要是由国家确定若干服务项目，免费向城乡居民提供。国家基本公共服务项目所需费用纳入政府预算安排。因此，应当由基本公共卫生服务负担的医疗费用，不纳入基本医疗保险基金支付的范围。2019 年 12 月 28 日，第十三届全国人民代表大会常务委员会第十五次会议审议通过《中华人民共和国基本医疗卫生与健康促进法》，其中规定："基本医疗卫生服务包括基本公共卫生服务和基本医疗服务。基本公共卫生服务由国家免费提供。"

参保人员有境外就医发生的医疗费用，可以通过购买商业保险的方式予以支付，基本医疗保险基金不予支付。

2. 基本医疗保险基金的先行支付与追偿

《社会保险法》原则规定了基本医疗保险基金先行支付制度。2011 年 6 月 29 日颁布的《社会保险基金先行支付暂行办法》规定了第三人的侵权行为造成伤病的处理。这种情况下，根据《社会保险基金先行支付暂行办法》第 2 条之规定，其医疗费用应当由第三人按照其责任大小依法承担；超过第三人责任部分的医疗费用，由基本医疗保险按照国家规定支付。

医疗费用依法应当由第三人负担的，当第三人不支付或者无法确定第三人时，个人可以向参保地社会保险经办机构书面申请基本医疗保险基金先行支付，并告知造成伤病的原因以及第三人不支付医疗费用或无法确定第三人的情况；社会保险经办机构接到申请后，应当依法予以审核，确定申请人参加基本医疗保险的，应按照统筹地区基本医疗保险基金支付的规定先行支付相应部分的医疗费。基本医疗保险基金先行支付后，有权向第三人追偿。

基本医疗保险基金的医疗费用追偿权的行使需要满足以下要件：第一，必须是医疗费用依法应当由第三人负担；第二，必须存在第三人不支付或者无法确定第三人的情形；第三，基本医疗保险基金已经为参保人先行支付了本该由第三人负担的医疗费用。

四、支付结算制度

《社会保险法》第 29 条规定："参保人员医疗费用中应当由基本医疗保险基金支付的部分，由社会保险经办机构与医疗机构、药品经营单位直接结算。社会保险行政部门和卫生行政部门应当建立异地就医医疗费用结算制度，方便参保人员享受基本医疗保险待遇。"

（一）医疗费用的直接结算

参保人员医疗费用中应当由基本医疗保险基金支付的部分，由社会保险经办机构与医疗机构、药品经营单位直接结算。医疗保险费用直接结算制度的确立，改变了过去那种参保人员看病，先由本人支付全部医疗费用，然后再就其中应当由医疗保险基金支付的部分，去社会保险经办机构报销的做法。2009 年 7 月 24 日，人力资源和社会保障部、财政部发布的《关于进一步加强基本医疗保险基金管理的指导意见》规定，"改进费用结算方式。积极探索医疗保险经办机构与医疗机构、药品供应商通过协商谈判，合理确定医药服务的付费方式及标准，发挥医疗保障对医疗服务和药品费用的制约作用。鼓励探索实行按病种付费、总额预付、按人头付费等结算方式，充分调动医疗机构和医生控制医疗服务成本的主动性和积极性"。《实施〈中华人民共和国社会保险法〉若干规定》中规定，参保人员在协议医疗机构发生的符合基本医疗保险药品目录、诊疗项目、医疗服务设施标准的医疗费用，按照国家规定从基本医疗保险基金中支付。

（二）异地就医医疗费用结算

所谓异地就医，是指参加基本医疗保险的人员在自己所在统筹地区以外的中国境内就医的情况。过去相当长的一段时间，异地就医报销医疗费难问题成为医疗保险领域的一个难点问题。为了解决这一问题，《社会保险法》明确要求社会保险行政部门和卫生行政部门应当建立异地就医医疗费用结算制度，方便参保人员享受基本医疗保险待遇。

2020年，《关于深化医疗保障制度改革的意见》对完善跨省异地就医直接结算制度体系提出明确要求，2022年，《政府工作报告》部署要求“完善跨省异地就医直接结算办法”。2022年6月，国家医保局、财政部印发《关于进一步做好基本医疗保险跨省异地就医直接结算工作的通知》，对以往跨省异地就医政策进行了系统性梳理和整合，并在此基础上，进行了顶层设计。

《关于进一步做好基本医疗保险跨省异地就医直接结算工作的通知》规定，参保人员跨省异地就医直接结算实行“先备案、选定点、持码（卡）就医”。一是先备案。参保人员跨省异地就医前，可通过国家医保服务平台App、国家异地就医备案小程序、国务院客户端小程序或参保地经办机构窗口等线上线下途径办理异地就医备案手续。二是选定点。参保人员完成异地就医备案后，在备案地开通的所有跨省联网定点医疗机构均可享受住院费用跨省直接结算服务；门诊就医时，需先了解参保地异地就医管理规定，如果参保地要求参保人员选择一定数量或在指定级别的跨省联网定点医药机构就医购药的，按照参保地规定执行。三是持码（卡）就医。参保人员在入院登记、出院结算和门诊结算时均需出示医保电子凭证或社会保障卡等有效凭证。跨省联网定点医药机构对符合就医地规定的门（急）诊、住院患者，提供合理、规范的诊治及医疗费用的直接结算服务。

异地就医备案人员可以分为跨省异地长期居住人员和跨省临时外出就医人员两类。其中跨省异地长期居住人员包括异地安置退休人员、异地长期居住人员、常驻异地工作人员等长期在参保省外工作、居住、生活的人员；跨省临时外出就医人员包括异地转诊就医人员，因工作、旅游等原因异地急诊抢救人员以及其他跨省临时外出就医人员。跨省异地就医直接结算的住院、普通门诊和门诊慢特病医疗费用，原则上执行就医地规定的支付范围及有关规定（基本医疗保险药品、医疗服务项目和医用耗材等支付范围），执行参保地规定的基本医疗保险基金起付标准、支付比例、最高支付限额、门诊慢特病病种范围等有关政策。简单地讲，就是依据“就医地目录、参保地政策”进行费用结算[①]。

五、基本医疗保险关系的转移接续

随着中国社会经济的快速发展，劳动者在不同地区之间的流动日益普遍化。为了保证这部分人的基本医疗保险权益，有必要从法律制度上确立基本医疗保险关系转移接续制度，以确保劳动者在劳动力市场中受到同等对待，更使得这些劳动者可以在统一的劳动力市场上自由流动。《社会保险法》第 32 条规定：“个人跨统筹地区就业的，其基本医疗保险关系本人转移，缴费年限累计计算。”2009 年 12 月 31 日，人力资源和社会保障部、卫生部、财政部联合发布《流动就业人员基本医疗保险关系转移接续暂行办法》，对基本医疗保险关系转移接续手续的办理作出明确规定。为更好地适应人口流动需要、保障流动人员医保权益，2021 年 11 月 1 日，国家医保局办公室、财政部办公厅印发《基本医疗保险关系转移接续暂行办法》（以下简称《暂行办法》），对基本医疗保险关系转移接续作出了非常具体的规定[②]。

（一）转移接续主要适用人群

职工医保参保人员和居民医保参保人员因跨统筹地区就业、户籍或常住地变动，不得重复参保和重复享受待遇，按照《暂行办法》有关规定办理基本医疗保险关系转移接续。一是职工医保制度内转移接续。职工医保参保人员跨统筹地区就业，转出地已中止参保，在转入地按规定参加职工医保的，应申请转移接续。二是居民医保制度内转移接续。居民医保参保人员因户籍或常住地变

---

① 参见《〈国家医保局 财政部关于进一步做好基本医疗保险跨省异地就医直接结算工作的通知〉政策解读》，https://www.gov.cn/zhengce/2022-07/28/content_5703224.htm。

② 参见《〈基本医疗保险关系转移接续暂行办法〉政策解读》，https://www.gov.cn/zhengce/2021-11/28/content_5653855.htm。

动跨统筹地区流动，原则上当年度在转入地不再办理转移接续手续，参保人员按转入地规定参加下一年度居民医保后，可申请转移接续。三是职工医保和居民医保跨制度转移接续。职工医保参保人员跨统筹地区流动，转出地已中止参保，在转入地按规定参加居民医保的，可申请转移接续；居民医保参保人员跨统筹地区流动，转出地已中止参保，在转入地按规定参加职工医保的，可申请转移接续。

（二）转移接续申请方式

通过线上或线下方式均可申请办理基本医保关系转移接续。转出地和转入地经办机构均已上线全国统一的医保信息平台，且开通转移接续业务线上办理渠道的，申请人可通过国家医保服务平台首页下方的“地方网厅”入口提交申请，也可在转入地或转出地经办机构窗口申请。有单位的职工医保参保人员可由单位为其申请办理转移接续，灵活就业人员及居民等参保人员由个人申请办理。

（三）转移接续办理流程

《暂行办法》进一步优化转移接续办理流程，实现了转移接续“跨省通办”。主要有三个方面创新：一是线上流转材料。二是进一步精简材料、优化流程、压缩时限。三是办理进度全程可查。具体办理流程是：申请人通过线上途径或线下窗口发起申请，转出地和转入地校验是否符合转移接续条件，不符合条件则不予受理申请并及时告知原因，符合条件则予以受理。成功受理后，转出地经办机构 10 个工作日内完成基本医疗保险关系转出，生成并上传《参保人员基本医疗保险信息表》，同时划转职工医保个人账户余额，转入地经办机构收到信息后，5 个工作日内将《参保人员基本医疗保险信息表》同步至本地医保信息平台，完成转入，并接收职工医保个人账户金额。

（四）转移接续过程中的待遇衔接

为进一步加强基本医保关系转移接续管理，促进基本医保待遇连续享受，《暂行办法》在四个方面作出具体规定：一是职工医保参保人在转移接续前中断缴费 3 个月（含）以内的，可按转入地规定补缴职工医保费，缴费当月即可在转入地按规定享受待遇，中断期间的待遇可追溯享受。二是已连续 2 年（含）以上参保的，因就业等个人状态变化在职工医保和居民医保间切换参保关系，中断缴费 3 个月（含）以内的，可按转入地规定补缴基本医保费，缴费当月即可在转入地按规定享受待遇，中断期间的待遇可追溯享受。三是各统筹地区可根据自身情况，对中断缴费 3 个月以上的，设置不超过 6 个月的待遇享受等待期。四是根据《社会保险法》等相关法律法规，强调了职工医保缴费年限累计计算，具体缴费年限按照各地规定执行，要求各地不得将办理职工医保退休人员待遇与在当地按月领取基本养老金绑定。

此外，《暂行办法》还明确加强基本医疗保险关系转移接续管理，在转入地完成接续前，转出地应保存参保人员信息、暂停基本医保关系，并为其依规参保缴费和享受待遇提供便利。转移接续完成后，转出地参保关系自动终止。

第十二章

生育保险法

第一节 生育保险法概述

一、生育保险的概念和特征

生育保险是国家通过强制的方式筹集生育保险基金，在妇女因生育而暂时中断劳动时，向其提供必要的经济补偿和医疗保障，以确保参保妇女在生育期间的生活维持和健康养护的一项社会保险制度。生育保险通过提供生育津贴、医疗服务和生育产假，由社会分担生育成本，具有促进妇女公平就业、防止和纠正就业歧视、保障妇女生育期间基本生活和身体健康的独特功能。

生育保险的基本特征是：第一，保障对象的有限性，即生育保险的对象通常为女职工，最终受益人是女职工及其所生育的婴儿。第二，明显的福利性。生育保险的福利性体现为：个人不缴纳生育保险费；生育保险的给付水平往往较其他社会保险项目要高。第三，较强的社会性。生育保险以女性生育利益为链接，将女职工的个人利益、家庭利益以及社会公共利益融合起来，通过对女职工生育的保护促进社会人口再生产的顺利进行，实现社会公共利益。第四，实行产前产后都享受的原则。与其他社会保险是在风险发生后才能享受保险给付的方式不同，生育保险需要兼顾产前和产后两个时期。在分娩前一段时间，由于行动不便，女职工已经不宜工作；分娩以后，需要休息一段时间，恢复身体健康和照顾婴儿。

二、我国生育保险的立法概况

我国生育保险制度可以追溯至1951年颁布的《劳动保险条例》。依据《劳动保险条例》，生育保险的对象不仅包括“女工人与女职工”，还包括“男工人与男职工的配偶”。1988年，国务院颁布了《女职工劳动保护规定》，女职工的产假由原来《劳动保险条例》的56天增加至90天。为了适应社会主义市场经济体制的建立与发展，我国部分地区开始进行生育保险制度改革，将原来的与计划经济体制相适应的由单位负担和管理的生育保障方式，逐步转变为实行社会统筹。1994 年的《劳动法》第 70 条规定，国家建立社会保险制度，设立社会保险基金，使劳动者在生育等情况下获得帮助和补偿。1994 年 12 月，劳动部颁布了《企业职工生育保险试行办法》，要求将生育保险的管理模式由用人单位管理逐步转变为社会统筹，由各地社会保障机构负责管理生育保险工作，同时对生育保险的基本原则、实施范围、待遇标准等做了明确规定，标志着我国社会生育保险制度的初步建立。2010 年，《社会保险法》以专章的形式对生育保险的参保范围和缴费主体、生育保险待遇、生育医疗费以及生育津贴等进行了规定，提高了生育保险的立法层次，明确了生育保险的享受条件和待遇内容，标志着我国生育保险开始走向法制化的轨道。2012 年 4 月 28 日，国务院发布《女职工劳动保护特别规定》，对女职工的产假和生育津贴作了明确的规定。2017 年 1 月 19 日，《生育保险和职工基本医疗保险合并实施试点方案》发布。2018 年 3 月 5 日，人力资源和社会保障部、财政部、国家卫生健康委员会联合发布《关于做好当前生育保险工作的意见》。2019 年 3 月 6 日，国务院办公厅发布《关于全面推进生育保险和职工基本医疗保险合并实施的意见》。

三、生育保险的覆盖范围

《企业职工生育保险试行办法》第 2 条规定："本办法适用于城镇企业及其职工。"依据该项规定，生育保险的覆盖范围相对狭窄，不符合我国的实际需要。《社会保险法》扩大了生育保险的覆盖范围，规定："职工应当参加生育保险。"这里的"职工"是指用人单位的劳动者，包括企业、民办非企业单位、有雇工的个体工商户的职工，也包括机关、事业单位与社会团体中的职工。"职工应当参加生育保险"的规定，适应了生育保险广覆盖的需要，为更多的职业女性参加生育保险、享受生育保险待遇提供了法律依据。

四、生育保险基金

职工应当参加生育保险，由用人单位按照国家规定缴纳生育保险费，职工不缴纳生育保险费。生育保险基金的构成包括：一是用人单位缴纳的生育保险费。《企业职工生育保险试行办法》第4条规定，生育保险根据“以支定收，收支基本平衡”的原则筹集资金，由企业按照其工资总额的一定比例向社会保险经办机构缴纳生育保险费，建立生育保险基金。生育保险费的提取比例由当地人民政府根据计划内生育人数和生育津贴、生育医疗费等各项费用确定，并可根据费用支出情况适时调整，但最高不得超过工资总额的1%。2015年，人力资源社会保障部、财政部发布的《关于适当降低生育保险费率的通知》规定，自2015年10月1日起，生育保险基金累计结余超过9个月的统筹地区，应将生育保险基金费率调整到用人单位职工工资总额的0.5%以内，具体费率应按照“以支定收、收支平衡”的原则，根据近年来生育保险基金的收支和结余情况确定。二是生育保险基金的利息收入。生育保险基金应存入社会保险经办机构在银行开设的生育保险基金专户。银行应按照城乡居民个人储蓄同期存款利率计息，所得利息转入生育保险基金。三是滞纳金。企业必须按期缴纳生育保险费。对逾期不缴纳的，按日加收千分之二的滞纳金。滞纳金转入生育保险基金。四是其他依法应当纳入生育保险的资金。

第二节 生育保险待遇给付

一、享受生育保险待遇的条件

享受生育保险待遇的前提条件是职工的用人单位履行了参保和缴费义务，如果用人单位没有缴纳生育保险费的，则其职工不能享受生育保险待遇。这体现了社会保险制度通常遵循的权利和义务相结合原则。基于这种考虑，《社会保险法》规定，用人单位已经缴纳生育保险费的，其职工享受生育保险待遇；职工未就业配偶按照国家规定享受生育医疗费用待遇。《社会保险法》把“职工未就业配偶”纳入了生育保险对象，实际上是新中国成立之初生育保险制度覆盖职工家属规定的回归，同时也符合生育保险覆盖家属的国际惯例。生育保险惠及参保职工未就业配偶，可以使没有工作经历的“全职太太”或有工作后又失业的女职工能够以“配偶”的身份获得生育保险待遇，有助于扩大生育保险的覆盖面，逐步实现人人享有基本卫生医疗服务的目标。同时，还有利于鼓励男职工多的企业参加生育保险。职工未就业配偶与职工享受生育保险待遇还是有区别的，即参保职工本人有权享受生育医疗费用和生育津贴，而职工未就业配偶只能按照国家规定享受生育医疗费用待遇。

实践中关于享受生育保险待遇还有其他一些条件：例如，符合生育保险的就医规定、药品、诊疗和医疗服务设施的规定；申请人建立合法、有效的婚姻关系等。女职工享受生育保险待遇是否要符合计划生育的规定，是实践中生育保险争议比较多的问题，典型案例如“未婚先孕的女职工是否可以享受生育保险待遇”[①]。关于女职工非婚生育是否可以享受生育保险待遇的案例，既有案例较多的裁决是：女职工有权享有相应的产假，但不能享受相应的生育津贴以及医疗护理费。一方面，产假待遇是对怀孕女职工和婴儿身体健康的保护，无论是否符合计划生育政策规定，怀孕女职工都应享有产假待遇。依据 2022 年修订的《妇女权益保障法》第 47 条的规定，妇女在经期、孕期、产期、哺乳期受特殊保护。《女职工劳动保护特别规定》中的“女职工生育享受 98 天产假”并没有附加任何条件。因此，女职工非婚生育，有权享受产假。另一方面，女职工未婚生育不能享受社会保险津贴以及医疗护理费，但企业可以酌情给予补助。也有观点认为，女职工非婚生育可以享受生育保险待遇。理由是《社会保险法》第 54 条第 1 款规定：“用人单位已经缴纳生育保险费的，其职工享受生育保险待遇。”依据文义解释方法，只要用人单位已经履行缴费义务，其职工和职工未就业配偶就能够享受相关的生育保险待遇，对生育的合法性未作明确要求，这种解释有利于对婴儿利益的保护。在国家生育政策调整的背景下，非婚生育及未建立合法有效婚姻关系的女职工的生育保险权利如何得到更有效的保护，需要进行深入的研究。

---

① 林嘉：《劳动法和社会保障法》，5 版，第 469 页，北京：中国人民大学出版社，2023。

二、享受生育保险待遇的程序

《企业职工生育保险试行办法》规定，职工生育或流产后，由本人或所在企业持当地计划生育部门签发的计划生育证明，婴儿出生、死亡或流产证明，到当地社会保险经办机构办理手续，领取生育津贴和报销生育医疗费。2018年3月5日，人力资源和社会保障部、财政部、国家卫生健康委员会联合发布的《关于做好当前生育保险工作的意见》指出："将生育医疗费用纳入医保支付方式改革范围，实行住院分娩医疗费用按病种、产前检查按人头付费，实现经办机构与定点医疗机构费用直接结算。"社会保险经办机构应当自受理申请之日起20日内，对生育妇女享受生育生活津贴、生育医疗费补贴的条件进行审核。对符合条件的，核定其享受期间和标准，并予以一次性计发；对不符合条件的，应当书面告知。

三、生育保险待遇的内容

生育保险待遇是指生育保险对象所能享受的生育保险的具体项目，一般认为包括生育休假、生育医疗费用和生育津贴。

（一）生育休假

2022年修订的《妇女权益保障法》第51条第1款、第2款规定："国家实行生育保险制度，建立健全婴幼儿托育服务等与生育相关的其他保障制度。国家建立健全职工生育休假制度，保障孕产期女职工依法享有休息休假权益。"《女职工劳动保护特别规定》第7条规定："女职工生育享受98天产假，其中产前可以休假15天；难产的，增加产假15天；生育多胞胎的，每多生育1个婴儿，增加产假15天。女职工怀孕未满4个月流产的，享受15天产假；怀孕满4个月流产的，享受42天产假。"

（二）生育医疗费

生育医疗费用是指由生育保险基金承担（生育保险和医疗保险合并实施后

由医疗保险基金承担）的与生育有关的费用，包括女职工或职工未就业配偶因生育而产生的医疗费用、计划生育的医疗费用和法律法规规定的其他项目费用。生育保险与医疗保险合并实施后，生育医疗费用纳入医保支付方式改革范围，以住院分娩等医疗费用按病种、产前检查按人头等方式付费。生育医疗费用原则上实行医疗保险经办机构与定点医疗机构直接结算。

（三）生育津贴

生育津贴是根据国家法律法规规定对职业妇女因生育而离开工作岗位期间，给予的生活费用，是对女性劳动者因生育而丧失劳动能力时提供的收入补偿。生育津贴是对生育妇女的收入补偿，理应足以维持产妇和新生婴儿的身体健康，因此，生育津贴的给付水平应该是一切社会保险中给付水平最高的。《社会保险法》实施之前，我国各地生育津贴的支付标准并不统一，有的是按照女职工生育前工资标准支付；有的是按照本单位上年度职工月平均工资支付；有的是按照职工缴纳社会保险费基数计发；还有按照社会平均工资计发的。根据《社会保险法》第 56 条的规定，女职工在产假期间、享受计划生育手术休假期间以及法律法规规定的其他情形下享受生育津贴，按照职工所在用人单位上年度职工月平均工资计发，由生育保险基金支付。《女职工劳动保护特别规定》第 8 条进一步明确："女职工产假期间的生育津贴，对已经参加生育保险的，按照用人单位上年度职工月平均工资的标准由生育保险基金支付；对未参加生育保险的，按照女职工产假前工资的标准由用人单位支付。"生育保险支付期限按照《女职工劳动保护特别规定》等法律法规规定的产假期限执行。

第三节　生育保险和职工基本医疗保险合并实施

一、生育保险和职工基本医疗保险合并实施的背景

生育保险对维护职工生育保障权益、促进妇女公平就业、均衡用人单位负

担、保障职业妇女生育期间基本生活和身体健康发挥了重要作用。为适应经济社会发展的需要，更好地保障职工生育保障待遇、增强基金共济能力、提升经办服务水平，2004年9月8日，劳动和社会保障部办公厅发布的《关于进一步加强生育保险工作的指导意见》指出了协同推进生育保险与医疗保险（以下简称“两项保险”）工作。2017年1月19日，《生育保险和职工基本医疗保险合并实施试点方案》发布。从实践看，试点取得了积极成效，达到了整合“两项保险”基金及管理资源、强化基金共济能力、提升管理综合效能、降低管理运行成本的预期目标，试点城市生育保险覆盖面扩大，基金共济能力增强，监管水平提高，经办服务水平提升，享受待遇更加便利。2018年底，第十三届全国人大常委会第七次会议审议通过《关于修改〈中华人民共和国社会保险法〉的决定》，为全面推进“两项保险”合并实施奠定了法律基础。2019年3月6日，国务院办公厅发布《关于全面推进生育保险和职工基本医疗保险合并实施的意见》。

二、“两项保险”合并实施的总体思路

“两项保险”合并实施遵循“保留险种、保障待遇、统一管理、降低成本”的总体思路。①

“保留险种、保障待遇”，是指生育保险作为一项社会保险险种仍然保留，“两项保险”合并实施不增加单位和个人缴费负担，职工生育期间的生育保险待遇不变。“两项保险”合并实施不是“合并”险种，并非取消生育保险。生育保险与医疗保险相比具有不同的功能和保障政策。

“统一管理、降低成本”，是指通过实现“两项保险”参保同步登记、基金合并运行、征缴管理一致、监督管理统一、经办服务一体化，提高行政效率，降低管理运行成本。强调“两项保险”合并实施不涉及生育保险待遇政策的调整，而是在管理运行层面的一体化。生育保险和职工基本医疗保险在运行

① 参见《〈关于全面推进生育保险和职工基本医疗保险合并实施的意见〉政策解读》，https://www.gov.cn/zhengce/2019-03/25/content_5562291.htm。

操作层面本身就具有合并实施的条件。一是覆盖范围都包括用人单位和职工。二是医疗服务项目上有共同之处，特别是在医疗待遇支付上有很大共性。三是管理服务基本一致，都严格执行社保基金财务制度，都执行统一的定点医疗机构管理，统一的药品、诊疗项目和服务设施范围。

三、“两项保险”合并实施的主要政策

（一）统一参保登记

参加职工基本医疗保险的在职职工同步参加生育保险。统一参保登记，有利于进一步巩固和扩大生育保险覆盖面，有利于发挥社会保险的“大数法则”优势，有利于更好地保障生育职工的生育保险权益。

（二）统一基金征缴和管理

生育保险基金并入职工基本医疗保险基金，统一征缴，统筹层次一致。按照用人单位参加生育保险和职工基本医疗保险的缴费比例之和确定新的单位费率。严格执行社会保险基金财务制度。这样规定，在没有增加用人单位的缴费负担的前提下提高了征缴效率，扩大基金共济范围，能够为保障女职工生育保险待遇及进一步完善生育保险待遇政策奠定基础。

（三）统一医疗服务管理

实行“两项保险”统一定点医疗服务管理，执行基本医疗保险、工伤保险、生育保险药品目录以及基本医疗保险诊疗项目和医疗服务设施范围，生育医疗费用原则上实行医疗保险经办机构与医疗机构直接结算。促进生育医疗服务行为规范，将生育医疗费用纳入医保支付方式改革范围，强化监控和审核。

（四）统一经办和信息服务

“两项保险”经办管理统一由基本医疗保险经办机构负责，实行信息系统一体化运行，资源共享。

（五）确保职工生育期间生育保险待遇不变

参保人员生育医疗费用、生育津贴等各项生育保险待遇按现行法律法规执行，所需资金从职工基本医疗保险基金支付。

（六）确保制度可持续

通过整合“两项保险”基金，增强基金统筹共济能力。这将有利于“两项保险”适应人口、经济和社会发展面临的新形势、新变化和新要求。

第十三章

工伤保险法

第一节　工伤保险法概述

一、工伤保险的概念及特征

工伤保险是指劳动者在工作中或在规定的某些特殊情况下，因遭受事故伤害、意外伤害或患职业病，暂时或永久地丧失劳动能力以及死亡时，劳动者或其遗属从国家和社会获得经济补偿和物质帮助的社会保险制度，是对劳动者因工而致伤、病、残、死亡的补偿和保障制度。工伤保险是法律元素最强、产生最早的社会保险制度。产业革命的初期，劳动者在工作场所受到伤害，奉行“责任自负”原则，雇主不承担责任。随着工业化的发展和工伤事故的增多，劳动者在工作场所受到的伤害由雇主按照“过错责任”原则进行赔偿。后来，“过错责任”被“无过错责任”所取代。“无过错责任”即劳动者发生工伤事故，不论雇主是否对此存在过错，都要承担赔偿责任。“无过错责任”取代“过错责任”是一大进步，更有利于对劳动者工伤损害进行补偿与救济。但工伤补偿仍局限于企业内部，无法在更大的范围内分散风险。1884 年，德国颁布了世界上第一部《工伤保险法》，开启了工伤保险由民事损害赔偿到通过社会化的机制进行风险分担、由企业保险到社会保险的历程。

工伤保险作为社会保险制度体系里的一个子系统，除了具有社会保险的强制性、保障性和互济性等特点外，还具有以下两个特点：第一，劳动者个人无须缴费。养老保险、医疗保险、失业保险制度按照“劳资分责”原则进行设计，劳动者个人需要履行缴费义务，而工伤保险费由用人单位按照法定的费率缴纳，职工个人无须缴纳工伤保险费。其理由在于：一方面，工伤保险属于职业伤害保险，工伤风险来源于工作，而保护劳动者的职业健康权和生命权是用人单位的法定义务。劳动者在为雇主创造价值的时候也面临职业风险，雇主作为获益者应承担相应的风险，工伤保险待遇具有劳动力再生产的属性，应视为企业生产成本的特殊组成部分。另一方面，工伤保险是在雇主承担工伤赔偿责任的基础上发展起来的，是雇主分散劳动风险的理性选择，雇主通过缴纳少量的工伤保险费将职业伤害的风险转移给社会，发生工伤事故时，工伤保险待遇由基金支付而无须雇主承担，从而使企业的生产经营得以正常进行。所以，法律规定由用人单位承担缴费义务是完全必要和合理的。法律规定职工不缴纳工伤保险费，符合工伤保险国际惯例，体现了对劳动者进行倾斜保护的社会法立法精神。第二，工伤保险待遇水平较高。工伤保险是因“工”而生的，其待遇具有补偿、赔偿和保障相结合的特点。例如，工伤保险待遇不仅要保障工伤职工及其近亲属的基本生活，还要根据其伤残等级补偿因劳动力受损带来的相应经济损失。工伤保险待遇不仅有临时性伤残待遇，还有永久性伤残待遇和工亡待遇，不仅有一次性经济补偿，还有长期性待遇。又如，因工伤产生的医疗保险项目的范围要比基本医疗保险范围宽。

二、工伤保险的功能

工伤保险是一项与劳动者身体健康相关的社会保险制度，其制度的目标是通过参加工伤保险和基金统筹，实现分散用人单位的风险，保护工伤职工及其家属的合法权益。工伤保险的主要功能，可以归纳为以下几个方面：第一，保障遭受工伤事故伤害或患职业病的劳动者能够获得及时、有效的救治；第二，补偿劳动者的损失，维持其基本生活；第三，促进工伤预防和职业康复；第四，分担用人单位风险、减轻企业负担，从而营造良好的营商环境。

三、我国工伤保险法制概况

1951 年的《劳动保险条例》对企业职工因工负伤的治疗和补偿作了规定，职工工伤保险作为劳动保险的一部分，开始在中国企业内实施。1996 年，劳动部颁布了《企业职工工伤保险试行办法》，初步确立了新型工伤保险制度的基本框架，提出了我国职工工伤保险制度的原则是工伤预防、工伤康复和工伤补偿相结合。2003 年 4 月 27 日，国务院颁布了《工伤保险条例》，于 2004 年 1 月 1 日起开始施行。该条例以行政法规的形式规范了工伤保险制度。2010 年《社会保险法》颁布，以专章的形式对工伤保险的基本问题作了规定。2010 年 12 月 20 日，国务院颁布《关于修改〈工伤保险条例〉的决定》，自 2011 年

1月1日起施行。工伤保险的法律规范还有原劳动和社会保障部颁布的《关于执行〈工伤保险条例〉若干问题的意见》《工伤认定办法》《工伤职工劳动能力鉴定管理办法》等部门规章和其他规范性文件。

四、工伤保险法的基本原则

工伤保险法的基本原则是工伤保险立法、执法、司法等的指导思想，贯穿于工伤保险法律运行的始终。

（一）补偿不究过失原则

补偿不究过失原则是指职工因工作遭受事故伤害或者患职业病要求补偿时，不追究雇主或第三人的过错，一般也不追究职工自己的过错，只要符合法定的工伤范围并依照法定的程序申请，就可以享受相应的工伤保险待遇。但是，工伤保险补偿不追究过失原则不是绝对的，如果职工受伤是由于自杀等自身原因或实施了故意犯罪、醉酒、吸毒等法律禁止的行为，就不能认定为工伤。

（二）有利于工伤职工原则

有利于工伤职工原则是劳动法倾斜保护原则在工伤保险制度中的具体体现，是指认定工伤、确定工伤保险待遇时应采取“就有不就无，就高不就低”的原则处理，以保护弱势群体的利益为宗旨。

（三）工伤补偿、事故预防、职业康复相结合原则

工伤保险具有补偿、预防和康复三大功能，工伤补偿、事故预防与职业康复协调发展是各国工伤保障发展的趋势。在工伤保险基金的筹集上，社会保险经办机构应根据用人单位对工伤保险基金的使用，工伤发生率和所属行业费率档次等情况，确定用人单位缴费费率，以实现事故发生率低的企业可以降低工伤费用成本的激励功能。事故预防费、宣传科研费和安全奖励等可以从工伤保险基金中支出，也体现了工伤保险的预防功能。现代工伤保险的发展趋势是强调工伤保险的康复功能，即利用工伤保险基金实施康复计划，尽可能地帮助劳

动者恢复劳动能力，促使他们重返工作岗位、重新融入社会。

五、工伤保险法的适用范围

《社会保险法》第33条规定了“职工应当参加工伤保险，由用人单位缴纳工伤保险费，职工不缴纳工伤保险费”。这里的“职工”是指与用人单位存在劳动关系（包括事实劳动关系）的各种用工形式、各种用工期限的劳动者，包括进城务工的农村居民和个体工商户的雇工。规定职工应当参加工伤保险，实际上是要求所有的用人单位，包括企业、事业单位 、民办非企业单位、合伙组织和基金会、有雇工的个体工商户等存在劳动法意义上的劳动者的用人单位，都必须参加工伤保险。

《工伤保险条例》第2条规定，中华人民共和国境内的企业、事业单位、社会团体、民办非企业单位、基金会、律师事务所、会计师事务所等组织和有雇工的个体工商户应当依照本条例规定参加工伤保险，为本单位全部职工或者雇工缴纳工伤保险费。

对于公务员和参照公务员管理的工作人员的工伤保险问题，《工伤保险条例》第65条规定：“公务员和参照公务员法管理的事业单位、社会团体的工作人员因工作遭受事故伤害或者患职业病的，由所在单位支付费用。具体办法由国务院社会保险行政部门会同国务院财政部门规定。”2021年，《公务员工伤保险管理办法》颁布，自2022年1月1日起实施。

对于与职工存在用人关系的单位有两个或两个以上的，具体由哪个单位承担工伤保险责任，2014年，最高人民法院发布的《关于审理工伤保险行政案件若干问题的规定》第3条第1款明确规定：（1）职工与两个或两个以上单位建立劳动关系，工伤事故发生时，职工为之工作的单位为承担工伤保险责任的单位；（2）劳务派遣单位派遣的职工在用工单位工作期间因工伤亡的，派遣单位为承担工伤保险责任的单位；（3）单位指派到其他单位工作的职工因工伤亡的，指派单位为承担工伤保险责任的单位；（4）用工单位违反法律法规规定将承包业务转包给不具备用工主体资格的组织或者自然人，该组织或者自然人聘用的职工从事承包业务时因工伤亡的，用工单位为承担工伤保险责任的单位；

（5）个人挂靠其他单位对外经营，其聘用的人员因工伤亡的，被挂靠单位为承担工伤保险责任的单位。以上第（4）、（5）项非法转包和挂靠的情形中，承担工伤保险责任的单位承担赔偿责任或者社会保险经办机构从工伤保险基金支付工伤保险待遇后，有权向相关组织、单位和个人追偿。

关于退休再就业人员的工伤问题，2016 年 3 月 28 日，人力资源社会保障部颁布的《关于执行〈工伤保险条例〉若干问题的意见（二）》第 2 条规定："达到或超过法定退休年龄，但未办理退休手续或者未依法享受城镇职工基本养老保险待遇，继续在原用人单位工作期间受到事故伤害或患职业病的，用人单位依法承担工伤保险责任。用人单位招用已经达到、超过法定退休年龄或已经领取城镇职工基本养老保险待遇的人员，在用工期间因工作原因受到事故伤害或患职业病的，如招用单位已按项目参保等方式为其缴纳工伤保险费的，应适用《工伤保险条例》。"

六、工伤保险基金

（一）工伤保险基金的构成

工伤保险基金由用人单位缴纳的工伤保险费、工伤保险基金的利息和依法纳入工伤保险基金的其他资金构成。

（二）工伤保险费率的确定与调整

工伤保险费根据以支定收、收支平衡的原则，确定费率。国家根据不同行业的工伤风险程度确定行业的差别费率，并根据工伤保险费使用、工伤发生率等情况在每个行业内确定若干费率档次。行业差别费率及行业内费率档次由国务院社会保险行政部门制定，报国务院批准后公布施行。统筹地区经办机构根据用人单位工伤保险费使用、工伤发生率等情况，适用所属行业内相应的费率档次确定单位缴费费率。

国务院社会保险行政部门应当定期了解全国各统筹地区工伤保险基金收支情况，及时提出调整行业差别费率及行业内费率档次的方案，报国务院批准后公布施行。

（三）工伤保险费的缴纳

用人单位应当按时缴纳工伤保险费。职工个人不缴纳工伤保险费。用人单位缴纳工伤保险费的数额为本单位职工工资总额乘以单位缴费费率之积。对难以按照工资总额缴纳工伤保险费的行业，其缴纳工伤保险费的具体方式，由国务院社会保险行政部门规定。

（四）工伤保险基金的统筹

工伤保险基金逐步实行省级统筹。跨地区、生产流动性较大的行业，可以采取相对集中的方式异地参加统筹地区的工伤保险。具体办法由国务院社会保险行政部门会同有关行业的主管部门制定。

（五）工伤保险基金的使用

工伤保险基金存入社会保障基金财政专户，用于工伤保险待遇，劳动能力鉴定，工伤预防的宣传、培训等费用，以及法律法规规定的用于工伤保险的其他费用的支付。工伤预防费用的提取比例、使用和管理的具体办法，由国务院社会保险行政部门会同国务院财政、卫生行政、安全生产监督管理等部门规定。任何单位或者个人不得将工伤保险基金用于投资运营、兴建或者改建办公场所、发放奖金，或者挪作其他用途。

第二节　工伤认定

工伤认定是指工伤认定机构依照法定的程序，按照一定的标准对职工遭受事故伤害或患职业病是否属于工伤进行确认的行为。工伤认定是工伤保险制度的一个重要环节，是决定受伤职工或者其亲属是否可以享受工伤保险待遇的关键因素。

一、工伤的范围

我国《工伤保险条例》对工伤范围采取列举的方式进行规定，通过肯定性列举和否定性列举相结合的方式，明确了工伤的范围。

（一）在工作时间和工作场所内，因工作原因受到事故伤害

这是最为普遍的工伤情形，也称工伤认定的“三工要素”，即“工作时间、工作场所、工作原因”。工伤认定的“三工要素”体现了工伤的最基本含义，即“工伤”是由于工作直接或间接引起的伤害。在“三工要素”中，工作原因是核心要件，工作时间和工作场所具有补强和推定功能。“工作时间”，是指法律规定的或者单位要求的工作时间，包括劳动者实际工作时间，用人单位延长劳动者的工作时间，工作前后必要的准备和整理时间等。“工作场所”是职工日常固定的工作场所及其附属建筑和职工工作涉及的区域及自然延伸的合理区域，包括受用人单位指派从事工作的场所。“工作原因”是指职工所受到的伤害与从事本职工作之间存在因果关系。工作原因是工伤认定的核心要素，其判断的标准为伤害是因工作需要或因工作中主客观条件变化而造成的，与履行工作职责、完成工作任务之间有因果关系。一般而言，如果因为工作而使职工处于一种危险状态，或者由于工作原因增加了职工发生事故的危险，都可以认为事故伤害是由于工作原因导致的。“事故伤害”是指职工在工作过程中发生的人身伤害或者急性中毒等事故。

最高人民法院发布的《关于审理工伤保险行政案件若干问题的规定》细化了工伤认定中的“三工要素”，其第 4 条规定，社会保险行政部门认定下列情形为工伤的，人民法院应予支持：（1）职工在工作时间和工作场所内受到伤害，用人单位或者社会保险行政部门没有证据证明是非工作原因导致的；（2）职工参加用人单位组织或者受用人单位指派参加其他单位组织的活动受到伤害的；（3）在工作时间内，职工来往于多个与其工作职责相关的工作场所之间的合理区域因工受到伤害的；（4）其他与履行工作职责相关，在工作时间及合理区域内受到伤害的。

关于工伤认定中“三工要素”的运用，我们看一个案例。

案情简介

张某应其所在公司要求，参加了公司组织的团队建设活动，在参加活动安排的“马术训练”时，不慎从马上摔下，造成严重伤害。张某为北京市某人力资源公司外派至该公司工作的，故该人力资源公司随后向北京市某区人力资源和社会保障局申请工伤认定。某区人力资源和社会保障局认为，虽然张某进行的活动是以团队建设为名，但内容主要是射击、骑马等娱乐活动，不属于张某的工作范围，不应认定为因工作原因受伤，因此不予认定为工伤。张某不服，向当地法院提起行政诉讼。该案争议的焦点是张某受到的伤害能否被认定为工伤。

案例分析

本案张某受到伤害的地点不是其日常工作的场所，其受伤的时间也非日常上班时间，但是张某属于因“工作原因”导致的伤害，地点和时间并不重要，因为其可以视为“工作场所或工作时间”的合理拓展或延伸。因此，本案的关键问题是张某参加的马术训练是否属于“工作原因”，根据案件查明的事实，马术训练是该公司在经营管理过程中为培养和促进员工沟通与合作精神，最终实现公司核心价值、增强绩效的一项正常工作安排，而并非其自行参加的活动。依据最高人民法院发布的《关于审理工伤保险行政案件若干问题的规定》第 4 条的规定，职工参加用人单位组织或者受用人单位指派参加其他单位组织的活动受到伤害的，属于与履行工作职责相关，在工作时间及合理区域受到伤害的情形，应认定为工伤[①]。

（二）工作时间前后在工作场所内，从事与工作有关的预备性或者收尾性工作受到事故伤害的

一般认为，“与工作有关的预备性或者收尾性工作”是指根据法律法规、单位规章制度的规定或者约定俗成的做法，职工为完成工作所做的提前准备工作或后续事务。所谓预备性工作，主要是指在劳动者所从事的主要工作开始之

① 李迎春：《与履行工作职责没有因果关系，不构成工伤》，载《中国妇女报》，2017-4-26。

前，需要做的一些前期准备工作，诸如准备工具、备料等；而收尾性工作则是指劳动者所从事的主要工作结束后所从事的后续工作，诸如清理、收拾工具和衣物等。将“从事与工作有关的预备性或者收尾性工作受到事故伤害的”认定为工伤，符合最大限度保护劳动者利益的国际惯例。

（三）在工作时间和工作场所内，因履行工作职责受到暴力等意外伤害的

“因履行工作职责受到暴力等意外伤害的”有两层含义：一是指他人因不服从职工履行工作职责的管理行为而施加暴力对职工造成的伤害，该暴力伤害与履行工作职责应具有直接因果关系；二是指职工在工作时间和工作场所内，因履行工作职责而受到其他意外伤害的。我们看一个相关案例。

案情简介

2013年3月8日12时左右，刘某在公司车间门前因工作分配问题与同事胡某发生口角，一言不合，双方撸起袖子就干，厮打中刘某受到严重伤害。社保部门认为刘某受到的事故伤害属于工伤认定范围，应认定为工伤。公司认为，刘某受伤的真正原因是与同事发生口角互相之间斗殴，其打架行为既不是工作，也不是工作应当或可能发生的后果。因此不应被认定为工伤。此案应该如何裁决?

案例分析

因履行工作职责受到暴力伤害的，该伤害与履行工作职责之间必须具有必然的因果关系即直接的因果关系，不包括间接的因果关系。只要是在“工作时间、工作场所”内发生的任何暴力伤害，都可能和员工的工作存在一定的间接关系，如果都认定为工伤，会无限扩大工伤的认定范围，显然不符合工伤保险制度的原意。本案中，刘某与胡某发生争吵打架的起因虽然是为了工作的事，但是此事完全可以通过合法、正当的方式来解决，不至于发生厮打，双方厮打不是履行职责之需或者是为了更好地履行职责，所以刘某受伤并非因履行工作职责所致，与履行工作职责没有直接的因果关系。此外，意外伤害应指不能预测、突然发生的伤害。刘某与胡某均为心智正常的成年人，对于互殴可能造成

的伤害后果具有当然的认知，应当知晓该行为可能导致自己或对方受伤，故本案中刘某受伤不具有意外性。因此，刘某之伤不能认定为工伤。[①]

（四）患职业病的

职业病是指企业、事业单位和个体经济组织的劳动者在职业活动中，因接触粉尘、放射性物质和其他有毒、有害物质等因素而引起的疾病。职业病不同于事故伤害：职业病是劳动者长期接触有害健康的物质所导致的结果，而事故伤害具有突发性。劳动者在工作中长期接触有害物质而患病并不都属于工伤，只有法定职业病才能被认定为工伤。2013 年 12 月 23 日，国家卫生计生委、人力资源和社会保障部、国家安全生产监督管理总局、全国总工会四部门联合印发《职业病分类和目录》，将职业病分为职业性尘肺病及其他呼吸系统疾病、职业性皮肤病、职业性眼病、职业性耳鼻喉口腔疾病、职业性化学中毒、物理因素所致职业病、职业性放射性疾病、职业性传染病、职业性肿瘤及其他职业病 10 类 132 种（含 4 项开放性条款）。职工经诊断或鉴定患职业病并经过工伤认定属于工伤的，享受工伤保险待遇。

（五）因工外出期间，由于工作原因受到伤害或者发生事故下落不明的

“因工外出”是指职工受单位指派出差到外地或者根据工作性质要求并经单位授权自行决定到外地从事与本职工作相关的工作。“由于工作原因受到伤害”，是指由于工作原因直接或间接造成的伤害，包括事故伤害、暴力伤害和其他形式的伤害。这里的“事故”，包括安全事故、意外事故以及自然灾害等各种形式的事故。“下落不明”指职工离开最后居住地后没有音讯的状况，以人民法院的判决书为准。

最高人民法院发布的《关于审理工伤保险行政案件若干问题的规定》对“因工外出期间”的工伤认定情形作了细化，其第 5 条规定：“社会保险行政部门认定下列情形为‘因工外出期间’的，人民法院应予支持：（1）职工受用人单位指

---

① 本案例根据（2018）最高法行申 8657 号案例而改编。

派或者因工作需要在工作场所以外从事与工作职责有关的活动期间;(2)职工受用人单位指派外出学习或者开会期间;(3)职工因工作需要的其他外出活动期间。职工因工外出期间从事与工作或者受用人单位指派外出学习、开会无关的个人活动受到伤害,社会保险行政部门不认定为工伤的,人民法院应予支持。"

(六)在上下班途中,受到非本人主要责任的交通事故或者城市轨道交通、客运轮渡、火车事故伤害的

在上下班途中遭遇交通事故的称为"通勤事故"。修订前的《工伤保险条例》关于通勤事故工伤的规定是"上下班途中,受到机动车事故伤害的"应该认定为工伤。依据修订后《工伤保险条例》的规定,"在上下班途中,受到非本人主要责任的交通事故或者城市轨道交通、客运轮渡、火车事故伤害的",应当认定为工伤。比较《工伤保险条例》的新旧规定,通勤事故中的工伤的认定有两点变化:一是造成伤害的事故范围扩大了。原来限定为机动车事故伤害,现在扩大为"交通事故或者城市轨道交通、客运轮渡、火车事故伤害",体现了国家希望能最大限度地让劳动者在因工作或与工作相关活动而受到伤害时得到赔偿和补助的以人为本的立法理念。二是增加了通勤事故工伤认定的职工责任方面的要求。原来没有关于职工责任的限定,即不论职工本人是否承担或者承担什么样的责任,只要职工不是故意犯罪等情形以至不得认定为工伤外,均应认定为工伤;修改后的《工伤保险条例》规定了"非本人主要责任",如果本人在交通事故中负有主要责任,即使受伤了也不能认定为工伤。对于"非本人主要责任"的认定,应当以有权机构出具的事故责任认定书、结论性意见和人民法院生效裁判等法律文书为依据,但有相反证据足以推翻事故责任认定书和结论性意见的除外。

对"上下班途中"的认定至少应当考虑以下三个要素:第一,目的要素。即以上下班为目的。第二,时间要素。即上下班时间是否合理。第三,空间要素。即往返于工作地和居住地的路线是否合理。最高人民法院发布的《关于审理工伤保险行政案件若干问题的规定》对"上下班途中"进行了扩大解释,其第6条规定:"对社会保险行政部门认定下列情形为'上下班途中'的,人民法院应予支持:(1)在合理时间内往返于工作地与住所地、经常居住地、单

位宿舍的合理路线的上下班途中；（2）在合理时间内往返于工作地与配偶、父母、子女居住地的合理路线的上下班途中；（3）从事属于日常工作生活所需要的活动，且在合理时间和合理路线的上下班途中；（4）在合理时间内其他合理路线的上下班途中。”

下面我们看一个在下班途中被火车撞伤导致死亡，可否认定为工伤的案例。

案情简介

上海铁路局南某段的吕某，由于工作地点和居住地相隔较远，下班均乘坐机务段的铁路班车——××次铁路交通车。2004年4月21日，吕某下班时，没能赶上当天下午的××次列车，于是改乘其他车次列车到达南京火车站。她下车后像往常一样穿越铁道抄近路回家时，被行驶的货物列车撞伤死亡。事发后，吕家申请工伤认定，当时的南京市原劳动保障局（现为南京市人力资源和社会保障局，简称社保局）认为不属于工伤，吕家不服。江苏省原劳动保障厅复议认为，吕某被火车撞击受伤致死，根据《道路交通安全法》第119条第3款规定，火车不属于机动车的范围，不符合认定工伤的条件。

吕家向南京市白下区法院提起诉讼。一审法院认为，火车不属于机动车的范围，不符合认定工伤的条件，驳回吕家的诉讼请求。吕家不服一审判决提出上诉。

二审庭审中，南京市原劳动保障局代理人表示，《工伤保险条例》规定，职工在上下班途中受到机动车事故伤害的，应当认定为工伤。但是，撞击吕某的是火车，而《道路交通安全法》对“机动车”界定为：以动力装置驱动或牵引，在道路行驶的供人员乘用或用于运送物品以及进行工程专项作业的轮式车，这一界定将火车排除在“机动车”之外。况且，吕某是在穿越铁路时被撞致死，不是上下班途中的合理路线，不符合工伤认定条件。吕家认为，《工伤保险条例》中对“机动车”未作解释，因此应按生活中普遍意义的“机动车”来理解。“机动车”不仅包括道路上行驶的汽车，还应包括轨道交通中火车、轻轨、地铁等符合机动车技术特征的交通工具。南京市中院判决，吕某不是在上下班途中的合理路线被撞身亡，缺乏构成工伤的基本条件，判决维持一审判决。

二审判决生效后，吕家向江苏省高院提请再审得到核准。省高院审监庭经过合议认为，原一、二审判决认定事实清楚，但适用法律错误，应当改判，并据此作出判决：撤销一、二审判决；责令南京市原劳动保障局在本判决生效后30日内重新作出具体行政行为。[①]

案例分析

江苏省高院的判决认为，《道路交通安全法》调整范围仅限于道路交通领域，该法对“机动车”进行定义时，将火车、轻轨、地铁等在专用轨道行驶的交通工具排除，实际该法对调整范围作了“限缩性”界定。工伤保险的立法是为了维护职工由于工作原因遭受伤害得到补偿的合法权益，该法的调整范围是工伤保险行政法律关系，故对条例中的“机动车”应作通常意义上的合理解释，即不仅包括道路上行驶的机动车，还应包括轨道交通中的火车、轻轨、地铁等符合机动车技术特征的交通工具。因此，吕某在下班途中被火车撞伤死亡应该认定为工伤。依据修订后的《工伤保险条例》第14条第6项，“在上下班途中，受到非本人主要责任的交通事故或者城市轨道交通、客运轮渡、火车事故伤害的”均包括在内。因此，受到火车事故伤害的属于工伤认定的范围，本案例中吕某下班途中被火车撞伤死亡显然符合事故伤害的范围规定。但是需要注意的是，修订后的《工伤保险条例》将上下班途中受到的交通事故伤害限定为“非本人主要责任”，如果本人在交通事故中负有主要责任，即使因交通事故受到伤害，也不能认定为工伤。

（七）法律、行政法规规定应当认定为工伤的其他情形

这是关于应当认定为工伤情形的兜底性规定，主要是为了弥补列举式立法的局限。此处的“法律”是指全国人大和全国人大常委会制定的法律，“行政法规”是国务院制定的规范性法律文件。

---

①

二、视同工伤的情形

所谓视同工伤是指职工受到的伤害与其工作并不存在直接或间接的因果关系，但基于社会公共利益和劳动者权益保护的考量，法律将其纳入工伤范围，视同工伤。下列情形视同工伤：

（一）在工作时间和工作岗位，突发疾病死亡或者在48小时之内经抢救无效死亡的

职工在工作时间和工作岗位，突发疾病，可能是工作过度紧张导致的，也可能是自身身体原因导致的，疾病与工作的因果关系很难判断。但是，法律从最大限度地保护职工及其家属的权益出发，将职工在工作时间和工作岗位突发疾病当场死亡的，以及职工在工作时间和工作岗位突发疾病后没有当场死亡，但在48小时之内经抢救无效死亡的，规定为视同工伤情形。如果职工因突发疾病导致劳动能力丧失或超过48小时死亡的，不得视同工伤。这里的“突发疾病”，是指上班期间突然发生任何种类的疾病，诸如心肌梗死、脑出血等，包括：原来自身患有重大疾病在工作时间和工作岗位发作的情形；原来自身患有慢性疾病，工作紧张导致发作或恶化的情形；本身无基础性疾病，但因工作时间、工作强度等原因导致“过劳死、猝死”等突发疾病的情形。“48小时内”以医疗机构的初次诊断时间作为突发疾病的起算时间，初次诊断时间即医疗机构出具诊断意见书或诊断证明书的时间[①]。

（二）在抢险救灾等维护国家利益、公共利益活动中受到伤害的

无论是否在工作时间和工作场所内，职工在抢险救灾等维护国家利益、公共利益的活动中受到伤害的，虽然这些活动与工作不存在直接或间接的关系，但是视同工伤。法律之所以如此规定，一是依据公平正义原则对在抢险救灾等维护国家利益、公共利益活动中受到伤害的职工给予充分的救济；二是通过补

---

① 赵龙：《〈工伤保险条例〉“48小时”规定的合理性检视与法律适用》，载《河南司法警官职业学院学报》，2015（4）。

偿受到伤害的职工激励更多的人维护国家利益、公共利益，进而弘扬社会公共道德和公共精神。

（三）职工原在军队服役，因战、因公负伤致残，已取得革命伤残军人证，到用人单位后旧伤复发的

军人属于优抚的对象，军人在军队服役，因战、因公负伤致残，已取得革命伤残军人证的，依法享受军人抚恤待遇。为了保持政策上的连续性，法律规定已取得革命伤残军人证，到用人单位后旧伤复发的，视同工伤，能够享受除一次性伤残补助金以外的工伤保险待遇。

三、不得认定为工伤的情形

虽然工伤保险法采取“补偿不究过失”原则，但在由于职工自身的故意行为或者是实施了为法律和社会主流道德所不容的行为导致伤害时，应当受到法律的否定性评价，不应认定为工伤，具体情形包括：

（一）因故意犯罪受到伤害的

犯罪是指触犯刑法，具有刑事违法性并且应当受到刑法处罚的行为。犯罪可以分为故意犯罪和过失犯罪。故意犯罪中，因为犯罪结果是犯罪人追求或放任的，他的意愿和行为违背了社会公共利益和社会公共道德，他在自己的意愿和行为中受到伤害，理应责任自负，工伤保险基金不应该为其分担。例如，某职工以非法占有为目的，进入工厂仓库盗窃，不慎从楼梯落下摔伤的，就不得认定为工伤。2010 年颁布的《社会保险法》改变了修订前的《工伤保险条例》中关于犯罪一律不得认定为工伤的规定，区分了故意犯罪和过失犯罪。对于因过失导致的犯罪，法律不应剥夺其基本的工伤保险权利，将其排除在工伤保险制度之外。职工在工作过程中因为过失（包括疏忽大意或过于自信）造成伤害的，也可以认定为工伤。过失犯罪可以享受工伤保险待遇是因为其主观恶性较轻，至于其构成犯罪，需要承担刑事责任的，由刑法调整。

（二）因醉酒或者吸毒受到伤害的

醉酒是指本人受酒精的作用，行为失去控制。醉酒导致伤亡不得认定为工伤，主要理由是，醉酒是一种个人行为，国家法律规定禁止酒后从事某些行为，如禁止酒后驾车等。因此，规定醉酒导致伤亡不得认定为工伤，在一定程度上可以控制职工酒后工作，减少工伤事故的发生。醉酒标准，按照《车辆驾驶人员血液、呼气酒精含量阈值与检验》（GB19522—2024）执行。公安机关交通管理部门、医疗机构等有关单位依法出具的检测结论、诊断证明等材料，可以作为认定醉酒的依据。需要注意的是，这里的醉酒导致伤亡的是由于本人醉酒行为导致各种事故发生，即伤亡事故的发生与醉酒之间存在因果关系，而不包括在醉酒状态下由第三方或自然力引发的伤亡。

吸毒是指不以医疗为目的，采取各种方式滥用麻醉药品与精神药品。吸毒导致身体疾病，影响生活和生产，造成社会财富的巨大损失和浪费，同时毒品活动加剧诱发了各种违法犯罪活动，扰乱了社会治安，给社会稳定带来了巨大威胁。因此，吸毒是违法行为，成为国家打击的对象。由吸毒所导致的伤害，应该由自己负责，不能认定为工伤。

（三）自残或者自杀的

"自残或者自杀"是指职工在自由意志的支配下采用各种手段和方法伤害自己的身体或者结束自己的生命的行为。法律规定，自残或者自杀不得认定为工伤，完全是因为发生人身伤害的结果是行为人自己的责任，行为人存在主观故意造成的，与履行工作职责无关。如果将其认定为工伤，则容易引发道德风险，与工伤保险的立法宗旨相悖。比如，某职工为获取工伤保险赔付，故意自残或者自杀。但是，如果职工的自残或者自杀行为与工作存在因果关系，是由于工作原因导致的，则应当认定为工伤。

（四）法律、行政法规规定的其他情形

由于现实生活的复杂性，随着社会的发展，还可能会出现新的不应当认定为工伤的情形。但是，工伤认定直接涉及劳动者的权利，不得认定为工伤的范

围需要严格控制。此外，工伤认定是全国统一的制度，不应存在地区差异。因此，《社会保险法》规定，只有法律、行政法规才有权规定其他不应认定为工伤的情形。这里的法律主要是指全国人大和全国人大常委会制定的规范性法律文件，行政法规是国务院制定的规范性法律文件，部门规章、地方性法规和政府规章无权就不应当认定为工伤的情形作出规定。

四、工伤认定程序

工伤认定程序包括申请、受理、核实、决定等环节。具体如下：

（一）申请

职工所在单位和工伤职工或其近亲属、工会组织都是工伤认定的申请主体。

职工发生事故伤害或者按照职业病防治法规定被诊断、鉴定为职业病，所在单位应当自事故伤害发生之日或者被诊断、鉴定为职业病之日起30日内，向统筹地区社会保险行政部门提出工伤认定申请。遇有特殊情况，经报社会保险行政部门同意，申请时限可以适当延长。按照前款规定应当向省级社会保险行政部门提出工伤认定申请的，根据属地原则应当向用人单位所在地设区的市级社会保险行政部门提出。用人单位未在规定的时限内提交工伤认定申请，在此期间发生符合规定的工伤待遇等有关费用由该用人单位负担。

用人单位未在规定的时限内提出工伤认定申请的，受伤害职工或者其近亲属、工会组织在事故伤害发生之日或者被诊断、鉴定为职业病之日起1年内，可以直接向用人单位所在地统筹地区社会保险行政部门提出工伤认定申请。

提出工伤认定申请应当填写《工伤认定申请表》，并提交下列材料：（1）劳动、聘用合同文本复印件或者与用人单位存在劳动关系（包括事实劳动关系）、人事关系的其他证明材料；（2）医疗机构出具受伤后的诊断证明书或者职业病诊断证明书（或者职业病诊断鉴定书）。

（二）受理

工伤认定申请人提交的申请材料符合要求，属于社会保险行政部门管辖范围且在受理时限内的，社会保险行政部门应当受理。社会保险行政部门收到工伤认定申请后，应当在 15 日内对申请人提交的材料进行审核，材料完整的，作出受理或者不予受理的决定；材料不完整的，应当以书面形式一次性告知申请人需要补正的全部材料。社会保险行政部门收到申请人提交的全部补正材料后，应当在 15 日内作出受理或者不予受理的决定。社会保险行政部门决定受理的，应当出具《工伤认定申请受理决定书》；决定不予受理的，应当出具《工伤认定申请不予受理决定书》。

（三）调查核实

社会保险行政部门受理工伤认定申请后，可以根据需要对申请人提供的证据进行调查核实。社会保险行政部门进行调查核实，应当由两名以上工作人员共同进行，并出示执行公务的证件。社会保险行政部门工作人员在工伤认定中，可以进行以下调查核实工作：（1）根据工作需要，进入有关单位和事故现场；（2）依法查阅与工伤认定有关的资料，询问有关人员并作出调查笔录；（3）记录、录音、录像和复制与工伤认定有关的资料。调查核实工作的证据收集参照行政诉讼证据收集的有关规定执行。社会保险行政部门工作人员进行调查核实时，有关单位和个人应当予以协助。用人单位、工会组织、医疗机构以及有关部门应当负责安排相关人员配合工作，据实提供情况和证明材料。

用人单位拒不协助社会保险行政部门对事故伤害进行调查核实的，由社会保险行政部门责令改正，处 2000 元以上 2 万元以下的罚款。

（四）证据和举证责任分配

社会保险行政部门受理工伤认定申请后，根据审核需要可以对事故伤害进行调查核实，用人单位、职工、工会组织、医疗机构以及有关部门应当予以协助。职业病诊断和诊断争议的鉴定，依照职业病防治法的有关规定执行。社会保险行政部门在进行工伤认定时，对申请人提供的符合国家有关规定的职业病诊断证明书或者职业病诊断鉴定书，不再进行调查核实。职业病诊断证明书或者职业病诊断鉴定书不符合国家规定的要求和格式的，社会保险行政部门可以要求出具证据部门重新提供。社会保险行政部门受理工伤认定申请后，可以根据工作需要，委托其他统筹地区的社会保险行政部门或者相关部门进行调查核实。

职工或者其近亲属认为是工伤，用人单位不认为是工伤的，由该用人单位承担举证责任。用人单位拒不举证的，社会保险行政部门可以根据受伤害职工提供的证据或者调查取得的证据，依法作出工伤认定决定。

（五）决定程序

社会保险行政部门应当自受理工伤认定申请之日起60日内作出工伤认定的决定，并书面通知申请工伤认定的职工或者其近亲属和该职工所在单位。社会保险行政部门对于事实清楚、权利义务明确的工伤认定申请，应当自受理工伤认定申请之日起15日内作出工伤认定决定。

工伤认定的决定文书包括《认定工伤决定书》或者《不予认定工伤决定书》。

《认定工伤决定书》应当载明下列事项：（1）用人单位全称；（2）职工的姓名、性别、年龄、职业、身份证号码；（3）受伤害部位、事故时间和诊断时间或职业病名称、受伤害经过和核实情况、医疗救治的基本情况和诊断结论；（4）认定工伤或者视同工伤的依据；（5）不服认定决定申请行政复议或者提起行政诉讼的部门和时限；（6）作出认定工伤或者视同工伤决定的时间。

《不予认定工伤决定书》应当载明下列事项：（1）用人单位全称；（2）职工的姓名、性别、年龄、职业、身份证号码；（3）不予认定工伤或者不视同工伤的依据；（4）不服认定决定申请行政复议或者提起行政诉讼的部门和时限；（5）作出不予认定工伤或者不视同工伤决定的时间。

《认定工伤决定书》和《不予认定工伤决定书》应当加盖社会保险行政部门工伤认定专用印章。

社会保险行政部门受理工伤认定申请后，作出工伤认定决定需要以司法机关或者有关行政主管部门的结论为依据的，在司法机关或者有关行政主管部门尚未作出结论期间，作出工伤认定决定的时限中止，并书面通知申请人。

（六）送达程序

社会保险行政部门应当自工伤认定决定作出之日起20日内，将《认定工伤决定书》或者《不予认定工伤决定书》送达受伤害职工（或者其近亲属）和用人单位，并抄送社会保险经办机构。

《认定工伤决定书》和《不予认定工伤决定书》的送达参照民事法律有关送达的规定执行。

（七）权利救济

职工或者其近亲属、用人单位对不予受理决定不服或者对工伤认定决定不服的，可以依法申请行政复议或者提起行政诉讼。

第三节　劳动能力鉴定

一、劳动能力鉴定的概念

劳动能力鉴定是指劳动者因工负伤或者患职业病，导致本人劳动与生活能力受到影响，由劳动能力鉴定机构组织专家，根据国家评残标准，运用医学科学技术的方法和手段，确定劳动者劳动功能障碍程度和生活自理障碍程度的一种综合评定制度。劳动能力鉴定是指劳动功能障碍程度和生活自理障碍程度的等级鉴定。劳动功能障碍分为十个伤残等级，最重的为一级，最轻的为十级。生活自理障碍分为三个等级：生活完全不能自理、生活大部分不能自理和生活部分不能自理。

职工发生工伤，经治疗伤情相对稳定后存在残疾、影响劳动能力的，应当进行劳动能力鉴定。

二、劳动能力鉴定机构

省、自治区、直辖市劳动能力鉴定委员会和设区的市级劳动能力鉴定委员会分别由省、自治区、直辖市和设区的市级社会保险行政部门、卫生行政部门、工会组织、经办机构代表以及用人单位代表组成。劳动能力鉴定委员会建立医疗卫生专家库。列入专家库的医疗卫生专业技术人员应当具备下列条件：（1）具有医疗卫生高级专业技术职务任职资格；（2）掌握劳动能力鉴定的相关知识；（3）具有良好的职业品德。

三、劳动能力鉴定程序

劳动能力鉴定由用人单位、工伤职工或者其近亲属向设区的市级劳动能力鉴定委员会提出申请，并提供工伤认定决定和职工工伤医疗的有关资料。劳动能力鉴定工作应当客观、公正。劳动能力鉴定委员会组成人员或者参加鉴定的专家与当事人有利害关系的，应当回避。

（一）初次鉴定

设区的市级劳动能力鉴定委员会收到劳动能力鉴定申请后，应当从其建立的医疗卫生专家库中随机抽取 3 名或者 5 名相关专家组成专家组，由专家组提出鉴定意见。设区的市级劳动能力鉴定委员会根据专家组的鉴定意见作出工伤职工劳动能力鉴定结论；必要时可以委托具备资格的医疗机构协助进行有关的诊断。设区的市级劳动能力鉴定委员会应当自收到劳动能力鉴定申请之日起 60 日内作出劳动能力鉴定结论，必要时作出劳动能力鉴定结论的期限可以延长 30 日。劳动能力鉴定结论应当及时送达申请鉴定的单位和个人。

（二）再次鉴定

申请鉴定的单位或者个人对设区的市级劳动能力鉴定委员会作出的鉴定结论不服的，可以在收到该鉴定结论之日起 15 日内向省、自治区、直辖市劳动能力鉴定委员会提出再次鉴定申请。省、自治区、直辖市劳动能力鉴定委员会作出的劳动能力鉴定结论为最终结论。

（三）复查鉴定

自劳动能力鉴定结论作出之日起 1 年后，工伤职工或者其近亲属、所在单位或者经办机构认为伤残情况发生变化的，可以申请劳动能力复查鉴定。

第四节 工伤保险待遇

一、工伤保险待遇内容及标准

职工因工作原因受到事故伤害或者患职业病，且经工伤认定的，享受工伤保险待遇；经劳动能力鉴定丧失劳动能力的，享受伤残待遇。

（一）工伤医疗期间待遇

职工因工作遭受事故伤害或者患职业病进行治疗，享受工伤医疗待遇。职工治疗工伤应当在签订服务协议的医疗机构就医，情况紧急时可以先到就近的医疗机构急救。治疗工伤所需费用符合工伤保险诊疗项目目录、工伤保险药品目录、工伤保险住院服务标准的，从工伤保险基金支付。工伤保险诊疗项目目录、工伤保险药品目录、工伤保险住院服务标准，由国务院社会保险行政部门会同国务院卫生行政部门、食品药品监督管理部门等部门规定。职工住院治疗工伤的伙食补助费，以及经医疗机构出具证明，报经办机构同意，工伤职工到统筹地区以外就医所需的交通、食宿费用从工伤保险基金支付，基金支付的具体标准由统筹地区人民政府规定。工伤职工治疗非工伤引发的疾病，不享受工伤医疗待遇，按照基本医疗保险办法处理。工伤职工到签订服务协议的医疗机构进行工伤康复的费用，符合规定的，从工伤保险基金支付。

职工因工作遭受事故伤害或者患职业病需要暂停工作接受工伤医疗的，在停工留薪期内，原工资福利待遇不变，由所在单位按月支付。停工留薪期一般不超过 12 个月。伤情严重或者情况特殊，经设区的市级劳动能力鉴定委员会确认，可以适当延长，但延长不得超过 12 个月。工伤职工评定伤残等级后，停发原待遇，按照《工伤保险条例》的有关规定享受伤残待遇。工伤职工在停工留薪期满后仍需治疗的，继续享受工伤医疗待遇。

生活不能自理的工伤职工在停工留薪期需要护理的，由所在单位负责。工伤职工医疗期间待遇具体见表 1。

表 1：工伤职工医疗期间待遇

待遇项目	待遇标准	承担主体
工资福利待遇	停工留薪期间原工资福利待遇不变	用人单位
医疗费用	符合工伤保险诊疗项目目录、药品目录、住院服务标准的	工伤保险基金
住院伙食补助	标准由统筹地区人民政府制定	工伤保险基金
到统筹地区以外就医的交通、食宿费用	标准由统筹地区人民政府制定	工伤保险基金
护理费用		用人单位

（二）工伤致残待遇

工伤职工停工留薪期满经劳动能力鉴定委员会评定伤残等级后，停发原工资福利，开始享受伤残待遇。

1. 生活护理待遇

工伤职工已经评定伤残等级并经劳动能力鉴定委员会确认需要生活护理的，从工伤保险基金按月支付生活护理费。生活护理费按照生活完全不能自理、生活大部分不能自理或者生活部分不能自理 3 个不同等级支付，其标准分别为统筹地区上年度职工月平均工资的 50%、40%或者 30%。

2. 职工伤残待遇

（1）一级至四级伤残待遇

职工因工致残被鉴定为一级至四级伤残的，保留劳动关系，退出工作岗位，享受的待遇包括：

①伤残补助金。从工伤保险基金按伤残等级支付一次性伤残补助金，标准为：一级伤残为 27 个月的本人工资，二级伤残为 25 个月的本人工资，三级伤残为 23 个月的本人工资，四级伤残为 21 个月的本人工资。

②伤残津贴。从工伤保险基金按月支付伤残津贴，标准为：一级伤残为本人工资的 90%，二级伤残为本人工资的 85%，三级伤残为本人工资的 80%，

四级伤残为本人工资的75%。伤残津贴实际金额低于当地最低工资标准的，由工伤保险基金补足差额。

③社会保险待遇。工伤职工达到退休年龄并办理退休手续后，停发伤残津贴，按照国家有关规定享受基本养老保险待遇。基本养老保险待遇低于伤残津贴的，由工伤保险基金补足差额。职工因工致残被鉴定为一级至四级伤残的，由用人单位和职工个人以伤残津贴为基数，缴纳基本医疗保险费。一级至四级伤残待遇详见表2。

表2：一级至四级伤残待遇

伤残等级	一级	二级	三级	四级
伤残补助金	27个月	25个月	23个月	21个月
伤残津贴	90%	85%	80%	75%
社会保险	按照规定享受基本养老保险待遇。基本养老保险待遇低于伤残津贴的，由工伤保险基金补足差额； 职工用人单位和职工个人以伤残津贴为基数，缴纳基本医疗保险费			
对劳动关系的影响	退出劳动岗位，保留劳动关系至退休			

（2）五级、六级伤残待遇

职工因工致残被鉴定为五级、六级伤残的，享受的待遇包括：

①伤残补助金。从工伤保险基金按伤残等级支付一次性伤残补助金，标准为：五级伤残为18个月的本人工资，六级伤残为16个月的本人工资；

②保留与用人单位的劳动关系，由用人单位安排适当工作。难以安排工作的，由用人单位按月发给伤残津贴，标准为：五级伤残为本人工资的70%，六级伤残为本人工资的60%，并由用人单位按照规定为其缴纳应缴纳的各项社会保险费。伤残津贴实际金额低于当地最低工资标准的，由用人单位补足差额。经工伤职工本人提出，该职工可以与用人单位解除或者终止劳动关系，由工伤保险基金支付一次性工伤医疗补助金，由用人单位支付一次性伤残就业补助金。一次性工伤医疗补助金和一次性伤残就业补助金的具体标准由省、自治区、直辖市人民政府规定。五级、六级伤残待遇见表3。

表3：五级、六级伤残待遇

伤残等级	五级	六级
伤残补助金	18个月	16个月

续表

伤残等级	五级	六级
伤残津贴	用人单位不能安排相应工作的，支付本人工资的 70%，低于当地最低工资标准的，由用人单位补足差额	用人单位不能安排相应工作的，支付本人工资的 60%，低于当地最低工资标准的，由用人单位补足差额
社会保险	用人单位按照规定为其缴纳应缴纳的各项社会保险费	
对劳动关系的影响	职工可以与用人单位解除或终止劳动关系，应当向工伤职工支付一次性工伤医疗补助金和伤残就业补助金	
工伤医疗补助金	由工伤保险基金支付，具体标准由省级人民政府确定	
伤残就业补助金	由用人单位支付，具体标准由省级人民政府确定	

（3）七级至十级伤残待遇

职工因工致残被鉴定为七级至十级伤残的，视为部分丧失劳动能力。除非工伤职工有《劳动合同法》第 39 条规定的情形，否则在劳动合同期满前用人单位应当与其继续履行劳动合同，或者依法变更劳动合同。工伤职工还享受以下待遇：

①伤残补助金。按伤残等级从工伤保险基金中支付一次性伤残补助金，标准为：七级伤残为 13 个月的本人工资，八级伤残为 11 个月的本人工资，九级伤残为 9 个月的本人工资，十级伤残为 7 个月的本人工资。

②工伤医疗补助金和伤残就业补助金。劳动、聘用合同期满终止，或者职工本人提出解除劳动、聘用合同的，由工伤保险基金支付一次性工伤医疗补助金，由用人单位支付一次性伤残就业补助金。一次性工伤医疗补助金和一次性伤残就业补助金的具体标准由省、自治区、直辖市人民政府规定。

七级至十级伤残待遇见表 4。

表 4：七级至十级伤残待遇

伤残等级	七级	八级	九级	十级
伤残补助金	13 个月	11 个月	9 个月	7 个月
伤残津贴	不适用			
对劳动关系的影响	工伤职工可以与用人单位解除或终止劳动关系；劳动关系也可以因期满而终止；终止或解除的应当向工伤职工支付一次性工伤医疗补助金和伤残就业补助金			

续表

伤残等级	七级	八级	九级	十级
工伤医疗补助金	由工伤保险基金支付，具体标准由省级人民政府确定			
伤残就业补助金	由用人单位支付，具体标准由省级人民政府确定			

3. 配置辅助器具待遇

工伤职工因日常生活或者就业需要，经劳动能力鉴定委员会确认，可以安装假肢、矫形器、假眼、假牙和配置轮椅等辅助器具，所需费用按照国家规定的标准从工伤保险基金支付。

（三）因工死亡待遇

职工因工死亡，其近亲属按照下列规定从工伤保险基金领取丧葬补助金、供养亲属抚恤金和一次性工亡补助金：

1. 丧葬补助金为 6 个月的统筹地区上年度职工月平均工资。

2. 供养亲属抚恤金按照职工本人工资的一定比例发给由因工死亡职工生前提供主要生活来源、无劳动能力的亲属。标准为：配偶每月 40%，其他亲属每人每月 30%，孤寡老人或者孤儿每人每月在上述标准的基础上增加 10%。核定的各供养亲属的抚恤金之和不应高于因工死亡职工生前的工资。供养亲属的具体范围由国务院社会保险行政部门规定。

3. 一次性工亡补助金标准为上一年度全国城镇居民人均可支配收入的 20 倍。职工因工死亡待遇参见表 5。

表 5：职工因工死亡待遇

待遇项目	待遇标准	承担主体
丧葬补助金	6 个月的统筹地区上年度职工月平均工资	工伤保险基金
一次性工亡补助金	上一年度全国城镇居民人均可支配收入的 20 倍	工伤保险基金
供养亲属抚恤金	配偶每月 40%，其他亲属每人每月 30%，孤寡老人或者孤儿每人每月在上述标准的基础上增加 10%。各供养亲属的抚恤金之和不应高于职工生前的工资	工伤保险基金

二、特殊情况下的工伤保险待遇

特殊情况下的工伤保险待遇，是指职工在法定的特殊情况下所享受的工伤保险待遇。具体包括：

（一）因工下落不明的待遇

职工因工外出期间发生事故或者在抢险救灾中下落不明的，从事故发生当月起 3 个月内照发工资，从第 4 个月起停发工资，由工伤保险基金向其供养亲属按月支付供养亲属抚恤金。生活有困难的，可以预支一次性工亡补助金的 50%。职工被人民法院宣告死亡的，其近亲属可以按照规定享受因工死亡待遇。

（二）用人单位变动、承包、借调的工伤保险责任

用人单位分立、合并、转让的，承继单位应当承担原用人单位的工伤保险责任；原用人单位已经参加工伤保险的，承继单位应当到当地经办机构办理工伤保险变更登记。用人单位实行承包经营的，工伤保险责任由职工劳动关系所在单位承担。职工被借调期间受到工伤事故伤害的，由原用人单位承担工伤保险责任，但原用人单位与借调单位可以约定补偿办法。

（三）企业破产的工伤保险责任承担

企业破产的，在破产清算时依法拨付应当由单位支付的工伤保险待遇费用。

（四）出境工作的工伤保险处理

职工被派遣出境工作，依据前往国家或者地区的法律应当参加当地工伤保险的，参加当地工伤保险，其国内工伤保险关系中止；不能参加当地工伤保险的，其国内工伤保险关系不中止。

（五）再次工伤的待遇

职工再次发生工伤，根据规定应当享受伤残津贴的，按照新认定的伤残等级享受伤残津贴待遇。

（六）非法用工单位的一次性赔偿

无营业执照或者未经依法登记、备案的单位以及被依法吊销营业执照或者撤销登记、备案的单位的职工受到事故伤害或者患职业病的，由该单位向伤残职工或者死亡职工的近亲属给予一次性赔偿，赔偿标准不得低于《工伤保险条例》规定的工伤保险待遇；用人单位不得使用童工，用人单位使用童工造成童工伤残、死亡的，由该单位向童工或者童工的近亲属给予一次性赔偿，赔偿标准不得低于《工伤保险条例》规定的工伤保险待遇。2010 年修订的《非法用工单位伤亡人员一次性赔偿办法》规定，受到事故伤害或者患职业病造成死亡的，按照上一年度全国城镇居民人均可支配收入的 20 倍支付一次性赔偿金，并按照上一年度全国城镇居民人均可支配收入的 10 倍一次性支付丧葬补助等其他赔偿金。

（七）用人单位应参加而未参加工伤保险的责任

用人单位应当参加工伤保险而未参加工伤保险的用人单位职工发生工伤的，由该用人单位按照《工伤保险条例》规定的工伤保险待遇项目和标准支付费用。

（八）工伤保险基金的先行支付制度

依据《社会保险法》的规定，职工所在用人单位未依法缴纳工伤保险费，发生工伤事故的，由用人单位支付工伤保险待遇。用人单位不支付的，从工伤保险基金中先行支付。从工伤保险基金中先行支付的工伤保险待遇应当由用人单位偿还。《社会保险基金先行支付暂行办法》规定，职工所在用人单位未依法缴纳工伤保险费，发生工伤事故的，用人单位应当采取措施及时救治，并按照规定的工伤保险待遇项目和标准支付费用。职工被认定为工伤后，有下列情形之一的，职工或者其近亲属可以持工伤认定决定书和有关材料向社会保险经办机构书面申请先行支付工伤保险待遇：（1）用人单位被依法吊销营业执照或者撤销登记、备案的；（2）用人单位拒绝支付全部或者部分费用的；（3）依法经仲裁、诉讼后仍不能获得工伤保险待遇，法院出具中止执行文书的；（4）职工认为用人单位不支付的其他情形。社会保险经办机构收到职工或者其近亲属提出的申请后，应当在3个工作日内向用人单位发出书面催告通知，要求其在5个工作日内予以核实并依法支付工伤保险待遇，告知其如在规定期限内不按时足额支付的，工伤保险基金在按照规定先行支付后，取得要求其偿还的权利。

三、工伤保险与第三人侵权责任

职工在工作中或者在上下班途中遭遇车祸、意外伤害等由于用人单位以外的第三人的原因造成工伤的，基于工伤事故，职工享有工伤保险待遇请求权；基于第三人侵权，职工享有人身损害请求权。在这种情况下，就会出现民事侵权责任和工伤保险责任的竞合问题；对于竞合问题的处理，各国有不同的模式[①]。

（一）工伤保险与民事侵权责任竞合的处理模式

1. 选择模式

工伤事故发生以后，受害人在侵权行为损害赔偿与工伤保险给付之间，只能选择其一，即要么选择侵权损害赔偿，要么选择工伤保险给付。英国和其他英联邦国家曾一度采用这种模式，后来均被废止。

2. 免除模式

免除模式也称取代模式，是指以工伤保险取代民事侵权责任，也就是说职工遭受工伤事故后，只能请求工伤保险给付，而不能依侵权法的规定向加害人请求损害赔偿。取代模式一般是不完全取代，即工伤职工对雇主、受雇于同一雇主的同事只能请求工伤保险损害赔偿，但是对第三人，仍然可以请求民事损害赔偿。采用这一模式的国家主要有法国、瑞士等。

① 李晓燕，郭丽虹：《工伤保险与第三人侵权赔偿竞合之裁判模式》，载《经济问题》，2017（12）。

3．兼得模式

兼得模式也称双赔模式，指允许工伤职工接受民法上的赔偿救济，同时接受工伤保险给付，即工伤职工可以获得“双份利益”。此模式对工伤职工极为有利，工伤职工因工伤事故可以同时获得工伤保险给付和侵权赔偿双重救济。

4．补差模式

发生工伤事故以后，受害雇员可同时主张侵权行为损害赔偿和工伤保险给付，但其最终所获得的赔偿或补偿，不得超过其实际遭受的损害。采用这一模式的国家有日本、意大利等。

（二）我国工伤保险与民事侵权责任竞合的处理

在我国，由于第三人原因发生工伤事故后，如何运用工伤保险制度和民事赔偿制度来实现“工伤损害填补”，如何处理两者的竞合，一直困扰着理论界和实践部门。《社会保险法》规定，由于第三人的原因造成工伤，第三人不支付工伤医疗费用或者无法确定第三人的，由工伤保险基金先行支付。这里的“第三人”应该是用人单位或者受雇于同一用人单位的劳动者以外的第三人，可以是自然人，也可以是法人或其他组织。“第三人不支付”既包括拒不支付的情形，也包括不能支付的情形。由于第三人的原因造成工伤的，受害人应该向第三人主张侵权损害赔偿，第三人应该支付工伤医疗费用，赔偿受害人的损失。但是，当第三人不支付工伤医疗费用或者无法确定第三人的，由工伤保险基金先行支付。其法理依据在于，用人单位应该履行工伤保险费的缴费义务，因工伤事故受到人身伤害的职工有权享受工伤保险待遇。因此，只要发生工伤事故，就会在用人单位和工伤职工之间产生工伤保险赔偿法律关系，即使工伤是由于第三人的原因造成。同时，工伤保险基金相比民事赔偿金是比较容易获得的，为最大限度地帮助工伤职工进行及时救治，保护其生命健康权，所以法律规定了工伤保险基金的先行支付制度。由于实际发生的工伤医疗费用数额明确，且费用凭证只有一份，因此工伤职工只能享受一份赔偿。

《最高人民法院关于审理工伤保险行政案件若干问题的规定》第8条规定：“职工因第三人的原因受到伤害，社会保险行政部门以职工或者其近亲属已经对第三人提起民事诉讼或者获得民事赔偿为由，作出不予受理工伤认定申请或者不予认定工伤决定的，人民法院不予支持。职工因第三人的原因受到伤害，社会保险行政部门已经作出工伤认定，职工或者其近亲属未对第三人提起民事诉讼或者尚未获得民事赔偿，起诉要求社会保险经办机构支付工伤保险待遇的，人民法院应予支持。职工因第三人的原因导致工伤，社会保险经办机构以职工或者其近亲属已经对第三人提起民事诉讼为由，拒绝支付工伤保险待遇的，人民法院不予支持，但第三人已经支付的医疗费用除外。”可见，职工因第三人的原因造成工伤，发生工伤保险待遇请求权与侵权损害赔偿权竞合的，不影响申请工伤认定，其除医疗费用外，采用兼得模式。

关于第三人侵权导致的工伤事故能否适用“双赔模式”问题，我们看一个案例。

案情简介

2012 年 5 月 25 日，某树脂公司聘用张某从事“甩料”工作，但未为张某缴纳社会保险费。2020 年 3 月 29 日，张某下班回家途中发生交通事故，该事故被认定为工伤，伤残九级。张某住院治疗 149 天，支付住院费 45884 元。在张某住院治疗期间，某树脂公司未派专人护理。2020 年 7 月 1 日，张某向某树脂公司申请离职后，张某向法院提起诉讼要求第三人承担侵权责任。2020 年 12 月 28 日，审理法院对张某的侵权赔偿请求作出先行判决。之后，张某向某树脂公司提起工伤保险待遇之诉。该案应该如何裁决？

案例分析

侵权关系与工伤保险关系是两类不同且并行不悖的法律关系，彼此不能互相替代。在因第三人侵权导致的工伤事故中应当适用“双赔模式”，即劳动者可以分别主张侵权损害赔偿和工伤保险待遇。但医疗费用除外，医疗费用应由侵权人承担。故法院应该判令某树脂公司依照《工伤保险条例》，让张某享受相应工伤保险待遇。

四、停止享受工伤保险待遇的情形

享受工伤保险待遇需要具备一定的条件，当条件不具备或者丧失了享受待遇的前提时，工伤职工或其供养的亲属将停止享受工伤保险待遇。停止享受工伤保险待遇的具体情形包括：

（一）丧失享受待遇条件的

职工因工作遭受事故伤害或者患职业病导致劳动能力受损或生活不能自理的，有权依据规定享受医疗救治和物质补偿。但是，工伤职工在享受工伤保险待遇期间情况发生了某些变化，不再具备享受工伤保险待遇的条件，如工伤职工一旦能够恢复劳动能力而无须工伤保险制度提供保障时，则须停止享受工伤保险待遇。工伤职工供养的亲属，在某些情况下也不得继续享受有关待遇，如享受抚恤金的职工子女达到了一定的年龄或就业后，不得继续享受供养亲属抚恤金的待遇。

（二）拒不接受劳动能力鉴定的

由于工伤导致的职工劳动能力的丧失，职工可能不能从事原工作，甚至不能从事任何工作，但也有可能恢复劳动能力继续从事合适的工作，而这一切都必须通过劳动能力鉴定来确定。劳动能力鉴定结论是确定不同程度的补偿，合理调整工作岗位和恢复工作等的科学依据，是确定工伤职工或其供养亲属享受工伤保险待遇的前提条件。如果工伤职工没有正当理由拒绝接受劳动能力鉴定的，工伤保险待遇难以确定，不再享受工伤保险待遇。

（三）拒绝治疗的

我国工伤保险制度的目的之一是通过提供医疗救治和经济补偿，以帮助职工尽快恢复劳动能力，重返工作岗位，回归社会。职工遭受工伤事故或患职业病后，有享受工伤医疗待遇的权利，也有积极配合医疗救治的义务。如果工伤职工无正当理由拒绝治疗，将影响其劳动能力的恢复，有悖工伤保险关于促进职业康复的宗旨，无法实现工伤保险制度的目的，因此也不能享受工伤保险待遇。

第五节　新就业形态劳动者职业伤害保障

新就业形态是伴随互联网技术进步与大众消费升级出现的、去劳动关系化的、偏离传统正规就业并借助信息技术升级的灵活就业模式。新业态就业吸纳了众多的劳动者，提高了劳动力市场资源配置的效率，不仅有力地促进了经济增长，而且为满足人民群众的消费需要及稳定就业做出了不可低估的贡献。新就业形态冲击着现行劳动法律对劳动者权益保护的基石——劳动关系，突破了我国劳动法律法规政策的调整范围，使得劳动者游离在“正规劳动关系”及其法定保障范围之外，其正当权益很难得到切实保障。对于依托平台就业的新就业形态劳动者而言，受制于平台的算法控制，其劳动用工呈现出劳动关系缺失或多元化、收入不稳定、社会保险不足、职业伤害事故频发等问题。我国现行的《社会保险法》《工伤保险条例》都没有涉及新就业形态劳动者的工伤保障，新就业形态劳动者的职业伤害保障已经成为我国工伤保险制度的短板。

为切实维护新就业形态劳动者劳动保障权益，促进新业态规范健康持续发展，2019 年 8 月 8 日，国务院办公厅出台《关于促进平台经济规范健康发展的指导意见》，提出要抓紧研究完善平台企业用工和灵活就业等从业人员社保政策，开展职业伤害保障试点。《关于维护新就业形态劳动者劳动保障权益的指导意见》（以下简称“56 号文”），首次使用了“不完全符合确定劳动关系情形”的概念，打破了传统劳动用工的“要么是劳动关系，要么是民事关系”的劳动用工二分法，标志着“劳动三分法”从学理探讨到政策落地，为新就业形态就业人员劳动关系认定和权益保障奠定了基础。“56 号文”提出，强化职业伤害保障，以出行、外卖、即时配送、同城货运等行业的平台企业为重点，组织开展平台灵活就业人员职业伤害保障试点。2021 年 12 月 29 日，人社部等 10 部门发布《关于开展新就业形态就业人员职业伤害保障试点工作的通知》决定选择部分规模较大的出行、外卖、即时配送和同城货运平台企业，作为在北京、上海、江苏、广东、海南、重庆、四川 7 省市执行本平台订单任务的全部新就业形态就业人员参加职业伤害保障试点。试点于 2022 年底前启动，试点期限 2 年。

一、职业伤害保障制度的属性

职业伤害保障制度是一种什么性质的制度，其与商业保险、工伤保险是什么关系？这是职业伤害保障制度构建的理论前提。

一是，职业伤害保障应该定位为社会保险而非商业保险范畴。商业保险遵循市场法则，以自愿性为特点；商业保险公司是市场主体，以营利为目的。利用商业保险化解新就业形态劳动者职业伤害风险不具有可行性。对于新就业形态劳动者职业伤害保障而言，商业保险作为补充，为其“锦上添花”，但其不能作为职业伤害保障的基本制度，不能取代具有社会保险属性的职业伤害保障。只有用社会保险的方法和原理，发挥其互助共济功能，在较大的范围分散风险，才能保障遭受职业伤害的新就业形态劳动者获得医疗救治和经济补偿。因此，职业伤害保障应定位为以强制性为特点的社会保险，由平台企业承担“雇主责任”，从而全面保障新就业形态劳动者的合法权益。从此意义上看，职业伤害保障与现行的具有“雇主责任”属性的工伤保险具有异曲同工之处。职业伤害保障制度要通过发挥社会保险的制度优势，在工伤保险制度框架下，解决工伤伤害保障不平衡不充分问题。为降低制度运行的成本和防止制度的碎片化，职业伤害保障不宜采取颠覆性的、完全独立于工伤保险的制度设计，而是应当参照现行的制度，以工伤保险基金为依托，在工伤保险制度框架下建制并组织实施。

二是，职业伤害保障也不能简单地照搬现行工伤保险制度，因为职业伤害保障并不完全等同于《社会保险法》《工伤保险条例》规定的工伤保险。工伤保险强调以劳动关系为前提，职业伤害保障建制的初衷是要打破劳动关系作为参保要件的传统工伤保险的藩篱。其参保对象恰恰不同于现行劳动法规范的具有劳动关系的劳动者，而是通过平台注册并接单，以平台企业名义提供出行、外卖、即时配送和同城货运等劳动并获得报酬或者收入的劳动者，即“不能完全确定劳动关系的劳动者”。对于在平台企业工作的符合确定劳动关系情形的劳动者，应该适用工伤保险制度；只是“不完全符合确定劳动关系情形但企业对劳动者进行劳动管理”的劳动者才能纳入职业伤害保障制度。换言之，职业伤害保障和《工伤保险条例》规范的工伤保险是两项并行的制度，对于同一个事故伤害，工伤认定和职业伤害确认、工伤待遇和职业伤害待遇是互相排斥关系，不可兼得。

综上，职业伤害保障应该定位为具有创新性的社会保险制度，坚持互助共济原则和“大数法则”，体现社会保险制度的公法属性。其本质是为数字经济时代特殊的用工关系提供基本的保障，明确平台企业的劳动安全保护义务，维护新就业形态就业人员的基本权益。

二、筹资机制与基金管理制度

（一）筹资机制

筹资机制是职业伤害保障制度运行的财务基础。筹资机制包括缴费主体、缴费基数、费率等。第一，关于职业伤害保障的缴费主体，职业伤害保障应坚持雇主责任原则，与工伤保险制度中的劳动者不缴费的制度设计保持一致。其理由：一是平台企业是社会生产的组织者，承担信息汇聚和组织交易的职能。平台用工只是采取数字技术改变了劳动的组织方式及劳动任务的分配方式，但并没有改变劳动者的从属性地位以及劳动力与生产资料社会化结合的劳动用工的本质。二是平台企业是获取利润和制造风险的市场主体。平台企业通过“算法”对劳动者的劳动过程进行控制，这种控制是其获取利益的必要条件，也是产生劳动者职业伤害风险的重要原因。因此，按照“制造风险与处于控制风险地位的主体担责”的原理和工伤保险的“补偿不究过失”原则，新就业形态劳动者职业伤害保障的义务主体应是平台企业，平台企业应承担缴费责任。劳动者虽需要遵循安全规程，但不承担缴费义务。职业伤害保障制度需秉承传统工伤保险制度的雇主责任原则，确定平台企业的缴费义务，平台企业应当如实申报、及时足额缴纳职业伤害保障费。第二，缴费基数、费率既影响着劳动者保障的水平，也影响着基金的收支平衡。在缴费费率（缴费标准）方面，平台企业劳动者的收入按单计算且并不稳定，其劳动报酬给付与传统职工的工资支付不同，很难直接适用《社会保险法》规定的“按照本单位之职工工资总额，根据社会保险经办机构确定的费率缴纳”以及《工伤保险条例》规定的“职工工资总额乘以单位费率之积”来进行缴费。在新业态的平台企业用工中，消费者的消费支出、平台收入以及劳动报酬结算均通过线上方式进行，并且劳动报酬并非按月支付，因此以工资为基数的社会保险征缴方式无法适用于新就业形态职业伤害保障制度。考虑到新就业形态劳动者的工作特点和获得报酬的灵活性，职业伤害保障可以采用按单缴费原则，由平台企业主动定期申报、按照总单量缴费，在规定的时间内向所在地的主管税务机关申报缴纳职业伤害保障费。不同于传统工伤的费率确定，职业伤害保障应依据工伤保险“以支定收、收支平衡”的原则，参照《社会保险法》《工伤保险条例》规定的行业费率及差别费率的规则，确定行业的缴费基准额，测算行业每单（次）的缴费额度。

（二）基金管理

基金管理是职业伤害保障制度健康发展的基石。在基金管理方面，职业伤害保障基金管理宜采取统一管理和相对独立运行相结合的原则。一方面，平台企业缴纳的职业伤害保障费及其利息纳入工伤保险基金统一管理；另一方面，在工伤保险基金中单独设立职业伤害保障费科目，实行分账管理，单列出职业伤害保障基金的收入和支出，独立核算，以便根据需要对缴费基准进行适当调整。在基金的统筹层次方面，为了与《社会保险法》规定的“其他社会保险基金逐步实行省级统筹”及《工伤保险条例》规定的“工伤保险基金逐步实行省级统筹”的立法精神相契合，职业伤害保障应该以省（自治区、直辖市）为单位，实行省级统筹。

三、职业伤害确认制度

职业伤害确认是新就业形态就业人员享受待遇、获取保障的前置程序和必要环节。现行工伤保险制度规定的典型工伤认定需要具备“三个要素”即“工作时间、工作地点和工作原因”。“三工要素”在认定新就业形态就业人员职业伤害上存在很大的不适应性。在新业态用工形式下，劳动者的工作时间和工作地点具有灵活性和不确定性，工作原因和职业风险的内涵也发生了重大变化。因此，不能囿于传统工伤认定的“三工”原则来认定新就业形态的工伤，而应该适应新就业形态劳动用工的特点，实行制度创新。

首先，新就业形态的“工伤认定”用“职业伤害确认”取代。职业伤害确认能够直接、清晰地表明对劳动者伤害事实进行确认这一行政行为的性质。其次，在工伤认定的制度框架下，鉴于新业态劳动者的劳动具有“任务化”的特点，职业伤害确认可以把《工伤保险条例》中典型工伤认定中的“工作时间和工作场所内”替换为“在执行平台订单任务期间”，而“履行平台服务内容”即构成“工作原因”，事故伤害、暴力等意外伤害等都属于新业态下“事故伤害”情形。再次，应该把工伤保险规定的通勤事故工伤中的“上下班途中”改为“依据平台企业要求在指定时间前往指定场所，或者在执行平台订单任务结束后返回日常居所的合理路线途中”，以实现对新就业形态劳动者劳务给付的全过程保障。最后，需要把《工伤保险条例》规定的视同工伤的三种情形纳入职业伤害确认的范围，同时将《工伤保险条例》规定的工伤认定的三种排除情形也规定为不得进行职业伤害确认的情形。

总之，新就业形态劳动者职业伤害保障需要将工伤认定的既有经验和新就业形态就业人员劳动的特点和职业风险的特征相结合，在坚持保障情形基本与工伤保险相一致的前提下，运用互联网思维，作出符合新就业形态工作特点与具体场景的规定，从而确保职业伤害确认规则具有合理性与可操作性，进而更好地化解各用人单位用工风险和维护劳动者工伤权益。

四、经办服务与管理制度

工伤保险的主管部门是社会保险行政部门即人力资源社会保障部门，经办部门则是社会保险经办机构。随着社会保险费征收制度的改革，税务机关负责社会保险费的征收工作。工伤经办服务链条长、环节多，相关经办职能由不同部门管理。鉴于工伤保险经办出现的力量不足等问题，职业伤害保障可以考虑引入社会力量参与经办服务，采用“政府主导，社会力量承办”的模式，经办力量不足的地区，可以通过政府采购方式委托商业保险机构承办职业伤害保障事务。商业保险机构协助开展职业伤害保障工作的重点是职业伤害确认、劳动能力鉴定、待遇核定发放、医疗费用审核等。

强大的信息系统是建设工伤保险制度的支撑。职业伤害保障本身是应数字经济发展而产生的制度，充分利用大数据技术、人工智能等数字化的成果，是职业伤害保障经办服务的必然要求和优势所在。职业伤害保障经办需适应平台企业跨区域经营、线上化管理和从业人员流动性强的特点，优化经办流程，推行数字化服务，实现平台企业参保、经办机构审核、劳动者受伤后的快速确认、职业伤害待遇核定给付等全流程全业务线上办理、一网通办。需要注意的是，为保护“数字鸿沟”下少数人的权利，任何数字化服务都不能“一刀切”，必须保留线下服务窗口，提供必要的线下服务。为了防止职业伤害保障制度运行中道德风险的出现、减少欺诈行为，有必要根据新业态的特点构建完善、科学的监督管理体系，为各职能部门及相关机构赋权明责，提升治理效能。

五、职业伤害保障待遇制度

职业伤害保障待遇是受到伤害劳动者获得的补偿和救济，也是职业伤害保障制度顺利运行的关键要素。《工伤保险条例》规定了工伤医疗待遇、伤残待遇和死亡待遇。职业伤害保障既然是在工伤保险制度框架下设计，其保障项目和待遇水平应和工伤保险待遇基本保持一致，以避免不同群体劳动者的“待遇差”，从而促进制度的公平性。例如，《工伤保险条例》规定了一次性工亡补助金标准为上一年度全国城镇居民人均可支配收入的20倍。职业伤害保障制度应该遵循生命价值不分高低的“同命同价”原则，明确规定一次性职业伤害的死亡补助金标准按照工伤死亡标准执行。

但是，职业伤害保障待遇有以下特殊问题需解决：第一，我国工伤保险并没有完全实现雇主责任的社会化。依据《工伤保险条例》的规定，职工因工作遭受事故伤害或者患职业病的需要暂停工作，接受工伤医疗的，其停工留薪的治疗期间的工资和护理费由用人单位承担。新就业形态劳动者因遭受职业伤害需要暂停接单、接受职业伤害救治期间的这项待遇应该如何处理？该项待遇的确定应该坚持保护劳动者权益和维护平台经济健康发展相平衡的原则，由平台企业承担其基本生活保障责任。第二，工伤保险待遇诸多项目的计费基数为“本人工资”或“统筹地区上年度职工月平均工资”。但是，新就业形态劳动者的报酬主要为按单计酬或业务提成，其收入具有不稳定性，也没有按月支付劳动报酬的行业规则。因此，凡是涉及“本人工资”和“统筹地区职工月平均工资”的，可以用“统筹地区城镇私营单位就业人员月平均工资”为标准计发，这样可以适当降低职业伤害保障基金的压力[①]。

① 杨思斌：《新就业形态劳动者职业伤害保障制度研究——从地方自行试点到国家统一试点的探索》，载《人民论坛·学术前沿》，2023（16）。

第十四章

失业保险法

第一节 失业保险法概述

一、失业保险的概念及特征

失业保险是国家通过立法强制实行，由社会集中建立失业保险基金，对因中断就业而暂时失去生活来源的劳动者提供一定时期的基本生活保障和再就业服务的一项社会保险制度。它与养老、医疗、工伤、生育保险构成了我国的社会保险体系。

失业保险除具有社会保险的强制性、互济性和普遍性特点外，还具有其他社会保险所不具备的特点：（1）适用对象的特殊性。失业保险只适用于有劳动能力和劳动意愿但无工作岗位的劳动者。我国失业保险的申请人应该是年满16周岁且未达到法定退休年龄的非自愿性失业者。（2）待遇给付的期限性。失业保险属于短期给付的险种，享受失业保险待遇有一定的期限，以督促失业者及时再就业，防止自愿性失业人员的大量出现。（3）目的的多重性。当今世界各国的失业保险的目的不仅仅是保障失业者失业期间的生存，而是已经扩展为防止失业、促进就业。我国《失业保险条例》明确规定其立法宗旨是保障失业人员失业期间的基本生活，促进其再就业。但是，由于其出台于国企改革、职工下岗分流的社会背景下，失业保险的主要功能为应急性生活保障，即主要保障职工失业后的基本生活，带有“事后救济”特性。自2005年国务院颁布《关于进一步加强就业再就业工作的通知》以来，各地实施了积极的就业政策，要求进一步发挥失业保险制度促进再就业的功能。通过持续的变革，我国失业保险的功能定位从建制之初的主要“保生活”逐步向“保生活、防失业、促就业”三位一体的复合型功能拓展。（4）运行的周期性。失业保险的运行往往随着经济运行的变化呈周期性变动。经济运行良好时失业率下降，缴费的人数增加，领取失业保险金的人数减少，失业保险基金收大于支，反之亦然。

二、我国失业保险的立法概况

我国的失业保险制度始建于1986年，它在实践中是作为深化国有企业改革、建立现代企业制度的配套措施发展和完善起来的。1986年7月12日，国务院颁布《国营企业职工待业保险暂行规定》，标志着我国失业保险制度的初步建立。为了进一步发挥失业保险制度在社会主义市场经济体制改革中的积极作用，1993年4月12日，国务院颁布《国有企业职工待业保险规定》。1994年，我国开始以“失业保险”取代“待业保险”。1999年，国务院颁布实施《失业保险条例》，确立了我国失业保险制度的基本框架。2010年颁布的《社会保险法》把失业保险纳入社会保险法律制度中。此外，其他的法律法规规章及政策文件也有与失业保险制度相关的内容。

自我国正式建立失业保险制度以来，通过持续的变革与发展逐步形成了由法律、行政法规、部门规章和其他政策文件构成的有中国特色的失业保险法律规范体系。其中，《失业保险条例》以行政法规的形式确定了我国失业保险的基本框架，标志着我国的失业保险制度由过去的国有企业配套措施转变为社会主义市场经济框架下社会保障体系的重要组成部分。《社会保险法》采用了“五险合一”的综合立法模式，从国家立法层面把失业保险制度作为社会保险法的基本制度之一进行规定。《社会保险法》的颁布，使得失业保险制度的法律位阶进一步提升，在内容方面也得到了逐步完善。

三、我国失业保险的覆盖范围

失业保险的保障对象是劳动者，当依法参加失业保险的劳动者因失业而失去收入来源时，失业保险机构向其提供物质帮助，以保障失业者及其家属的基本生活。我国失业保险的覆盖范围是随着经济社会发展而逐步扩大的。《失业保险条例》把失业保险的适用范围从过去的国有企业及其职工扩展到所有城镇企事业单位及其职工。《失业保险条例》第2条规定：“城镇企业事业单位、城镇企业事业单位职工依照本条例的规定，缴纳失业保险费。城镇企业事业单位失业人员依照本条例的规定，享受失业保险待遇。本条所称城镇企业，是指国有企业、城镇集体企业、外商投资企业、城镇私营企业以及其他城镇企业。”同时，根据《失业保险条例》的规定，省级政府可以将统一的失业保险制度扩大到社会团体及其专职人员、民办非企业单位及其职工和城镇有雇工的个体工商户及其雇工。1999年8月30日，劳动和社会保障部、财政部、人事部联合颁布了《关于事业单位参加失业保险有关问题的通知》，要求事业单位在单位所在地进行失业保险登记、按时申报并足额缴纳失业保险费。

为适应失业保险广覆盖的需要，《社会保险法》第44条规定：“职工应当参加失业保险，由用人单位和职工按照国家规定共同缴纳失业保险费。”这里的“职工”是指除公务员之外的所有用人单位包括企业、民办非企业单位、有雇工的个体工商户的职工以及机关、团体、事业单位中参照公务员法管理以外的人员。“应当参加失业保险”是指用人单位和职工参加失业保险并缴费是一种法律规定的强制性义务，不具有选择性。

至于公务员和参照公务员法管理的工作人员，因为其就业稳定，失业风险较小，《失业保险条例》并没有把他们纳入失业保险范围，《社会保险法》也没有对公务员失业保险进行规定。

第二节　失业保险基金的筹集

一、失业保险基金筹集模式

失业保险基金筹集是社会保险经办机构依法通过收取失业保险费等方式筹措、聚集资金的行为。

失业保险基金的来源，目前国际上有五种模式：（1）完全由政府负担，如澳大利亚。（2）完全由雇主负担，如美国。（3）政府与雇主双方负担，如意大利。（4）雇主、雇员、政府三方负担，如日本。（5）雇主与雇员双方负担，如法国、加拿大等。失业保险费率的确定，国际上主要有四种类型：均等费率制、比例费率制、单一费率制和经验费率制。

二、我国失业保险基金的筹集

我国失业保险基金的筹集采用的是雇主与雇员双方负担的模式，既体现了用人单位对劳动者失业进行补偿的雇主责任，也可以增强劳动者本人的失业风险意识，增强失业保险基金的抗风险能力。我国失业保险费率采取比例费率制。我国失业保险基金的具体构成包括：

（一）用人单位和职工缴纳的失业保险费

《失业保险条例》第 6 条规定："城镇企业事业单位按照本单位工资总额的 2%缴纳失业保险费。城镇企业事业单位职工按照本人工资的 1%缴纳失业保险费。城镇企业事业单位招用的农民合同制工人本人不缴纳失业保险费。"《社会保险法》第 44 条规定："职工应当参加失业保险，由用人单位和职工按照国家规定共同缴纳失业保险费。"这里的"按照国家规定共同缴纳失业保险费"是指用人单位和职工按照国家规定的缴费基数和缴费比率等规定履行缴费义务。用人单位缴费基数是用人单位的工资总额，即按照国家有关工资政策认定的在一定时期内直接支付给本单位全体职工的劳动报酬总额。职工的缴费基数是本人工资，即由用人单位支付的劳动报酬，包括计时工资或计件工资、奖金、津贴和加班加点工资等。2015 年 2 月 27 日，人力资源和社会保障部、财政部发布《关于调整失业保险费率有关问题的通知》规定："从 2015 年 3 月 1 日起，失业保险费率暂由现行条例规定的 3%降至 2%，单位和个人缴费的具体比例由各省、自治区、直辖市人民政府确定。在省、自治区、直辖市行政区域内，单位及职工的费率应当统一。"2016 年 4 月 14 日，人力资源和社会保障部、财政部发布《关于阶段性降低社会保险费率的通知》，规定："从 2016 年 5 月 1 日起，失业保险总费率在 2015 年已降低 1 个百分点基础上可以阶段性降至 1%—1.5%，其中个人费率不超过 0.5%，降低费率的期限暂按两年执行。具体方案由各省（区、市）确定。"2017 年 2 月 26 日，人力资源和社会保障部、财政部发布的《关于阶段性降低失业保险费率有关问题的通知》规定："从 2017 年 1 月 1 日起，失业保险总费率为 1.5%的省（区、市），可以将总费率降至 1%，降低费率的期限执行至 2018 年 4 月 30 日。在省（区、市）行政区域内，单位及个人的费率应当统一，个人费率不得超过单位费率。具体方案由各省（区、市）研究确定。”2019年4月1日，国务院办公厅印发的《降低社会保险费率综合方案》规定：“自2019年5月1日起，实施失业保险总费率1%的省，延长阶段性降低失业保险费率的期限至2020年4月30日。”2023年3月29日，人力资源和社会保障部、财政部、国家税务总局发布《关于阶段性降低失业保险、工伤保险费率有关问题的通知》规定：“自2023年5月1日起，继续实施阶段性降低失业保险费率至1%的政策，实施期限延长至2024年底。在省（区、市）行政区域内，单位及个人的费率应当统一，个人费率不得超过单位费率。”

（二）失业保险基金的利息

失业保险基金必须存入财政部门在国有商业银行开设的社会保障基金财政专户。存入银行和按照国家规定购买国债的失业保险基金，分别按照城乡居民同期存款利率和国债利息计息。失业保险基金的利息并入失业保险基金。

（三）政府财政补贴

当统筹地区的失业保险基金不敷支出时，由该地方政府财政所提供的用于补贴失业保险基金的资金。

（四）依法纳入失业保险基金的其他资金

例如滞纳金，《社会保险法》第86条规定：“用人单位未按时足额缴纳社会保险费的，由社会保险费征收机构责令限期缴纳或者补足，并自欠缴之日起，按日加收万分之五的滞纳金。”

第三节　失业保险待遇的给付

一、失业保险金待遇

（一）失业人员领取失业保险金的条件

失业人员从失业保险基金中领取失业保险金，必须具备相应的条件。具体如下：

1. 失业前用人单位和本人已经按照规定缴纳失业保险费满 1 年

失业保险的受益对象只限于参加失业保险并履行相应的义务达到规定期限的劳动者。履行缴费义务达到规定的期限也称为失业人员领取失业保险金的资格期条件。失业保险的享受对象必须具备曾经就业以及缴纳失业保险费达到一定期限的条件。这种资格条件的规定，主要是根据社会保险权利和义务的相关性原则，以及对工资收入损失进行补偿的特点来进行的。在享受失业保险待遇与缴费关系上，我国实行权利义务相关联原则。失业人员要从失业保险基金中领取失业保险金，必须符合曾经建立过劳动关系并且其失业前用人单位和本人必须已经按照法律规定参加失业保险，缴纳失业保险费满 1 年。如果失业人员用人单位及本人未缴纳失业保险费，或者缴费但期限不满一年的，则不能享受失业保险待遇，不能领取失业保险金。规定领取失业保险金的资格条件，不仅是失业保险基金正常运行的精算要求，同时也有利于避免道德风险，促使参保者不要轻易中断就业。

对于已经达到最低就业年龄而暂时没有就业的劳动者，如大学应届毕业生，即使因客观原因，暂时没有找到工作，由于没有履行过缴费义务，是不能享受失业保险金待遇的。但是，从社会责任的角度考虑，国家相关政策规定“失业”的大学毕业生，在办理失业登记后可以享受免费求职登记、免费职业指导、免费空岗查询和优先推荐就业、提供公益性岗位等待遇，符合相关规定的可以享受失业救助待遇。

2. 非因本人意愿中断就业

“非因本人意愿中断就业”是指失业人员本人主观上愿意就业，但客观上却没有相应的就业机会。英国经济学家凯恩斯于20世纪30年代提出失业可以分为自愿失业和非自愿失业。所谓“自愿失业”，即失业的责任完全在就业者本人，或者出于获取更体面工作岗位和更优厚工资的考虑，或者是出于其他的个人考虑而离开原工作岗位而暂时失业的现象，理应责任自负，国家和社会没有义务给他们提供物质帮助，他们没有权利获得失业保险待遇。而“非自愿失业”，是指失业由社会的、自然的等非失业者个人能左右的因素造成的失业，国家和社会有责任帮助他们渡过难关，为他们提供失业保险，失业者有权享受失业保险待遇。因本人意愿中断就业即自愿离职的失业人员被排除在享受失业保险待遇的范围之外，不能享受失业保险待遇。依据《实施〈中华人民共和国社会保险法〉若干规定》第13条规定：“非因本人意愿中断就业包括下列情形：（一）依照劳动合同法第四十四条第一项、第四项、第五项规定终止劳动合同的；（二）由用人单位依照劳动合同法第三十九条、第四十条、第四十一条规定解除劳动合同的；（三）用人单位依照劳动合同法第三十六条规定向劳动者提出解除劳动合同并与劳动者协商一致解除劳动合同的；（四）由用人单位提出解除聘用合同或者被用人单位辞退、除名、开除的；（五）劳动者本人依照劳动合同法第三十八条规定解除劳动合同的；（六）法律、法规、规章规定的其他情形。”

3. 已经进行失业登记，并有求职要求

失业人员失业后，应持用人单位出具的终止或解除劳动关系的证明，到指定的社会保险经办机构办理失业登记。失业登记是政府对劳动力和劳动力市场实施行政管理的一种手段，同时对于失业保险而言，又是对劳动者的失业状态进行确认，并据以提供相应待遇的依据。办理失业登记是失业人员领取失业保险金的必经前置程序。只有先办理失业登记，才可以申请领取失业保险金。参保人员进行失业登记时，须持本人身份证件和证明原身份的有关证明，以及与原单位终止、解除劳动关系或聘用关系的证明。

失业人员已经进行失业登记后，在失业期间还必须有求职的要求，即通过职业介绍机构求职、主动应聘、参加职业培训等方式积极寻找工作。有求职要求既是享受失业保险待遇的一个前提条件，也是失业人员应尽的义务。由于失业保险是对有劳动能力和劳动意愿的失业者进行保障，没有劳动意愿的自愿失业者是不能享受失业保险待遇的。因此，无正当理由，拒绝接受当地政府指定的部门或机构介绍工作的，不再享受失业保险待遇。

只有同时具备上述三个要件的失业人员，才能从失业保险基金中领取失业保险金。对于不符合条件的，社会保险经办机构应当拒绝其申请，并向其说明拒绝的理由。

（二）失业人员领取失业保险金的期限

失业人员领取失业保险金期限也就是失业保险金的给付期限。只有恰当的给付期限才能实现失业保险的基本保障功能，如果期限过长，则会滋生懒惰，造成浪费；如果期限过短，则达不到保障基本生活与促进就业的目的。失业保险金的给付期限长短的确定需要考虑以下因素：一是失业保险基金的财务状况；二是生存保障与就业促进的平衡；三是就业状况和就业政策。

1. 关于失业保险金的给付期限

国际上对于失业保险金的给付期限，主要有均一期限制和差别期限制两种。前者不考虑失业者的工资、工龄以及参保期限的长短，对于所有的符合条件的失业人员提供相同期限的失业保险金给付，英国实行这项制度；后者在规定的最高期限内，根据缴费期的长短、工龄的长短以及工资所得等条件而提供不同的失业保险金给付期限，日本实行这项制度。

我国实行的是差别期限制度，采取把失业人员领取失业保险金的期限与其缴费期限挂钩的办法，即缴费时间越长，享受待遇的时间相应延长，但最长期限为 24 个月。这种规定，体现了参保人享受权利与履行义务的关联原则。法律并没有将享受失业保险金的期限与缴费年限的关系进行一一对应的划分，而只是作了原则性规定，既规定领取失业保险金应达到的基本缴费年限为失业前累计缴费满 1 年，同时，根据失业人员失业前所在单位和本人规定累计缴费期限的长短，划分为三个档次：失业人员失业前用人单位和本人按照规定累计缴费满 1 年不足 5 年的，领取失业保险金的期限最长为 12 个月；累计缴费满 5 年不足 10 年的，领取失业保险金的期限最长为 18 个月；累计缴费 10 年以上的，领取失业保险金的期限最长为 24 个月。见表①：

表 1：失业保险金的给付期限与累计缴费期限对应表

累计缴费期限	领取失业保险金的最长期限
1—5 年	12 个月
5—10 年	18 个月
10 年以上	24 个月

失业者领取失业保险金期限与履行缴费义务时间长短的结合，有助于强化职工的缴费意识，体现权利和义务的统一；确定领取失业保险金的最长期限为 24 个月，目的是鼓励失业人员积极主动地寻找工作，尽快实现再就业。

2．关于累计缴费期限

1993 年，根据《国有企业职工待业保险规定》（现已失效），职工领取待业救济金的期限根据职工待业前在该企业的连续工作时间确定。1999 年，《失业保险条例》将连续工作时间改为累计缴费时间。目的主要是保护短期阶段性就业人员享受失业保险的权利。在劳动关系契约化的背景下，很多劳动者的劳动合同期限少于 1 年，于是有可能出现劳动者多次就业又多次失业的情况。例如，某劳动者工作满 8 个月后被单位解雇了，一段时间后又再次就业，就业 4 个月后又再次失业，假定该劳动者和用人单位已经按照规定履行了缴费义务，在此情形下按照失业前累计缴费时间的规定，该劳动者符合享受失业保险待遇资格的条件，应当有权领取失业保险金；但如果只是把失业前的连续缴费时间作为领取失业保险金的资格期条件，不承认间断的累计，该失业人员就不符合享受失业保险待遇资格期的条件，不能领取失业保险金。《社会保险法》关于累计缴费期限的规定，不仅保护了劳动关系短期化的阶段性就业的劳动者的合法权益，也起到了鼓励失业人员通过多种方式尽快实现再就业的作用，有利于鼓励劳动力的合理流动，促进用人单位和劳动者参加失业保险。

3．关于再次失业情况下失业保险金的领取

为解决劳动者重新就业后，再次失业的情形下领取失业保险金的期限问题，《社会保险法》规定："重新就业后，再次失业的，缴费时间重新计算，领取失业保险金的期限与前次失业应当领取而尚未领取的失业保险金的期限合并计算，最长不超过二十四个月。"《实施〈中华人民共和国社会保险法〉若干规定》规定："失业人员领取失业保险金后重新就业的，再次失业时，缴费时间重新计算。失业人员因当期不符合失业保险金领取条件的，原有缴费时间予以保留，重新就业并参保的，缴费时间累计计算。”职工失业后在领取失业保险金期间，如果重新就业，则应该停止领取失业保险金，这样，就会出现部分应领而未领的失业保险金，也即可能出现失业人员实际领取失业保险金的期限短于可以领取的最长期限的一个剩余期限。如果职工重新就业后再次失业，可以根据重新计算的缴费时间领取失业保险金。此外，如果再次就业人员还有前次失业期间剩余的领取失业保险金的期限，则其领取失业保险金的期限与前次失业应当领取而尚未领取的失业保险金的期限合并计算，但是合并计算后的期限最长不得超过 24 个月。

（三）失业保险金的给付标准

各国失业保险金给付标准，取决于一个国家的社会经济发展水平和社会生活水平，其理想标准是既要达到使失业者的收入损失得到部分补偿，又不能妨碍其就业意识的目的。

关于失业保险金的标准，理论上有“最低生活费说”和“地位说”两种观点。“最低生活费说”认为，为了防止自愿性失业，促使失业者尽快就业，失业补偿应以维持失业者的最低生活水平为原则。“地位说”认为，为了维持失业者的地位，使其以相同的条件寻求工作，同时也为了维护失业者家庭的正常生活水平，使其家庭不因失业遭受变化，失业补偿应与失业前工资相同①。关于失业保险金的给付标准，国际劳工组织曾先后提出三项建议：一是失业保险金以失业前的工资为依据或者以缴费工资为依据；二是失业保险金不低于原工资的 60%；三是失业保险金既要规定最高限额，也应规定最低限额。

国际上的失业保险金给付标准主要有以下几个模式：（1）固定金额制，即失业保险金按照统一标准发放给失业者，如英国。（2）工资比例制，即以失业人员在失业前一定时间内的工资收入为基数按比例发放失业保险金，如日本。（3）混合制，即失业保险金的发放采取固定金额制和工资比例制相结合的方

① 杨思斌：《我国失业保险制度的重大发展与实施挑战》，载《前沿》，2011（11）。

法，一部分按固定金额发放，另一部分按失业前工资的一定比例发放[①]。

由于我国各地经济发展不平衡，经济水平地区差别较大，失业保险金的发放标准需要根据当地的社会经济发展水平，不可能是一个绝对的数字，其具体标准授权省、自治区、直辖市人民政府确定。省、自治区、直辖市人民政府在制定失业保险金标准时应该遵循保障失业人员基本生活，权利义务相统一原则。《社会保险法》第47条规定“失业保险金的标准不得低于城镇居民最低生活保障标准”，一方面体现了失业保险以实现基本生活保障为基准的生存权保障的功能，另一方面也考虑到了居民获得最低生活保障不需要缴纳任何费用，而失业保险还需要依法履行缴费义务，失业保险金的标准自然不应低于最低生活保障标准。

需要注意的是，我国《失业保险条例》规定了失业保险金的最高标准和最低标准，其第18条规定：“失业保险金的标准，按照低于当地最低工资标准、高于城市居民最低生活保障标准的水平，由省、自治区、直辖市人民政府确定。”《社会保险法》取消了失业保险金的最高标准限制，主要是考虑到我国各地的最低工资标准偏低，无法实现失业保险金的生存保障的目的。失业保险金的最高标准的取消，彰显了失业保险金的生存保障功能，能够使失业者在一段时间内基本维持一个和原来大体相同的有尊严的生活水平，同时也给失业保险待遇调整留下了空间。

二、领取失业保险金期间的其他待遇

（一）领取失业保险金期间基本医疗保险待遇

1. 失业人员享受基本医疗保险待遇

为保障失业人员在失业期间的基本医疗需求，《失业保险条例》第19条规定：“失业人员在领取失业保险期间患病就医的，可以按照规定向社会保险经办机构申请领取医疗补助金。医疗补助金的标准由省、自治区、直辖市人民政府规定。”医疗补助金数额较低且和医疗费用没有关系，因此，很难解决失业

---

① 林嘉：《劳动法和社会保障法》，5版，第459页，北京：中国人民大学出版社，2023。

人员在失业期间的患病的医疗保障，与我国医疗保险制度的发展方向也不相适应。在我国基本医疗保障制度全面覆盖城乡居民的背景下，失业人员在领取失业保险期间患病就医领取医疗补助金的医疗保障措施已经不合时宜，因为，失业人员从失业保险基金中领取的医疗补助金标准低，保障能力弱，不足以保障大病和重病。因此，《社会保险法》规定，失业人员在领取失业保险金期间，参加职工基本医疗保险，享受基本医疗保险待遇。将申领医疗补助金改为享受基本医疗保险待遇，提高了失业人员的医疗保障水平；将劳动者失业期间患病的医疗问题并入医疗保险待遇的给付范畴，符合失业保险和医疗保险各自的功能。

2. 失业人员不缴纳基本医疗保险费

我国的基本医疗保险采用的是社会医疗保险模式，即通过社会共济方式化解社会风险，形成稳定的资金筹集机制、费用分担机制和第三方付费的医疗服务制约机制。职工医疗保险费由用人单位和职工共同缴纳。用人单位缴费率控制在职工工资总额的6%左右，在职职工缴费率为本人工资的2%。退休人员个人不缴费。具体缴费比例由各统筹地区根据实际情况确定。《社会保险法》把失业人员纳入了职工基本医疗保险体系，但是，失业人员既已失业就没有用人单位为其承担雇主缴费义务，同时，失业人员失去主要经济收入来源，其领取的失业保险金具有生存保障性质，在性质上不属于劳动收入，不应用来缴纳基本医疗保险费。为保障失业人员在领取失业保险金期间的基本医疗需求，维护职工基本医疗保险制度的统一性，失业人员应当缴纳的基本医疗保险费从失业保险基金中支付，个人不缴纳基本医疗保险费。

（二）领取失业保险金期间死亡的待遇

1. 失业人员死亡的丧葬补助金和抚恤金

给工作期间不幸死亡职工的家属发放丧葬补助费及供养直系亲属的抚恤金，是我国长期以来所坚持的一种福利制度。失业保险制度包含了死亡失业人员的遗属待遇的内容。《失业保险条例》第20条规定：失业人员在领取失业保险金期间死亡的，参照当地对在职职工死亡的规定，对其家属一次性发给丧葬补助金和抚恤金。《社会保险法》规定："失业人员在领取失业保险金期间死亡的，参照当地对在职职工死亡的规定，向其遗属发给一次性丧葬补助金和抚恤金。所需资金从失业保险基金中支付。”失业人员在领取失业保险金期间死亡的，其家属可持失业人员死亡证明、领取人身份证明、与失业人员的关系证明，按规定向经办机构领取一次性丧葬补助金和其供养的直系亲属的抚恤金。失业人员当月尚未领取的失业保险金可由其家属一并领取。

2．基本养老保险丧葬补助金、工伤保险丧葬补助金和失业保险丧葬补助金的竞合处理

失业人员在失业前作为劳动者应该参加基本养老保险和工伤保险，《社会保险法》第17条规定，参加基本养老保险的个人，因病或者非因工死亡的，其遗属可以领取丧葬补助金和抚恤金；第38条规定，因工死亡的，其遗属可以按照国家规定从工伤保险基金中领取丧葬补助金、供养亲属抚恤金和因工死亡补助金。这样，就可能出现丧葬补助费待遇的竞合问题。由于丧葬补助金用于工亡职工的丧葬支出，其费用的发生具有一次性，不可多得。所以，《社会保险法》第49条规定，个人死亡同时符合领取基本养老保险丧葬补助金、工伤保险丧葬补助金和失业保险丧葬补助金条件的，其遗属只能选择领取其中的一项。

三、失业保险待遇的停止给付

失业保险制度的宗旨为保障失业人员的基本生活，并促进失业人员再就业。如果失业人员在享受失业保险待遇期间重新就业或者在此期间其生活可以通过其他途径得到保障，就没有必要继续领取失业保险金并享受其他失业保险待遇。失业人员停止领取失业保险金，并同时停止享受其他失业保险待遇的情形如下：

（一）重新就业

失业保险待遇是维持失业人员在失业期间的基本生活所需要的。享受失业保险待遇的失业人员一旦重新就业即找到工作或开始自谋职业，其身份就不再属于失业人员，而是转化为从业人员，可以获得稳定的收入，生活有了保障，当然不能继续享受失业保险待遇。

（二）应征服兵役

失业人员依据《兵役法》规定的条件、程序应征入伍，就成为一名军人，不再是失业人员身份，其生活将受到国家的充分保障，无须继续享受失业保险待遇。

（三）移居境外

失业人员在享受失业保险待遇期间移居境外，不论其是否在国外就业，因为已经不在我国失业保险的地域管辖范围之内，理应停止享受失业保险待遇。此外，如果失业人员移居境外，其在境外的就业、生活等情况社会保险经办机构一般也难以掌握。所以，法律规定，移居境外的停止领取失业保险金，并同时停止享受其他失业保险待遇。

（四）享受基本养老保险待遇

基本养老保险待遇是指职工按照规定缴纳基本养老保险费达到一定的年限，并且达到国家规定的退休年龄，按照规定办理了退休手续后可以享受的社会保障待遇。失业人员达到退休年龄时缴费达到最低缴费年限且办理了退休手续的，就从享受失业保险待遇直接过渡到享受基本养老保险待遇，基本生活由基本养老保险予以保障，他们的状态并非失业，因此，不再享受失业保险待遇。

（五）无正当理由，拒不接受当地人民政府指定部门或者机构介绍的适当工作或者提供的培训

保障失业人员的基本生活，促进就业是我国失业保险制度的宗旨。如果失业人员无正当理由，拒不接受当地人民政府指定部门或者机构介绍的适当工作或者提供的培训，则说明他们没有求职的意愿或者行为，他们并不是没有就业机会，而是在有机会的情况下不愿意就业或不愿意为就业创造条件。鉴于此，就不能让他们享受失业保险待遇。

四、失业保险金的申领程序

失业保险金的领取及相关待遇的享受，需要劳动者、用人单位、公共就业服务机构与社会保险经办机构等多方协作，其程序如下：

（一）用人单位出具证明

终止或者解除劳动关系的证明是失业人员证明自己的失业人员身份的前提。劳动合同终止是指劳动关系由于一定法律事实的出现而消灭，劳动者与用人单位之间原有的权利与义务关系不存在。劳动合同解除是指劳动合同签订后，在尚未履行完毕之前，劳动合同的主体基于单方或者双方的意愿，提前结束劳动合同效力的法律行为。

终止或者解除劳动关系的证明是证明失业人员失业的凭证，也是失业人员享受失业保险待遇的前提条件。为保障失业人员及时享受社会保险权益，我国法律法规规定了用人单位出具相关证明的义务。《劳动合同法》第 50 条规定，用人单位应当在解除或者终止劳动合同时出具解除或者终止劳动合同的证明，并在 15 日内为劳动者办理档案和社会保险关系转移手续。《劳动合同法实施条例》第 24 条规定，用人单位出具的解除、终止劳动合同的证明，应当写明劳动合同期限、解除或者终止劳动合同的日期、工作岗位、在本单位的工作年限。《社会保险法》第 50 条规定，用人单位应当及时为失业人员出具终止或者解除劳动关系的证明，并将失业人员的名单自终止或者解除劳动关系之日起 15 日内告知社会保险经办机构。

（二）失业人员办理失业登记

办理失业登记是领取失业保险金的重要条件。失业人员失业后，应当持本单位为其出具的终止或者解除劳动关系的证明，及时到指定的公共就业服务机构办理失业登记。公共就业服务机构是指由市、区（县）劳动保障部门和街道（乡镇）设立的，以促进就业为目标，为劳动者和用人单位提供免费、无偿的就业服务，帮助各类就业困难群体实现就业的公益性机构。公共就业服务机构应该对申领待遇的申请进行审核，内容包括：申请人提供的证明材料是否真实可靠，申请人参加失业保险和缴费情况，是否进行过求职登记等。办理失业登记后，失业人员可以接受公共服务机构提供的职业介绍、职业培训等服务，享受各项就业扶持政策；符合失业保险金申领条件的，依法享受失业保险金待遇。

（三）办理领取失业保险金手续

失业人员经过失业登记后，可以凭失业登记证明和个人身份证明到社会保险经办机构办理领取失业保险金手续。失业人员应在终止或者解除劳动合同之日起60日内到受理其单位失业保险业务的经办机构申领失业保险金。失业人员申领失业保险金必须填写《失业保险金申领表》，并出示下列证明材料：（1）本人身份证明；（2）所在单位出具的终止或解除劳动合同的证明；（3）失业登记；（4）省级劳动保障行政部门规定的其他材料。经办机构自受理失业人员领取失业保险金申请之日起10日内，对申领者的资格进行审核认定，并将结果及有关事项告知本人。经审核合格者，从其办理失业登记之日起计发失业保险金。

五、失业保险关系的转移接续

《社会保险法》第64条第3款规定："基本养老保险基金逐步实行全国统筹，其他社会保险基金逐步实行省级统筹，具体时间、步骤由国务院规定。"也即，省级统筹是失业保险基金的法定目标。但是，我国现行失业保险基金以地市级统筹为主，统筹层次明显低于法定的目标。2019年9月11日，人力资源和社会保障部、财政部、国家税务总局颁发《关于失业保险基金省级统筹的指导意见》，提出要力争在2023年底前全面实现省级统筹的目标。由于失业保险实行属地管理，用人单位和劳动者应参加所在地的失业保险。在统筹层次不统一的情况下，职工发生工作地点变动、跨统筹地区就业的失业保险关系转移接续问题需要解决。为适应劳动者流动就业的需要，保障他们享受失业保险待遇的权益不因职业流动而出现减损，《社会保险法》第52条规定："职工跨统筹地区就业的，其失业保险关系随本人转移，缴费年限累计计算。"职工跨地区就业的，在流动前本人和所在的用人单位已经按照规定缴纳了失业保险费，其失业后应该享受的失业保险待遇不应因其跨统筹地区就业而受到影响，其享受失业保险待遇的权利应该得到保障。职工跨统筹地区就业的，其原来的失业保险关系所在地的社会保险经办机构应当将其失业保险关系随本人转移至转入地。转出地社会保险经办机构应为职工开具失业保险关系转迁证明，职工应到转入地的社会保险经办机构办理失业保险关系接续手续，并按转入地经办机构核定的缴费基数缴纳失业保险费。转出前后的职工的缴费年限合并计算。

主要参考文献

1. 林嘉，《劳动法和社会保障法》（第五版），北京：中国人民大学出版社，2023 年版。
2. 关怀、林嘉，《劳动法》（第六版），北京：中国人民大学出版社，2022 年版。
3.《劳动与社会保障法学》编写组，北京：《劳动法与社会保障法学》（第二版），高等教育出版社，2018 年版。
4. 郑功成，《中华人民共和国社会保险法释义与适用指引》，北京：中国劳动社会保障出版社，2012 年版。
5. 叶静漪，《劳动合同法十二讲》，北京：中国法制出版社，2007 年版。
6. 叶静漪，《比较社会法学》，北京：北京大学出版社，2018 年版。
7. 王全兴，《劳动法》（第四版），北京：法律出版社，2017 年版。
8. 常凯，《劳动法》，北京：高等教育出版社，2011 年版。
9. 郑尚元，《劳动合同法的制度与理念》，北京：中国政法大学出版社，2008 年版。
10. 郑尚元，《社会保障法》，北京：高等教育出版社，2019 年版。
11. 黎建飞，《劳动法的理论与实践》，北京：中国人民公安大学出版社，2004 年版。
12. 黎建飞，《劳动法与社会保障法：原理、材料与案例》，北京：北京大学出版社，2015 年版。
13. 黎建飞，《劳动与社会保障法教程》（第六版），北京：中国人民大学出版社，2023 年版。
14. 冯彦君，《劳动法》，北京：中国人民大学出版社，2020 年版。
15. 喻术红、张荣芳，《劳动合同法学》（第二版），武汉：武汉大学出版社，

2015 年版。
16. 沈同仙,《劳动法学》，北京：北京大学出版社，2009 年版。
17. 徐智华,《劳动法学》(第二版)，北京：北京大学出版社，2016 年版。
18. 李炳安,《劳动和社会保障法》，厦门：厦门大学出版社，2011 年版。
19. 董保华、唐大杰,《劳动合同法修法的争鸣与思考》，上海：上海人民出版社，2021 年版。
20. 周长征,《劳动法原理》，北京：科学出版社，2004 年版。
21. 秦国荣,《劳动权保障与〈劳动法〉的修改》，北京：人民出版社，2012 年版。
22. 谢增毅,《劳动法的比较与反思》，北京：社会科学文献出版社，2011 年版。
23. 谢增毅,《劳动法的改革与完善》，北京：社会科学文献出版社，2015 年版。
24. 郭捷,《劳动法与社会保障法》，北京：法律出版社，2008 年版。
25. 姜颖,《劳动关系法治化探索》，北京：法律出版社，2019 年版。
26. 王琳,《劳动合同法》(第二版)，北京：中国人民大学出版社，2022 年版。
27. 张冬梅,《劳动争议处理实务教程》，北京：中国人民大学出版社，2020 年版。
28. 贺玲,《劳动与社会保障法疑难案件裁判规则解析》，北京：民族出版社，2023 年版。
29. 王振麒,《劳动人事争议处理》，上海：复旦大学出版社，2011 年版。
30. 肖竹,《劳动关系法律调整的核心机制研究》，北京：中国法制出版社，2019 年版。
31. 郑爱青,《法国劳动合同法概要》，北京：光明日报出版社，2010 年版。
32. 田思路、贾秀芬,《日本劳动法研究》，北京：中国社会科学出版社，2013 年版。
33. 杨志明,《劳动保障监察》，北京：中国劳动保障出版社，2011 年版。
34. 杨思斌、陈步雷,《劳动法案例教程》，北京：中国法制出版社，2009 年版。
35. 吴文芳,《雇主组织法论—以协调劳动关系的法律保障为中心》，北京：中国人民大学出版社，2020 年版。
36. 喻术红,《劳动合同法专论》，武汉：武汉大学出版社，2009 年版。
37. 魏浩征,《魏浩征解读劳动合同法及实施条例》，北京：中国法制出版社，2008 年版。

38. [德] 雷蒙德 · 瓦尔特曼,《德国劳动法》，沈建峰译，北京：法律出版社，2014 年版。
39. [德] W. 杜茨,《劳动法》，张国文译，北京：法律出版社, 2005 年版。
40. [美] 道格拉斯 · L. 莱斯利,《劳动法概要》，张强译，北京：中国社会科学出版社 ，1997 年版。